孙文全集

第二册

代表作四种（下）

论　著（上）

黄彦　主编

SPM
南方出版传媒
广东人民出版社
·广州·

右图为一九二四年春孙文在广州大元帅府。

这年一月至八月，孙文在广州系统演讲三民主义。下图为演讲时情景。

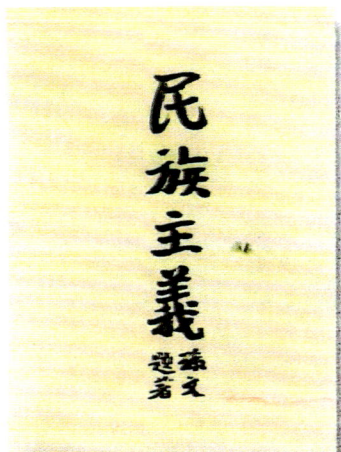

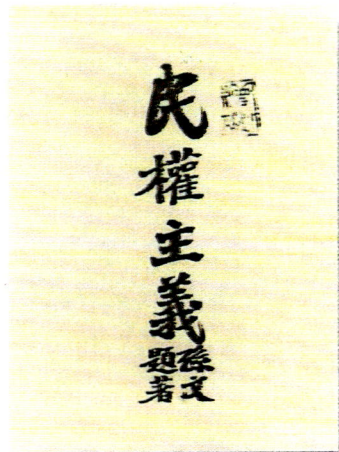

三民主义演讲词于一九二四年由中国国民党中央执行委员会分册编辑、所属宣传部陆续发行。《民族主义》、《民权主义》和《民生主义》的封面均为孙文亲笔题签。

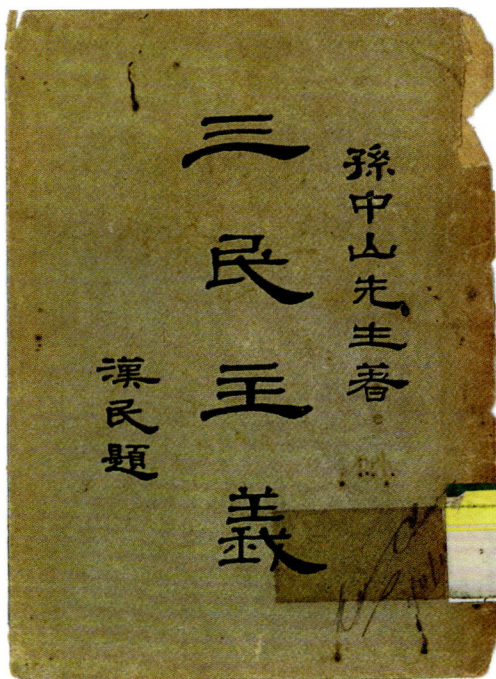

一九二四年十二月中国国民党中央执行委员会宣传部编辑、上海民智书局出版的《三民主义》合印本封面。

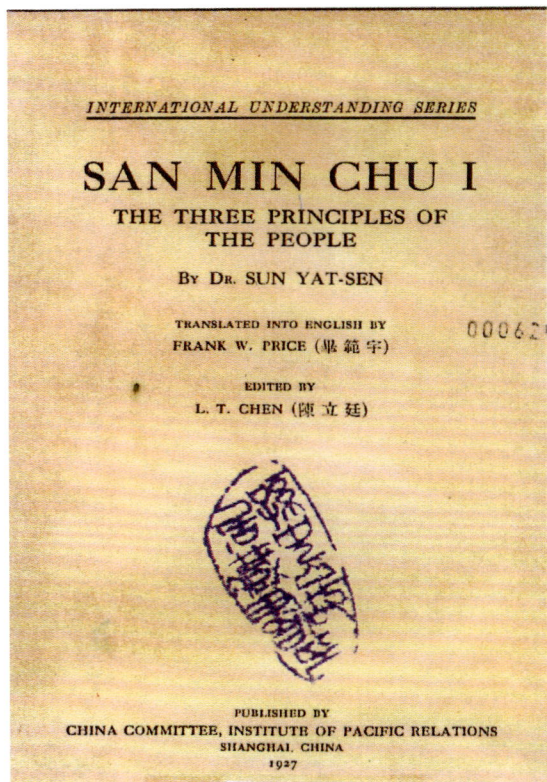

《三民主义》曾被译成十多种文字在国内外发行，此为英译本之一，上海一九二七年出版。

本页及下页是《三民主义》一书影印的孙文手书自序（原《民族主义》自序）全文。

自序

自建國方畧之心理建設物質建
設社會建設三書出版之後予乃
從事於草作國家建設以完成此
慨國家建設一書較前三書為獨
大內涵有民族主義民權主義民生

主義五權憲法地方政府中央政
府外交政策國防計畫八冊而民
族主義一冊已經脫稿民權主義
民生主義二冊亦草就大部其他
各冊於思想之綫索研究之門徑亦
大畧規畫就緒俟有餘暇便可執

筆直書無待思索方擬全書告竣
乃出而問世不期十一年六月十六陳烔
明叛變砲撃觀音山竟將數年
心血所成之各種草稿並備參考之
西籍數百種悉被燬去殊可痛恨
茲值國民黨改組同志決心從事攻

心之奮鬥亦需三民主義之奧義
五權憲法之要旨為宣傳之資故
於每星期演講一次由黃昌穀君筆
記之由鄒魯君讀校之今民族主
義適已講完特先印單行本以餉
同志惟此次演講既無暇暴以預備

又無書籍為參考只於登壇之後
隨意發言較之前稿遺忘實多
雖於付梓之先復加刪補然於本題
之精義與敘論之條理及印證之事
實都覺遠不如前尚望同志讀者
本此基礎觸類引伸匡補闕遺更

正條理使成為一完善之書以作宣
傳之課本則其造福於吾民族吾國
家誠未可限量也民國十三年三月
三十日孫文序於廣州大本營

民族主義第一講

諸君今天來同大家講三民主義甚麼是三民主義呢用最簡單的定義
說三民主義就是救國主義甚麼是主義呢主義就是一種思想一種信
仰和一種力量大凡人類對於一件事研究當中的道理最先發生思想
思想貫通以後便起信仰有了信仰就生出力量然後完全成立所以
再到信仰次由信仰生出力量然後完全成立所以說三民主義就是救
國主義呢因三民主義係促進中國之國際地位平等政治地位平等經
濟地位平等使中國永久適存于世界所以說三民主義就是救國主義
三民主義既是救國主義試問我們今日中國是不是應該要救呢如果
是認定應該要救那麼便應信仰三民主義信仰三民主義便能發生出
極大勢力這種極大勢力便可以救中國

孙文在正式出版三民主义之前，曾几度对演讲词进行修改。这是手改稿之一的两页，与出版本有所不同。（台北中国国民党文化传播委员会党史馆藏）

民權主義第一講　十三年三月九日

諸君。今天開始來講民權主義甚麼是叫做民權主義呢現在要把民權未定一個解釋便先要知道甚麼是民民大凡有國體有組織的衆人就叫做民甚麼是權呢權就是力量就是威勢是權那些力量大到同國家一樣就叫做權力量最多的那些國家中國話說是列強外國話便說是列權有機器的力量中國話說是馬力外國話說是馬權力有行使命令制服羣倫的力量就叫做權把民同權合攏起來說民權就是人民的政治力量甚麼是叫做政治所以權和力實在是相同過權的量是

民生主義第一講　十三年八月三日

諸君。今天來講民生主義甚麼是叫做民生主義呢民生兩個字是中國古代的名詞這個名詞究竟是創自甚麼時代我現在雖然沒有考據出來不過這個名詞可說是老早已經有了。今天想就這個名詞來下一個定義可說民生就是人民的生存在最新政治經濟上的來名詞解釋照這樣來說民生者衆人的羣衆契約一書我們譯作民約論邓本部叫者衆人之生活衆人之生命和衆人之生存但是生活命和生存這幾個名詞又各有民生二字我現在就是用來講

如果再從定義之定義講下去便是玄之又玄反為不明白了。

一九二四年四月《民族主义》出版后，孙文曾数次亲自修订。此为他在封面亲书"再加改正本"，订正文字共三十六处。（上海孙中山故居纪念馆藏）

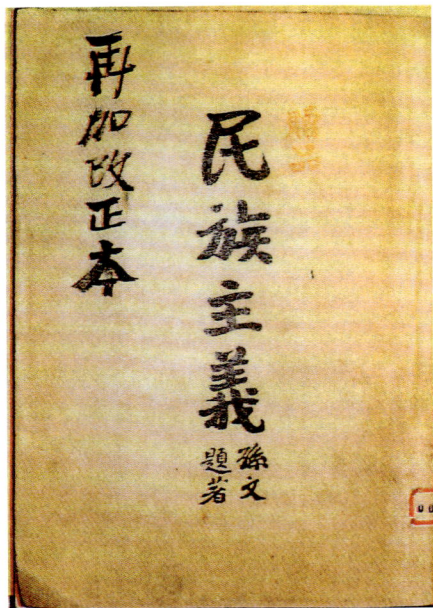

已經成了歐洲的二三等國，這是靠甚麼力量呢，是全靠俄國人的幫助。由此推論出來，將來的趨勢，一定是無論那一個民族或那一個國家，只要被厭迫的或委曲的，必歸合一致。去抵抗強權。那些國家是被厭迫的呢。當歐戰前，英國法國要打破德意志的帝國主義。俄國也加入他們一方面。後來不知道犧牲了多少生命財產。中途還要回師，宣佈革命。這是甚麼原故呢。是因為俄國人受厭迫太甚，所以要去革命。實行他們的社會主義。反抗強權。當時歐洲列強都反對這種主義。所以共同出兵去打他。幸而俄國有斯拉夫民族的精神。（故終能打破列強）至今列強對於俄國，武力上不能反對。便不承認他是國家。以為消極的抵制。歐洲各國何

國民政府建國大綱

一、國民政府本革命之三民主義、五權憲法，以建設中華民國。

二、建設之首要在民生。故對於全國人民之食衣住行四大需要，政府當與人民協力，共謀農業之發展，以足民食；共謀織造之發展，以裕民衣；建設大計畫之各式屋舍，以樂民居；修治道路運河，以利民行。

三、其次為民權。故對於人民之政治知識能力，政府當訓導之，以行使其選舉權，行使其罷官權，行使其創制權，行使其複決權。

四、其三為民族。故對於國內之弱小民族，政府當扶植之，使之能自決自治。對於國外之侵畧強權，政府當抵禦之，並同時修改各國條約，以恢復我國際平等、國家獨立。

五、建設之程序分為三期：一曰軍政時期，二曰訓政時期，三曰憲政時期。

六、在軍政時期，一切制度悉隸於軍政之下。政府一面用兵力以掃除國內之障礙，一面宣傳主義以開化全國之人心，而促國家之統一。

七、凡一省完全底定之日，則為訓政開始之時，而軍政停止之日。

八、在訓政時期，政府當派曾經訓練考試合格之員，到各縣協助人民籌備自治。其程度以全縣人口調查清楚、全縣土地測量完竣、全縣警衛辦理妥善、四境縱橫之道路修築成功，而其人民曾受四權使用之訓練，而完畢革命之義務，誓行革命之主義者，得選舉縣官，以執行一縣之政事；得選舉議員，以議立一縣之法律，始成為一完全自治之縣。

九、一完全自治之縣，其國民有直接選舉官員之權，有直接罷免官員之權，有直接創制法律之權，有直接複決法律之權。

十、每縣開創自治之時，必須先規定全縣私有土地之價。其法由地主自報之，地方政府則照價徵稅，並可隨時照價收買。自此次報價之後，若土地因政治之改良、社會之進步而增價者，則其利益當為全縣人民所共享，而原主不得而私之。

十一、土地之歲收、地價之增益、公地之生產、山林川澤之息、礦產水力之利，皆為地方政府之所有，而用以經營地方人民之事業，及育幼、養老、濟貧、救災、衛生與夫種種公共之需。

十二、各縣之天然富源與及大規模之工商事業，本縣之資力不能發展，及興辦而須賴外資乃能經營者，當由中央政府為之協助。而所獲……

本页及下页是一九二四年一月十八日孙文书赠孙科的《国民政府建国大纲》全文。（台北故宫博物院藏）

之純利中央與地方政府各得其半

十三各縣對於中央政府之負擔當以每縣之歲收百分之幾為中央歲費每年由國民代表定之其限度不得少於百分之十不得加於百分之五十

十四每縣地方自治政府成立之後得選國民代表以組織代表會參預中央政事

十五凡候選及任命人員無論中央與地方皆須考試詮定資格乃可

十六凡一省全數之縣皆達完全自治者則為憲政開始時期國民代表會得選舉省長為本省自治之監督至於該省內之國家行政則省長受中央之指揮

十七在此時期中央與省之權限採均權主義凡事務有全國一致之性質者劃歸中央有因地制宜

之性質者劃歸地方不偏於中央集權或地方分權

十八縣為自治單位省立於中央與縣之間以收聯絡之效

十九在憲政開始時期中央政府當完成設立五院以試行五權之治其序列如下曰行政院曰立法院曰司法院曰考試院曰監察院

二十行政院暫設如下各部一內政部二外交部三軍政部四財政部五農鑛部六工商部七教育部八交通部

二十一憲法未頒布以前各院院長皆歸總統任免而督率之

二十二憲法草案當本建國大綱及訓政憲政兩時期之成績由立法院議訂隨時宣傳於民眾以備到時採擇施行

二十三全國有過半數省分達至憲

政開始時期即全省之地方自治完全成立時期則開國民大會決定憲法而頒布之

二十四憲法頒布之後中央統治權則歸於國民大會行使即國民大會對於中央政府官吏有選舉權有罷免權對於中央法律有創制權有複決權

二十五憲法頒布之日即為憲政告成之時而全國國民則依憲法施行全國大選舉國民政府則於選舉完畢之後三月解職而授政於民選之政府是為建國之大功告成

右建國大綱二十五條為今日再造民國必由之途徑成並書為

科兒玩索

民國十三年一月十八日作於廣州 孫文

國民政府建國大綱

一　國民政府本革命之三民主義五權憲法以建設中華民國

二　建設之首要在民生故對於全國人民之食衣住行四大需要政府當與人民協力共謀農業之發展以足民食共謀織造之發展以裕民衣建築大計

二十五　憲法頒布之日即為憲政告成之時而全國國民則依憲法行全國大選舉國民政府則於選舉完畢之後三個月解職而授政於民選之政府是為建國之大功告成

民國十三年四月初二日寫於廣州大本營為

賢妻慶齡玩索

孫文

一九二四年四月二日孙文书赠宋庆龄的《国民政府建国大纲》首页和末页。（上海宋庆龄故居纪念馆藏）

國民政府建國大綱

一　國民政府本革命之三民主義五權憲法以建設中華民國

二　建設之首要在民生故對於全國人民之食衣住行四大需要當與人民協力共謀農業之發展以足民食共謀織造之發展以裕民衣建築大計畫之各式屋舍以

民國之政府是為建國之大功告成

先生建國大綱二十五條實為施行三民主義五權憲法之基礎而國國家長治久安之至道也茲特將先生親筆稿付石印以供先覩之快並作民國開剙之實典焉

妻宋慶齡謹跋並書

一九二四年四月十二日孙文书写的《国民政府建国大纲》首页和末页，宋庆龄在文后附跋。

一九二四年一月二十日至三十日，孙文在广州主持召开中国国民党第一次全国代表大会。图为他在会上讲话。

中国国民党第一次全国代表大会的会场。

中國國民黨第一次全國代表大會宣言

一 中國之現狀

中國之革命發軔於甲午以後盛於庚子而成於辛亥卒顛覆君政夫革命非能突然發生也自滿洲入據中國以來民族間不平之氣抑鬱已久海禁既開列強之帝國主義如怒潮驟至武力的掠奪與經濟的壓迫使中國喪失獨立陷於半殖民地之地位滿洲政府既無力以禦外侮而鈐制家奴之政策益屬足以側媚列強吾黨之士追隨本黨總理孫先生之後知非顛覆滿洲無由改造中國乃奮然而起爲國民前驅激進不已以至於辛亥然後顛覆滿洲之舉始告厥成故知革命之目的非僅僅在於顛覆滿洲而已乃在於滿洲顛覆以後得從事於改造中國依當時之趨向民族方面由一民族之專橫宰制過渡於諸民族之平等結合政治方面由專制制度過渡於民權制度經濟方面由手工業的生產過渡於資本制度的生產循是以進必能使半殖民地的中國變而爲獨立的中國以屹然於世界然而當時之實際乃適不如所期革命雖成功而革命政府所能實現者僅爲民族解放主義曾幾何時已爲情勢所迫不得已而與反革命的專制階級謀妥協此種妥協實無異自殺其所挾持之勢力初非甚強而革命第一次失敗之根源夫當時欲竭力避免國內戰爭之延長且尙未能獲一有組織有紀律

中國國民黨宣言

中国国民党第一次全国代表大会宣言，一九二四年二月大会秘书处印行本的封面和首页。

中國國民黨第一次全國代表大會宣言

一 中國之現狀

中國之革命發軔於甲午以後盛於庚子而成於辛亥，卒顛覆君政。夫革命非能突然發生也，自滿洲入據中國以來，民族間不平之氣，抑鬱已久，海禁既開，列強之帝國主義如怒潮驟至，武力的掠奪與經濟的壓迫，使中國喪失獨立，陷於半殖民地之地位。滿洲政府既無力以禦外侮，而鈐制家奴之政策，且益屬足以側媚列強，吾黨之士追隨本黨總理孫先生之後，知非顛覆滿洲，無由改造中國，乃奮然而起爲國民前驅，激進不已，以至於辛亥，然後顛覆滿洲之舉始告厥成。故知革命之目的，非僅僅在於顛覆滿洲而已，乃在

中國國民黨宣言

步方法。

（十四）由國家規定「土地法」「土地使用法」「土地徵收法」及「地價稅法」。私人所有土地，由地主估價呈報政府，國家就價徵稅，並於必要時得依報價收買之。

（十五）企業之有獨占的性質者，及私人之力所不能辦者，如鐵道航路當由國家經營管理之。

以上所舉細目，皆吾人所認爲黨綱之最小限度，目前救濟中國之第一步方法。

《中華民國十三年四月中央執行委員會準據第一次全國代表大會決議案校正本》

二四

中國國民黨宣言

中国国民党第一次全国代表大会宣言，一九二四年四月中国国民党中央执行委员会校正本的封面书名、首页和末页。

孙文从一八八七年到一八九二年就读于香港西医书院，左图为这期间与友人合影。前排坐者自左至右：杨鹤龄、孙文、陈少白、尤列（因发表抨击清廷言论而被人称为"四大寇"）。后立者为同学关心焉。

一八八九年，孙文致书香山县籍的清退休官员郑藻如，倡言改革。下图为登载该函的中山县《濠头月刊》第十四、十五期合刊。

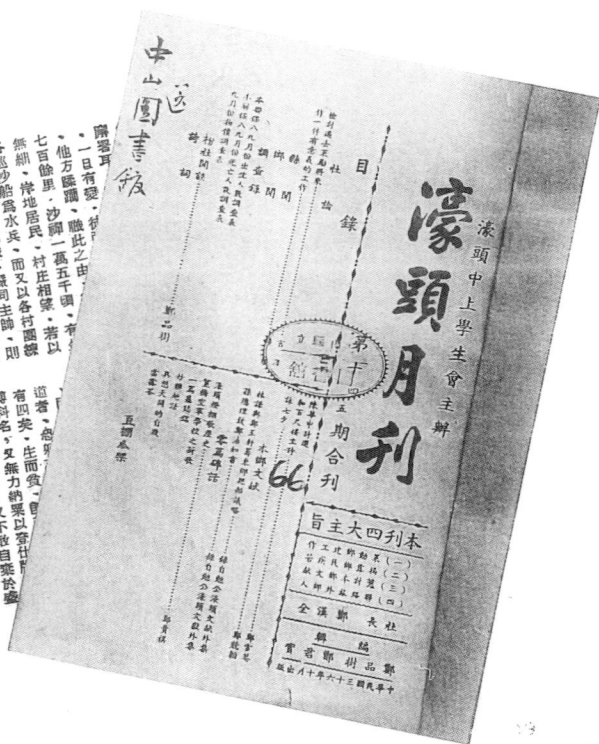

孙文于一八九四年春撰成《上李傅相书》（即上李鸿章书），这是连载该文的上海《万国公报》第六十九册（同年十月出版）封面和首页。

中歷光緒二十年
萬國公報
西歷一千八百九十四年
九月　十月

14701

上李傅相書
廣東香山來稿

宮太傅時中堂鈞座敬稟者竊文籍隸粵東世居香邑曾於香港考授英國醫士幼嘗游學外洋於泰西之語言文字政治禮俗與夫天算地輿之學格物化學之理皆略有所窺而尤留心於其富國強兵之道化民成俗之規至于時局艱虞之故睦鄰交際之宜輒能洞其閫奧當今光氣日開四方畢集正值　家勤求政理之日每欲以瞽見所知指陳時事上諸當道以備芻蕘之採嗣以人微言輕未敢遽進比見　國家奮發富強之術月異日新不遺餘力殷殷然與歐洲並駕齊驅快艦飛車宄郵火械昔日西人之所恃以凌我者我今亦已有之其他近法亦接踵舉行則凡所以安內攘外之大經富國強兵之遠略在當局諸公已籌之稔矣又有昭軍四出則外國之一舉一動亦無不週知草野小民生逢　盛世惟有逖惡歡呼閭閻鼓舞而已夫復何所指陳然而猶有所言者正欲於乘可爲之時以

萬國公報

14709

【孫文全集】第二冊

【孫文全集】 第二册

一八九五年春，孙文设立兴中会广州分会于双门底王氏书舍，筹划反清起义。图为王氏书舍旧址（今广州北京路青年文化宫内）。

左图为登载《是日邱言》一文的澳门《镜海丛报》第三年第十六号（一八九五年十一月六日出版）首页，该篇全文转录孙文的《创立农学会倡言》。

一八九六年十月，孙文在伦敦被清驻英公使馆绑架。右图原是被绑架数月前在美国旧金山所摄照片，脱险后撰成《伦敦被难记》英文本出版，刊于该书卷首并亲笔用中文签名。

孙逸仙

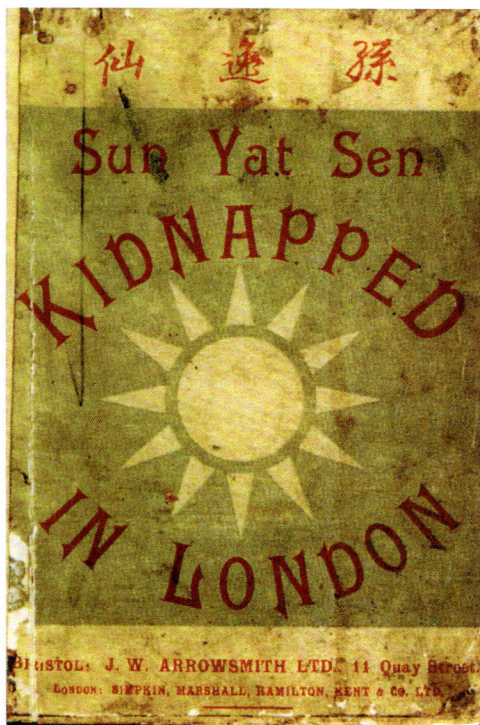

孙文的《伦敦被难记》英文本于一八九七年一月在伦敦出版。图为该书封面。

孙文的《伦敦被难记》中译本于一九一二年五月在上海出版。图为该书封面。

僕姓孫名文字載之號逸仙藉隸廣東

廣州府香山縣生於一千八百六十六年華

歷十月十六日幼讀儒書十二歲畢經業

十三歲隨母往夏威仁島始見輪舟之奇

滄海之闊自是有慕西學之心窮天地之

想是年母後回華文遂留島依兄入英監

督所掌之書院肄業英文三年後再入 *Iolani College, Honolulu*

美人所設之書院肄業此為島中最高 *Oahu College, Honolulu*

之書院初擬在此滿業郎往美國入大

書院肄習專門之學後兄因其切慕

耶穌之道恐文進教為親督責着令

回華是十八歲時也扺家後親亦無所督

責隨其所慕居鄉數月郎往香港再

習英文先入拔萃書室數月之後轉入 *Queen's College Honolulu*

香港書院又數月因家事離院再往夏島

數月而回自是傳習英文後治中國經史之

學二十歲政習西醫先入廣東省城美教 *Queen's Hawaii*

士所設之博濟醫院肄業次年轉入香 *Canton Hospital*

港新創之西醫書院五年滿業考核 *College of Medicine for Chinese Hongkong*

前茅時二十六歲矣此從師潛學之大畧也

文早歲志窮遠大性慕新奇故所學

多博雜不純於中學則獨好三代兩漢

之文其於西學則雅癖達文之道而格政 *Darwin*

事亦常流覽惟於教則崇

耶穌於人

則仰中華之湯武暨 美國華盛頓耳

Sun Yat Sen China Telegraph 1896.

以上是孙文手书《自传》全文，系在伦敦为英国汉学家翟理思编纂《中国名人辞典》而作。

本 册 目 录

论　著（上）

附：英文版本

代表作四种（下）

三 民 主 义①

（一九二四年一月至八月间演讲）

民 族 主 义

自 序②

自《建国方略》之《心理建设》、《物质建设》、《社会建设》三书出版之后，予乃从事于草作《国家建设》，以完成此帙。《国家建设》一书较前三书为独大，内涵有《民族主义》、《民权主义》、《民生主义》、《五权宪法》、《地方政府》、《中央政府》、《外交政策》、《国防计画》八册③。而《民族主义》一册已经脱稿，《民权主义》、《民生主义》二册亦草就大部。其他各册，于思想之线索、研究之门径亦大略规画就绪，俟有余暇，便可执笔直书，无待思索。方拟全书告竣，乃出而问世，不期十一年六月十六陈炯明叛变，炮击观音山，竟将数年心血所成之各种草稿并备参考之西籍数百种悉被毁去，殊可痛恨！

兹值国民党改组，同志决心从事攻心之奋斗，亟需三民主义之奥义、五权宪

---

① 孙文于一九二四年一月在广州开始系统演讲三民主义，地点在国立高等师范学校大礼堂，听讲者有党政军要员及国民党员、学生等，每次最少数百人，多时竟达三数千人（连门外周围伫立者）。其间五月至七月因治病暂停，九月以后又为对付商团叛乱、督师北伐及离粤北上而中辍，民生主义部分未讲完。演讲笔记稿经孙文多次校改，初于《中国国民党周刊》逐讲发表，继由中国国民党中央执行委员会于同年分三册陆续编辑印行，年底又出版合印本。

② 序文系据孙文手书影印。一九二四年十二月出版《三民主义》合印本（中国国民党中央执行委员会宣传部编辑、上海民智书局出版）时，将该序改为《三民主义》全书自序，并更换手书影印件，于文中补一脱字，即将"十年六月十六"更正为"十一年六月十六"。本篇据此补正。

③ 孙文所著《建国方略》经上海民智书局于一九二二年六月再版后，他在亲笔校订时于全书总目增添"（四）国家建设（续出）"一项，原拟包括上述八册，但逝世前仅完成《民族主义》、《民权主义》、《民生主义》三册，且未以《建国方略》之《国家建设》名义发行。

法之要旨为宣传之资，故于每星期演讲一次，由黄昌毂君笔记之，由邹鲁君读校之。

今民族主义适已讲完，特先印单行本以饷同志。惟此次演讲既无暇暑以预备，又无书籍为参考，只于登坛之后随意发言，较之前稿遗忘实多。虽于付梓之先复加删补，然于本题之精义与叙论之条理及印证之事实，都觉远不如前。尚望同志读者本此基础触类引伸，匡补阙遗，更正条理，使成为一完善之书，以作宣传之课本，则其造福于吾民族、吾国家诚未可限量也。

民国十三年三月三十日   孙文序于广州大本营

（加盖"大元帅章"及"孙文之印"）

第 一 讲

（一月二十七日）①

今天来同大家讲三民主义。什么是三民主义呢？用最简单的定义说，三民主义就是救国主义。什么是主义呢？主义就是一种思想、一种信仰和一种力量。大凡人类对于一件事，研究当中的道理，最先发生思想；思想贯通以后，便起信仰；有了信仰，就生出力量。所以主义是先由思想再到信仰，次由信仰生出力量，然后完全成立。何以说三民主义就是救国主义呢？因为三民主义系促进中国之国际地位平等、政治地位平等、经济地位平等，使中国永久适存于世界，所以说三民主义就是救国主义。三民主义既是救国主义，试问我们今日中国是不是应该要救呢？如果是认定应该要救，那么便应信仰三民主义。信仰三民主义便能发生出极大势力，这种极大势力便可以救中国。

今天先讲民族主义。这次国民党改组所用救国方法是注重宣传，要对国人做普遍的宣传，最要的是演明主义。中国近十余年来，有思想的人对于三民主义都听惯了，但是要透彻了解他，许多人还做不到。所以，今天先把民族主义来同大家详细的讲一讲。

----

① 按：此处的演讲日期为原书标出，以下各讲同。

　　什么是民族主义呢？按中国历史上社会习惯诸情形讲，我可以用一句简单话说，民族主义就是国族主义。中国人最崇拜的是家族主义和宗族主义，所以中国只有家族主义和宗族主义，没有国族主义。外国旁观的人说中国人是一片散沙，这个原因是在什么地方呢？就是因为一般人民只有家族主义和宗族主义，没有国族主义。中国人对于家族和宗族的团结力非常强大，往往因为保护宗族起见，宁肯牺牲身家性命。像广东两姓械斗，两族的人无论牺牲多少生命财产，总是不肯罢休，这都是因为宗族观念太深的缘故。因为这种主义深入人心，所以便能替他牺牲。至于说到对于国家，从没有一次具极大精神去牺牲的。所以中国人的团结力，只能及于宗族而止，还没有扩张到国族。

　　我说民族主义就是国族主义，在中国是适当的，在外国便不适当。外国人说民族和国家便有分别。英文中民族的名词是"哪逊"①。"哪逊"这一个字有两种解释，一是民族，一是国家。这一个字虽然有两个意思，但是他的解释非常清楚，不容混乱。在中国文中，一个字有两个解释的很多。即如"社会"两个字就有两个用法，一个是指一般人群而言，一个是指一种有组织之团体而言。本来民族与国家相互的关系很多，不容分开，但是当中实在有一定界限，我们必须分开什么是国家，什么是民族。我说民族就是国族，何以在中国是适当，在外国便不适当呢？因为中国自秦汉而后，都是一个民族造成一个国家。外国有一个民族造成几个国家的，有一个国家之内有几个民族的。像英国是现在世界上顶强的国家，他们国内的民族是用白人为本位，结合棕人、黑人等民族，才成"大不列颠帝国"。所以在英国说民族就是国族，这一句话便不适当。再像香港②是英国的领土，其中的民族有几十万人是中国的汉人参加在内，如果说香港的英国国族就是民族便不适当。又像印度现在也是英国的领土，说到英国国族起来，当中便有三万万五千万印度人，如果说印度的英国国族就是民族也是不适当。大家都知道英国的基

---

　　①　"哪逊"为 nation 译音。
　　②　香港原为中国领土，清朝在第一次鸦片战争失败后于一八四二年所订《江宁条约》中，被迫将香港全岛割让给英国。而后文叙及的香港岛对岸九龙半岛，则为清朝在第二次鸦片战争失败后于一八六○年所订《北京条约》中，被迫将其南部割让给英国；一八九八年在《中英拓展香港界址专条》中，清朝又被迫将九龙半岛北部及附近岛屿（即新界）"租借"给英国。

本民族是盎格鲁撒逊人①，但是盎格鲁撒逊人不只英国有这种民族，就是美国也有很多盎格鲁撒逊人。所以在外国便不能说民族就是国族。

　　但民族和国家是有一定界限的，我们要把他来分别清楚，有什么方法呢？最适当的方法，是民族和国家根本上是用什么力造成的。简单的分别，民族是由于天然力造成的，国家是用武力造成的。用中国的政治历史来证明，中国人说王道是顺乎自然，换一句话说，自然力便是王道，用王道造成的团体便是民族；武力就是霸道，用霸道造成的团体便是国家。像造成香港的原因，并不是几十万香港人欢迎英国人而成的，是英国人用武力割据得来的。因为从前中国和英国打仗，中国打败了，把香港人民和土地割归到英国，久而久之，才造成现在的香港。又像英国造成今日的印度，经过的情形也是同香港一样。英国现在的领土扩张到全世界，所以英国人有一句俗话说："英国无日落。"换一句话说，就是每日昼夜，日光所照之地，都有英国领土。譬如我们在东半球的人，由日出算起，最先照到纽丝兰②、澳洲、香港、星加坡，西斜照到锡兰③、印度，再西到阿颠、马兒打④，更西便照到本国；再轮到西半球便有加拿大，而循环到香港、星加坡。故每日夜二十四点钟，日光所照之时，必有英国领土。像英国这样大的领土，没有一处不是用霸道造成的。自古及今，造成国家没有不是用霸道的。至于造成民族便不相同，完全是由于自然，毫不能加以勉强。像香港的几十万中国人，团结成一个民族是自然而然的，无论英国用什么霸道都是不能改变的。所以一个团体，由于王道自然力结合而成的是民族，由于霸道人为力结合而成的便是国家。这便是国家和民族的分别。

　　再讲民族的起源。世界人类本是一种动物，但和普通的飞禽走兽不同，人为万物之灵。人类的分别，第一级是人种，有白色、黑色、红色、黄色、棕色五种

---

　　①　盎格鲁撒逊人（Anglo-Saxon），后文亦作盎格鲁撒克逊民族。今多书写为"盎格鲁—撒克逊人"或"盎格鲁—撒克逊民族"。

　　②　纽丝兰（New Zealand），今译新西兰。

　　③　锡兰（Ceylon），时为英国殖民地，一九七二年改名斯里兰卡（Sri Lanka）。

　　④　阿颠（Aden），今译亚丁，原是英国"保护地"，现为也门之一省；马兒打（Malta），今译马耳他，时为英国殖民地。

之分。更由种细分，便有许多族。像亚洲的民族，著名的有蒙古族、巫来族①、日本族、满族、汉族。造成这种种民族的原因，概括的说是自然力，分析起来便很复杂。当中最大的力是"血统"。中国人黄色的原因，是由于根源黄色血统而成。祖先是什么血统，便永远遗传成一族的人民，所以血统的力是很大的。次大的力是"生活"。谋生的方法不同，所结成的民族也不同。像蒙古人逐水草而居，以游牧为生活，什么地方有水草，便游牧到什么地方，移居到什么地方。由这种迁居的习惯，也可结合成一个民族。蒙古能够忽然强盛，就本于此。当蒙古族最强盛的时候，元朝的兵力，西边征服中央亚细亚、亚剌伯②及欧洲之一部分，东边统一中国，几几乎征服日本，统一欧亚。其他民族最强盛的像汉族，当汉、唐武力最大的时候，西边才到里海；像罗马民族武力最大的时候，东边才到黑海。从没有那一个民族的武力能够及乎欧亚两洲，像元朝的蒙古民族那样强盛。蒙古民族之所以能够那样强盛的原因，是由于他们人民的生活是游牧，平日的习惯便有行路不怕远的长处。第三大的力是"语言"。如果外来民族得了我们的语言，便容易被我们感化，久而久之，遂同化成一个民族。再反过来，若是我们知道外国语言，也容易被外国人同化。如果人民的血统相同，语言也同，那么同化的效力便更容易。所以语言也是世界上造成民族很大的力。第四个力是"宗教"。大凡人类奉拜相同的神，或信仰相同的祖宗，也可结合成一个民族。宗教在造成民族的力量中也很雄大，像阿剌伯和犹太两国已经亡了许久，但是阿剌伯人和犹太人至今还是存在③。他们国家虽亡，而民族之所以能够存在的道理，就是因为各有各的宗教。大家都知道现在的犹太人散在各国的极多，世界上极有名的学问家

---

①　巫来族（Malayan），今译马来族。

②　亚剌伯（Arabia），后文亦作阿剌伯，今译阿拉伯，此指位于亚洲西南部的阿拉伯半岛（Arabian Peninsula）。

③　阿拉伯人（Arabian）信奉伊斯兰教（al-Islām，中国旧称回教、清真教），公元七世纪在阿拉伯半岛建立阿拉伯帝国（中国史称"大食"），鼎盛时曾地跨欧、亚、非三洲，至十三世纪为蒙古帝国吞灭。犹太人（Yehudi）别称希伯来人（'Ivrim）或以色列人（Israelite），信奉犹太教（Judaism），公元前十一世纪在今巴勒斯坦地区建立希伯来统一王国，该国后分裂为二，北部之以色列王国于公元前八世纪为亚述帝国（Assyria Empire）所灭，南部之犹大王国于公元前六世纪为新巴比伦帝国（Neo-Babylonian Empire）所灭，至公元二世纪犹太人反抗罗马帝国大起义失败后开始向世界各地流散。

像马克思，像爱因斯坦①，都是犹太人。再像现在英、美各国的资本势力，也是被犹太人操纵。犹太民族的天质是很聪明的，加以宗教之信仰，故虽流离迁徙于各国，犹能维持其民族于长久。阿剌伯人所以能够存在的道理，也是因为他们有谟罕墨德的宗教②。其他信仰佛教极深的民族像印度③，国家虽然亡到英国，种族还是永远不能消灭。第五个力是"风俗习惯"。如果人类中有一种特别相同的风俗习惯，久而久之，也可自行结合成一个民族。我们研究许多不相同的人种，所以能结合成种种相同民族的道理，自然不能不归功于血统、生活、语言、宗教和风俗习惯这五种力。这五种力是天然进化而成的，不是用武力征服得来的。所以用这五种力和武力比较，便可以分别民族和国家。

我们鉴于古今民族生存的道理，要救中国，想中国民族永远存在，必要提倡民族主义。要提倡民族主义，必要先把这种主义完全了解，然后才能发挥光大，去救国家。就中国的民族说，总数是四万万人，当中参杂的不过是几百万蒙古人、百多万满洲人、几百万西藏人、百几十万回教之突厥人④，外来的总数不过一千万人。所以就大多数说，四万万中国人可以说完全是汉人，同一血统，同一言语文字，同一宗教，同一习惯，完全是一个民族。我们这种民族，处现在世界上是什么地位呢？用世界上各民族的人数比较起来，我们人数最多，民族最大，文明教化有四千多年，也应该和欧美各国并驾齐驱。但是中国的人只有家族和宗族的团体，没有民族的精神，所以虽有四万万人结合成一个中国，实在是一片散沙，弄到今日，是世界上最贫弱的国家，处国际中最低下的地位。人为刀俎，我为鱼肉，我们的地位在此时最为危险。如果再不留心提倡民族主义，结合四万万人成一个坚固的民族，中国便有

---

① 爱因斯坦（Albert Einstein），著名物理学家，德裔瑞士人，后入美国籍。

② 谟罕墨德（Muhammad），今译穆罕默德，伊斯兰教创始人；谟罕墨德的宗教（Muhammadism），今译穆罕默德教，西方近代对伊斯兰教的称谓，但此称谓向来为伊斯兰教自身所否认。

③ 印度为佛教发源地，但印度教（Hinduism）自公元七世纪兴起以后一直成为印度大多数居民所信奉的宗教。印度教开始兴盛的数百年间，佛教在印度几乎完全绝迹；至十九世纪末佛教在印度重建，而信奉者仍为数甚少。印度教是古代婆罗门教（Brahmanism）摄取佛教及民间信仰某些成分的产物，与佛教乃属于两个不同的宗教。

④ 回教之突厥人，此指信奉伊斯兰教的新疆人，但新疆境内除使用突厥语民族外尚有其他多种民族。突厥人原为古代北方游牧民族，公元五世纪迁至今新疆境内的阿尔金山居住百余年，其后分化成东突厥和西突厥两个汗国。

亡国灭种之忧。我们要挽救这种危亡，便要提倡民族主义，用民族精神来救国。

我们要提倡民族主义来挽救中国危亡，便先要知道我们民族的危险是在什么地方。要知道这种危险的情形，最好是拿中国人和列强的人民比较，那便更易清楚。

欧战以前，世界上号称列强的有七八国，最大的有英国，最强的有德国、奥国①、俄国，最富的有美国，新起的有日本和意大利。欧战以后倒了三国，现在所剩的头等强国，只有英国、美国、法国、日本和意大利。英国、法国、俄国、美国都是以民族立国。英国发达，所用民族的本位是盎格鲁撒逊人，所用地方的本位是英格兰和威尔斯②，人数只有三千八百万，可以叫做纯粹英国的民族。这种民族在现在世界上是最强盛的民族，所造成的国家是世界上最强盛的国家。推到百年以前，人数只有一千二百万，现在才有三千八百万，在此百年之内便加多三倍。

我们东方有个岛国，可以说是东方的英国，这个国家就是日本。日本国也是一个民族造成的，他们的民族叫做大和民族。自开国到现在，没有受过外力的吞并，虽然以元朝蒙古的强盛，还没有征服过他。他们现在的人口，除了高丽、台湾③以外是五千六百万。百年以前人口的确数很难稽考，但以近来人口增加率之比例计算，当系增加三倍。故百年以前的日本人口，约计在二千万上下。这种大和民族的精神至今还没有丧失，所以乘欧化东渐，在欧风美雨中利用科学新法发展国家，维新五十年便成现在亚洲最强盛的国家，和欧美各国并驾齐驱，欧美人不敢轻视。我们中国的人口比那一国都要多，至今被人轻视的原故，就是一则有民族主义，一则无民族主义。日本未维新之前，国势也是很衰微，所有的领土不过四川一省大，所有的人口不及四川一省多，也受过外国压制的耻辱。因为他们有民族主义的精神，所以便能发奋为雄，当中经过不及五十年，便由衰微的国家变成强盛的国家。我们要中国强盛，日本便是一个好模范。

用亚洲人和欧洲人比，从前以为世界上有聪明才智的只有白人，无论什么事都被白人垄断。我们亚洲人因为一时无法可以得到他们的长处，怎样把国家变成

---

①　奥国与后文叙及的"奥"，均指一八六七年成立的奥匈帝国（The Empire of Austria-Hungary），该帝国于一九一八年瓦解。

②　威尔斯（Wales），今译威尔士。

③　台湾原为中国领土，在一八九五年所订《马关条约》中，清朝被迫将台湾全岛及所属各岛屿割让给日本。同时割让的还有后文叙及的澎湖列岛。

富强？所以对于要国家富强的心思，不但中国人失望，就是亚洲各民族的人都失望。到了近来忽然兴起一个日本，变成世界上头等富强的国家。因为日本能够富强，故亚洲各国便生出无穷的希望，觉得日本从前的国势也是和现在的安南、缅甸一样，现在的安南、缅甸便比不上日本。因为日本人能学欧洲，所以维新之后便赶上欧洲。当欧战停止之后，列强在华赛尔①讨论世界和平，日本的国际地位列在五大强国之一，提起关于亚洲的事情，列强都是听日本主持，惟日本马首是瞻。由此便可知，白人所能做的事，日本人也可以做。世界上的人种虽然有颜色不同，但是讲到聪明才智，便不能说有什么分别。亚洲今日因为有了强盛的日本，故世界上的白种人不但是不敢轻视日本人，并且不敢轻视亚洲人。所以日本强盛之后，不但是大和民族可以享头等民族的尊荣，就是其他亚洲人也可抬高国际的地位。从前以为欧洲人能够做的事，我们不能够做；现在日本人能够学欧洲，便知我们能够学日本，我们可以学到像日本，也可知将来可以学到像欧洲。

俄国在欧战的时候发生革命，打破帝制，现在成了一个新国家，是社会主义的国家，和从前大不相同。他们的民族叫做斯拉夫，百年以前的人口是四千万，现在有一万〈万〉六千万，比从前加多四倍，国力也比从前加大四倍。近百年以来，俄国是世界上顶强的国家，不但是亚洲的日本、中国怕他侵入，就是欧洲的英国、德国也怕他侵入。他们在帝国时代专持侵略政策，想扩张领土。现在俄国的疆土占欧洲一半，占亚洲也到一半，领土跨占欧亚两洲，他们这样大的领土都是从侵略欧亚两洲而来。当日俄之战时，各国人都怕俄国侵略中国的领土；他们所以怕俄国侵占中国领土的原故，是恐怕中国被俄国侵占之后，又再去侵略世界各国，各国都要被俄国侵占。俄国人本有并吞世界的志气，所以世界各国便想法来抵制，英日联盟就是为抵制这项政策。日俄战后，日本把俄国赶出高丽、南满②以外，遂推翻俄国侵略世界的政策，保持东亚的领土，世界上便生出一个大变化。自欧战以后，俄国人自己推翻帝国主义，把帝国主义的国家变成新社会主义的国家，世界上又生出一个

---

① 华赛尔（Versailles），今译凡尔赛，法国伊夫林省（Yvelines Departement）首府。华赛尔会议亦称"巴黎和会"。

② 清末在满洲地区划置奉天（一九二九年改名辽宁）、吉林、黑龙江三个行省，合称东三省，满洲仍为东三省之别称。南满系指东三省南部地域，一九〇七年七月三十日在圣彼得堡所订的日俄第一次密约中，立有专款对北满与南满的界线作出具体规定。

更大的变化。这种变化，成功不过六年。他们在这六年之中，改组内部，把从前用武力的旧政策改成用和平的新政策，这种新政策不但是没有侵略各国的野心，并且抑强扶弱，主持公道。于是世界各国又来怕俄国，现在各国怕俄国的心理比从前还要利害①。因为那种和平新政策，不但是打破俄国的帝国主义，并且是打破世界的帝国主义；不但是打破世界的帝国主义，并且打破世界的资本主义。因为现在各国表面上的政权虽由政府作主，但是实在由资本家从中把持。俄国的新政策要打破这种把持，故世界上的资本家便大恐慌，所以世界上从此便生出一个很大的变动。因为这个大变动，此后世界上的潮流也随之改变。

就欧洲战争的历史说，从前常发生国际战争，最后的欧战是德、奥、土、布②诸同盟国和英、法、俄、日、意、美诸协商国③两方战争，经过四年的大战，始筋疲力尽，双方停止。经过这次大战之后，世界上先知先觉的人，逆料将来欧洲没有烧点可以引起别种国际战争，所不能免的或者是一场人种的战争，像黄人和白人战争之例。但自俄国新变动发生之后，就我个人观察已往的大势，逆料将来的潮流，国际间大战是免不了的，但是那种战争不是起于不同种之间，是起于同种之间，白种与白种分开来战，黄种同黄种分开来战。那种战争是阶级战争，是被压迫者和横暴者的战争，是公理和强权的战争。

俄国革命以后，斯拉夫民族生出了什么思想呢？他们主张抑强扶弱，压富济贫，是专为世界上伸张公道打不平的。这种思想宣传到欧洲，各种弱小民族都很欢迎，现在最欢迎的是土耳其。土耳其在欧战之前最贫最弱，不能振作，欧洲人都叫他做"近东病夫"，应该要消灭。到了欧战加入德国方面，被协商国打败了，各国更想把他瓜分，土耳其几乎不能自存。后来俄国出来打不平，助他赶走希腊，修改一切不平等的条约。到了现在，土耳其虽然不能成世界上的头等强国，但是已经成了欧洲的二三等国④。这是靠什么力量呢？是全靠俄国人的帮助。由此推论出来，将来的趋势一定是

---

①　"利害"于此处与"厉害"同义。

②　"布"即后文叙及的布加利亚（Bulgaria）简称，今译保加利亚。

③　协商国（The Entente Powers），今译协约国；另一方为同盟国（The Central Powers）。

④　七世纪东突厥与西突厥被唐朝灭亡后，西突厥之一支即奥斯曼土耳其人经中亚向小亚细亚迁移，十三世纪建立奥斯曼帝国（The Ottoman Empire），鼎盛时期曾地跨欧、亚、非三洲，至近代沦为西方列强宰割对象，第一次世界大战后瓦解；一九二三年十月成立土耳其共和国。

无论那一个民族或那一个国家，只要被压迫的或委曲的，必联合一致去抵抗强权。

那些国家是被压迫的呢？当欧战前，英国、法国要打破德意志的帝国主义，俄国也加入他们一方面，后来不知道牺牲了多少生命财产，中途还要回师，宣布革命。这是什么原故呢？是因为俄国人受压迫太甚，所以要去革命，实行他们的社会主义，反抗强权。当时欧洲列强都反对这种主义，所以共同出兵去打他，幸而俄国有斯拉夫民族的精神，故终能打破列强。至今列强对于俄国武力上不能反对，便不承认他是国家（现在英国已正式承认俄国①），以为消极的抵制。欧洲各国何以反对俄国的新主义呢？因为欧洲各国人是主张侵略，有强权无公理，俄国的新主义是主张以公理扑灭强权的，因为这种主张和列强相反，所以列强至今还想消灭他。俄国在没有革命之前也主张有强权无公理，是一个很顽固的国家，现在便反对这项主张；各国因俄国反对这项主张，便一齐出兵去打俄国。因为这个原故，所以说以后战争是强权和公理的战争。今日德国是欧洲受压迫的国家。亚洲除日本以外，所有的弱小民族都是被强暴的压制，受种种痛苦，他们同病相怜，将来一定联合起来去抵抗强暴的国家。那些被压迫的国家联合，一定去和那些强暴的国家拚命一战。推到全世界，将来白人主张公理的和黄人主张公理的一定是联合起来，白人主张强权的和黄人主张强权的也一定是联合起来，有了这两种联合，便免不了一场大战。这便是世界将来战争之趋势。

德国在一百年前人口有二千四百万，经过欧战之后虽然减少了许多，但现在还有六千万。这一百年内增加了两倍半。他们的人民叫做条顿民族，这种民族和英国人相近，是很聪明的，所以他们的国家便很强盛。经过欧战以后，武力失败，自然要主张公理，不能主张强权。

美国人口一百年前不过九百万，现在有一万万以上。他们的增加率极大，这百年之内加多十倍。他们这些增加的人口，多半是由欧洲移民而来，不是在本国生育的。欧洲各国的人民，因为近几十年来欧洲地狭人稠，在本国没有生活，所以便搬到美国来谋生活。因为这个原故，美国人口便增加得非常快。各国人口的增加多是由于生育，美国人口的增加多是由于容纳。美国人的种族比那一国都要

---

① 括号内此语为孙文校订《民族主义》一书时所加。英国宣布承认苏联是在一九二四年二月一日，又于同年八月建立邦交。

复杂，各洲各国的移民都有，到了美国之后就熔化起来，所谓合一炉而冶之，自成一种民族。这种民族既不是原来的英国人、法国人、德国人，又不是意大利人和其他南欧洲人，另外是一种新民族，可以叫做"美利坚民族"。美国因为有独立的民族，所以便成世界上独立的国家。

法国人是拉丁民族。拉丁民族散在欧洲的国家有西班牙、葡萄牙、意大利，移到美洲的国家有墨西哥、比鲁、芝利、哥仑比亚①、巴西、阿根廷和其他中美洲诸小国。因为南美洲诸国的民族都是拉丁人，所以美国人都把他们叫做"拉丁美利坚"②。法国人口增加很慢，百年之前有三千万，现在有三千九百万，一百年内不过增加四分之一。

我们现在把世界人口的增加率，拿来比较一比较。近百年之内，在美国增加十倍，英国增加三倍，日本也是三倍，俄国是四倍，德国是两倍半，法国是四分之一。这百年之内人口增加许多的原故，是由科学昌明，医学发达，卫生的设备一年比一年完全，所以减少死亡，增加生育。他们人口有了这样增加的迅速，和中国有什么关系呢？用各国人口的增加数和中国的人口来比较，我觉得毛骨耸然！譬如美国人口百年前不过九百万，现在便有一万万多，再过一百年仍然照旧增加，当有十万万多。中国人时常自夸，说我们人口多，不容易被人消灭。在元朝入主中国以后，蒙古民族不但不能消灭中国人，反被中国人同化。中国不但不亡，并且吸收蒙古人。满洲人征服中国，统治二百六十多年，满洲民族也没有消灭中国人，反为汉族所同化，变成汉人，像现在许多满人都加汉姓。因为这个原故，许多学者便以为纵让日本人或白人来征服中国，中国人只有吸收日本人或白种人的，中国人可以安心罢。殊不知百年之后，美国人口可加到十万万，多过我们人口两倍半。从前满洲人不能征服中国民族，是因为他们只有一百几十万人，和中国的人口比较起来数目太少，当然被中国人吸收。如果美国人来征服中国，那么百年之后，十个美国人中只参杂四个中国人，中国人便要被美国人所同化。诸君知道中国四万万人是什么时候调查得来的呢？是满清乾隆时候调查得来的。乾隆以后没有调查，自乾隆到现在将及二百年，还是四万万人。百年之前是四万万，百年

---

① 哥仑比亚（Colombia），今译哥伦比亚。

② 拉丁美利坚（Latin America），今译拉丁美洲。

之后当然也是四万万。

法国因为人口太少，奖励生育，如果一个人生三子的便有奖，生四五子的便有大奖，如果生双胎的更格外有奖。男子到了三十岁不娶和女子到了二十岁不嫁的，便有罚。这是法国奖励生育的方法。至于法国人口并不减少，不过他们的增加率没有别国那一样大罢了。且法国以农业立国，国家富庶，人民家给户足，每日都讲究快乐。百年前有一个英国学者叫做马尔赛斯①，他因为忧世界上的人口太多，供给的物产有限，主张减少人口，曾创立一种学说，谓"人口增加是几何级数，物产增加是数学级数"。法国人因为讲究快乐，刚合他们的心理，便极欢迎马氏的学说，主张男子不负家累，女子不要生育。他们所用减少人口的方法，不但是用这种种自然方法，并且用许多人为的方法。法国在百年以前的人口比各国都要多，因为马尔赛斯的学说宣传到法国之后很被人欢迎，人民都实行减少人口。所以弄到今日，受人少的痛苦，都是因为中了马尔赛斯学说的毒。中国现在的新青年也有被马尔赛斯学说所染，主张减少人口的。殊不知法国已经知道了减少人口的痛苦，现在施行新政策是提倡增加人口，保存民族，想法国的民族和世界上的民族永久并存。

我们的人口到今日究竟有多少呢？增加的人数虽然不及英国、日本，但自乾隆时算起，至少也应该有五万万。从前有一位美国公使叫做乐克里耳②，到中国各处调查，说中国的人口最多不过三万万。我们的人口到底有多少呢？在乾隆的时候已经有了四万万，若照美国公使的调查，则已减少四分之一。就说是现在还是四万万，以此类推，则百年之后恐怕仍是四万万。

日本人口现在有了六千万，百年之后应该有二万万四千万。因为在本国不能生活，所以现在便向各国诉冤，说岛国人口太多，不能不向外发展。向东走到美国，加利佛尼亚省③便闭门不纳；向南走到澳洲，英国人说"澳洲是白色人的澳

---

① 马尔赛斯（Thomas Robert Malthus），今译马尔萨斯；其代表作《人口原理》（*An Essay on the Principle of Population*），亦译《人口论》。

② 乐克里耳（William Woodville Rockhill），汉名柔克义，一九〇五年至一九〇九年任美国驻华公使，到中国各地调查乃出任公使前十余年之事；他有关中国的英文著述颇多，其中包括一九〇四年在华盛顿出版的《中国人口调查》（*Inquiry into Population of China*）一书。

③ 加利佛尼亚省（California），今译加利福尼亚州，俗称加州。

洲，别色人种不许侵入"。日本人因为到处被人拒绝，所以便向各国说情，说日本人无路可走，所以不能不经营满洲、高丽。各国也明白日本人的意思，便容纳他们的要求，以为日本殖民到中国于他们本国没有关系。

一百年之后，全世界人口一定要增加好几倍。像德国、法国因为经过此次大战之后死亡太多，想恢复战前状态，奖励人口生育，一定要增加两三倍。就现在全世界的土地与人口比较，已经有了人满之患。像这次欧洲大战，便有人说是"打太阳"的地位。因为欧洲列强多半近于寒带，所以起战争的原故，都是由于互争赤道和温带的土地，可以说是要争太阳之光。中国是全世界气候最温和的地方，物产顶丰富的地方，各国人所以一时不能来吞并的原因，是由他们的人口和中国的人口比较还是太少。到一百年以后，如果我们的人口不增加，他们的人口增加到很多，他们便用多数来征服少数，一定要并吞中国。到了那个时候，中国不但是失去主权，要亡国，中国人并且要被他们民族所消化，还要灭种。像从前蒙古、满洲征服中国，是用少数征服多数，想利用多数的中国人做他们的奴隶。如果列强将来征服中国，是用多数征服少数，他们便不要我们做奴隶，我们中国人到那个时候连奴隶也做不成了！

附：最初第一讲

（一月十三日）①

今日演讲三民主义。何者为三民主义？其最简单之定义，即救国主义也。何者为主义？即一种思想、信仰与力量。人类对于主义之实行，须先具有一种思想，然后发生信仰，再发生力量；至有力量时，其主义乃得完成。中国今日情状如何？应救国否？如应救国，则宜运用最大之力量以救国，此力量名曰救国力量。以主义救国家，用主义生出力量以救国。三民主义已成为一种口头禅，而透切了解尚

---

①　是日孙文已在高师礼堂向三千多名听众演说民族主义第一讲，当时之所以将演讲三民主义推迟两星期，可能与筹开国民党代表大会有关。观其内容，与二十七日开讲者基本相同，惟系用文言文纪录，且较简略。

做不到，今日特将此问题详细讲明。

先讲民族主义。何为民族主义？在中国社会历史习惯上言之，可称为国族主义。中国人极信仰家族主义，进而宗族主义。各国观察者考察中国民族主义，咸以为一盘散沙。何以言之？因为只有家族主义，而无宗〔国〕族主义也。中国人肯为宗族牺牲身家性命，即为乡族械斗是也。故最大团结至宗族为主〔止〕，而不能至国族。故民族主义在中国可讲为国族主义，外国则不能也。

民族主义，外国人名称以民族与国家混而为一，名词虽同而解释有别。我先分别何者为国家，何者为民族。世界上有许多能以分晰者：中国数千年来只一民族成一国家，外国则有许多〈民〉族成一国家者，有一国中包〈括〉许多民族者，如英国则结合许多民族成一大国家是也。英国各地民族不同，印度为英领地，有三万万人民，然非英民，故只能称为民族国家，不能称为国族国家，故不能只称民族主义为国家主义也。而中国则能，所有中国领土俱为中国人，故可称为国族之国家。中国人现在香港者凡几十万，香港则属英国国家，而中国人则为中国民族。印度亦然。美国同英国为一民族，惟各有国家。

故国家与民族可为分别，果用何界限以分判为适当耶？以造成民族力量言之，民族以自然力量造成者也，国家以政治力量（即武力）造成者也。故结合以王道，随其自然力量而产生者曰民族；以团体霸道，用武力勉强造成者曰国家。以香港而言，英国用武力征服、割让民族而成；印度亦然。西谚有云："英国无日落。"即以地球旋转而言，英国领土东则为香港，西则为雅典、埃及，最西则为英国，均用霸道得来。民族则不然也，结合毫无勉强，非压力所能更变。

民族之起源：以人类而观，凡称为人者，合所有世界人类而言，人为动物之灵。人类之分别，第一为人种，有红、黄、白、黑、棕等五种；第二为种族，在黄色人种中有汉族、日本族、马来族，如中国则有汉、满、蒙、回、藏五族；第三为民族，如上所述，为自然力量而结合。自然力量非只一种，甚为复杂。民族之根源，最大力量者厥为血统。黄色人民族根源于黄色人种，白色人民族根源于白色人种。次造成民族力量者为经济力量，即生活力量。谋生方法各有不同，往往分别各种民族。如蒙古人游牧，逐水土而居，迁移无定，此种生活之人渐成习惯，成为民族结合，是为蒙古民族。当蒙古民族最强盛之时，威力所及，征服欧亚，民族力量极为雄大，今英国不如也，古罗马不如也，中国汉唐时代不如也。自古发展自己民族之力与武功之盛，以蒙古为最，皆由其民族习游牧，耐劳〈刻〉苦故也。故生活力量造成民族之力甚大。次为语言力量，语言可以感化造成民族。如有一民族能了解熟习吾人之语言，久而必同化于吾人也。又次为宗教，即同一宗教、同一宗教之人亦可做成民族．力量亦大。宗教力量最大者为阿拉伯、犹太人，该两国领土已亡，而该教民族则仍存，不能消灭。犹太人且执各国之经济权，耶稣为犹太人，为世界教主。回教徒因有结合，亦能存在。其余如印度已亡，因有佛教之崇奉，其民族结合至今未亡。

欲救中国，须提倡民族主义，方能发挥民族精神。中国民族四万万人，除蒙、满、回、藏等四种人不满千万外①，同一血统、生活语言习惯均称汉族。汉人为世界最大之民族。中国四千年来之文明教化，足可与欧洲各国并驾齐驱。因失却民族主义及精神而为最大民族结合，故为世界上最贫弱之国，处国际最低之地位。人为刀俎，我为鱼肉，今日地位甚为危险。吾人须注意提倡民族精神，结合四万万人起而挽救，提倡民族主义，用民族精神来救国。

又次风俗习惯力量，同一风俗习惯，久可成为一民族。

研求民族，有上述数种力量，此为自然之力量。故民族结合系自然而结合，民族与国家之区别即在是点，此大略也。

欧战以前世界上有七八强国，其大者如俄，强者如英，富者如美，新起者如日本。战后已有二三强国失势矣，如德、奥是也，现存英、美、法、日、意数国。然英、美、俄皆以民族立国者。现以英国人口计之，除苏格兰外，英伦人口得三千八百万，此为纯粹英种，百年前不过得一千二百万而已，百年之内加增人口三倍。日本则为大和民族，立国数千年来强国未有侵及日本者，现人口五千六百万，除高丽、台湾、疏〔琉〕球不计外，百年前人口多少无从稽考，然以三四十年前推算，亦加三四倍。国民能本大和民族之精神，欧风东渐，能效而发展之，故终能侪〔跻〕于强国之列。吾国欲变贫弱为富强，最好以日本为模范。

---

①　以上八字底本原作"种四人外不满千万"，今改"四种人不满千万外"。

亚洲各国，从前曾经富强者也，乃自欧风美雨鼓荡吹来，以为欧人乃有治国之力，亚人则无，遂失其勇敢有为之思想，顿生失望之念，心悦诚服受化于外人。惟自日本崛兴后，足令亚洲民族觉有大希望之途径，且生信仰之心思。盖以日本亦亚洲黄种人耳，黄种人之聪明智能足与白种人比赛也。日本数十年前其弱与中国等，领土较中国为小，四川一省较日本全国为大，现列强对于亚洲事务惟日本之马首是瞻。由此言之，不特日本自可保其民族，如能奋发自强，亚洲各国亦可保其民族；不独日本足以富强，亚洲各国亦可以富强。

俄国为斯拉夫民族而造成，百年以前四千余万人，今则一万万六千余万人，增加四倍。欧战以前其强盛可比蒙古之兴盛，采用帝国主义，以侵略为政策，其领土占欧亚各一大半，尚形鳄噬鲸吞之势。日俄战争前，吾人必以中国为亡于俄也，故英、日设种种方法以防之。盖当时俄之野心，先吞中国，渐吞世界，然是时俄确有此志，亦有此势。迨俄败后，东亚和平地位暂可维持。至欧战后，俄之帝国主义完全推翻，变而为社会主义国家，由是生出世界之大变化。俄国革命，六年成功，不独无侵人之心，且有助人之志，故俄国从前势力已渐渐恢复。现在列强之忌俄，比帝国侵略时代为尤甚。盖俄之新政策，不独打破俄帝国主义，且打破世界帝国主义，不独打破世界帝国主义，且打破世界资本主义也。

自俄之变化发生，世界潮流日趋变动。从前国际战争，德、奥、土、布联盟，与英、法、意、美、日各协商国决战，此战解决以后，欧战无焦点。近代名哲之观察，以为将来世界之争为人种之争。但自俄革命后，吾人知人种之争为不确。以予之判断，日后世界之战争，为黄种与黄种、白种与白种、黄联黄、白联白①之争，名为阶级战争，即为被压者与强暴者之战争，亦即为武力与公理之战争。

现在俄国民族生出济弱扶倾之思想，专为世界打不平，此主义已传播于欧洲一带，且得大多数衰弱民族之赞成。即如土耳其国，从前人皆名之为"近东病夫"，欧战败后其领土分割于列强，几无以自存，后得俄国之助，于生死关头之间发奋为雄，脱离衰弱之状态，目下虽非强盛，然已能侪〔跻〕于欧洲二三等国地位。故以后世界潮流，将来各弱国必有大联合以抵御强权。

---

① "黄联黄、白联白"，疑为"黄联白、白联黄"之误。

俄本协商国之一，合力攻德，死人至千万，财力损失几至全国破产。但革命一发生，打破资本主义，昔之与俄联者今皆反戈相向，从前友爱者已变为仇敌矣。幸民族之心一致，故能保存耳。

故自德国解除武装以后，亚洲受屈之国家，除日本以外必联合起来，与列强决一大战。将来白种与黄种之主持公理者势必联合，而主张强权者亦必联合，此为余对于世界将来之观察判断也。

法〔德〕国败后现仍有六千万人，在百年前为二千四百万人，皆为条顿民族，富有强毅勇敢力量，故存有并吞世界各国之志。美国在百年前人口为九百万人，现已达一万万一千万人，百年来加多十倍有奇。但其民族非本土产之增加，乃移民之增加，故用融化之法，另成一种新气象，与列强不同。故欧亚人到美之后，皆与美人同化，是为新同化之新民族，亦为世界最有力之民族，故美为最富强之国家。法国本为拉丁民族，南美洲全部皆属此族，而拉丁民族之在法者其生产力为最弱，百年前有三千万人，今得三千九百万人耳。（未完）

据《大元帅三民主义演词》，连载一九二四年一月十五日
《广州民国日报》（六）及十六日该报（六）、（七）①

第　二　讲

（二月三日）

自古以来，民族之所以兴亡，是由于人口增减的原因很多，此为天然淘汰。人类因为遇到了天然淘汰力，不能抵抗，所以古时有很多的民族和很有名的民族，在现在人类中都已经绝迹了。我们中国的民族也很古，从有稽考以来的历史讲，已经有了四千多年。故推究我们的民族，自开始至今至少必有五六千年。当中受过了许多天然力的影响，遗传到今日，天不但不来消灭我们，并且还要令我们繁盛，生长了四万万人。和世界的民族比较，我们还是最多最大的，是我们民族所受的天惠比较别种民族独厚。故经过天时人事种种变更，自有历史四千多年以来，只见文明进步，不见民族衰微，代代相传，到了今天还是世界最优秀的民族。所

---

① 《广州民国日报》自十五日起将演说词连载，惟现存该报影印本缺十七日至二十日，故本书收录者并非全文。

以一般乐观的人，以为中国民族从前不知经过了多少灾害，至今都没有灭亡，以后无论经过若何灾害是决不至灭亡的。这种论调，这种希望，依我看来是不对的。因为就天然淘汰力说，我们民族或者可以生存，但是世界中的进化力不止一种天然力，是天然力和人为力凑合而成。人为的力量可以巧夺天工，所谓"人事胜天"。这种人为的力，最大的有两种，一种是政治力，一种是经济力。这两种力关系于民族兴亡，比较天然力还要大。我们民族处在今日世界潮流之中，不但是受这两种力的压迫，并且深中这两种力的祸害了。

中国几千年以来，受过了政治力的压迫以至于完全亡国，已有了两次，一次是元朝，一次是清朝。但是这两次亡国都是亡于少数民族，不是亡于多数民族，那些少数民族总被我们多数民族所同化。所以中国在政权上虽然亡过了两次，但是民族还没有受过大损失。至于现在列强民族的情形，便和从前大不相同。一百年以来列强人口增加到很多，上次已经比较过了，像英国、俄国的人口增加三四倍，美国增加十倍。照已往一百年内的增加，推测以后一百年的增加，我们民族在一百年以后无论所受的天惠怎么样深厚，就很难和列强的民族并存于世界。比如美国的人口百年前不过九百万，现在便有一万万以上，再过一百年就有十万万以上。英、德、俄、日的人口都是要增加好几倍。由此推测，到百年之后我们的人口便变成了少数，列强人口便变成了多数。那时候中国民族纵然没有政治力和经济力的压迫，单以天然进化力来推论，中国人口便可以灭亡。况且在一百年以后，我们不但是要受天然力的淘汰，并且要受政治力和经济力的压迫，此两种力比较天然力还要快而且烈。天然力虽然很慢，也可以消灭很大的民族，在百年前有一个先例可以用来证明的，是南北美洲的红番民族。美洲在二三百年前完全为红番之地，他们的人数很多，到处皆有；但从白人搬到美洲之后，红番人口就逐渐减少，传到现在几乎尽被消灭。由此便可见天然淘汰力也可以消灭很大的民族。政治力和经济力比较天然淘汰力还要更快，更容易消灭很大的民族。此后中国民族如果单受天然力的淘汰，还可以支持一百年，如果兼受了政治力和经济力的压迫，就很难渡过十年。故在这十年之内，就是中国民族的生死关头。如果在这十年以内有方法可以解脱政治力和经济力的压迫，我们民族还可以和列强的民族并存。如果政治力和经济力的压迫，我们没有方法去解脱，我们的民族便要被列强的民族所消灭，纵使不至于全数灭亡，也要被天然力慢慢去淘汰。故此后中国的民族，同时受天然力、政治力和经济力的三种压迫，便见得中国民族生存的地位非常危险。

中国受欧美政治力的压迫将及百年。百年以前满人据有我们的国家仍是很强盛的，当时英国灭了印度，不敢来灭中国，还恐中国去干涉印度。但是这百年以来，中国便失去许多领土。由最近推到从前，我们最近失去的领土是威海卫、旅顺、大连、青岛、九龙、广州湾。欧战以后，列强想把最近的领土送回，像最先送回的有青岛，最近将要送回的有威海卫，但这不过是中国很小的地方。从前列强的心理，以为中国永远不能振作，自己不能管理自己，所以把中国沿海的地方像大连、威海卫、九龙等处来占领，做一个根据地，以便瓜分中国。后来中国起了革命，列强知道中国还可以有为，所以才打消瓜分中国的念头。当列强想瓜分中国的时候，一般中国反革命的人说革命足以召瓜分；不知后来革命的结果，不但不召列强瓜分，反打消列强要瓜分中国的念头。再推到前一点的失地是高丽、台湾、澎湖，这些地方是因为日清之战，才割到日本。中国因为日清一战，才引出列强要瓜分的论调。更前一点的失地，是缅甸、安南。安南之失，中国当时还稍有抵抗，镇南关一战，中国还获胜仗。后来因被法国恐吓，中国才和法国讲和，情愿把安南让与法国。但是刚在讲和之前几天，中国的军队正在镇南关、谅山大胜，法国几乎全军覆没。后来中国还是求和，法国人便以为很奇怪。尝有法国人对中国人说："中国人做事真是不可思议。就各国的惯例，凡是战胜之国一定要表示战胜的尊荣，一定要战败的割地赔偿。你们中国战胜之日反要割地求和，送安南到法国，定种种苛虐条件，这真是历史上战胜求和的先例。"中国之所以开这个先例的原因，是由于满清政府太糊涂。安南和缅甸本来都是中国的领土，自安南割去以后，同时英国占据缅甸，中国更不敢问了。又更拿前一点的失地说，就是黑龙江、乌苏里①。又再推到前一点的失地是伊犁流域霍罕②和黑龙江以北诸地，就是前日俄国远东政府所在的地方，中国都拱手送去外人，并不敢问。此外更有琉球、暹罗、蒲鲁

---

① 此指黑龙江流域、乌苏里江以东地区，有一百多万平方公里的中国领土在第二次鸦片战争期间被俄国强占。

② 霍罕（Khokand），今译浩罕，被俄国吞并前系一汗国。

尼、苏绿①、爪哇、锡兰、尼泊尔、布丹②等那些小国，从前都是来中国朝贡过的。故中国最强盛时代领土是很大的，北至黑龙江以北，南至喜马拉雅山以南，东至东海以东，西至葱岭以西，都是中国的领土。尼泊尔到了民国元年还到四川来进贡，元年以后以西藏道路不通，便不再来了。

　　像这样讲来，中国最强盛时候政治力量也威震四邻，亚洲西南各国无不以称藩朝贡为荣。那时欧洲的帝国主义还没有侵入亚洲。当时亚洲之中，配讲帝国主义的只是中国。所以那些弱小国家都怕中国，怕中国用政治力去压迫。至今亚洲各弱小民族，对于中国还是不大放心。这回我们国民党在广州开大会，蒙古派得有代表来③，是看我们南方政府对外的主张是否仍旧用帝国主义。他们代表到了之后，看见我们大会中所定的政纲是扶持弱小民族，毫无帝国主义的意思，他们便很赞成，主张大家联络起来，成一个东方的大国。像这项要赞成我们主张的情形，不但是蒙古如此，就是其他弱小民族都是一样。现在欧洲列强正用帝国主义和经济力量来压迫中国，所以中国的领土便逐渐缩小，就是十八行省以内也失了许多地方。

　　自中国革命以后，列强见得用政治力来瓜分中国是很不容易的，以为从前满洲征服过了中国，我们也晓得革命，如果列强还再用政治力来征服中国，中国将来一定是要反抗，对于他们是很不利的。所以他们现在稍缓其政治力来征服我们，便改用经济力来压迫我们。他们以为不用政治力来瓜分中国，各国便可以免冲突。但是他们在中国的冲突虽然是免了，可是在欧洲的冲突到底还免不了，故由巴尔干半岛问题便生出了欧洲大战。他们自己受了许多损失，许多强国像德国、奥国都倒下来了。但是他们的帝国主义现在还没有改革，英国、法国、意大利仍旧〈把〉帝国主义继续进行。美国也抛弃门罗主义④去参加列强，一致行动。经过了欧战以后，他们在欧洲或者把帝国主义一时停止进行，但是对于中国，像前几日

---

　　①　蒲鲁尼（Borneo），今译婆罗洲，属大巽他群岛（Pulau Greater Sunda）；苏绿，今译苏禄群岛（Sulu Archipelago），在菲律宾群岛西南部。

　　②　布丹（Bhutan），今译不丹。

　　③　此指一九二四年一月下旬举行的中国国民党第一次全国代表大会；同年六月，外蒙古在苏联支持下宣布独立，成立蒙古人民共和国。

　　④　一八二三年十二月，美国总统门罗（James Monroe）发表关于欧洲国家不得干涉西半球事务的宣言，提出"美洲是美洲人的美洲"的口号，被称为门罗主义（Monroe Doctrine）。

各国派二十多只兵舰到广州来示威①，还是用帝国主义的力量来进行他们经济的力量。经济力的压迫，比较帝国主义就是政治力的压迫还要利害。政治力的压迫是容易看得见的，好比此次列强用二十多只兵船来示威，广州人民便立时觉得痛痒，大家生出公愤，就是全国人民也起公愤。故政治力的压迫是容易觉得有痛痒的，但是受经济力的压迫，普通人都不容易生感觉，像中国已经受过了列强几十年经济力的压迫，大家至今还不大觉得痛痒。弄到中国各地都变成了列强的殖民地，全国人至今还只知道是列强的半殖民地。

这"半殖民地"的名词，是自己安慰自己。其实中国所受过了列强经济力的压迫，不只是半殖民地，比较全殖民地还要利害。比方高丽是日本的殖民地，安南是法国的殖民地；高丽人做日本的奴隶，安南人做法国的奴隶。我们动以"亡国奴"三字讥诮高丽人、安南人，我们只知道他们的地位，还不知道我们自己所处的地位实在比不上高丽人、安南人。由刚才所说的概括名义，中国是半殖民地，但是中国究竟是那一国的殖民地呢？是对于已经缔结了条约各国的殖民地，凡是和中国有条约的国家，都是中国的主人。所以中国不只做一国的殖民地，是做各国的殖民地；我们不只做一国的奴隶，是做各国的奴隶。比较起来，是做一国的奴隶好些呀，还是做各国的奴隶好些呢？如果做一国的奴隶，遇到了水旱天灾，做主人的国家就要拨款来赈济。他们拨款赈济，以为这是自己做主人的义务，分内所当为的。做奴隶的人民，也视为这是主人应该要救济的。但是中国北方前几年受了天灾，各国不视为应该要尽的义务，拨款来赈济；只有在中国内地的各国人来提倡捐助赈济灾民，中国人看见了，便说是各国很大的慈善。不是他们的义务，和主人的国家对于奴隶的人民便差得很远，由此便可见中国还比不上安南、高丽。所以做一国的奴隶比较做各国的奴隶的地位是高得多，讲到利益来又是大得多，故叫中国做"半殖民地"是很不对的。依我定一个名词，应该叫做"次殖民地"。这个"次"字是由于化学名词中得来的，如次亚磷便是。药品中有属磷

① 自一九二三年九月起，以孙文为首的中华民国军政府为打破帝国主义列强对中国海关的控制，一再提出将西南诸省应得粤海关"关余"部分拨归军政府的要求。所谓"关余"，即中国关税收入扣除对外赔款及偿还外债后的剩余款额。但虽屡经交涉，北京外交团不仅不加理睬，且由各国军舰驶往广州白鹅潭以武力相威胁。后来这场争关余的斗争终于取得胜利，外交使团不得不于一九二四年四月接受军政府的要求。

质而低一等者名为亚磷，更低一等者名为次亚磷。又如各部官制，总长之下低一级的，就叫作次长一样。中国人从前只知道是半殖民地，便以为很耻辱，殊不知实在的地位还要低过高丽、安南。故我们不能说是半殖民地，应该要叫做次殖民地。

此次广东和外国争关余，关税余款本该是我们的，为什么要争呢？因为中国的海关被各国拿去了。我们从前并不知道有海关，总是闭关自守，后来英国到中国来叩关，要和中国通商，中国便闭关拒绝。英国用帝国主义和经济力量联合起来，把中国的关打开，破了中国的门户。当时英国军队已经占了广州，后来见广州站不住，就不要广州，去要香港，并且又要赔款。中国在那个时候没有许多现钱来做赔款，就把海关押到英国，让他们去收税。当时满清政府计算，以为很长久的时间才可以还清，不料英国人得了海关，自己收税，不到数年便把要求的赔款还清了。清朝皇帝才知道清朝的官吏很腐败，从前经理征收关税有中饱的大毛病，所以就把全国海关都交给英国人管理，税务司也尽派英国人去充当。后来各国因为都有商务的关系，便和英国人争管海关的权利，英国人于是退让，依各国商务之大小为用人之比例。所以弄到现在，全国海关都在外人的手内。中国同外国每立一回条约，就多一回损失，条约中的权利总是不平等，故海关税则都是由外国所定，中国不能自由更改。中国的关税，中国人不能自收自用，所以我们便要争。

现在各国对于外来经济力的压迫，又是怎样对待呢？各国平时对于外国经济力的侵入，都是用海关作武器，来保护本国经济的发展。好比在海口上防止外来军队的侵入，便要筑炮台一样。所以，保护税法就是用关税去抵制外货，本国的工业才可以发达。像美国自白人灭了红番以后，和欧洲各国通商，当时美国是农业国，欧洲各国多是工业国，以农业国和工业国通商，自然是工业国占胜利，故美国就创出保护税法，来保护本国的工商业。保护税法的用意，是将别国的入口货特别加以重税，如进口货物值一百元的，海关便抽税一百元或八十元，各国通例都是五六十元。抽这样重的税，便可以令别国货物的价贵，在本国不能销行；本国货物无税，因之价平，便可以畅销。

我们中国现在怎么样的情形呢？中国没有和外国通商以前，人民所用货物都是自己用手工制造，古人说"男耕女织"，便可见农业和纺织工业是中国所固有的。后来外国货物进口，因为海关税轻，所以外来的洋布价贱，本地的土布价贵，一般人民便爱穿洋布，不穿土布，因之土布工业就被洋布打灭了。本国的手工工业便从此失败，人民无职业，便变成了许多游民。这就是外国经济力压迫的情形。现在中国虽然仍有手工织布，但是原料还要用洋纱。近来渐有用本国棉花和外国机器来纺纱织布的。像上海有很多的大纱厂、大布厂，用这些布厂纱厂本来逐渐可抵制洋货，但是因为海关还在外国人手中，他们对于我们的土布还要抽重税，不但海关要抽重税，进到内地各处还要抽厘金。所以中国不独没有保护税法，并且是加重土货的税去保护洋货。当欧战时，各国不能制造货物输入中国，所以上海的纱厂布厂一时是很发达的，由此所得的利益便极大，对本分利，资本家极多。但欧战以后，各国货物充斥中国，上海的纱厂布厂从前所谓赚钱的，至今都变成亏本了，土货都被洋货打败了。中国关税不特不来保护自己，并且要去保外人，好比自己挖了战濠，自己不但不能用去打敌人，并且反被敌人用来打自己。所以政治力的压迫是有形的，最愚蠢的人也容易看见的；经济力的压迫是无形的，一般人都不容易看见，自己并且还要加重力量来压迫自己。所以中国自通商以后，出入口货物之比较，有江河日下之势。前十年调查中国出入口货物，相差不过二万万元；近来检查海关报告表，一九二一年进口货超过出口货是五万万元，比较十年前已加多两倍半。若照此推算，十年后也加多两倍半，那么进口税〔货〕超过出口货便要到十二万万五千万。换一句话说，就是十年之后，中国单贸易一项，每一年要进贡到外国的是十二万万五千万元。汝看这个漏卮是大不大呢！

经济力的压迫，除了海关税以外还有外国银行。现在中国人的心理，对于本国银行都不信用，对于外国银行便非常信用。好比此刻在我们广东的外国银行便极有信用，中国银行毫无信用。从前我们广东省立银行发出纸币尚可通用，此刻那种纸币毫不能用，我们现在只用现银。从前中国纸币的信用不及外国纸币，现在中国的现银仍不及外国银行的纸币。现在外国银行的纸币销行于广东的总数当有几千万，一般人民都情愿收藏外国纸币，不情愿收藏中国现银。推之上海、天津、汉口各通商口岸，都是一样。推究此中原因，就是因为中了经济压迫的毒。我们平常都以为外国人很有钱，不知道他们是用纸来换我们的货物，他们本来没有几多钱，好多都是我们送到他们的一样。外国人现在所用的钱，不过印出几千万纸，我们信用他，他们便有了几千万钱。那些外国银行的纸币，每印一元只费几文钱印成的纸，他的价值便称是一元或十元或一百元，所以外国人不过是用最少之价值去印几千万元的纸，用那几千万元的纸便来换我们几千万块钱的货物。诸君试想这种损失是大不大呢？为什么他们能够多印纸，我们不能够照样去印呢？因为普通人都中了外国经济压迫的毒，只信用外国，不信用自己，所以我们印的纸便不能通行。

外国纸币之外，还有汇兑。我们中国人在各通商口岸汇兑钱，也是信用外国银行，把中国的钱都交外国银行汇兑。外国银行代中国人汇兑，除汇钱的时候赚千份之五的汇水以外，并强赚两地的钱价，在交钱的时候又赚当地银元合银两的折扣。像这样钱价折扣的损失，在汇钱和交钱的两处地方总算起来，必须过百分之二三。像由广东外国银行汇一万块钱到上海，外国银行除了赚五十元汇水以外，另外由毫银算成上海规〈元〉银的钱价，他们必定把广东毫银的价格算低，把上海规元银的价格抬高，由他们自由计算，最少必要赚一二百元。到了上海交钱的时候，他们不交规元银，只肯交大洋钱，他们用规元银折成大洋钱，必压低银两的市价抬高洋钱的市价，至少又要赚一二百元。故上海、广州两地之间汇兑一万块钱，每次至少要失二三百元。所以用一万块钱在上海、广州两地之间汇来汇去，最多不过三十余次，便完全化为乌有。人民所以要受这些损失的原因，是因为中了外国经济压迫的毒。

外国银行在中国的势力，除了发行纸币和汇兑以外，还有存款。中国人有了钱，要存到银行内。不问中国银行的资本是大是小，每年利息是多是少，只要知道是中国人办的，便怕不安全，便不敢去存款。不问外国银行是有信用没有信用，他们所给的利息是多是少，只要听到说是外国人办的，有了洋招牌，便吃了定心丸，觉得极安全，有钱便送进去，就是利息极少也是很满意。最奇怪的是辛亥年武昌起义以后，一般满清皇室和满清官僚怕革命党到了，要把他们的财产充公，于是把所有的金银财宝都存到各处外国银行，就是没有利息，只要外国人收存，便心满意足。甚至像清兵和革命军在武汉打仗，打败了的那几日，北京东交民巷的外国银行所收满人寄存的金银财宝不计其数，至弄到北京所有的外国银行都有钱满之患，无余地可以再存。于是后来存款的，外国银行对于存款人不但不出息钱，反要向存款人取租钱；存款人只要外国银行收存款，说到租钱，外国银行要若干便给若干。当时调查全国的外国银行所收中国人的存款，总计一二十万万。从此以后中国人虽然取回了若干，但是十几年以来，一般军阀官僚像冯国璋、王占元、李纯、曹琨〔锟〕到处搜括，所发的横财每人动辄是几千万，他们因为想那些横财很安全，供子子孙孙万世之用，也是存入外国银行，所以至今外国银行所收中国人存款的总数，和辛亥年的总数还是没有什么大加减。外国银行收了这一二十万万存款，每年付到存款人的利息是很少的，最多不过四五厘。外国银行有了这一二十万〈万〉钱，又转借到中国小商家，每年收到借款人的利息是很多的，最少也有七八厘，甚至一分以上。因此外国银行只任经理之劳，专用中国人的资本来赚中国人的利息，每年总要在数千万。这是中国人因为要存款到外国银行，无形中所受的损失。普通人要把钱存到外国银行内的心理，以为中国银行不安全，外国银行很安全，把款存进去，不怕他们闭倒。试问现在的中法银行停止营业，把中国人的存款没有归还，中法银行是不是外国银行呢？外国银行的存款是不是安全呢？外国银行既是不安全，为什么我们中国人还是甘心情愿，要把中国的钱存到外国银行，每年要损失这样的大利息呢？推究这个原因，也是中了外国经济压迫的毒。

外国银行一项，在中国所获之利，统合纸票、汇兑、存款三种算之，当在一万万元左右。

外国银行之外，还有运费。中国货物运去外国固然是要靠洋船，就是运往汉口、长沙、广州各内地也是靠洋船的多。日本的航业近来固然是很发达，但是日本最先的时候只有一个日本邮船会社，后来才有东洋汽船会社、大版〔阪〕商船会社、日清汽船公司航行于中国内地，航行于全世界。日本航业之所以那样发达，是因为他们政府有津贴来补助，又用政治力特别维持。在中国看起来，国家去津贴商船有什么利益呢？不知日本是要和各国的经济势力相竞争，所以在水上交通一方面也和各国缔结条约，订出运货的运费，每吨有一定的价钱。比方由欧洲运货到亚洲，是先到上海，再到长崎、横滨。由欧洲到上海，比较由欧洲到长崎、横滨的路程是近得多的。但是由欧洲运货到长崎、横滨，每吨的运费，各船公司定得很平；至于由欧洲运货到上海的运费，中国无航业与他抵抗，各船公司定得很贵。故由欧洲运货到长崎、横滨，比较由欧洲运货到上海每吨的运费还要便宜。因此，欧洲货物在日本出卖的市价，还要比在上海的平。反过来，如果中国货物由上海运去欧洲，也是比由长崎、横滨运去欧洲所费的运费贵得多。若是中国有值一万万块钱的货物运往欧洲，中国因为运费的原故，就要加多一千万。照此计算，就是一万万之中要损失一千万。中国出入口货物的价值每年已至十余万万以上，此十余万万中，所损失也当不下一万万元了。

此外还有租界与割地的赋税、地租、地价三项，数目亦实在不少。譬如香港、台湾、上海、天津、大连、汉口那些租界及割地内的中国人，每年纳到外国人的赋税至少要在二万万以上。像从前台湾纳到日本人的税每年只有二千万，现在加到一万万；香港从前①纳到英国人的税每年只有几百万，现在加到三千万。以后当然照此例更行增加。其地租一项，则有中国人所收者，有外国人所收者，各得几何，未曾切实调查，不得而知，然总以外国人所收为多，则不待问了。这地租之数，总比之地税十倍。至于地价又年年增加，外人既握经济之权，自然是多财善贾，把租界之地平买贵卖。故此赋税、地租、地价三项之款，中国人之受亏每年亦当不下四五万万元。

又在中国境内外人之团体及个人营业，恃其条约之特权来侵夺我们利权的，更难以数计。单就南满铁路一个公司说，每年所赚纯利已达五千余万。其他各国人之种种营业，统而推之，当在万万以上。

更有一桩之损失，即是投机事业。租界之外人，每利用中国人之贪婪弱点，日日有小投机，数年一次大投机，尽量激发中国人之赌性热狂。如树胶的投机、马克②的投机，每次之结果，则中国人之亏累至少都要数千万元。而天天之小投机事业，积少成多，更不知其数了。像这样的损失，每年亦当数千万元。

至于战败的赔款，甲午赔于日本者二万万五千万两，庚子赔于各国者九万万两，是属于政治上武力压迫的范围，当不能与经济压迫同论，且是一时的，不是永久的，尚属小事了。其他尚有藩属之损失、侨民之损失，更不知其几何矣。这样看来，此种经济的压迫，真是利害得很了。

---

① 此处删一衍字"祇"。

② 马克（mark），德国货币单位。

　　统共算起来：其一，洋货之侵入，每年夺我利权的五万万元；其二，银行之纸票侵入我市场，与汇兑之扣折、存款之转借等事，夺我利权者或至一万万元；其三，出入口货物运费之增加，夺我利权者约数千万至一万万元；其四，租界与割地之赋税、地租、地价三桩，夺我利权者总在四五万万元；其五，特权营业一万万元；其六，投机事业及其他种种之剥夺者当在数千万元。这六项之经济压迫，令我们所受的损失总共不下十二万万元。此每年十二万万元之大损失，如果无法挽救，以后只有年年加多，断没有自然减少之理。所以今日中国已经到了民穷财尽之地位了，若不挽救，必至受经济之压迫至于国亡种灭而后已。

　　当中国强盛时代，每要列邦年年进贡，岁岁来朝。而列邦的贡品，每年所值大约也不过百数十万元，我们便以为非常的荣耀了。到了宋朝中国衰弱的时候，反要向金人进贡，而纳于金人的贡品每年大约也不过百数十万元，我们便以为奇耻大辱。我们现在要进贡到外国每年有十二万万元，一年十二万万，十年就一百二十万万。这种经济力的压迫，这样大的进贡，是我们梦想不到，不容易看见的，所以大家还不觉得是大耻辱。如果我们没有这样大的进贡，每年有十二万万一宗大款，那么我们应该做多少事业呢？我们的社会要如何进步呢？因为有了这种经济力的压迫，每年要受这样大的损失，故中国的社会事业都不能发达，普通人民的生机也没有了。专就这一种压迫讲，比用几百万兵来杀我们还要利害。况且外国背后更拿帝国主义来实行他们经济的压迫，中国人民的生机自然日蹙，游民自然日多，国势自然日衰了。

　　中国近来一百年以内已经受了人口问题的压迫，中国人口总是不加多，外国人口总是日日加多，现在又受政治力和经济力一齐来压迫。我们同时受这三种力的压迫，如果再没有办法，无论中国领土是怎么样大，人口是怎么样多，百年之后一定是要亡国灭种的，我们四万万人的地位是不能万古长存的。试看美洲的红番，从前到处皆有，现在便要全数灭亡。所以我们晓得政治压迫的利害，还要晓得经济的压迫更利害，不能说我们有四万万人，就不容易被人消灭。因为中国几千年以来从没有受过这三个力量一齐来压迫的，故为中国民族的前途设想，就应该要设一个什么方法，去打消这三个力量。

第 三 讲

（二月十日）

民族主义这个东西，是国家图发达和种族图生存的宝贝。中国到今日已经失去了这个宝贝。为什么中国失去了这个宝贝呢？我在今天所讲的大意，就是把中国为什么失去了民族主义的原故来推求，并且研究我们中国的民族主义是否真正失去。

依我的观察，中国的民族主义是已经失去了，这是很明白的，并且不只失去了一天，已经失去了几百年。试看我们革命以前，所有反对革命很利害的言论，都是反对民族主义的。再推想到几百年前，中国的民族思想完全没有了。在这几百年中，中国的书里头简直是看不出民族主义来，只看见对于满洲的歌功颂德，什么"深仁厚泽"，什么"食毛践土"，从没有人敢说满洲是什么东西的。近年革命思想发生之后，还有许多自命为中国学士文人的，天天来替满洲说话。譬如从前在东京办《民报》时代，我们提倡民族主义，那时候驳我们民族主义的人，便说满洲种族入主中华，我们不算是亡国，因为满洲受过了明朝龙虎将军的封号，满洲来推翻明朝不过是历代朝廷相传的接替，可说是易朝，不是亡国。然则从前做过中国税务司的英国人赫德①，他也曾受过了中国户部尚书的官衔，比如赫德来灭中国，做中国的皇帝，我们可不可以说中国不是亡国呢？这些人不独是用口头去拥护满洲，还要结合一个团体叫做保皇党，专保护大清皇帝，来消灭汉人的民族思想的。所有保皇党的人，都不是满洲人，完全是汉人。欢迎保皇党的人，多是海外华侨。后遇革命思想盛行之时，那些华侨才渐渐变更宗旨，来赞成革命。华侨在海外的会党极多，有洪门三合会，即致公堂。他们原来的宗旨本是反清复明，抱有种族主义的；因为保皇主义流行到海外以后，他们就归化保皇党，专想保护大清皇室的安全。故由有种族主义的会党，反变成了去保护满洲皇帝。把这

---

① 赫德（Robert Hart），晚清担任中国海关总税务司四十五年，甚得清廷倚重，官阶累升至正一品（比从一品的户部尚书还高），死后被追授为太子太保。

一件事看来，便可证明中国的民族主义完全亡了。

我们讲到会党，便要知道会党的起源。会党在满清康熙时候最盛。自顺治打破了明朝，入主中国，明朝的忠臣义士在各处起来抵抗，到了康熙初年还有抵抗的。所以中国在那个时候，还没有完全被满洲征服。康熙末年以后，明朝遗民逐渐消灭，当中一派是富有民族思想的人，觉得大事去矣，再没有能力可以和满洲抵抗，就观察社会情形，想出方法来结合会党。他们的眼光是很远大的，思想是很透彻的，观察社会情形也是很清楚的。他们刚才结合成种种会党的时候，康熙就开"博学鸿词科"，把明朝有智识学问的人几乎都网罗到满洲政府之下。那些有思想的人，知道了不能专靠文人去维持民族主义，便对于下流社会和江湖上无家可归的人收罗起来，结成团体，把民族主义放到那种团体内去生存。这种团体的分子，因为是社会上最低下的人，他们的行动很鄙陋，便令人看不起，又用文人所不讲的言语去宣传他们的主义，便令人不大注意。所以，那些明朝遗老实在有真知灼见。至于他们所以要这样保存民族主义的意思，好比在太平时候，富人的宝贝自然要藏在很贵重的铁箱里头；到了遇着强盗入室的时候，主人恐怕强盗先要开贵重的铁箱，当然要把宝贝藏在令人不注意的地方；如果遇到极危急的时候，或者要投入极污秽之中也未可知。故当时明朝遗老想保存中国的宝贝，便不得不把他藏在很鄙陋的下流社会中。所以满洲二百多年以来，无论是怎样专制，因为是有这些会党口头的遗传，还可以保存中国的民族主义。当日洪门会中要反清复明，为什么不把他们的主义保存在智识阶级里头呢？为什么不做文章来流传，如太史公①所谓"藏之名山，传之其人"呢？因为当时明朝的遗老看见满洲开"博学鸿词科"，一时有智识有学问的人差不多都被收罗去了，便知道那些有智识阶级的靠不住，不能"藏之名山，传之其人"。所以，要在下流社会中藏起来，便去结合那些会党。在会党里头，他们的结纳是很容易很利便的。他们结合起来，在满洲专制之下保存民族主义，是不拿文字来传，拿口头来传的。所以我们今天要把会党源源本本讲起来，很为困难。因为他们只有口头传下来的片段故事，就是当时有文字传下来，到了乾隆时候也被消毁了。在康熙、雍正时候，明朝遗民

---

　　① 汉代《史记》作者司马迁，自称太史公。

排满之风还是很盛，所以康熙、雍正时候便出了多少书，如《大义觉迷录》① 等，说汉人不应该反对满洲人来做皇帝。他所持的理由，是说舜是东夷之人，文王是西夷之人，满洲人虽是夷狄之人，还可以来做中国的皇帝。由此便可见康熙、雍正还自认为满洲人，还忠厚一点。到了乾隆时代，连"满汉"两个字都不准人提起了，把史书都要改过，凡是当中关于宋元历史的关系和明清历史的关系，都通通删去。所有关于记载满洲、匈奴、鞑靼②的书，一概定为禁书，通通把他消灭，不准人藏，不准人看。因为当时违禁的书，兴过了好几回文字狱之后，中国的民族思想保存在文字里头的，便完全消失了。

到了清朝中叶以后，会党中有民族思想的只有洪门会党。当洪秀全起义之时，洪门会党多来相应，民族主义就复兴起来。须注意洪门不是由洪秀全而得此称，当是由朱洪武③或由朱洪祝（康熙时有人奉朱洪祝起义）而得此称谓亦未可定。洪秀全失败以后，民族主义更流传到军队，流传到游民。那时的军队如湘军、淮军多属会党，即如今日青帮、红帮等名目也是由军队流传而来。明朝遗老宣传民族主义到下流社会里头，但是下流社会的智识太幼稚，不知道自己来利用这种主义，反为人所利用。比方在洪秀全时代，反清复明的思想已经传到了军队里头，但因洪门子弟不能利用他们，故他们仍然是清兵。又有一段故事也可以引来证明。当时左宗棠带兵去征新疆，由汉口起程到西安，带了许多湘军、淮军经过长江。那时会党散在珠江流域的叫做三合会，散在长江的叫做哥老会，哥老会的头目叫做"大龙头"。有一位大龙头在长江下游犯了法，逃到汉口。那时清朝的驿站通消息固然很快，但是哥老会的马头通消息更快。左宗棠在途上，有一天忽然看见他的军队自己移动集中起来，排起十几里的长队，便觉得非常诧异。不久接到一

---

① 《大义觉迷录》由雍正帝于一七九二年下旨刊刻颁行，内收其上谕十道及谋反士人曾静等被捕后所写的供词和悔过书。编印此书的目的，在于批驳"华夷有别"的观点及论证清政府统治中国的合法性。

② 鞑靼原是蒙古一部族名，至明代成为蒙古各部的通称。蒙古帝国西征欧洲后，"鞑靼"一名又被用于泛指俄国境内某些突厥人，如伏尔加鞑靼人、克里米亚鞑靼人等。此外，中国古代亦曾统称北方各游牧民族为鞑靼；明亡后的反清力量及清末革命党人，又以"鞑虏"、"鞑子"作为对满洲人的蔑称。

③ 明太祖朱元璋，建号洪武。

件两江总督的文书，说有一个很著名的匪首由汉口逃往西安，请他拿办。左宗棠当时无从拿办，只算是官样文章，把这件事搁起来。后来看见他的军队移动得更利害，排的队更长，个个兵士都说去欢迎大龙头，他还莫明其妙。后来知道了兵士要去欢迎的大龙头，就是两江总督要他拿办的匪首，他便慌起来了。当时问他的幕客某人说："什么是哥老会呢？哥老会的大龙头和这个匪首有什么关系呢？"幕客便说："我们军中自兵士以至将官都是哥老会，那位拿办的大龙头就是我们军中哥老会的首领。"左宗棠说："如果是这样，我们的军队怎样可以维持呢？"幕客说："如果要维持这些军队，便要请大帅也去做大龙头。大帅如果不肯做大龙头，我们便不能出新疆。"左宗棠想不到别的方法，又要利用那些军队，所以便赞成幕客的主张，也去开山堂做起大龙头来，把那些会党都收为部下。由此便可见左宗棠后来能够平定新疆，并不是利用清朝的威风，还是利用明朝遗老的主义。中国的民族主义，自清初以来保存了很久。从左宗棠做了大龙头之后，他知道其中的详情，就把马头破坏了，会党的各机关都消灭了。所以到我们革命的时候，便无机关可用。这个洪门会党都被人利用了，所以中国的民族主义真是老早亡了。

中国的民族主义既亡，今天就把亡的原因拿来说一说。此中原因是很多的，尤其以被异族征服的原因为最大。凡是一种民族征服别种民族，自然不准别种民族有独立的思想。好比高丽被日本征服了，日本现在就要改变高丽人的思想，所有高丽学校里的教科书，凡是关于民族思想的话都要删去。由此三十年后，高丽的儿童便不知有高丽了，便不知自己是高丽人了。从前满洲对待我们也是一样。所以民族主义灭亡的头一个原因，就是我们被异族征服。征服的民族，要把被征服的民族所有宝贝都要完全消灭。满洲人知道这个道理，从前用过了很好的手段，康熙时候兴过了文字狱。但是康熙还不如乾隆狡猾，要把汉人的民族思想完全消灭。康熙说他是天生来做中国皇帝的，劝人不可逆天；到了乾隆便更狡猾，就把满汉的界限完全消灭。所以自乾隆以后，智识阶级的人多半不知有民族思想，只有传到下流社会。但是下流社会虽然知道要杀鞑子，只知道当然，不知道所以然。所以中国的民族思想便消灭了几百年，这种消灭是由于满洲人的方法好。

中国民族主义之所以消灭，本来因为是亡国，因为被外国人征服。但是世界上民族之被人征服的不只中国人，犹太人也是亡国。犹太人在耶稣未生之前已经被人征服了。及耶稣传教的时候，他的门徒当他是革命，把耶稣当作革命的首领，所以当时称他为"犹太人之王"。耶稣门徒的父母，曾有对耶稣说："若是我主成功，我的大儿子便坐在主的左边，二儿子便坐在主的右边。"俨然以中国所谓左右丞相来相比拟。所以犹太人亡了国之后，耶稣的门徒以为耶稣是革命。当时耶稣传教或者是含有政治革命也未可知，但是他的十二位门徒中，就有一个以为耶稣的政治革命已经失败了，就去〈出〉卖他的老师。不知耶稣的革命是宗教革命，所以称其国为天国。故自耶稣以后，犹太的国虽然灭亡，犹太的民族至今还在。又像印度也是亡国，但是他们的民族思想就不像中国的民族思想一样，一被外国的武力压服了，民族思想便随之消灭。再像波兰从前也亡国百多年，但是波兰的民族思想永远存在，所以到欧战之后他们就把旧国家恢复起来，至今成了欧洲的二三等国。像这样讲来，中国和犹太、印度、波兰比较都是一样的亡国，何以外国亡国民族主义不至于亡，为什么中国经过了两度亡国，民族思想就灭亡了呢？这是很奇怪的，研究当中的道理是很有趣味的。

中国在没有亡国以前是很文明的民族，很强盛的国家，所以常自称为"堂堂大国"，声名"文物之邦"，其他各国都是"蛮夷"。以为中国是居世界之中，所以叫自己的国家做"中国"。自称"大一统"，所谓"天无二日，民无二王"，所谓"万国衣冠拜冕旒"①，这都是由于中国在没有亡国以前，已渐由民族主义而进于世界主义。所以历代总是用帝国主义去征服别种民族，像汉朝的张博望、班定远②灭过了三十多国，好像英国印度公司的经理卡来呼③把印度的几十国都收服了一样。中国几千年以来总是实行"平天下"的主义，把亚洲的各小国完全征服了。但是中国征服别国，不是像现在的欧洲人专用野蛮手段，而多用和平手段去感化人，所谓"王道"，常用王道去收服各弱小民族。由此推寻，便可以得到我们民族思想之所以灭亡的道理出来。从什么方面知道别的种族如犹太亡了国二千

---

① 此为唐代王维《和贾至舍人〈早朝大明宫〉之作》中的诗句。

② 张骞，因功封博望侯；班超，因功封定远侯。

③ 卡来呼（Baron Robert Clive），今译克莱武，英国人。十八世纪中叶任职于东印度公司（East India Company），率兵征服大片印度领土，被任命为孟加拉总督和驻印英军总司令。

年，他们的民族主义还是存在，我们中国亡国只有三百多年就把民族主义完全亡了呢？考察此中原因，好像考察人受了病一样。一个人不论是受了什么病，不是先天不足，就是在未受病之前身体早起了不健康的原因。中国在没有亡国以前已经有了受病的根源，所以一遇到被人征服，民族思想就消灭了。这种病的根源，就是在中国几千年以来都是帝国主义的国家。

如现在的英国和没有革命以前的俄国，都是世界上顶强盛的国家。到了现在，英国的帝国主义还是很发达。我们中国从前的帝国主义，或者还要驾乎英国之上。英俄两国现在生出了一个新思想，这个思想是有智识的学者提倡出来的，这是什么思想呢？是反对民族主义的思想。这种思想说民族主义是狭隘的，不是宽大的。简直的说就是世界主义。现在的英国和以前的俄国、德国，与及中国现在提倡新文化的新青年，都赞成这种主义，反对民族主义。我常听见许多新青年说，国民党的三民主义不合现在世界的新潮流，现在世界上最新最好的主义是世界主义。究竟世界主义是好是不好呢？如果这个主义是好的，为什么中国一经亡国，民族主义就要消灭呢？世界主义，就是中国二千多年以前所讲的天下主义。我们现在研究这个主义，他到底是好不好呢？照理论上讲，不能说是不好。从前中国智识阶级的人，因为有了世界主义的思想，所以满清入关，全国就亡。康熙就是讲世界主义的人，他说：舜，东夷之人也，文王，西夷之人也，东西夷狄之人都可以来中国做皇帝，就是中国不分夷狄华夏。不分夷狄华夏，就是世界主义。大凡一种思想，不能说是好不好，只看他是合我们用不合我们用。如果合我们用便是好，不合我们用便是不好；合乎全世界的用途便是好，不合乎全世界的用途便是不好。世界上的国家，拿帝国主义把人征服了，要想保全他的特殊地位，做全世界的主人翁，便是提倡世界主义，要全世界都服从。中国从前也想做全世界的主人翁，总想站在万国之上，故主张世界主义。因为普通社会有了这种主义，故满清入关便无人抵抗，以致亡国。当满清入关的时候人数是很少的，总数不过十万人，拿十万人怎么能够征服数万万人呢？因为那时候中国大多数人很提倡世界主义，不讲民族主义，无论什么人来做中国皇帝都是欢迎的。所以史可法虽然想反对满人，但是赞成他的人数太少，还是不能抵抗满人。因全国的人都欢迎满人，所以满人便得做中国安稳皇帝。当那个时候，汉人不但是欢迎满人，并且要投入旗下，归化于满人，所以有所谓"汉军旗"。

现在世界上顶强盛的国家是英国、美国。世界上不只一个强国，有几个强国，所谓列强。但是列强的思想性质至今还没有改变，将来英国、美国或者能够打破列强，成为独强。到那个时候中国或者被英国征服，中国的民族变成英国民族，我们是好是不好呢？如果中国人入英国籍或美国籍，帮助英国或美国来打破中国，便说我们是服从世界主义，试问我们自己的良心是安不安呢？如果我们的良心不安，便是因为有了民族主义。民族主义能够令我们的良心不安，所以民族主义就是人类图生存的宝贝。好比读书的人是拿什么东西来谋生呢？是拿手中的笔来谋生的。笔是读书人谋生的工具，民族主义便是人类生存的工具。如果民族主义不能存在，到了世界主义发达之后，我们就不能生存，就要被人淘汰。中国古时说"窜三苗于三危"①，汉人把他们驱逐到云南、贵州的边境，现在几几乎要灭种，不能生存。说到这些三苗，也是中国当日原有的土民。我们中国民族的将来情形，恐怕也要像三苗一样。

讲到中国民族的来源，有人说百姓民族是由西方来的，过葱岭到天山，经新疆以至于黄河流域。照中国文化的发祥地说，这种议论似乎是很有理由的。如果中国文化不是外来，乃由本国发生的，则照天然的原则来说，中国文化应该发源于珠江流域，不应该发源于黄河流域。因为珠江流域气候温和，物产丰富，人民很容易谋生，是应该发生文明的。但是考究历史，尧、舜、禹、汤、文、武时候都不是生在珠江流域，都是生在西北。珠江流域在汉朝还是蛮夷。所以中国文化是由西北方来的，是由外国来的。中国人说人民是"百姓"，外国人说西方古时有一种"百姓"民族，后来移到中国，把中国原来的苗子民族或消灭或同化，才成中国今日的民族。

照进化论中的天然公例说：适者生存，不适者灭亡；优者胜，劣者败。我们的民族到底是优者呢，或是劣者呢？是适者呢，或是不适者呢？如果说到我们的民族要灭亡要失败，大家自然不愿意，要本族能够生存能够胜利，那才愿意。这

---

① 语见《尚书》"舜典"。苗族古称三苗，亦名有苗（一说三苗为该族的古国名），其地在今湖南岳阳、湖北武昌、江西九江一带；三危为古山名，在今甘肃敦煌东南（另有多说，或谓在甘肃别处，或谓在今云南、四川、西藏境内者）。相传虞舜逐三苗于三危，继又令其徙居各处。

是人类的天然思想。现在我们民族处于很为难的地位，将来一定要灭亡。所以灭亡的原故，就是由于外国人口增加和政治、经济三个力量一齐来压迫。我们现在所受政治力、经济力两种压迫已达极点，惟我们现在的民族还大，所受外国人口增加的压迫还不容易感觉，要到百年之后才能感觉。我们现在有这样大的民族，可惜失去了民族思想。因为失去了民族思想，所以外国的政治力和经济力才能打破我们。如果民族思想没有失去，外国的政治力和经济力一定打不破我们。

但是我们何以失去民族主义呢？要考究起来是很难明白的，我可以用一件故事来比喻。这个比喻或者是不伦不类，和我们所讲的道理毫不相关，不过借来也可以说明这个原因。这件故事是我在香港亲见过的。从前有一个苦力，天天在轮船码头，拿一枝竹杠和两条绳子去替旅客挑东西。每日挑东西，就是那个苦力谋生之法。后来他积存了十多块钱，当时吕宋彩票盛行，他就拿所积蓄的钱买了一张吕宋彩票。那个苦力因为无家可归，所有的东西都没有地方收藏，所以他买得的彩票也没有地方收藏。他谋生的工具只是一枝竹杠和两条绳子，他到什么地方，那枝竹杠和两条绳子便带到什么地方。所以他就把所买的彩票收藏在竹杠之内。因为彩票藏在竹杠之内，不能随时拿出来看，所以他把彩票的号数死死记在心头，时时刻刻都念着。到了开彩的那一日，他便到彩票店内去对号数，一见号单，知道是自己中了头彩，可以发十万元的财。他就喜到上天，几几乎要发起狂来，以为从此便可不用竹杠和绳子去做苦力了，可以永久做大富翁了。由于这番欢喜，便把手中的竹杠和绳子一齐投入海中。用这个比喻说，吕宋彩票好比是世界主义，是可以发财的。竹杠好比是民族主义，是一个谋生的工具。中了头彩的时候，好比是中国帝国主义极强盛的时代，进至世界主义的时代。我们的祖宗以为中国是世界的强国，所谓"天无二日，民无二王"，"万国衣冠拜冕旒"，世界从此长太平矣，以后只要讲世界主义，要全世界的人都来进贡，从此不必要民族主义。所以不要竹杠，要把他投入海中。到了为满洲所灭的时候，不但世界上的大主人翁做不成，连自己的小家产都保守不稳。百姓的民族思想一齐消灭了，这好比是竹杠投入了海中一样。所以满清带兵入关，吴三桂便作向导。史可法虽然想提倡民族主义，拥戴福王在南京图恢复，满洲的多尔衮便对史可法说："我们的江山不是得之于大明，是得之于闯贼①。"他的意思，以为明朝的江山是明朝自己人失去了的，好比苦力自己丢了竹杠一样。近来讲新文化的学生也提倡世界主义，以为民族主义不合世界潮流。这个论调如果是发自英国、美国或发自我们的祖宗，那是很适当的；但是发自现在的中国人，这就不适当了。德国从前不受压迫，他们不讲民族主义，只讲世界主义；我看今日的德国，恐怕不讲世界主义，要来讲一讲民族主义罢。我们的祖宗如果不把竹杠丢了，我们还可以得回那个头彩，但是他们把竹杠丢得太早了，不知道发财的彩票还藏在里面。所以一受外国的政治力和经济力来压迫，以后又遭天然的淘汰，我们便有亡国灭种之忧。

此后我们中国人如果有方法恢复民族主义，再找得一枝竹杠，那么就是外国的政治力和经济力无论怎么样来压迫，我们民族就是在千万年之后，决不至于灭亡。至于讲到天然淘汰，我们民族更是可以长存，因为天生了我们四万万人，能够保存到今日，是天从前不想亡中国。将来如果中国亡了，罪恶是在我们自己，我们就是将来世界上的罪人。天既付托重任于中国人，如果中国人不自爱，是谓逆天。所以中国到这个地位，我们是有责任可负的。现在天既不要淘汰我们，是天要发展世界的进化。如果中国将来亡了，一定是列强要亡中国，那便是列强阻止世界的进化。

昨日有一位俄国人②说：列宁为什么受世界列强的攻击呢？因为他敢说了一句话，他说世界上有两种人，一种是十二万万五千万人，一种是二万万五千万人，这十二万万五千万人是受那二万万五千万人的压迫。那些压迫人的人是逆天行道，不是顺天行道。我们去抵抗强权，才是顺天行道。我们要能够抵抗强权，就要我们四万万人和十二万万五千万人联合起来。我们要能够联合十二万万五千万人，就要提倡民族主义，自己先联合起来，推己及人，再把各弱小民族都联合起来，共同去打破二万万五千万人，共同用公理去打破强权。强权打破以后，世界上没有野心家，到了那个时候我们便可以讲世界主义。

---

① 指闯王李自成率领的反明义军。

② 指苏联顾问鲍罗庭（Михаил Маркович Вородин，亦译鲍罗廷），当时被孙文聘为"国民党组织教练员"。

第　四　讲

（二月十七日）

　　现在世界上所有的人数，大概在十五万万左右。在这十五万万人中，中国占了四分之一，就是世界上每四个人中有一个中国人。欧洲所有白种民族的人数，合计起来也是四万万。现在世界上民族最发达的是白人。白种人中有四个民族。在欧洲中、北的有条顿民族，条顿民族建立了好几个国家，最大的是德国，其次奥国、瑞典、那威、和兰①、丹麦都是条顿民族所建立的。在欧洲之东的有斯拉夫民族，也建立了好几个国家，最大的是俄国，欧战后发生的有捷克斯拉夫和佐哥斯拉夫②两个新国。在欧洲之西的有撒克逊民族，叫做"盎格鲁撒克逊"，这个民族建立了两个大国，一个是英国，一个是美国。在欧洲之南的有拉丁民族，这个民族也建立了好几个国家，顶大的是法国、意大利、西班牙、葡萄牙。拉丁民族移到南美洲，也建立了几个国家，和盎格鲁撒克逊民族移到北美洲建立了加拿大和美国一样。欧洲白种民族不过是四万万人，分开成四个大民族，由这四个大民族建立了许多国家，原因是白种人的民族主义很发达。因为白种人的民族主义很发达，所以他们在欧洲住满了，便扩充到西半球的南北美洲，东半球东南方的非洲、澳洲。现在世界上的民族，占地球上领土最多的是撒克逊民族。这个民族最初发源的地方是欧洲，但是欧洲所占的领土不过是大不列颠三岛，像英格兰、苏格兰和爱尔兰③。这三岛在大西洋的位置，好像日本在太平洋一样。撒克逊人所扩充的领土，西到北美洲，东到澳洲、钮丝兰，南到非洲。所以说占世界上领

---

　　①　那威（Norway），今译挪威；和兰（Holland，现改称 The Netherlands），今译荷兰。

　　②　捷克斯拉夫（Czechoslovakia），今译捷克斯洛伐克；佐哥斯拉夫（Yugoslavia，亦作 Jugoslavia，此据其形容词 Jugoslav 音译），今译南斯拉夫。

　　③　大不列颠三岛，后文亦作英伦三岛，旧指英国本土，即大不列颠及爱尔兰联合王国（United Kingdom of Great Britain and Ireland）。联合王国实际上由大不列颠岛、爱尔兰岛及附近诸小岛组成，英格兰、苏格兰和威尔士都在大不列颠岛上。后来爱尔兰南部独立，其北部仍归英国，乃改称大不列颠及北爱尔兰联合王国（United Kingdom of Great Britain and Northern Ireland），即今英国国名。

土最多的是撒克逊民族，世界上最富最强的人种也是撒克逊民族。欧战以前，世界上最强盛的民族是条顿和斯拉夫，尤其以条顿民族的聪明才力为最大，所以德国能够把二十几国小邦联合起来，成立了一个大德意志联邦。成立之初本来是农业国，后来变成工业国，因为工业发达，所以陆海军也随之强盛。

　　欧战之前，欧洲民族都受了帝国主义的毒。什么是帝国主义呢？就是用政治力去侵略别国的主义，即中国所谓"勤远略"，这种侵略政策现在名为帝国主义。欧洲各民族都染了这种主义，所以常常发生战争，几几乎每十年中必有一小战，每百年中必有一大战。其中最大的战争就是前几年的欧战，这次战争可以叫做世界的大战争。何以叫做世界的大战争呢？因为这次战事扩充、影响到全世界，各国人民都被卷入旋涡之中。这次大战争所以构成的原因，一是撒克逊民族和条顿民族互争海上的霸权。因为德国近来强盛，海军逐渐扩张，成世界上第二海权的强国，英国要自己的海军独霸全球，所以要打破第二海权的德国。英德两国都想在海上争霸权，所以便起战争。二是各国争领土。东欧有一个弱国叫做土耳其，即突厥。土耳其百年以来，世人都说他是近东病夫，因为内政不修明，皇帝很专制，变成了很衰弱的国家。欧洲各国都要把他瓜分，百余年以来不能解决。欧洲各国要解决这个问题，所以发生战争。故欧战的原因，第一是白种人互争雄长，第二是解决世界的问题。如果战后是德国获胜，世界上的海权便要归德国占领，英国的大领土便要完全丧失，必成罗马一样，弄至四分五裂而亡。但是战争的结果，德国是打败了，德国想行帝国主义的目的便达不到。

　　这次欧洲的战争是世界上有史以来最剧烈的，军队的人〈数〉有四五千万，时间经过了四年之久，到战争最后的时候两方还不能分胜负。在战争的两方面，一方叫做协商国，一方叫做同盟国。在同盟国之中，初起时有德国、奥国，后来加入土耳其、布加利亚。在协商国之中，初起时有塞维亚①、法国、俄国、英国及日本，后来加入意大利及美国。美国之所以参加的原因，全为民族问题。因在战争之头一二年，都是德奥二国获胜，法国的巴黎和英国的海峡都几乎被德奥两国军队攻入。条顿民族便以为英国必亡，英国人便十分忧虑，见得美国的民族是

---

　　①　塞维亚（Serbia），今译塞尔维亚。

和他们相同，于是拿撒克逊民族的关系去煽动美国。美国见得和自己相同民族的英国将要被异族的德国灭亡，也不免物伤其类，所以加入战争去帮助英国，维持撒克逊人的生存；并且恐怕自己的力量单薄，遂竭全力去鼓动全世界的中立民族，共同参加去打败德国。

当战争时，有一个大言论最被人欢迎的，是美国威尔逊所主张的"民族自决"①。因为德国用武力压迫欧洲协商国的民族，威尔逊主张打灭德国的强权，令世界上各弱小民族以后都有自主的机会，于是这种主张便被世界所欢迎。所以印度虽然被英国灭了，普通人民是反对英国的，但是有好多小民族听见威尔逊说这回战争是为弱小民族争自由的，他们便很善〔喜〕欢去帮英国打仗。安南虽然是被法国灭了，平日人民痛恨法国的专制，但当欧战时仍帮法国去打仗，也是因为听到威尔逊的主张是公道的原故。他若欧洲的弱小民族像波兰、捷克斯拉夫、罗米尼亚②一齐加入协商国去打同盟国的原因，也是因为听见了威尔逊所主张的民族自决那一说。我们中国也受了美国的鼓动，加入战争，虽然没有出兵，但是送了几十万工人去挖战濠，做后方的勤务。协商国因为创出这项好题目，所以弄到无论欧洲、亚洲一切被压迫的民族，都联合起来去帮助他们打破同盟国。

当时威尔逊主张维持以后世界的和平，提出了十四条，其中最要紧的是让各民族自决。当战事未分胜负的时候，英国、法国都很赞成。到了战胜之后开和议③的时候，英国、法国和意大利觉得威尔逊所主张的民族开放和帝国主义利益的冲突太大，所以到要和议的时候便用种种方法骗去威尔逊的主张，弄到和议结局所定出的条件最不公平。世界上的弱小民族不但不能自决，不但不能自由，并且以后所受的压迫比从前更要利害。由此可见，强盛的国家和有力量的民族已经雄占全球，无论什么国家和什么民族的利益都被他们垄断。他们想永远持维〔维持〕这种垄断的地位，再不准弱小民族复兴，所以天天鼓吹世界主义，谓民族主义的范围太狭隘。其实他们主张的世界主义，就是变相的帝国主义与变相的侵略

---

① 美国总统威尔逊于一九一八年一月提出的十四点主张中，包括公平解决一切殖民地纠纷、解放被德国占据的领土、按民族原则改变一些欧洲国家的边界等。

② 罗米尼亚（Romania），今译罗马尼亚。

③ 此指巴黎和会。

主义。但是威尔逊的主张提出以后便不能收回，因为各弱小民族帮助协商国打倒同盟国，是希望战胜之后可以自由的。后来在和议所得的结果，令他们大为失望。所以安南、缅甸、爪哇、印度、南洋群岛以及土耳其、波斯①、阿富汗、埃及与夫欧洲的几十个弱小民族都大大的觉悟，知道列强当日所主张的民族自决完全是骗他们的。所以他们便不约而同，自己去实行民族自决。

　　欧洲数年大战的结果，还是不能消灭帝国主义。因为当时的战争，是一国的帝国主义和别国的帝国主义相冲突的战争，不是野蛮和文明的战争，不是强权和公理的战争。所以战争的结果，仍是一个帝国主义打倒别国帝国主义，留下来的还是帝国主义。但是由这一次战争，无意中发生了一个人类中的大希望，这个希望就是俄国革命。

　　俄国发起革命本来很早，在欧战前一千九百零五年的时候曾经起过了革命，不过没有成功，到欧战的时候便大功告成。他们所以当欧战时再发生革命的原故，因为他们民族经过这次欧战，便生出了大觉悟。俄国本是协商国之一，协商国打德国的时候，俄国所出的兵约计有千余万，可谓出力不少。如果协商国不得俄国参加，当日欧洲西方的战线老早被德国冲破了。因为有了俄国在东方牵制，所以协商国能够和德国相持两三年，反败为胜。俄国正当战争之中，自己思索，觉得帮助协商国去打德国，就是帮助几个强权去打一个强权，料到后来一定没有好结果。所以一般兵士和人民便觉悟起来，脱离协商国，单独和德国讲和。况且说到国家的地位，俄国和德国人民的利害毫无冲突。不过讲到帝国主义的地位，彼此都想侵略，自然发生冲突；而且德国侵略太过，俄国为自卫计，不得不与英法各国一致行动。后来俄国人民觉悟，知道帝国主义不对，所以便对本国革命，先推翻本国的帝国主义，同时又与德国讲和，免去外患的压迫。不久协商国也与德国讲和，共同出兵去打俄国。为什么协商国要出兵去打俄国呢？因为俄国人民发生了新觉悟，知道平日所受的痛苦完全是由于帝国主义，现在要解除痛苦，故不得不除去帝国主义，主张民族自决。各国反对这项主张，所以便共同出兵去打他。俄国的主张和威尔逊的主张是不约而同的，都是主张世界上的弱小民族都能够自

---

　　①　波斯帝国（Persian Empire）是公元前六世纪在西亚伊朗高原建立的文明古国，后来长期遭受外族入侵，在近代又沦为俄、英半殖民地，一九三五年波斯（Persia）改名伊朗（Iran）。

决，都能够自由。俄国这种主义传出以后，世界上各弱小民族都很赞成，共同来求自决。欧洲经过这次大战的灾害，就帝国主义一方面讲本没有什么大利益，但是因此有了俄国革命，世界人类便生出一个大希望。

世界上的十五万万人之中，顶强盛的是欧洲和美洲的四万万白种人。白种人以此为本位，去吞灭别色人种。如美洲的红番已消灭；非洲的黑人不久就要消灭；印度的棕色人正在消灭之中；亚洲黄色人现在受白人的压迫，不久或要消灭。但是俄国革命成功，他们一万万五千万人脱离了白种，不赞成白人的侵略行为，现在正想加入亚洲的弱小民族去反抗强暴的民族。那么强暴的民族只剩得二万万五千万人，还是想用野蛮手段，拿武力去征服十二万万五千万人。故此后世界人类要分为两方面去决斗：一方面是十二万万五千万人，一方面是二万万五千万人。第二方面的人数虽然很少，但是他们占了世界上顶强盛的地位，他们的政治力和经济力都很大，总是用这两种力量去侵略弱小的民族。如果政治的海陆军力所不及，便用经济力去压迫；如果经济力有时而穷，便用政治的海陆军力去侵略。他们的政治力帮助经济力，好比左手帮助右手一样，把多数的十二万万五千万人民压迫得很利害。但是天不从人愿，忽然生出了斯拉夫民族的一万万五千万人去反对帝国主义和资本主义，为世界人类打不平。所以我前次说，有一位俄国人说：世界列强所以诋毁列宁的原因，是因为他敢说世界多数的民族十二万万五千万人，为少数的民族二万万五千万人所压迫。列宁不但是说出这种话，并且还提倡被压迫的民族去自决，为世界上被压迫的人打不平。列强之所以攻击列宁，是要消灭人类中的先知先觉，为他们自己求安全。但是现在人类都觉悟了，知道列强所造的谣言都是假的，所以再不被他们欺骗。这就是世界民族的政治思想进步到光明地位的情况。

我们今日要把中国失去了的民族主义恢复起来，用此四万万人的力量为世界上的人打不平，这才算是我们四万万人的天职。列强因为恐怕我们有了这种思想，所以便生出一种似是而非的道理，主张世界主义来煽惑我们。说世界的文明要进步，人类的眼光要远大，民族主义过于狭隘，太不适宜，所以应该提倡世界主义。近日中国的新青年主张新文化，反对民族主义，就是被这种道理所诱惑。但是这种道理不是受屈民族所应该讲的。我们受屈民族，必先要把我们民族自由平等的地位恢复起来之后，才配得来讲世界主义。我前次所讲苦力买彩票的比喻，已发挥很透辟了。彩票是世界主义，竹杠是民族主义，苦力中了头彩就丢去谋生的竹杠，好比我们被世界主义所诱惑，便要丢去民族主义一样。我们要知道世界主义是从什么地方发生出来的呢？是从民族主义发生出来的。我们要发达世界主义，先要民族主义巩固才行。如果民族主义不能巩固，世界主义也就不能发达。由此便可知世界主义实藏在民族主义之内，好比苦力的彩票藏在竹杠之内一样，如果丢弃民族主义去讲世界主义，好比是苦力把藏彩票的竹杠投入海中，那便是根本推翻。我从前说，我们的地位还比不上安南人、高丽人。安南人、高丽人是亡国的人，要做人奴隶的，我们还比不上，就是我们的地位连奴隶也比不上。在这个地位还要讲世界主义，还说不要民族主义，试问诸君是讲得通不通呢？

就历史上说，我们四万万汉族是从那一条路走来的呢？也是自帝国主义一条路走来的。我们的祖宗从前常用政治力去侵略弱小民族，不过那个时候经济力还不很大，所以我们向未有用经济力去压迫他民族。再就文化说，中国的文化比欧洲早几千年。欧洲文化最好的时代是希腊、罗马，到了罗马才最盛。罗马不过与中国的汉朝同时。那个时候，中国的政治思想便很高深，一般大言论家都极力反对帝国主义。反对帝国主义的文字很多，其中最著名的有《弃珠崖议》，此项文章就是反对中国去扩充领土，不可与南方蛮夷争地方①。由此便可见在汉朝的时候，中国便不主张与外人战争，中国的和平思想到汉朝时已经是很充分的了。到了宋朝，中国不但不去侵略外人，反为外人所侵略，所以宋朝被蒙古所灭。宋亡之后，到明朝才复国，明朝复国之后更是不侵略外人。

当时南洋各小国要来进贡，归化中国，是他们仰慕中国的文化，自己愿意来归顺的，不是中国以武力去压迫他们的。像巫来由②及南洋群岛那些小国，以中国把他们收入版图之中，许他们来进贡，便以为是很荣耀；若是不要他们进贡，

---

① 汉武帝时平南越，以其地纳入中国版图，改置九郡，其中珠崖（治琼山县）、儋耳（治儋县）二郡即今海南岛地域。昭帝时将儋耳并入珠崖郡；元帝时又接受贾捐之奏疏《弃珠崖议》的建议，放弃反叛汉朝的珠崖。

② 巫来由（Malaya），今译马来亚，其地域即为现时西马来西亚，在马来半岛南部，当时是英国殖民地，被分成海峡殖民地（Straits Settlements）、马来联邦（Federated Malay States）、马来属邦（Non-Federated Malay States）三部。

他们便以为很耻辱。像这项尊荣，现在世界上顶强盛的国家还没有做到。像美国待菲律宾：在菲律宾之内让菲人自行组织议会及设官分治，在华盛顿的国会也让菲人选派议员。美国每年不但不要菲律宾用钱去进贡，反津贴菲律宾以大宗款项，修筑道路，兴办教育。像这样仁慈宽厚，可算是优待极了，但是菲律宾人至今还不以归化美国为荣，日日总是要求独立。又像印度的尼泊尔国：尼泊尔的民族叫做"廓尔额"①，这种民族是很勇敢善战的，英国虽然是征服了印度，但至今还是怕廓尔额人，所以很优待他，每年总是送钱到他，像中国宋朝怕金人常送钱到金人一样。不过宋朝送钱到金人说是进贡，英国送钱到廓尔额人或者说是津贴罢了。但是廓尔额人对于中国，到了民国元年还来进贡。由此可见，中国旁边的小民族羡慕中国，至今还是没有绝望。十余年前，我有一次在暹罗的外交部和外交次长谈话，所谈的是东亚问题。那位外交次长说："如果中国能够革命，变成国富民强，我们暹罗还是情愿归回中国，做中国的一行省。"我和他谈话的地点是在暹罗政府之公署内，他又是外交次长，所以他这种说话不只是代表他个人的意见，是代表暹罗全国人的意见。由此足见暹罗当那个时候还是很尊重中国。但是这十几年以来，暹罗在亚洲已经成了独立国，把各国的苛酷条约都已修改了，国家的地位也提高了，此后恐怕不愿意再归回中国了。

再有一段很有趣味的故事，可以和诸君谈谈。当欧战最剧烈的时候，我在广东设立护法政府，一天有一位英国领事到大元帅府来见我，和我商量南方政府加入协商国，出兵到欧洲。我就向那位英国领事说："为什么要出兵呢？"他说："请你们去打德国，因为德国侵略了中国土地，占了青岛，中国应该去打他，把领土收回来。"我说："青岛离广州还很远，至于离广州最近的有香港，稍远一点的有缅甸、布丹、尼泊尔，像那些地方从前是那一国的领土呢？现在你们还要来取西藏。我们中国此刻没有收回领土的力量，如果有了力量，恐怕要先收回英国占去了的领土罢。德国所占去的青岛地方还是很小，至于缅甸便比青岛大，西藏比青岛更要大，我们如果要收回领土当先从大的地方起。"他受了我这一番反驳，就怒不可遏，便说："我来此地是讲公事的呀！"我立刻回他说："我也是讲公事

① 廓尔额（Gurkha），后篇英文名称复数又译作哥加士，今译廓尔喀。廓尔喀人为尼泊尔民族之一，当时亦泛指尼泊尔人。廓尔喀雇佣军一直是英属印度驻军的重要组成部分。

呀！"两人面面相对，许久不能下台。后来我再对他说："我们的文明已经比你们进步了二千余年，我们现在是想你们上前，等你们跟上来。我们不可退后，让你们拖下去。因为我们二千多年以前便丢去了帝国主义，主张和平，至今中国人思想已完全达到这种目的。你们现在战争所竖的目标也是主张和平，我们本来很欢迎的，但是实际上你们还是讲打不讲和，专讲强权不讲公理。我以为你们专讲强权的行为是很野蛮的，所以让你们去打，我们不必参加。等到你们打厌了，将来或者有一日是真讲和平，到了那个时候我们才参加到你们的一方面，共求世界的和平。而且我反对中国参加出兵，还有一层最大的理由，是我很不愿意中国也变成你们一样不讲公理的强国。如果依你的主张，中国加入协商国，你们便可以派军官到中国来练兵，用你们有经验的军官，又补充极精良的武器，在六个月之内一定可以练成三五十万精兵，运到欧洲去作战，打败德国。到了那个时候，便不好了。"英国领事说："为什么不好呢？"我说："你们从前用几千万兵和几年的时候都打不败德国，只要加入几十万中国兵便可以打败德国，由此便可以提起中国的尚武精神，用这几十万兵做根本，可以扩充到几百万精兵，于你们就大大的不利了。现在日本加入你们方面，已经成了世界上列强之一，他们的武力雄霸亚洲，他们的帝国主义和列强一样，你们是很怕他的。说到日本的人口和富源不及中国远甚，如果依你今天所说的办法，我们中国参加你们一方面，中国不到十年便可以变成日本。照中国的人口多与领土大，中国至少可以变成十个日本，到了那个时候，以你们全世界的强盛恐怕都不够中国人一打了。我们因为已经多进步了二千多年，脱离了讲打的野蛮习气，到了现在才是真和平。我希望中国永远保守和平的道德，所以不愿意加入这次大战。"那位英国领事，半点钟前几几乎要和我用武，听了这番话之后才特别佩服，并且说："如果我也是中国人，一定也是和你的思想相同。"

诸君知道革命本是流血的事，像汤武革命，人人都说他们是"顺乎天应乎人"①，但是讲到当时用兵的情况，还有人说他们曾经过了血流漂杵。我们辛亥革

---

①　此据《周易》"象传下"释"革第四十九"卦辞，原文是："汤武革命，顺乎天而应乎人。"汤武革命为以下两个历史事件的合称：约在公元前十七世纪，商汤（成汤）灭夏桀而建立商朝；前十一世纪，周武王（姬发）灭商纣而建立周朝。

命推翻满洲，流过了多少血呢？所以流血不多的原因，就是因为中国人爱和平。爱和平就是中国的人〔人的〕一个大道德，中国人才是世界中最爱和平的人。我从前总劝世界人要跟上我们中国人。现在俄国斯拉夫民族也是主张和平的，这就是斯拉夫人已经跟上了我们中国人。所以俄国的一万万五千万人，今日就要来和我们合作。

　　我们中国四万万〈人〉不但是很和平的民族，并且是很文明的民族。近来欧洲盛行的新文化和所讲的无政府主义与共产主义，都是我们中国几千年以前的旧东西。譬如黄老①的政治学说，就是无政府主义。列子②所说华胥氏之国，"其人无君长，无法律，自然而已"，是不是无政府主义呢？我们中国的新青年，未曾过细考究中国的旧学说，便以为这些学说就是世界上顶新的了。殊不知道在欧洲是最新的，在中国就有了几千年了。从前俄国所行的其实不是纯粹共产主义，是马克斯主义③。马克斯主义不是真共产主义，蒲鲁东、巴古宁④所主张的才是真共产主义。共产主义在外国只有言论，还没有完全实行，在中国洪秀全时代便实行过了。洪秀全所行的经济制度，是共产的事实，不是言论。欧洲之所以驾乎我们中国之上的，不是政治哲学，完全是物质文明。因为他们近来的物质文明很发达，所以关于人生日用的衣食住行种种设备，便非常便利，非常迅速；关于海陆军的种种武器毒乐〔弹药〕便非常完全，非常猛烈。所有这些新设备和新武器，都是由于科学昌明而来的。那种科学就是十七八世纪以后倍根⑤、纽顿那些大学问家，

---

　　① 黄老，即黄帝、老子（老聃），黄老并称而以其为道家之祖，或统称道家学说为黄老之学，始于战国而盛于西汉。老子主张道法自然，无为而治。

　　② 列子（列禦寇，亦作列御寇、列圄寇）为早期道家代表人物之一，战国人，约与老子同时。以下所叙乃据《列子》"黄帝第二"篇，记黄帝游于华胥氏之国，引文原作"其国无师长，自然而已；其民无嗜欲，自然而已"，此外还描述其民无爱憎、无利害等等。按："师"为贤者，"长"为贵者，"无师长"则无贤愚贵贱之分。另据后人考证，认为《列子》八篇系晋朝人伪托之作，但所取资料对列子思想有一定反映。

　　③ 马克斯主义，后文亦作马克思主义。

　　④ 蒲鲁东（Pierre-Joseph Proudhon），法国人，代表作有《十九世纪革命的总观点》（19ème point de vue de total de révolution de siècle）等；巴古宁（Михаил Александрович Бакунин），今译巴枯宁，俄国人，代表作有《国家制度和无政府状态》（Национальная система и Anarchy）等。

　　⑤ 倍根（Francis Bacon），今译培根，英国人。

所主张用观察和实验研究万事万物的学问。所以说到欧洲的科学发达、物质文明的进步，不过是近来二百多年的事，在数百年以前欧洲还是不及中国。我们现在要学欧洲，是要学中国没有的东西。中国没有的东西是科学，不是政治哲学。至于讲到政治哲学的真谛，欧洲人还要求之于中国。诸君都知道世界上学问最好的是德国，但是现在德国研究学问的人还要研究中国的哲学，甚至于研究印度的佛理，去补救他们科学之偏。

　　世界主义在欧洲是近世才发表出来的，在中国二千多年以前便老早说过了。我们固有的文明，欧洲人到现在还看不出。不过讲到政治哲学的世界文明，我们四万万人从前已经发明了很多；就是讲到世界大道德，我们四万万人也是很爱和平的。但是因为失了民族主义，所以固有的道德文明都不能表彰，到现在便退步。至于欧洲人现在所讲的世界主义，其实就是有强权无公理的主义。英国话所说的"能力就是公理"①，就是以打得②的为有道理。中国人的心理，向来不以打得为然，以讲打的就是野蛮。这种不讲打的好道德，就是世界主义的真精神。我们要保守这种精神，扩充这种精神，是用什么做基础呢？是用民族主义做基础。像俄国的一万万五千万人是欧洲世界主义的基础，中国四万万人是亚洲世界主义的基础，有了基础然后才能扩充。所以我们以后要讲世界主义，一定要先讲民族主义，所谓欲平天下者先治其国。把从前失去了的民族主义从新恢复起来，更要从而发扬光大之，然后再去谈世界主义，乃有实际。

第　五　讲

（二月二十四日）

　　今天所讲的问题，是要用什么方法来恢复民族主义。照以前所讲的情形，中国退化到现在地位的原因，是由于失了民族的精神。所以我们民族被别种民族所

----

①　演讲记录稿原为英文 might is right，出版时改译成中文"能力就是公理"；亦可译作"强权就是公理"或"武力就是公理"。

②　"打得"为广州话方言，意指能打、善战，以往有擅改为"打胜"或"打得胜"者，与原意不符。

征服，统治过了两百多年。从前做满洲人的奴隶，现在做各国人的奴隶。现在做各国人的奴隶所受的痛苦，比从前还要更甚。长此以往，如果不想方法来恢复民族主义，中国将来不但是要亡国，或者要亡种。所以我们要救中国，便先要想一个完善的方法来恢复民族主义。

今天所讲恢复民族主义的方法有两种，头一种是要令四万万人皆知我们现在所处的地位。我们现在所处的地位是生死关头，在这个生死关头须要避祸求福，避死求生。要怎么能够避祸求福、避死求生呢？须先要知道很清楚了，那便自然要去行。诸君要知道知难行易的道理，可以参考我的学说。中国从前因为不知要亡国，所以国家便亡，如果预先知道或者不至于亡。古人说："无敌国外患者，国恒亡。"又说："多难可以兴邦。"这两句话完全是心理作用。譬如就头一句话说，所谓"无敌国外患"是自己心理上觉得没有外患，自以为很安全，是世界中最强大的国家，外人不敢来侵犯，可以不必讲国防，所以一遇有外患便至亡国。至于"多难可以兴邦"，也就是由于自己知道国家多难，故发奋为雄，也完全是心理作用。照从前四次所讲的情形，我们要恢复民族主义，就要自己心理中知道现在中国是多难的境地，是不得了的时代，那末已经失了的民族主义才可以图恢复。如果心中不知，要想图恢复便永远没有希望，中国的民族不久便要灭亡。

统结从前四次所讲的情形，我们民族是受什么祸害呢？所受的祸害是从那里来的呢？是从列强来的。所受的祸害，详细的说，一是受政治力的压迫，二是受经济力的压迫，三是受列强人口增加的压迫。这三件外来的大祸已经临头，我们民族处于现在的地位，是很危险的。

譬如就第一件的祸害说，政治力亡人的国家，是一朝可以做得到的。中国此时受列强政治力的压迫，随时都可以亡，今日不知道明日的生死。应用政治力去亡人的国家有两种手段，一是兵力，一是外交。怎么说兵力一朝可以亡国呢？拿历史来证明，从前宋朝怎么样亡国呢？是由于崖门一战，便亡于元朝。明朝怎么样亡国呢？是由于扬州一战，便亡于清朝。拿外国来看，

华铁路①一战，那破仑第一②之帝国便亡；斯丹③一战，那破仑第三④之帝国便
亡。照这样看，只要一战便至亡国，中国天天都可以亡。因为我们的海陆军和各
险要地方没有预备国防，外国随时可以冲入，随时可以亡中国。最近可以亡中国
的是日本。他们的陆军平常可出一百万，战时可加到三百万。海军也是很强的，
几几乎可以和英美争雄。经过华盛顿会议⑤之后，战斗舰才限制到三十万吨，日
本的人战船像巡洋舰、潜水艇、驱逐舰都是很坚固，战斗力都是很大的。譬如日
本此次派到白鹅潭来的两只驱逐舰，中国便没有更大战斗力的船可以抵抗。像这
种驱逐舰在日本有百几十只，日本如果用这种战舰来和我们打仗，随时便可以破
我们的国防，制我们的死命。而且我们沿海各险要地方，又没有很大的炮台可以
巩固国防，所以日本近在东邻，他们的海陆军随时可以长驱直入。日本或者因为
时机未至，暂不动手；如果要动手，便天天可以亡中国。从日本动员之日起，开
到中国攻击之日止，最多不过十天。所以中国假若和日本绝交，日本在十天以内
便可以亡中国。

再由日本更望太平洋东岸，最强的是美国。美国海军从前多过日本三倍，近
来因为受华盛顿会议的束缚，战斗舰减少到五十万吨，其他潜水艇、驱逐舰种种
新战船都要比日本多。至于陆军，美国的教育是很普及的，小学教育是强迫制度，
通国无论男女都要进学校去读书，全国国民多数受过中学教育及大学教育。他们
国民在中学、大学之内都受过军事教育，所以美国政府随时可以加多兵。当参加
欧战的时候，不到一年便可以出二百万兵。故美国平时常备军虽然不多，但是
军队的潜势力非常之大，随时可以出几百万兵。假若中美绝交，美国自动员之
日起到攻击中国之日止，只要一个月。故中美绝交，在一个月之后美国便可以

---

① 华铁路（Waterloo），今译滑铁卢，属比利时布拉班特省（Brabant Province）。

② 那破仑第一（Napoléon I），今译拿破仑一世，即拿破仑·波拿巴（Napoléon Bonaparte）。

③ 斯丹（Sedan），今译色当，属法国阿登省（Ardenne Departement）。

④ 那破仑第三（Napoléon III），后文亦作拿破仑第三，今译拿破仑三世，即路易·波拿巴
（Charles Louis Napoléon Bonaparte）。

⑤ 华盛顿会议，即一九二一年十一月至一九二二年二月在美国首都华盛顿（Washington,
D. C.）举行的国际会议。该会议除讨论对列强海军军备的限制外，又以远东及太平洋问题为主
要议题，故亦称太平洋会议。

亡中国。

再从美国更向东望，位于欧洲大陆与大西洋之间的便是英伦三岛。英国从前号称海上的霸王，他们的海军是世界上最强的。自从华盛顿会议之后，也限制战斗舰不得过五十万吨，至于普通巡洋舰、驱逐舰、潜水艇都比美国多。英国到中国不过四五十天，且在中国已经有了根据地。像香港已经经营了几十年，地方虽然很小，但是商务非常发达，这个地势，在军事上掌握中国南方几省的咽喉。练得有陆军，驻得有海军，以香港的海陆军来攻，我们一时虽然不至亡国，但是没有力量可以抵抗。除了香港以外，还有极接近的印度、澳洲，用那些殖民地的海陆军一齐来攻击，自动员之日起不过两个月都可以到中国。故中英两国如果绝交，最多在两个月之内，英国便可以亡中国。再来望到欧洲大陆，现在最强的是法国。他们的陆军是世界上最强的，现在有了两三千架飞机，以后战时还可以增加。他们在离中国最近的地方，也有安南的根据地，并且由安南筑成了一条铁路通到云南省城。假若中法绝交，法国的兵也只要四五十日便可以来攻击中国。所以法国也和英国一样，最多不过两个月便可以亡中国。

照这样讲来，专就军事上的压迫说，世界上无论那一个强国都可以亡中国。为什么中国至今还能够存在呢？中国到今天还能够存在的理由，不是中国自身有力可以抵抗，是由于列强都想亡中国，彼此都来窥伺，彼此不肯相让，各国在中国的势力成了平衡状态，所以中国还可以存在。中国有些痴心妄想的人，以为列强对于中国的权利，彼此之间总是要妒忌的，列强在中国的势力总是平均，不能统一的，长此以往，中国不必靠自己去抵抗便不至亡国。像这样专靠别人，不靠自己，岂不是望天打卦吗？望天打卦是靠不住的，这种痴心妄想是终不得了的，列强还是想要亡中国。不过，列强以为专用兵力来亡中国，恐怕为中国的问题又发生像欧洲从前一样的大战争，弄到结果，列强两败俱伤，于自身没有大利益。外国政治家看到很明白，所以不专用兵力。就是列强专用兵力来亡中国，彼此之间总免不了战争。其余权利上平均不平均的一切问题，或者能免冲突，到了统治的时候还是免不了冲突。既免不了冲突，于他们自身还是有大大的不利。列强把这层利害看得也很清楚，所以现在他们便不主张战争，主张减少军备，日本的战斗舰只准三十万吨的海军，英美两国海军的战斗舰只准各五十万吨。那次会议，表面上为缩小军备问题，实在是为中国问题。要瓜分中国的权利，想用一个什么方法彼此可以免去冲突，所以才开那次会议。

我刚才已经说过了，用政治力亡人国家①本有两种手段，一是兵力，二是外交。兵力是用枪炮，他们用枪炮来，我们还知道要抵抗。如果用外交，只要一张纸和一枝笔。用一张纸和一枝笔亡了中国，我们便不知道抵抗。在华盛顿会议的时候，中国虽然派了代表，所议关于中国之事，表面都说为中国谋利益。但是华盛顿散会不久，各国报纸便有共管之说发生。此共管之说以后必一日进步一日，各国之处心积虑，必想一个很完全的方法来亡中国。他们以后的方法，不必要动陆军、要开兵船，只要用一张纸和一枝笔，彼此妥协，便可以亡中国。如果动陆军、开兵船，还要十天或者四五十天才可以亡中国；至于用妥协的方法，只要各国外交官坐在一处，各人签一个字，便可以亡中国。签字只是一朝，所以用妥协的方法来亡中国只要一朝。一朝可以亡人国家，从前不是没有先例的。譬如从前的波兰是俄国、德国、奥国瓜分了的，他们从前瓜分波兰的情形，是由于彼此一朝协商停妥之后，波兰便亡。照这个先例，如果英、法、美、日几个强国一朝妥协之后，中国也要灭亡。故就政治力亡人国家的情形讲，中国现在所处的地位是很危险的。

就第二件的祸害说，中国现在所受经济压迫的毒，我前说过，每年要被外国人夺去十二万万元的金钱，这种被夺去的金钱还是一天增多一天。若照海关前十年出入口货相抵亏蚀二万万元，现在出入口货相抵亏蚀五万万元，每十年增加两倍半，推算比例起来，那么十年之后，我们每年被外国人夺去金钱应为三十万万元。若将此三十万万元分担到我们四万万人身上，我们每年每人应担七元五角。我们每年每人要担七元五角与外国人，换一句话说，就是我们每年每人应纳七元五角人头税与外国。况且四万万人中除了二万万是女子，照现在女子能力状况而论，不能担负此项七元五角之人头税甚为明白，则男子方面应该多担一倍，当为每年每人应担十五元。男子之中又有三种分别，一种是老弱的，一种是幼稚的，此二种虽系男子，但是只能分利，不能生利，更不能希望其担负此项轮到男子应

---

① 原文误排为"亡国人家"，今改"亡人国家"。

担之十五元人头税。除去三分二不能担负，则担负的完全系中年生利之男子。此中年生利之男子，应将老幼应担之十五元一齐担下，则一中年生利之男子每年每人应担四十五元人头税。试想我们一中年生利之男子应担负四十五元之人头税与外国，汝说可怕不可怕呢？这种人头税还是有加无已的。所以依我看起来，中国人再不觉悟，长此以往，就是外国的政治家天天睡觉，不到十年便要亡国。因为现在已是民穷财尽，再到十年人民的困穷更可想而知，还要增加比较现在的负担多两倍半。汝想中国要亡不要亡呢？

列强经过这次欧洲大战之后，或者不想再有战争，不想暴动，以后是好静恶动，我们由此可以免去军事的压迫，但是外交的压迫便不能免去。就令外交的压迫可以徼幸免去，专由这样大的经济压迫天天侵入，天天来吸收，而我们大家犹在睡梦之中，如何可免灭亡呢？

再就第三件的祸害说，我们中国人口在已往一百年没有加多，以后一百年若没有振作之法，当然难得加多。环看地球上，那美国增多十倍，俄国增多四倍，英国、日本增多三倍，德国增多两倍半，至少的法国还有四分之一的增多。若他们逐日的增多，我们却仍然故我，甚或减少。拿我国的历史来考查，汉族大了，原来中国的土人苗、猺、獠、獞①等族便要灭亡。那么我们民族被他们的人口增加的压迫，不久亦要灭亡，亦是显然可见的事。

故中国现在受列强的政治压迫是朝不保夕的；受经济的压迫，刚才算出十年之后便要亡国；讲到人口增加的问题，中国将来也是很危险的。所以中国受外国的政治、经济和人口的压迫，这三件大祸是已经临头了，我们自己便先要知道。自己知道了这三件大祸临头，便要到处宣传，使人人都知道亡国惨祸，中国是难逃于天地之间的。到了人人都知道大祸临头，应该要怎么样呢？俗话说"困兽犹斗"，逼到无可逃免的时候，当发奋起来和敌人拚一死命。我们有了大祸临头，能斗不能斗呢？一定是能斗的。但是要能斗，便先要知道自己的死期将至。知道了自己的死期将至，才能够奋斗。所以我们提倡民族主义，便先要四万万人都知道自己的死期将至。知道了死期将至，困兽尚且要斗，我们将死的民族是要斗不

---

①　猺、獠、獞为往昔对南方少数民族的蔑称，后猺改瑶、獠改僚、獞改僮，僮族今又改称壮族。

要斗呢！诸君是学生，是军人，是政治家，都是先觉先知，要令四万万人都知道我们民族现在是很危险的。如果四万万人都知道了危险，我们对于民族主义便不难恢复。

外国人常说，中国人是一片散沙。中国人对于国家观念本是一片散沙，本没有民族团体。但是除了民族团体之外，有没有别的团体呢？我从前说过了，中国有很坚固的家族和宗族团体，中国人对于家族和宗族的观念是很深的。譬如中国人在路上遇见了，交谈之后，请问贵姓大名，只要彼此知道是同宗，便非常之亲热，便认为同姓的伯叔兄弟。由这种好观念推广出来，便可由宗族主义扩充到国族主义。我们失了的民族主义要想恢复起来，便要有团体，要有很大的团体。我们要结成大团体，便先要有小基础，彼此联合起来才容易做成功。我们中国可以利用的小基础，就是宗族团体。此外还有家乡基础，中国人的家乡观念也是很深的。如果是同省同县同乡村的人，总是特别容易联络。依我看起来，若是拿这两种好观念做基础，很可以把全国的人都联络起来。要达到这个目的，便先要大家去做。中国人照此做去，恢复民族主义比较外国人是容易得多。因为外国是以个人为单位，他们的法律对于父子、兄弟、姊妹、夫妇各个人的权利都是单独保护的。打起官司来，不问家族的情形是怎么样，只问个人的是非是怎么样。再由个人放大便是国家，在个人和国家的中间再没有很坚固、很普遍的中间社会。所以说国民和国家结构的关系，外国不如中国。因为中国个人之外注重家族，有了什么事便要问家长。这种组织，有的说是好，有的说是不好。依我看起来，中国国民和国家结构的关系，先有家族，再推到宗族，再然后才是国族，这种组织一级一级的放大，有条不紊，大小结构的关系当中是很实在的。如果用宗族为单位，改良当中的组织，再联合成国族，比较外国用个人为单位当然容易联络得多。若是用个人做单位，在一国之中至少有几千万个单位，像中国便有四万万个单位，要想把这样多数的单位都联络起来自然是很难的。如果用宗族做单位，中国人的姓普通都说是百家姓，不过经过年代太久，每姓中的祖宗或者有不同，由此所成的宗族或者不只一百族，但是最多不过四百族。各族中总有连带的关系，譬如各姓修家谱，常由祖宗几十代推到从前几百代，追求到几千年以前。先祖的姓氏多半是由于别姓改成的，考求最古的姓是很少的。像这样宗族中穷源极流的旧习惯，在中国有了几千年，牢不可破。在外国人看起来或者以为没有用处，但是敬宗收族的观念入了中国人的脑，有了几千年。国亡他可以不管，以为人人做皇帝，他总是一样纳粮；若说到灭族，他就怕祖宗血食断绝，不由得不拚命奋斗。闽粤向多各姓械斗的事，起因多是为这一姓对于那一姓名分上或私人上小有凌辱侵占，便不惜牺牲无数金钱生命，求为姓中吐气。事虽野蛮，义至可取。若是给他知了外国目前种种压迫，民族不久即要亡，民族亡了，家族便无从存在。譬如中国原来的土人苗、猺等族，到了今日祖宗血食早断绝了；若我们不放大眼光，合各宗族之力来成一个国族以抵抗外国，则苗、猺等族今日祖宗之不血食，就是我们异日祖宗不能血食的样子。那么，一方〔来〕可以化各宗族之争而为对外族之争，国内野蛮的各姓械斗可以消灭；二来他怕灭族，结合容易而且坚固，可以成就极有力量的国族。

用宗族的小基础来做扩充国族的工夫，譬如中国现有四百族，好像对于四百人做工夫一样。在每一姓中，用其原来宗族的组织，拿同宗的名义，先从一乡一县联络起，再扩充到一省一国，各姓便可以成一个很大的团体。譬如姓陈的人，因其原有组织，在一乡一县一省中专向姓陈的人去联络，我想不过两三年，姓陈的人便有很大的团体。到了各姓有很大的团体之后，再由有关系的各姓互相联合起来，成许多极大的团体。更令各姓的团体都知道大祸临头，死期将至，都结合起来，便可以成一个极大中华民国的国族团体。有了国族团体，还怕什么外患，还怕不能兴邦吗！《尚书》所载尧的时候，"克明俊德，以亲九族；九族既睦，平章百姓；百姓昭明，协和万邦。黎民于变时雍。"他的治平①工夫亦是由家族入手，逐渐扩充到百姓，使到万邦协和，黎民于变时雍，岂不是目前团结宗族造成国族以兴邦御外的好榜样吗？如果不从四百个宗族团体中做工夫，要从四万万人中去做工夫，那末一片散沙便不知道从那里联络起。从前日本用藩阀诸侯的关系联络成了大和民族，当时日本要用藩阀诸侯那些关系的原因，和我主张联成中国民族要用宗族的关系是一样。

大家如果知道自己是受压迫的国民，已经到了不得了的时代，把各姓的宗族

---

①　治平，即治国、平天下。

团体先联合起来，更由宗族团体结合成一个民族的大团体。我们四万万人有了民族的大团体，要抵抗外国人，积极上自然有办法。现在所以没有办法的原因，是由于没有团体。有了团体，去抵抗外国人不是难事。譬如印度现在受英国人的压迫，被英国人所统治，印度人对于政治的压迫没有办法，对于经济的压迫，便有甘地①主张"不合作"。什么是不合作呢？就是英国人所需要的，印度人不供给；英国人所供给的，印度人不需要。好比英国人需要工人，印度人便不去和他们作工；英国人供给印度许多洋货，印度人不用他们的洋货，专用自制的土货。甘地这种主张初发表的时候，英国人以为不要紧，可以不必理他。但是久而久之，印度便有许多不合作的团体出现，英国经济一方面便受极大的影响，故英国政府捕甘地下狱。推究印度所以能够收不合作之效果的原因，是由于全国国民能够实行。但是印度是已经亡了的国家，尚且能够实行不合作，我们中国此刻还没有亡，普通国民对于别的事业不容易做到，至于不做外国人的工，不去当洋奴，不用外来的洋货、提倡国货，不用外国银行的纸币、专用中国政府的钱，实行经济绝交，是很可以做得到的。他若人口增加的问题，更是容易解决。中国的人口向来很多，物产又很丰富。向来所以要受外国压迫的原因，毛病是由于大家不知，醉生梦死。假若全体国民都能够和印度人一样的不合作，又用宗族团体做基础联成一个大民族团体，无论外国用什么兵力、经济和人口来压迫，我们都不怕他。

所以救中国危亡的根本方法在自己先有团体，用三四百个宗族的团体来顾国家便有办法，无论对付那一国都可以抵抗。抵抗外国的方法有两种：一是积极的，这种方法就是振起民族精神，求民权、民生之解决，以与外国奋斗。二是消极的，这种方法就是不合作。不合作是消极的抵制，使外国的帝国主义减少作用，以维持民族的地位，免致灭亡。

---

① 甘地（Mohandas Karamchand Gandhi），当时印度民族解放运动领袖，非暴力不合作运动倡导者，时人誉为圣雄（Mahatma）。

第　六　讲

（三月二日）

诸君：

今天所讲的问题，是怎么样可以恢复我们民族的地位。

我们想研究一个什么方法去恢复我们民族的地位，便不要忘却前几次所讲的话。我们民族现在究竟是处于什么地位呢？我们民族和国家在现在世界中究竟是什么情形呢？一般很有思想的人所谓先知先觉者，以为中国现在是处于半殖民地的地位，但是照我前次的研究，中国现在不止是处于半殖民地的地位。依殖民地的情形讲，比方安南是法国的殖民地，高丽是日本的殖民地，中国既是半殖民地，和安南、高丽比较起来，中国的地位似乎要高一点，因为高丽、安南已经成了完全的殖民地。到底中国现在的地位和高丽、安南比较起来，究竟是怎么样呢？照我的研究，中国现在还不能够到完全殖民地的地位，比较完全殖民地的地位更要低一级。所以我创一个新名词，说中国是"次殖民地"，这就是中国现在的地位。这种理论，我前次已经讲得很透彻了，今天不必再讲。

至于中国古时在世界中是处于什么地位呢？中国从前是很强盛很文明的国家，在世界中是头一个强国，所处的地位比现在的列强像英国、美国、法国、日本还要高得多。因为那个时候的中国，是世界中的独强。我们祖宗从前已经达到了那个地位，说到现在还不如殖民地，为什么从前的地位有那么高，到了现在便一落千丈呢？此中最大的原因，我从前已经讲过了，就是由于我们失了民族的精神，所以国家便一天退步一天。我们今天要恢复民族的地位，便先要恢复民族的精神。

我们想要恢复民族的精神，要有两个条件：第一个条件是要我们知道现在处于极危险的地位；第二个条件是我们既然知道了处于很危险的地位，便要善用中国固有的团体，像家族团体和宗族团体，大家联合起来，成一个大国族团体。结成了国族团体，有了四万万人的大力量共同去奋斗，无论我们民族是处于什么地位，都可以恢复起来。所以，能知与合群，便是恢复民族主义的方法。大家先知道了这个方法的更要去推广，宣传到全国的四万万人，令人人都要知道。到了人人都知道了，那末我们从前失去的民族精神便可以恢复起来。从前失去民族精神好比是睡着觉，现在要恢复民族精神，就要唤醒起来，醒了之后才可以恢复民族主义。到民族主义恢复了之后，我们便可以进一步去研究怎么样才可以恢复我们民族的地位。

中国从前能够达到很强盛的地位，不是一个原因做成的。大凡一个国家所以能够强盛的原故，起初的时候都是由于武力发展，继之以种种文化的发扬，便能成功。但是要维持民族和国家的长久地位还有道德问题，有了很好的道德，国家才能长治久安。亚洲古时最强盛的民族莫过于元朝的蒙古人，蒙古人在东边灭了中国，在西边又征服欧洲。中国历代最强盛的时代，国力都不能够过里海的西岸，只能够到里海之东，故中国最强盛的时候国力都不能达到欧洲。元朝的时候，全欧洲几乎被蒙古人吞并，比起中国最强盛的时候还要强盛得多，但是元朝的地位没有维持很久。从前中国各代的国力虽然比不上元朝，但是国家的地位各代都能够长久，推究当中的原因，就是元朝的道德不及中国其余各代的道德那样高尚。从前中国民族的道德因为比外国民族的道德高尚得多，所以在宋朝，一次亡国到外来的蒙古人，后来蒙古人还是被中国人所同化；在明朝，二次亡国到外来的满洲人，后来满洲人也是被中国人同化。因为我们民族的道德高尚，故国家虽亡，民族还能够存在，不但是自己的民族能够存在，并且有力量能够同化外来的民族。所以穷本极源，我们现在要恢复民族的地位，除了大家联合起来做成一个国族团体以外，就要把固有的旧道德先恢复起来。有了固有的道德，然后固有的民族地位才可以图恢复。

讲到中国固有的道德，中国人至今不能忘记的，首是忠孝，次是仁爱，其次是信义，其次是和平。这些旧道德，中国人至今还是常讲的。但是，现在受外来民族的压迫，侵入了新文化，那些新文化的势力此刻横行中国。一般醉心新文化的人便排斥旧道德，以为有了新文化，便可以不要旧道德。不知道我们固有的东西，如果是好的当然是要保存，不好的才可以放弃。

此刻中国正是新旧潮流相冲突的时候，一般国民都无所适从。前几天我到乡下进了一所祠堂，走到最后进的一间厅堂去休息，看见右边有一个"孝"字，左边一无所有，我想从前一定有个"忠"字。像这些景象，我看见了的不止一次，有许多祠堂或家庙都是一样的。不过我前几天所看见的"孝"字是特别的大，左边所拆去的痕迹还是很新鲜。推究那个拆去的行为，不知道是乡下人自己做的，或者是我们所驻的兵士做的，但是我从前看到许多祠堂庙宇没有驻过兵，都把"忠"字拆去了。由此便可见现在一般人民的思想，以为到了民国，便可以不讲"忠"字。以为从前讲"忠"字是对于君的，所谓忠君；现在民国没有君主，"忠"字便可以不用，所以便把他拆去。这种理论，实在是误解。因为在国家之内君主可以不要，"忠"字是不能不要的。如果说"忠"字可以不要，试问我们有没有国呢？我们的"忠"字可不可以用之于国呢？我们到现在说忠于君固然是不可以，说忠于民是可不可呢？忠于事又是可不可呢？我们做一件事，总要始终不渝，做到成功，如果做不成功，就是把性命去牺牲亦所不惜，这便是忠。所以古人讲"忠"字，推到极点便是一死。古时所讲的忠，是忠于皇帝，现在没有皇帝便不讲"忠"字，以为什么事都可以做出来，那便是大错。现在人人都说，到了民国什么道德都破坏了，根本原因就是在此。我们在民国之内，照道理上说还是要尽忠，不忠于君，要忠于国，要忠于民，要为四万万人去效忠。为四万万人效忠，比较为一人效忠自然是高尚得多。故"忠"字的好道德还是要保存。讲到"孝"字，我们中国尤为特长，尤其比各国进步得多。《孝经》所讲"孝"字，几乎无所不包，无所不至。现在世界中最文明的国家讲到"孝"字，还没有像中国讲到这么完全。所以"孝"字更是不能不要的。国民在民国之内，要能够把"忠孝"二字讲到极点，国家便自然可以强盛。

仁爱也是中国的好道德。古时最讲"爱"字的莫过于墨子。墨子所讲的"兼爱"，与耶稣所讲的"博爱"是一样的。古时在政治一方面所讲爱的道理，有所谓"爱民如子"，有所谓"仁民爱物"，无论对于什么事都是用"爱"字去包括。所以古人对于仁爱究竟是怎么样实行，便可以知道。中外交通之后，一般人便以为中国人所讲的仁爱不及外国人，因为外国人在中国设立学校，开办医院，来教育中国人、救济中国人，都是为实行仁爱的。照这样实行一方面讲起来，仁爱的好道德，中国现在似乎远不如外国。中国所以不如的原故，不过是中国人对于仁爱没有外国人那样实行，但是仁爱还是中国的旧道德。我们要学外国，只要学他们那样实行。把仁爱恢复起来，再去发扬光大，便是中国固有的精神。

讲到信义。中国古时对于邻国和对于朋友都是讲信的。依我看来，就"信"

字一方面的道德，中国人实在比外国人好得多。在什么地方可以看得出来呢？在商业的交易上便可以看得出。中国人交易没有什么契约，只要彼此口头说一句话，便有很大的信用。比方外国人和中国人订一批货，彼此不必立合同，只要记入账簿便算了事。但是中国人和外国人订一批货，彼此便要立很详细的合同。如果在没有律师和没有外交官的地方，外国人也有学中国人一样只记入账簿便算了事的，不过这种例子很少，普通都是要立合同。逢着没有立合同的时〈候〉，彼此定了货，到交货的时候如果货物的价格太贱，还要去买那一批货，自然要亏本。譬如定货的时候那批货价订明是一万元，在交货的时候只值五千元，若是收受那批货，便要损失五千元。推到当初订货的时候没有合同，中国人本来把所定的货可以辞却不要，但是中国人为履行信用起见，宁可自己损失五千元，不情愿辞去那批货。所以外国在中国内地做生意很久的人，常常赞美中国人，说中国人讲一句话比外国人立了合同的还要守信用得多。但是外国人在日本做生意的，和日本人订货，纵然立了合同，日本人也常不履行。譬如定货的时候那批货订明一万元，在交货的时候价格跌到五千元，就是原来有合同，日本人也不要那批货去履行合同，所以外国人常常和日本人打官司。在东亚住过很久的外国人，和中国人与日本人都做过了生意的，都赞美中国人，不赞美日本人。至于讲到"义"字，中国在很强盛的时代也没有完全去灭人国家。比方从前的高丽名义上是中国的藩属，实在是一个独立国家，就是在二十年以前高丽还是独立，到了近来一二十年高丽才失去自由。从前有一天我和一位日本朋友谈论世界问题，当时适欧战正剧，日本方参加协商国去打德国。那位日本朋友说，他本不赞成日本去打德国，主张日本要守中立，或者参加德国来打协商国；但说因为日本和英国是同盟的，订过了国际条约的，日本因为要讲信义履行国际条约，故不得不牺牲国家的权利去参加协商国，和英国共同去打德国。我就问那位日本人说："日本和中国不是立过了《马关条约》吗？该条约中最要之条件不是要求高丽独立吗？为什么日本对于英国能够牺牲国家权利去履行条约，对于中国就不讲信义，不履行《马关条约》呢？对于高丽独立是日本所发起、所要求，且以兵力胁迫而成的，今竟食言而肥，何信义之有呢？简直的说，日本对于英国主张履行条约，对于中国便不主张履行条约，因为英国是很强的，中国是很弱的，日本加入欧战是怕强权，不是讲信义罢！"中国强了几千年而高丽犹在，日本强了不过二十年便把高丽灭了，由此便可见日本的信义不如中国，中国所讲的信义比外国要进步得多。

中国更有一种极好的道德，是爱和平。现在世界上的国家和民族止有中国是讲和平，外国都是讲战争，主张帝国主义去灭人的国家。近年因为经过许多大战，残杀太大，才主张免去战争，开了好几次和平会议，像从前的海牙会议①，欧战之后的华赛尔会议、金那瓦会议②、华盛顿会议，最近的洛桑会议③。但是这些会议，各国人公同去讲和平，是因为怕战争，出于勉强而然的，不是出于一般国民的天性。中国人几千年酷爱和平，都是出于天性。论到个人便重谦让，论到政治便说"不嗜杀人者能一之"，和外国人便有大大的不同。所以中国从前的忠孝、仁爱、信义种种的旧道德固然是驾乎外国人，说到和平的道德更是驾乎外国人。这种特别的好道德，便是我们民族的精神。我们以后对于这种精神不但是要保存，并且要发扬光大，然后我们民族的地位才可以恢复。

我们旧有的道德应该恢复以外，还有固有的智能也应该恢复起来。我们自被满清征服了以后，四万万人睡觉，不但是道德睡了觉，连智识也睡了觉。我们今天要恢复民族精神，不但是要唤醒固有的道德，就是固有的智识也应该唤醒他。中国有什么固有的智识呢？就人生对于国家的观念，中国古时有很好的政治哲学。我们以为欧美的国家近来很进步，但是说到他们的新文化，还不如我们政治哲学的完全。中国有一段最有系统的政治哲学，在外国的大政治家还没有见到，还没有说到那样清楚的，就是《大学》中所说的"格物、致知、诚意、正心、修身、齐家、治国、平天下"那一段的话。把一个人从内发扬到外，由一个人的内部做起，推到平天下止。像这样精微开展的理论，无论外国什么政治哲学家都没有见到，都没有说出，这就是我们政治哲学的智识中独有的宝贝，是应该要保存的。这种正心、诚意、修身、齐家的道理本属于道德的范围，今天要把他放在智识范

---

① 海牙（'s-Gravenhage），今荷兰南荷兰省（Zuid-Holland Province）首府。战前的两次海牙会议分别于一八九九年五月和一九〇七年六月举行。

② 金那瓦（Genéve），今译日内瓦，瑞士日内瓦州（Genéve Kanton）首府，金那瓦会议于一九二〇年举行。

③ 洛桑（Lausanne），今瑞士沃州（Vaud Kanton）首府，洛桑会议于一九二二年十一月举行。

围内来讲才是适当。我们祖宗对于这些道德上的功夫，从前虽然是做过了的，但是自失了民族精神之后，这些智识的精神当然也失去了。所以普通人读书，虽然常用那一段话做口头禅，但是多是习而不察，不求甚解，莫明其妙的。正心、诚意的学问是内治的功夫，是很难讲的。从前宋儒是最讲究这些功夫的，读他们的书，便可以知道他们做到了什么地步。但是说到修身、齐家、治国那些外修的功夫，恐怕我们现在还没有做到。专就外表来说，所谓修身、齐家、治国，中国人近几百年以来都做不到，所以对于本国便不能自治。外国人看见中国人不能治国，便要来共管。

我们为什么不能治中国呢？外国人从什么地方可以看出来呢？依我个人的眼光看，外国人从齐家一方面或者把中国家庭看不清楚，但是从修身一方面来看，我们中国人对于这些功夫是很缺乏的。中国人一举一动都欠检点，只要和中国人来往过一次，便看得很清楚。外国人对于中国的印象，除非是在中国住过了二三十年的外国人，或者是极大的哲学家像罗素①那一样的人有很大的眼光，一到中国来便可以看出中国的文化超过于欧美，才赞美中国。普通外国人总说中国人没有教化，是很野蛮的。推求这个原因，就是大家对于修身的功夫太缺乏。大者勿论，即一举一动，极寻常的功夫都不讲究。譬如中国人初到美国时候，美国人本来是平等看待，没有什么中美人的分别。后来美国大旅馆都不准中国人住，大的酒店都不许中国人去吃饭，这就是由于中国人没有自修的功夫。我有一次在船上和一个美国船主谈话，他说："有一位中国公使前一次也坐这个船，在船上到处喷涕吐痰，就在这个贵重的地毡上吐痰，真是可厌。"我便问他："你当时有什么办法呢？"他说："我想到无法，只好当他的面，用我自己的丝巾把地毡上的痰擦干净便了。当我擦痰的时候，他还是不经意的样子。"像那位公使在那样贵重的地毡上都吐痰，普通中国人大都如此。由此一端，便可见中国人举动缺乏自修的功夫。孔子从前说"席不正不坐"，由此便可见他平时修身虽一坐立之微，亦很讲究的。到了宋儒时代，他们正心、诚意和修身的功夫更为谨严。现在中国人便不讲究了。

----

① 罗素（Betrand Arthur William Russell），英国人。

　　为什么外国的大酒店都不许中国人去吃饭呢？有人说：有一次，一个外国大酒店当会食的时候，男男女女非常热闹，非常文雅，跻跻〔济济〕一堂，各乐其乐。忽然有一个中国人放起屁来，于是同堂的外国人哗然哄散，由此店主便把那位中国人逐出店外。从此以后，外国大酒店就不许中国人去吃饭了。又有一次，上海有一位大商家请外国人来宴会，他也忽然在席上放起屁来，弄到外国人的脸都变红了。他不但不检点，反站起来大拍衫裤，且对外国人说："嗌士巧士咪（Excuse me）①。"这种举动，真是野蛮陋劣之极！而中国之文人学子亦常有此鄙陋行为，实在难解。或谓有气必放，放而要响，是有益卫生，此更为恶劣之谬见。望国人切当戒之，以为修身的第一步功夫。此外中国人每爱留长指甲，长到一寸多长都不剪去，常以为要这样便是很文雅。法国人也有留指甲的习惯，不过法国人留长指甲只长到一两分，他们以为要这样便可表示自己是不做粗工的人。中国人留长指甲也许有这个意思，如果人人都不想做粗工，便和我们国民党尊重劳工的原理相违背了。再者中国人牙齿是常常很黄墨的，总不去洗刷干净，也是自修上的一个大缺点。像吐痰、放屁、留长指甲、不洗牙齿，都是修身上寻常的功夫，中国人都不检点。所以我们虽然有修身、齐家、治国、平天下的大智识，外国人一遇见了便以为很野蛮，便不情愿过细来考察我们的智识。外国人一看到中国，便能够知道中国的文明，除非是大哲学家像罗素一样的人才能见到；否则便要在中国多住几十年，方可以知道中国几千年的旧文化。假如大家把修身的功夫做得很有条理，诚中形外，虽至举动之微亦能注意，遇到外国人不以鄙陋行为而侵犯人家的自由，外国人一定是很尊重的。所以今天讲到修身，诸位新青年便应该学外国人的新文化。只要先能够修身，便可来讲齐家、治国。现在各国的政治都进步了，只有中国是退步，何以中国要退步呢？就是因为受外国政治经济的压迫，推究根本原因，还是由于中国人不修身。不知道中国从前讲修身，推到正心、诚意、格物、致知，这是很精密的智识，是一贯的道理。像这样很精密的智识和一贯的道理，都是中国所固有的。我们现在要能够齐家、治国，不受外国的压迫，根本上便要从修身起，把中国固有智识、一贯的道理先恢复起来，然后我们民族

————————

　　①　"嗌士巧士咪"是英文译音，意为"对不起"。

的精神和民族的地位才都可以恢复。

我们除了智识之外，还有固有的能力。现在中国人看见了外国的机器发达，科学昌明，中国人现在的能力当然不及外国人。但是在几千年前，中国人的能力是怎么样呢？从前中国人的能力还要比外国人大得多。外国现在最重要的东西，都是中国从前发明的。比如指南针，在今日航业最发达的世界几乎一时一刻都不能不用他，推究这种指南针的来源，还是中国人几千年以前发明的。如果从前的中国人没有能力，便不能发明指南针。中国人固老早有了指南针，外国人至今还是要用他，可见中国人固有的能力还是高过外国人。其次，在人类文明中最重要的东西便是印刷术，现在外国改良的印刷机，每点钟可以印几万张报纸，推究他的来源，也是中国发明的。再其次，在人类中日用的磁器更是中国发明的，是中国的特产，至今外国人极力仿效，犹远不及中国之精美。近来世界战争用到无烟火药，推究无烟药的来源，是由于有烟黑药改良而成的，那种有烟黑药也是中国发明的。中国发明了指南针、印刷术和火药这些重要的东西，外国今日知道利用他，所以他们能够有今日的强盛。至若人类所享衣食住行的种种设备，也是我们从前发明的。譬如就饮料一项说，中国人发明茶叶，至今为世界之一大需要，文明各国皆争用之，以茶代酒更可免了酒患，有益人类不少。讲到衣一层，外国人视为最贵重的是丝织品，现在世界上穿丝的人一天多过一天，推究用蚕所吐的丝而为人衣服，也是中国几千年前发明的。讲到住一层，现在外国人建造的房屋自然是很完全，但是造房屋的原理和房屋中各重要部分都是中国人发明的，譬如拱门就是以中国的发明为最早。至于走路，外国人现在所用的吊桥，便以为是极新的工程、很大的本领。但是外国人到中国内地来，走到川边①、西藏，看见中国人经过大山，横过大河，多有用吊桥的。他们从前没有看见中国的吊桥，以为这是外国先发明的，及看见了中国的吊桥，便把这种发明归功到中国。由此可见中国古时不是没有能力的，因为后来失了那种能力，所以我们民族的地位也逐渐退化。现在要恢复固有的地位，便先要把我们固有的能力一齐都恢复起来。

但是恢复了我们固有的道德、智识和能力，在今日之世，仍未能进中国于世

---

① 川边特别区域于一九二八年改置西康省，一九五五年撤销而析其地并入四川省和西藏自治区。

界一等的地位，如我们祖宗之当时为世界之独强的。恢复我一切国粹之后，还要去学欧美之所长，然后才可以和欧美并驾齐驱。如果不学外国的长处，我们仍要退后。

我们要学外国到底是难不难呢？中国人向来以为外国的机器很难，是不容易学的。不知道外国所视为最难的是飞上天，他们最新的发明的是飞机，现在我们天天看见大沙头①的飞机飞上天，飞上天的技师是不是中国人呢？中国人飞上天都可以学得到，其余还有什么难事学不到呢！因为几千年以来中国人有了很好的根底和文化，所以去学外国人，无论什么事都可以学得到。用我们的本能，很可以学外国人的长处。外国的长处是科学，用了两三百年的功夫去研究发明，到了近五十年来才算是十分进步。因为这种科学进步，所以人力可以巧夺天工，天然所有的物力，人工都可以做得到。最新发明的物力是用电。从前物力的来源是用煤，由于煤便发动汽力，现在进步到用电。所以外国的科学，已经由第一步进到第二步。现在美国有一个很大的计画，是要把全国机器厂所用的动力即马力都统一起来。因为他们全国的机器厂有几万家，各家工厂都有一个发动机，都要各自烧煤去发生动力，所以每天各厂所烧的煤和所费的人工都是很多。且因各厂用煤太多，弄到全国的铁路虽然有了几十万英里，还不敷替他们运煤之用，更没有工夫去运农产，于是各地的农产便不能运出畅销。因为用煤有这两种的大大不利，所以美国现在想做一个中央电厂，把几万家工厂用电力去统一。将来此项计画如果成功，那几万家工厂的发动机都统一到一个总发动机，各工厂可以不必用煤和许多工人去烧火，只用一条铜线便可以传导动力，各工厂便可以去做工。行这种方法的利益，好比现在讲堂内的几百人，每一个人单独用锅炉去煮饭吃，是很麻烦的，是很浪费的，如果大家合拢起来，只用一个大锅炉去煮饭吃，就便当得多，就节省得多。现在美国正是想用电力去统一全国工厂的计画，如果中国要学外国的长处，起首便应该不必用煤力而用电力，用一个大原动力供给全国。这样学法好比是军事家的迎头截击一样，如果能够迎头去学，十年之后虽然不能超过外国，一定可以和他们并驾齐驱。

_____

① 大沙头在广州城东，为当时军用机场所在地。

我们要学外国，是要迎头赶上去，不要向后跟着他。譬如学科学，迎头赶上去，便可以减少两百多年的光阴。我们到了今日的地位，如果还是睡觉，不去奋斗，不知道恢复国家的地位，从此以后便要亡国灭种。现在我们知道了跟上世界的潮流，去学外国之所长，必可以学得比较外国还要好，所谓"后来者居上"。从前虽然是退后了几百年，但是现在只要几年便可以赶上，日本便是一个好榜样。日本从前的文化是从中国学去的，比较中国低得多。但是日本近来专学欧美的文化，不过几十年便成世界中列强之一。我看中国人的聪明才力不亚于日本，我们此后去学欧美，比较日本还要容易。所以这十年中，便是我们的生死关头。如果我们醒了，像日本人一样，大家提心吊胆去恢复民族的地位，在十年之内，就可以把外国的政治、经济和人口增加的种种压迫和种种祸害都一齐消灭。日本学欧美不过几十年便成世界列强之一，但是中国的人口比日本多十倍，领土比日本大三十倍，富源更是比日本多，如果中国学到日本，就要变成十个列强。现在世界之中，英、美、法、日、意大利等不过五大强国，以后德、俄恢复起来，也不过六七个强国；如果中国能够学到日本，只要用一国便变成十个强国。到了那个时候，中国便可以恢复到头一个地位。

但是中国到了头一个地位，是怎么样做法呢？中国古时常讲"济弱扶倾"，因为中国有了这个好政策，所以强了几千年，安南、缅甸、高丽、暹罗那些小国还能够保持独立。现在欧风东渐，安南便被法国灭了，缅甸被英国灭了，高丽被日本灭了。所以中国如果强盛起来，我们不但是要恢复民族的地位，还要对于世界负一个大责任。如果中国不能够担负这个责任，那末中国强盛了，对于世界便有大害，没有大利。中国对于世界究竟要负什么责任呢？现在世界列强所走的路是灭人国家的，如果中国强盛起来也要去灭人国家，也去学列强的帝国主义，走相同的路，便是蹈他们的覆辙。所以我们要先决定一种政策，要济弱扶倾，才是尽我们民族的天职。我们对于弱小民族要扶持他，对于世界的列强要抵抗他。如果全国人民都立定这个志愿，中国民族才可以发达。若是不立定这个志愿，中国民族便没有希望。我们今日在没有发达之先立定扶倾济弱的志愿，将来到了强盛时候，想到今日身受过了列强政治经济压迫的痛苦，将来弱小民族如果也受这种痛苦，我们便要把那些帝国主义来消灭，那才算是治国平天下。

　　我们要将来能够治国平天下，便先要恢复民族主义和民族地位，用固有的道德和平做基础去统一世界，成一个大同之治，这便是我们四万万人的大责任。诸君都是四万万人的一份子，都应该担负这个责任，便是我们民族的真精神！

据孙文讲演《民族主义》手书改正
本①，上海孙中山故居纪念馆藏

---

　　①　该本乃据中国国民党中央执行委员会编辑、中国国民党中央执行委员会宣传部发行、一九二四年四月在广州出版的《民族主义》修订，封面亲书"再加改正本"五字，全书订正文字共三十六处，修订时间不详。

民　权　主　义

第　一　讲

（三月九日）①

诸君：

　　今天开始来讲民权主义。什么叫做民权主义呢？现在要把民权来定一个解释，便先要知道什么是民。大凡有团体有组织的众人，就叫做民。什么是权呢？权就是力量，就是威势。那些力量大到同国家一样，就叫做权。力量最大的那些国家，中国话说"列强"，外国话便说"列权"②。又机器的力量，中国话说是"马力"，外国话说是"马权"③。所以权和力实在是相同，有行使命令的力量，有制服群伦的力量，就叫做权。把民同权合拢起来说，民权就是人民的政治力量。什么是叫做政治的力量呢？我们要明白这个道理，便先要明白什么是政治。许多人以为政治是很奥妙、很艰深的东西，是通常人不容易明白的。所以中国的军人常常说，我们是军人，不懂得政治。为什么不懂得政治呢？就是因为他们把政治看作是很奥妙、很艰深的，殊不知道政治是很浅白、很明瞭的。如果军人说不干涉政治，还可以讲得通，但是说不懂得政治，便讲不通了。因为政治的原动力便在军人，所以军人当然要懂得政治，要明白什么是政治。"政治"两字的意思，浅而言之，政就是众人的事，治就是管理，管理众人的事便是政治。有管理众人之事的力量，便是政权。今以人民管理政事，便叫做"民权"。

　　现在民权的定义既然是明白了，便要研究民权是什么作用的。环观近世，追溯往古，权的作用，单简的说就是要来维持人类的生存。人类要能够生存，就须有两件最大的事：第一件是保，第二件是养。保和养两件大事是人类天天要做的。

---

　　① 《民权主义》各讲凡标明时间者前面原有"十三年"三字，为使与《民族主义》各讲格式一致而将其删去。

　　② "列强"英文为 the great powers，power 于此作权力、势力解，故有"列权"之说法。

　　③ "马力"英文为 horsepower，power 于此作力量、动力解。

保就是自卫，无论是个人或团体或国家，要有自卫的能力才能够生存。养就是觅食。这自卫和觅食，便是人类维持生存的两件大事。但是人类要维持生存，他项动物也要维持生存；人类要自卫，他项动物也要自卫；人类要觅食，他项动物也要觅食。所以人类的保养和动物的保养冲突，便发生竞争。人类要在竞争中求生存，便要奋斗，所以奋斗这一件事是自有人类以来天天不息的。由此便知权是人类用来奋斗的。

人类由初生以至于现在，天天都是在奋斗之中。人类奋斗可分作几个时期：第一个时期，是太古洪荒没有历史以前的时期。那个时期的长短，现在虽然不知道，但是近来地质学家由石层研究起来，考查得有人类遗迹凭据的石头不过是两百万年，在两百万年以前的石头便没有人类的遗迹。普通人讲到几百万年以前的事，似乎是很渺茫的，但是近来地质学极发达，地质学家把地球上的石头分成许多层，每层合成若干年代，那一层是最古的石头，那一层是近代的石头，所以用石头来分别。在我们说到两百万年，似乎是很长远，但是在地质学家看起来不过是一短时期。两百万年以前还有种种石层，更自两百万年以上；推到地球没有结成石头之先，便无可稽考。普通都说没有结成石头之先是一种流质，更在流质之先是一种气体。所以照进化哲学的道理讲，地球本来是气体，和太阳本是一体的。始初太阳和气体都是在空中，成一团星云，到太阳收缩的时候，分开许多气体，日久凝结成液体，再由液体固结成石头。最老的石头有几千万年，现在地质学家考究得有凭据的石头是二千多万年。所以他们推定地球当初由气体变成液体要几千万年，由液体变成石头的固体又要几千万年，由最古之石头至于今日至少有二千万年。在二千万年的时代，因为没有文字的历史，我们便以为很久远，但是地质学家还以为很新鲜。我要讲这些地质学，和我们今日的讲题有什么关系呢？因为讲地球的来源，便由此可以推究到人类的来源。地质学家考究得人类初生在二百万年以内，人类初生以后到距今二十万年才生文化。二十万年以前人和禽兽没有什么大分别，所以哲学家说人是由动物进化而成，不是偶然造成的。人类庶物由二十万年以来逐渐进化，才成今日的世界。现在是什么世界呢？就是民权世界。

民权之萌芽虽在二千年前之希腊、罗马时代，但是确立不摇只有一百五十年，前此仍是君权时代。君权之前便是神权时代。而神权之前便是洪荒时代，是人和兽相斗的时代。在那个时候，人类要图生存，兽类也要图生存。人类保全生存的方法，一方面是觅食，一方面是自卫。在太古时代，人食兽，兽亦食人，彼此相竞争。遍地都是毒蛇猛兽，人类的四周都是祸害，所以人类要图生存，便要去奋斗。但是那时的奋斗，总是人兽到处混乱的奋斗，不能结合得大团体，所谓各自为战。就人类发生的地方说，有人说不过是在几处地方。但是地质学家说，世界上有了人之后，便到处都有人，因为无论自什么地方挖下去，都可以发见人类的遗迹。至于人和兽的竞争，至今还没有完全消灭。如果现在走到南洋很荒野的地方，人和兽斗的事还可以看见。又像我们走到荒山野外没有人烟的地方，便知道太古时代人同兽是一个什么景象。

像这样讲，我们所以能够推到古时的事，是因为有古代的痕迹遗存，如果没有古迹遗存，我们便不能够推到古时的事。普通研究古时的事，所用的方法是读书看历史。历史是用文字记载来的，所以人类文化，是有了文字之后才有历史。有文字的历史，在中国至今不过五六千年，在埃及不过一万多年。世界上考究万事万物，在中国是专靠读书，在外国人却不是专靠读书。外国人在小学、中学之内是专靠读书的，进了大学便不专靠读书，要靠实地去考察。不专看书本的历史，要去看石头、看禽兽和各地方野蛮人的情状，便可推知我们祖宗是一个什么样的社会。比方观察非洲和南洋群岛的野蛮人，便可知道从前没有开化的人是一个什么情形。所以近来大科学家考察万事万物，不是专靠书。他们所出的书，不过是由考察的心得贡献到人类的记录罢了。他们考察的方法有两种：一种是用观察，即科学；一种是用判断，即哲学。人类进化的道理，都是由此两学得来的。

古时人同兽斗，只有用个人的体力，在那个时候只有同类相助。比方在这个地方有几十个人同几十个猛兽奋斗，在别的地方也有几十个人同几十个猛兽奋斗，这两个地方的人类见得彼此都是同类的，和猛兽是不同的，于是同类的就互相集合起来，和不同类的去奋斗。决没有和不同类的动物集合，共同来食人的，来残害同类的。当时同类的集合，不约而同去打那些毒蛇猛兽，那种集合是天然的，不是人为的。把毒蛇猛兽打完了，各人还是散去。因为当时民权没有发生，人类去打那些毒蛇猛兽，各人都是各用气力，不是用权力。所以在那个时代，人同兽争是用气力的时代。

后来毒蛇猛兽差不多都被人杀完了，人类所处的环境较好，所住的地方极适于人类的生存，人群就住在一处，把驯伏的禽兽养起来，供人类使用。故人类把毒蛇猛兽杀完了之后，便成畜牧时代，也就是人类文化初生的时代，差不多和现在中国的蒙古同亚洲西南的亚剌伯人还是在畜牧时代一样。到了那个时代，人类生活的情形便发生一个大变动。所以人同兽斗终止，便是文化初生，这个时代可以叫做太古时代。到了那个时代，人又同什么东西去奋斗呢？是同天然物力去奋斗。

简而言之，世界进化，当第一个时期是人同兽争，所用的是气力，大家同心协力杀完毒蛇猛兽；第二个时期是人同天争。

在人同兽争的时代，因为不知道何时有毒蛇猛兽来犯，所以人类时时刻刻不知生死，所有的自卫力只有双手双足。不过在那个时候人要比兽聪明些，所以同兽奋斗不是专用双手双足，还晓得用木棍和石头。故最后的结果，人类战胜，把兽类杀灭净尽，人类的生命才可以一天一天的计算。在人同兽斗的时期，人类的安全几几乎一时一刻都不能保。到了没有兽类的祸害，人类才逐渐蕃盛，好地方都被人住满了。

当那个时代，什么是叫做好地方呢？可以避风雨的地方便叫做好地方，就是风雨所不到的地方。像埃及的尼罗河两旁和亚洲马斯波他米亚①地方，土地极其肥美，一年四季都不下雨。尼罗河水每年涨一次，水退之后，把河水所带的肥泥都散布到沿河两旁的土地，便容易生长植物，多产谷米。像这种好地方，只有沿尼罗河岸和马斯波他米亚地方，所以普通都说尼罗河和马斯波他米亚是世界文化发源的地方。因为那两岸的土地肥美，常年没有风雨，既可以耕种，又可以畜牧，河中的水族动物又丰富，所以人类便很容易生活，不必劳心劳力便可以优游度日，子子孙孙便容易蕃盛。

到了人类过于蕃盛之后，那些好地方便不够住了。就是在尼罗河与马斯波他米亚之外，稍为不好的地方也要搬到去住。不好的地方就有风雨的天灾。好比黄

① 马斯波他米亚（Mesopotamia），今译美索不达米亚，即今伊拉克境内的幼发拉底河（Euphrates River）和底格里斯河（Tigris River）流域，俗称两河流域。

河流域是中国古代文化发源的地方，在黄河流域一来有风雨天灾，二来有寒冷，本不能够发生文化，但是中国古代文化何以发生于黄河流域呢？因为沿河两岸的人类是由别处搬来的。比方马斯波他米亚的文化便早过中国万多年，到了中国的三皇五帝以前，便由马斯波他米亚搬到黄河流域，发生中国的文明。在这个地方，驱完毒蛇猛兽之后便有天灾，便要受风雨的祸患。遇到天灾，人类要免去那种灾害，便要与天争。因为要避风雨，就要做房屋；因为要御寒冷，就要做衣服。人类到了能够做房屋做衣服，便进化到很文明。

但是，天灾是不一定的，也不容易防备。有时一场大风便可把房屋推倒，一场大水便可把房屋淹没，一场大火便可把房屋烧完，一场大雷便可把房屋打坏。这四种——水、火、风、雷的灾害，古人实在莫明其妙。而且古人的房屋都是草木做成的，都不能抵抗水、火、风、雷四种天灾。所以古人对于这四种天灾，便没有方法可以防备。说到人同兽争的时代，人类还可用气力去打，到了同天争的时代，专讲打是不可能的，故当时人类感觉非常的困难。后来便有聪明的人出来替人民谋幸福，像大禹治水，替人民除去水患；有巢氏教民在树上做居室，替人民谋避风雨的灾害。自此以后，文化便逐渐发达，人民也逐渐团结起来。又因为当时地广人稀，觅食很容易，他们单独的问题只有天灾，所以要和天争。但是和天争，不比是和兽争可以用气力的，于是发生神权。极聪明的人便提倡神道设教，用祈祷的方法去避祸求福。他们所做祈祷的工夫，在当时是或有效或无效，是不可知。但是既同天争，无法之中是不得不用神权，拥戴一个很聪明的人做首领。好比现在非洲野蛮的酋长，他的职务便专是祈祷。又像中国的蒙古、西藏都奉活佛做皇帝，都是以神为治。所以古人说："国之大事，在祀与戎。"说国家的大事，第一是祈祷，第二是打仗。

中华民国成立了十三年，把皇帝推翻，现在没有君权。日本至今还是君权的国家，至今还是拜神，所以日本皇帝，他们都称天皇。中国皇帝，我们从前亦称天子。在这个时代，君权已经发达了很久，还是不能脱离神权。日本的皇帝在几百年以前已经被武人推倒了，到六十年前明治维新，推翻德川，恢复天皇①，所

---

①　德川幕府统治日本长达两个半世纪之久，至一八六七年十月，第十四代将军德川庆喜被迫还政天皇。

以日本至今还是君权、神权并用。从前罗马皇帝也是一国的教主，罗马亡了之后，皇帝被人推翻，政权也被夺去了；但是教权仍然保存，各国人民仍然奉为教主，好比中国的春秋时候列国尊周一样。

由此可见人同兽争以后便有天灾，要和天争便发生神权。由有历史到现在，经过神权之后便发生君权。有力的武人和大政治家把教皇的权力夺了，或者自立为教主，或者自称为皇帝。于是由人同天争的时代，变成人同人争。到了人同人相争，便觉得单靠宗教的信仰力不能维持人类社会，不能够和人竞争，必要政治修明、武力强盛才可以和别人竞争。世界自有历史以来都是人同人争。从前人同人争，一半是用神权，一半是用君权，后来神权渐少。罗马分裂之后，神权渐衰，君权渐盛，到了法王路易十四。便为极盛的时代。他说："皇帝和国家没有分别，我是皇帝，所以我就是国家。"把国家的什么权都拿到自己手里，专制到极点，好比中国秦始皇一样。君主专制一天利害一天，弄到人民不能忍受。到了这个时代，科学也一天发达一天，人类的聪明也一天进步一天，于是生出了一种大觉悟，知道君主总揽大权，把国家和人民做他一个人的私产，供他一个人的快乐，人民受苦他总不理会。人民到不能忍受的时候，便一天觉悟一天，知道君主专制是无道，人民应该要反抗。反抗就是革命。所以百余年来革命的思潮便非常发达，便发生民权的革命。民权革命是谁同谁争呢？就是人民同皇帝相争。所以推求民权的来源，我们可以用时代来分析。

再概括的说一说：第一个时期，是人同兽争，不是用权，是用气力。第二个时期，是人同天争，是用神权。第三个时期，是人同人争，国同国争，这个民族同那个民族争，是用君权。到了现在的第四个时期，国内相争，人民同君主相争。

在这个时代之中，可以说是善人同恶人争，公理同强权争。到这个时代，民权渐渐发达，所以叫做民权时代。这个时代是很新的。我们到了这个很新的时代，推到〔倒〕旧时代的君权，究竟是好不好呢？从前人类的智识未开，赖有圣君贤相去引导，在那个时候君权是很有用的。君权没有发生以前，圣人以神道设教去维持社会，在那个时候神权也是很有用的。现在神权、君权都是过去的陈迹，到了民权时代。就道理上讲起来，究竟为什么反对君权一定要用民权呢？因为近来文明很进步，人类的智识很发达，发生了大觉悟。好比我们在做小孩子的时候，便要父母提携，但是到了成人谋生的时候，便不能依靠父母，必要自己去独立。但是现在还有很多学者要拥护君权，排斥民权。日本这种学者是很多，欧美也有这种学者，中国许多旧学者也是一样。所以一般老官僚至今还是主张复辟，恢复帝制。现在全国的学者有主张君权的，有主张民权的，所以弄到政体至今不能一定。我们是主张民权政治的，必要把全世界各国民权的情形考察清楚才好。

从二十万年到万几千年以前是用神权，神权很适宜于那个时代的潮流。比如现在西藏，如果忽然设立君主，人民一定是要反对的，因为他们崇信教主，拥戴活佛，尊仰活佛的威权，服从活佛的命令。欧洲几千百年前也是这样。中国文化发达的时期早过欧洲，君权多过神权，所以中国老早便是君权时代。"民权"这个名词是近代传进来的。大家今天来赞成我的革命，当然是主张民权的。一般老官僚要复辟，要做皇帝，当然是反对民权、主张君权的。君权和民权，究竟是那一种和现在的中国相宜呢？这个问题很有研究的价值。根本上讨论起来，无论君权和民权都是用来管理政治、为众人办事的，不过政治上各时代的情形不同，所用的方法也各有不同。到底中国现在用民权是适宜不适宜呢？有人说，中国人民的程度太低，不适宜于民权。美国本来是民权的国家，但是在袁世凯要做皇帝的时候，也有一位大学教授叫做古德诺到中国来主张君权，说中国人民的思想不发达，文化赶不上欧美，所以不宜用民权。袁世凯便利用他这种言论，推翻民国，自己称皇帝。现在我们主张民权，便要对于民权认得很清楚。中国自有历史以来，没有实行过民权，就是中国十三年来也没有实行过民权。但是我们的历史经过了四千多年，其中有治有乱，都是用君权。到底君权对于中国是有利或有害呢？中国所受君权的影响，可以说是利害参半。但是根据中国人的聪明才智来讲，如果应用民权，比较上还是适宜得多。所以，两千多年前的孔子、孟子便主张民权。孔子说："大道之行也，天下为公。"便是主张民权的大同世界。又"言必称尧舜"，就是因为尧舜不是家天下。尧舜的政治名义上虽然是用君权，实际上是行民权，所以孔子总是宗仰他们。孟子说："民为贵，社稷次之，君为轻。"又说："天视自我民视，天听自我民听。"又说："闻诛一夫纣矣，未闻弑君也。"他在那个时代已经知道君主不必一定是要的，已经知道君主一定是不能长久的，所以便判定那些为民造福的就称为"圣君"，那些暴虐无道的就称为"独夫"，大家应该去反抗他。由此可见，中国人对于民权的见解，二千多年以前已经早想到了。不过那个时候还以为不能做到，好像外国人说"乌托邦"① 是理想上的事，不是即时可以做得到的。

至于外国人对于中国人的印象，把中国人和非洲、南洋的野蛮人一样看待，所以中国人和外国人讲到民权，他们便极不赞成，以为中国何以能够同欧美同时来讲民权？这些见解的错误，都是由于外国学者不考察中国的历史和国情，所以不知道中国实在是否适宜于民权。中国在欧美的留学生，也有跟外国人一样说中国不适宜于民权的。这种见解实在是错误。依我看来，中国进化比较欧美还要在先，民权的议论在几千年以前就老早有了，不过当时只是见之于言论，没有形于事实。现在欧美既是成立了民国，实现民权有了一百五十年，中国古人也有这种思想，所以我们要希望国家长治久安，人民安乐，顺乎世界的潮流，非用民权不可。但是民权发生至今还不甚久，世界许多国家还有用君权的，各国实行民权也遭过了许多挫折、许多失败的。民权言论的发生在中国有了两千多年，在欧美恢复民权不过一百五十年，现在风行一时。

近代事实上的民权，头一次发生是在英国。英国在那个时候发生民权革命，正当中国的明末清初。当时革命党的首领叫做格林威尔，把英国皇帝查理士第一② 杀了。此事发生以后便惊动欧美，一般人以为这是自有历史以来所没有的，应该当作谋反叛逆看待。暗中弑君，各国是常有的；但是格林威尔杀查理士第一，不是暗杀，是把他拿到法庭公开裁判，宣布他不忠于国家和人民的罪状，所以便把他杀了。当时欧洲以为英国人民应该赞成民权，从此民权便可以发达。谁知英国人民还是欢迎君权，不欢迎民权。查理士第一虽然是死了，人民还是思慕君主，

---

① 乌托邦（utopia），指理想中的国家、地方或社会制度，因十六世纪初英国人莫尔（Thomas More）所著《乌托邦》一书而得名。该书用拉丁文撰成，书名原为《关于最完美的国家制度和乌托邦新岛的既有益又有趣的金书》（英译本作 *On The Perfect System of The State and Utopia Niijima's Good and Interesting Gold Book*），简称《乌托邦》（*Utopia*）。"乌托邦"一词原由希腊文 oú（否）与 τóπος（地方）拼成，意为"乌有之乡"，莫尔以虚构的故事体裁描述了一个他所向往的国家社会制度。

② 格林威尔（Oliver Cromwell），今译克伦威尔；查理士第一（Charles Ⅰ），今译查理一世，即查理·斯图尔特（Charles Stuart）。

不到十年英国便发生复辟，把查理士第二①迎回去做皇帝。那个时候刚是满清入关，明朝还没有亡，距今不过两百多年。所以两百多年以前英国发生过一次民权政治，不久便归消灭，君权还是极盛。

一百年之后，便有美国的革命，脱离英国独立，成立美国联邦政府，到现在有一百五十年。这是现在世界中头一个实行民权的国家。

美国建立共和以后不到十年，便引出法国革命。法国当时革命的情形，是因为自路易十四总揽政权，厉行专制，人民受非常的痛苦。他的子孙继位，更是暴虐无道，人民忍无可忍，于是发生革命，把路易十六杀了。法国人杀路易十六，也是和英国人杀查理士第一一样，把他拿到法庭公开审判，宣布他不忠于国家和人民的罪状。法国皇帝被杀了之后，欧洲各国为他复仇，大战十多年，所以那次的法国革命还是失败，帝制又恢复起来了。但是法国人民民权的思想，从此更极发达。

讲到民权史，大家都知道法国有一位学者叫做卢梭②。卢梭是欧洲主张极端民权的人，因有他的民权思想，便发生法国革命。卢梭一生民权思想，最要紧的著作是《民约论》。《民约论》中立论的根据，是说人民的权利是生而自由平等的，各人都有天赋的权利，不过人民后来把天赋的权利放弃罢了。所以这种言论，可以说民权是天生出来的。但就历史上进化的道理说，民权不是天生出来的，是时势和潮流所造就出来的。故推到进化的历史上，并没有卢梭所说的那种民权事实，这就是卢梭的言论没有根据。所以反对民权的人，便拿卢梭没有根据的话去做材料。但是我们主张民权的不必要先主张言论，因为宇宙间的道理，都是先有事实然后才发生言论，并不是先有言论然后才发生事实。

比方陆军的战术学现在已经成了有系统的学问，研究这门学问的成立，是先有学理呢，或是先有事实呢？现在的军人都是说入学校研究战〈术〉学，学成了之后，为国家去战斗。照这种心理来讲，当然是先有言论，然后才有事实。但是照世界进化的情形说，最初人同兽斗有了百几万年，然后那些毒蛇猛兽才消灭，

---

①　查理士第二（Charles Ⅱ），今译查理二世。

②　卢梭（Jean-Jacques Rousseau），后文亦作卢骚，其著作《民约论》（*Du Contrat Social*），今译《社会契约论》，另名《政治权利的原理》（*Principes du Droit Politique*）。

在那个时候人同兽斗到底有没有战术呢？当时或者有战术，不过因为没有文字去记载便无可稽考，也未可知。后来人同人相争、国同国相争有了两万多年，又经过了多少战事呢？因为没有历史记载，所以后世也不知道。就中国历史来考究，二千多年前的兵书有十三篇①，那十三篇兵书便是解释当时的战理。由于那十三篇兵书，便成立中国的军事哲学。所以照那十三篇兵书讲，是先有战斗的事实，然后才成那本兵书。就是现在的战术，也是本于古人战斗的事实逐渐进步而来。自最近发明了无烟枪之后，我们战术便发生一个极大的变更。从前打仗，是兵士看见了敌人，尚且一排一排的齐进；近来打仗，如果见了敌人，便赶快伏在地下放枪。到底是不是因为有了无烟枪，我们才伏在地下呢？是不是先有了事实，然后才有书呢？还是先有书，然后才有事实呢？外国从前有这种战术，是自南非洲英波之战始。当时英国兵士同波人②打仗，也是一排一排去应战，波人则伏在地下，所以英国兵士便受很大的损失。"伏地战术"是由波人起的。波人本是由荷兰搬到非洲的，当时的人数只有三十万，常常和本地的土人打仗。波人最初到非洲和本地的土人打仗，土人总是伏在地下打波人，故波人从前吃亏不少，便学土人伏地的战术。后来学成了，波人和英国人打仗，英国人也吃亏不少，所以英国人又转学波人的伏地战术。后来英国兵士回本国，转教全国，更由英国传到全世界，所以现在各国的战术学都采用他。

由此可见，是先有事实才发生言论，不是先有言论才发生事实。卢梭《民约论》中所说民权是由天赋的言论，本是和历史上进化的道理相冲突，所以反对民权的人便拿他那种没有根据的言论来做口实。卢梭说民权是天赋的，本来是不合理，但是反对他的人便拿他那一句没有根据的言论来反对民权，也是不合理。我们要研究宇宙间的道理，须先要靠事实，不可专靠学者的言论。卢梭的言论既是没有根据，为什么当时各国还要欢迎呢？又为什么卢梭能够发生那种言论呢？因为他当时看见民权的潮流已经涌到了，所以他便主张民权。他的民权主张刚合当时人民的心理，所以当时的人民便欢迎他。他的言论虽然是和历史进化的道理相冲

---

① 此指《孙子》一书，后人亦称《孙子兵法》，共十三篇，作者孙武，春秋齐人。

② "英波之战"，即英布战争，发生于一八九九年至一九〇二年间；波人（Boer），或称波尔人，今译布尔人，系荷兰等国移民。

突，但是当时的政治情形已经有了那种事实，因为有了那种事实，所以他引证错了的言论还是被人欢迎。至于说到卢梭提倡民权的始意，更是政治上千古的大功劳。

现在世界上自有历史以来，政治上所用的权，因为各代时势的潮流不同，便各有不得不然的区别。比方在神权时代，非用神权不可；在君权时代，非用君权不可。像中国君权到了秦始皇的时候可算是发达到了极点，但是后来的君主还要学他，就是君权无论怎么样大，人民还是很欢迎。

现在世界潮流到了民权时代，我们应该要赶快去研究，不可因为前人所发表民权的言论稍有不合理，像卢梭的《民约论》一样，便连民权的好意也要反对；也不可因为英国有格林威尔革命之后仍要复辟，和法国革命的延长，便以为民权不能实行。法国革命经过了八十年才能够成功。美国革命不过八年，便大功告成。英国革命经过了二百多年，至今还有皇帝。但是就种种方面来观察，世界一天进步一天，我们便知道现在的潮流已经到了民权时代，将来无论是怎么样挫折，怎么样失败，民权在世界上总是可以维持长久的。所以在三十年前，我们革命同志便下了这个决心，主张要中国强盛、实行革命便非提倡民权不可。但是当时谈起这种主张，不但是许多中国人反对，就是外国人也很反对。当中国发起革命的时候，世界上还有势力很大的专制君主，把君权、教权统在一个人身上的，像俄国皇帝就是如此。其次把很强的海陆军统在一个人身上的，便有德国、奥国的皇帝。当时大家见得欧洲还有那样强大的君权，亚洲怎么样可以实行民权呢？所以袁世凯做皇帝、张勋复辟都容易发动出来。但是最有力的俄国、德国皇帝现在都推翻了，俄德两国都变成了共和国家，可见世界潮流实在到了民权时代。中国人从前反对民权，常常问我们革命党有什么力量可以推翻满清皇帝呢？但是满清皇帝在辛亥年一推就倒了，这就是世界潮流的效果。

世界潮流的趋势好比长江、黄河的流水一样，水流的方向或者有许多曲折，向北流或向南流的，但是流到最后一定是向东的，无论是怎么样都阻止不住的。所以世界的潮流，由神权流到君权，由君权流到民权，现在流到了民权，便没有方法可以反抗。如果反抗潮流，就是有很大的力量像袁世凯，很蛮悍的军队像张勋，都是终归失败。现在北方武人专制，就是反抗世界的潮流。我们南方主张民权，就是顺应世界的潮流。虽然南方政府的力量薄弱，军队的训练和饷弹的补充都不及北方，但是我们顺着潮流做去，纵然一时失败，将来一定成功，并且可以永远的成功。北方反抗世界的潮流，倒行逆施，无论力量是怎么样大，纵然一时侥幸成功，将来一定是失败，并且永远不能再图恢复。现在供奉神权的蒙古已经起了革命，推翻活佛，神权失败了。将来西藏的神权也一定要被人民推翻。蒙古、西藏的活佛便是神权的末日，时期一到了，无论是怎么样维持都不能保守长久。现在欧洲的君权也逐渐减少，比如英国是用政党治国，不是用皇帝治国，可以说是有皇帝的共和国。由此可见，世界潮流到了现在，不但是神权不能够存在，就是君权也不能够长久。

　　现在之民权时代，是继续希腊、罗马之民权思想而来。自民权复兴以至于今日不过一百五十年，但是以后的时期很长远，天天应该要发达。所以我们在中国革命决定采用民权制度，一则为顺应世界之潮流，二则为缩短国内之战争。因为自古以来，有大志之人多想做皇帝。如刘邦见秦皇出外，便曰："大丈夫当如是也。"项羽亦曰："彼可取而代也。"此等野心家代代不绝。当我提倡革命之初，其来赞成者，十人之中差不多有六七人是有一种皇帝思想的。但是我们宣传革命主义，不但是要推翻满清，并且要建设共和，所以十中之六七人都逐渐化除其帝皇思想了。但是其中仍有一二人，就是到了民国十三年，那种做皇帝的旧思想还没有化除，所以跟我革命党的人也有自相残杀，即此故也。我们革命党于宣传之始，便揭出民权主义来建设共和国家，就是想免了争皇帝之战争。惜乎尚有冥顽不化之人，此亦实在无可如何！

　　从前太平天国便是前车之鉴。洪秀全当初在广西起事，打过湖南、湖北、江西、安徽，建都南京，满清天下大半归他所有。但是太平天国何以终归失败呢？讲起原因有好几种。有人说他最大的原因是不懂外交。因为当时英国派了大使波丁渣①到南京，想和洪秀全立约，承认太平天国，不承认大清皇帝。但是波丁渣到了南京之后，只能见东王杨秀清，不能见天王洪秀全，因为要见洪秀全便要叩头，所以波丁渣不肯去见，便到北京和满清政府立约，后来派戈登②带兵去打苏州，洪秀全便因

---

　　①　波丁渣（Henry Pottinger），通常译作璞鼎查，曾为英国首任驻华公使兼香港总督，当时以特使身份访问南京。

　　②　戈登（Charles George Gordon），英国军人，外国干涉武装"常胜军"统领。

此失败。所以有人说他的失败，是由于不懂外交。这或者是他失败的原因之一，也未可知。又有人说洪秀全之所以失败，是由于他得了南京之后，不乘势长驱直进去打北京，所以洪秀全不北伐也是他失败的原因之一。但是依我的观察，洪秀全之所以失败，这两个原因都是很小的。最大的原因，是他们那一般人到了南京之后就互争皇帝，闭起城来自相残杀。第一是杨秀清和洪秀全争权，洪秀全既做了皇帝，杨秀清也想做皇帝。杨秀清当初带到南京的基本军队有六七万精兵，因为发生争皇帝的内乱，韦昌辉便杀了杨秀清，消灭他的军队。韦昌辉把杨秀清杀了之后也专横起来，又和洪秀全争权，后来大家把韦昌辉消灭。当时石达开听见南京发生了内乱，便从江西赶进南京，想去排解；后来见事无可为，并且自己也被人猜疑，都说他也想做皇帝，他就逃出南京，把军队带到四川，不久也被清兵消灭。因为当时洪秀全、杨秀清争皇帝做，所以太平天国的洪秀全、杨秀清、韦昌辉、石达开那四部分基本军队都完全消灭，太平天国的势力便由此大衰。推究太平天国势力之所以衰弱的原因，根本上是由于杨秀清想做皇帝一念之错。洪秀全当时革命尚不知有民权主义，所以他一起义时便封了五个王。后来到了南京，经过杨秀清、韦昌辉内乱之后，便想不再封王了。后因李秀成、陈玉成屡立大功，有不得不封之势，而洪秀全又恐封了王，他们或靠不住，于是同时又封了三四十个王，使他们彼此位号相等，可以互相牵掣。但是从此以后，李秀成、陈玉成等对于各王便不能调动，故洪秀全便因此失败。所以那种失败，完全是由于大家想做皇帝。

　　陈炯明前年在广州造反，他为什么要那样做法呢？许多人以为他只是要割据两广，此实大不然。当陈炯明没有造反之先，我主张北伐，对他剀切说明北伐的利害，他总是反对。后来我想他要争的是两广，或者恐怕由于我北伐和他的地盘有妨碍，所以我最后一天老实不客气，明白对他说："我们北伐如果成功，将来政府不是搬到武汉，就是搬到南京，一定是不回来的，两广的地盘当然是付托于你，请你做我们的后援。倘若北伐不幸失败，我们便没有脸再回来，到了那个时候，任凭你用什么外交手段和北方政府拉拢，也可以保存两广的地盘。就是你投降北方，我们也不管汝，也不责备你。"他当时似还有难言之隐，由此观之，他之志是不只两广地盘的。后来北伐军进了赣州，他就造起反来。他为什么原因要在那个时候造反呢？就是因为他想做皇帝，先要消灭极端与皇帝不相容之革命军，彼才可有办法去做成其基础，好去做皇帝。此外尚有一件事实证明陈炯明是有皇帝思想的：辛亥革命以后他常向人说，他少年时常常造梦，一手抱日，一手抱月。他有一首诗，内有一句云"日月抱持负少年"，自注这段造梦的故事于下，遍以示人。他取他的名字，也是想应他这个梦的。你看他的部下，像叶举、洪兆麟、杨坤如、陈炯光那一般人没有一个是革命党，只有邓铿一个人是革命党，他便老早把邓铿暗杀了。陈炯明是为做皇帝而来附和革命的，所以想做皇帝的心至今不死。此外还有几个人从前也是想做皇帝的，不知道到了民国十三年他们的心理是怎么样，我现在没有功夫去研究他。

我现在讲民权主义，便要大家明白民权究竟是什么意思。如果不明白这个意思，想做皇帝的心理便永远不能消灭。大家若是有了想做皇帝的心理，一来同志就要打同志，二来本国人更要打本国人，全国长年相争相打，人民的祸害便没有止境。我从前因为要免去这种祸害，所以发起革命的时候便主张民权，决心建立一个共和国。共和国家成立以后，是用谁来做皇帝呢？是用人民来做皇帝，用四万万人来做皇帝。照这样办法，便免得大家相争，便可以减少中国的战祸。就中国历史讲，每换一个朝代都有战争。比方秦始皇专制，人民都反对他，后来陈涉、吴广起义，各省都响应，那本是民权的风潮；到了刘邦、项羽出来，便发生楚汉相争。刘邦、项羽是争什么呢？他们就是争皇帝。汉唐以来，没有一朝不是争皇帝的。中国历史常是一治一乱，当乱的时候，总是争皇帝。外国尝有因宗教而战、自由而战的，但中国几千年以来所战的都是皇帝一个问题。我们革命党为免将来战争起见，所以当初发起的时候便主张共和，不要皇帝。现在共和成立了，但是还有想做皇帝的，像南方的陈炯明是想做皇帝的，北方的曹锟也是想做皇帝的。广西的陆荣廷是不是想做皇帝呢？此外还更有不知多少人，都是想要做皇帝的。中国历代政〔改〕朝换姓的时候，兵权大的就争皇帝，兵权小的就争王争侯。现一般军人已不敢"大者王，小者侯"，这也是历史上竞争的一个进步了。

第 二 讲

（三月十六日）

"民权"这个名词，外国学者每每把他和"自由"那个名词并称，所以在外国很多的书本或言论里头，都是民权和自由并列。欧美两三百年来，人民所奋斗的所竞争的，没有别的东西，就是为自由，所以民权便由此发达。法国革命的时候，他们革命的口号是"自由、平等、博爱"三个名词，好比中国革命用民族、民权、民生三个主义一样。由此可说自由、平等、博爱是根据于民权，民权又是由于这三个名词然后才发达。所以我们要讲民权，便不能不先讲"自由、平等、博爱"这三个名词。

近来革命思潮传到东方之后，"自由"这个名词也传进来了。许多学者志士提倡新思潮的，把自由讲到很详细，视为很重要。这种思潮，在欧洲两三百年以前占很重要的地位。因为欧洲两三百年来的战争，差不多都是为争自由，所以欧美学者对于自由看得很重要，一般人民对于自由的意义也很有心得。但是这个名词近来传进中国，只有一般学者曾用功夫去研究过的，才懂得什么叫做自由。至于普通民众，像在乡村或街道上的人，如果我们对他们说自由，他们一定不懂得。所以中国人对于"自由"两个字，实在是完全没有心得。因为这个名词传到中国不久，现在懂得的不过是一般新青年和留学生，或者是留心欧美政治时务的人，常常听到和在书本上看见这两个字，但是究竟什么是自由，他们还是莫明其妙。所以外国人批评中国人，说中国人的文明程度真是太低，思想太幼稚，连自由的智识都没有，自由的名词都没有。但是外国人一面既批评中国人没有自由的智识，一面又批评中国人是一片散沙。外国人的这两种批评，在一方面说中国人是一片散沙，没有团体，又在一方面说中国人不明白自由，这两种批评恰恰是相反的。为什么是相反的呢？比方外国人说中国人是一片散沙，究竟说一片散沙的意思是什么呢？就是个个有自由和人人有自由。人人把自己的自由扩充到很大，所以成了一片散沙。什么是一片散沙呢？如果我们拿一手沙起来，无论多少，各颗沙都是很活动的，没有束缚的，这便是一片散沙。如果在散沙内参加士敏土，便结成石头，变为一个坚固的团体。变成了石头，团体很坚固，散沙便没有自由。所以拿散沙和石头比较马上就明白，石头本是由散沙结合而成的，但是散沙在石头的坚固团体之内就不能活动，就失却自由。自由的解释，简单言之，在一个团体中能够活动，来往自如，便是自由。因为中国没有这个名词，所以大家都莫明其妙。但是我们有一种固有名词是和自由相彷彿的，就是"放荡不羁"一句话。既然是放荡不羁，就是和散沙一样，各个有很大的自由。所以外国人批评中国人，一面说没有结合能力，既然如此当然是散沙，是很自由的；又一面说中国人不懂自由。殊不知大家都有自由，便是一片散沙；要大家结合成一个坚固团体，便不能像一片散沙。所以外国人这样批评我们的地方，就是陷于自相矛盾了。

最近二三百年以来，外国用了很大的力量争自由，究竟自由是好不好呢？到底是一个什么东西呢？依我看来，近来两三百年外国人说为自由去战争，我中国普通人也总莫明其妙。他们当争自由的时候，鼓吹自由主义，说得很神圣，甚至把"不自由，毋宁死"的一句话成了争自由的口号。中国学者翻译外国人的学说，也把这句话搬进到中国来，并且拥护自由，决心去奋斗，当初的勇气差不多和外国人从前是一样。但是中国一般民众，还是不能领会什么是叫做自由。大家要知道，自由和民权是同时发达的，所以今天来讲民权，便不能不讲自由。我们要知道欧美为争自由流了多少血，牺牲了许多性命，我前一回讲过了的。现在世界是民权时代，欧美发生民权已经有了一百多年，推到民权的来历，由于争自由之后才有的。最初欧美人民牺牲性命，本来是为争自由，争自由的结果才得到民权。当时欧美学者提倡自由去战争，好比我们革命提倡民族、民权、民生三主义的道理是一样的。由此可见，欧美人民最初的战争是为自由，自由争得之后，学者才称这种结果为民权。所谓"德谟克拉西"，此乃希腊之古名词①。而欧美民众至今对这个名词亦不大关心，不过视为政治学中之一句术语便了；比之"自由"二个字，视为性命所关，则相差远了。民权这种事实，在希腊、罗马时代已发其端。因那个时候的政体是贵族共和，都已经有了这个名词，后来希腊、罗马亡了，

---

①　"德谟克拉西"是英文 democracy 译音，通常指民主政治，孙文亦译为"民权"。该词源于希腊文，由 demos（人民）连接 kratein（治理）而成。

这个名词便忘记了。最近二百年内为自由战争，又把"民权"这个名词再恢复起来。近几十年来讲民权的人更多了，流行到中国也有很多人讲民权。但是欧洲一二百多年以来的战争，不是说争民权，是说争自由。提起"自由"两个字，全欧洲人便容易明白。当时欧洲人民听了"自由"这个名词容易明白的情形，好像中国人听了"发财"这个名词一样，大家的心理都以为是很贵重的。现在对中国人说要他去争自由，他们便不明白，不情愿来附和；但是对他要说请他去发财，便有很多人要跟上来。欧洲当时战争所用的标题是争自由，因为他们极明白这个名词，所以人民便为自由去奋斗、为自由去牺牲，大家便很崇拜自由。何以欧洲人民听道自由便那样欢迎呢？现在中国人民何以听道自由便不理会，听道发财便很欢迎呢？其中有许多道理，要详细去研究才可以明白。中国人听到说发财就很欢迎的原故，因为中国现在到了民穷财尽的时代，人民所受的痛苦是贫穷，因为发财是救穷独一无二的方法，所以大家听到了这个名词便很欢迎。发财有什么好处呢？就是发财便可救穷，救了穷便不受苦，所谓救苦救难。人民正是受贫穷的痛苦时候，忽有人对他们说发财把他们的痛苦可以解除，他们自然要跟从，自然拼命去奋斗。欧洲一二百年前为自由战争，当时人民听道自由便像现在中国人听道发财一样。

他们为什么要那样欢迎自由呢？因为当时欧洲的君主专制发达到了极点。欧洲的文明和中国周末列国相同，中国周末的时候是和欧洲罗马同时，罗马统一欧洲正在中国周、秦、汉的时代。罗马初时建立共和，后来变成帝制，罗马亡了之后欧洲列国并峙，和中国周朝亡了之后变成东周列国一样。所以很多学者，把周朝亡后的七雄①争长和罗马亡后变成列国的情形相提并论②。罗马变成列国，成了封建制度，那个时候大者王、小者侯，最小者还有伯、子、男，都是很专制的。那种封建政体，比较中国周朝的列国封建制度还要专制得多。欧洲人民在那种专制政体之下所受的痛苦，我们今日还多想不到，比之中国历朝人民所受专制的痛苦还要更利害。这个原故，由于中国自秦朝专制直接对于人民"诽谤者族，偶语者弃市"，遂至促亡；以后历朝政治，大都对于人民取宽大态度，人民纳了粮之

① 此指"战国七雄"，即东周后期实力强劲的齐、楚、燕、韩、赵、魏、秦七个诸侯国。
② 原文误排为"相并提论"，今改"相提并论"。

外几乎与官吏没有关系。欧洲的专制，却一一直接专制到人民，时间复长，方法日密，那专制的进步实在比中国利害得多。所以欧洲人在二百年以前受那种极残酷专制的痛苦，好像现在中国人受贫穷的痛苦是一样。人民受久了那样残酷的专制，深感不自由的痛苦，所以他们唯一的方法就是要奋斗去争自由，解除那种痛苦，一听道有人说自由便很欢迎。

中国古代封建制度破坏之后，专制淫威不能达到普通人民。由秦以后历代皇帝专制的目的，第一是要保守他们自己的皇位，永远家天下，使他们子子孙孙可以万世安享。所以对于人民的行动，于皇位有危险的，便用很大的力量去惩治。故中国一个人造反，便连到诛九族。用这样严重的刑罚去禁止人民造反，其中用意，就是专制皇帝要永远保守皇位。反过来说，如果人民不侵犯皇位，无论他们是做什么事，皇帝便不理会。所以中国自秦以后，历代的皇帝都只顾皇位，并不理民事，说道人民的幸福更是理不到。现在民国有了十三年，因为政体混乱，还没有功夫去建设，人民和国家的关系还没有理会。我们回想民国以前，清朝皇帝的专制是怎么样呢？十三年以前，人民和清朝皇帝有什么关系呢？在清朝时代，每一省之中，上有督抚，中有府道，下有州县佐杂，所以人民和皇帝的关系很小。人民对于皇帝只有一个关系，就是纳粮，除了纳粮之外便和政府没有别的关系。因为这个原故，中国人民的政治思想便很薄弱。人民不管谁来做皇帝，只要纳粮，便算尽了人民的责任。政府只要人民纳粮，便不去理会他们别的事，其余都是听人民自生自灭。由此可见，中国人民直接并没有受过很大的专制痛苦，只有受间接的痛苦。因为国家衰弱，受外国政治经济的压迫，没有力量抵抗，弄到民穷财尽，人民便受贫穷的痛苦。这种痛苦，就是间接的痛苦，不是直接的痛苦。所以当时人民对于皇帝的怨恨还是少的。

但是欧洲的专制就和中国的不同。欧洲由罗马亡后到两三百年以前，君主的专制是很进步的，所以人民所受的痛苦也是很利害的，人民是很难忍受的。当时人民受那种痛苦，不自由的地方极多，最大的是思想不自由、言论不自由、行动不自由。这三种不自由现在欧洲是已经过去了的陈迹，详细情形是怎么样，我们不能看见，但是行动不自由还可以知道。譬如现在我们华侨在南洋荷兰或法国的领土①，所受来往行动不自由的痛苦，便可以知道。像爪哇本来是中国的属国，到中国来进过了贡的，后来才归荷兰。归荷兰政府管理之后，无论是中国的商人或者是学生或者是工人到爪哇的地方，轮船一抵岸，便有荷兰的巡警来查问，便把中国人引到一间小房子，关在那个里头脱开衣服，由医生从头到脚都验过，还要打指模、量身体方才放出，准他们登岸。登岸之后，就是住在什么地方也要报明。如果想由所住的地方到别的地方去，便要领路照。到了夜晚九时以后，就是有路照也不准通行，要另外领一张夜照，并且要携手灯。这就是华侨在爪哇所受荷兰政府的待遇，便是行动不自由。像这种行动不自由的待遇，一定是从前欧洲皇帝对人民用过了的，留存到今日，荷兰人就用来对待中国华侨。由于我们华侨现在受这种待遇，便可想见从前欧洲的专制是怎么样情形。此外，还有人民的营业、工作和信仰种种都不自由。譬如就信仰不自由说，人民在一个什么地方住，便强迫要信仰一种什么宗教，不管人民是情愿不情愿，由此人民都很难忍受。欧洲人民当时受那种种不自由的痛苦真是水深火热，所以一听到说有人提倡争自由，大家便极欢迎，便去附和，这就是欧洲革命思潮的起源。欧洲革命是要争自由，人民为争自由流了无数的碧血，牺牲了无数的身家性命，所以一争得之后，大家便奉为神圣，就是到今日也还是很崇拜。

这种自由学说近来传进中国，一般学者也很热心去提倡，所以许多人也知道在中国要争自由。今天我们来讲民权，民权的学说是由欧美传进来的，大家必须明白民权是一件什么事，并且还要明白〈与〉民权同类的自由又是一件什么事。从前欧洲人民受不自由的痛苦，忍无可忍，于是万众一心去争自由，达到了自由目的之后，民权便随之发生。所以我们讲民权，便不能不先讲明白争自由的历史。近年欧美之革命风潮传播到中国，中国新学生及许多志士都发起来提倡自由。他们以为欧洲革命像从前法国都是争自由，我们现在革命，也应该学欧洲人来争自由。这种言论，可说是人云亦云，对于民权和自由没有用过心力去研究，没有彻底了解。

我们革命党向来主张三民主义去革命，而不主张以革命去争自由，是很有深

---

① 此指荷属东印度（Dutch East Indies）与法属印度支那（Indo‑Chine Française）。

意的。从前法国革命的口号是自由，美国革命的口号是独立，我们革命的口号就是三民主义，是用了很多时间、做了很多工夫才定出来的，不是人云亦云。为什么说一般新青年提倡自由是不对呢？为什么当时欧洲讲自由是对呢？这个道理已经讲过了。因为提出一个目标要大家去奋斗，一定要和人民有切肤之痛，人民才热心来附和。欧洲人民因为从前受专制的痛苦太深，所以一经提倡自由，便万众一心去赞成。假若现在中国来提倡自由，人民向来没有受过这种痛苦，当然不理会。如果在中国来提倡发财，人民一定是很欢迎的。我们的三民主义便是很像发财主义。要明白这个道理，要展〔辗〕转解释才可成功。我们为什么不直接讲发财呢？因为发财不能包括三民主义，三民主义才可以包括发财。俄国革命之初实行共产，是和发财相近的，那就是直接了当的主张。我们革命党所主张的不止一件事，所以不能用"发财"两个字单简来包括，若是用"自由"的名词更难包括了。

近来欧洲学者观察中国，每每说中国的文明程度太低，政治思想太薄弱，连自由都不懂，我们欧洲人在一二百年前为自由战争，为自由牺牲，不知道做了多少惊天动地的事，现在中国人还不懂自由是什么，由此便可见我们欧洲人的政治思想比较中国人高得多。由于中国人不讲自由，便说是政治思想薄弱，这种言论依我看起来是讲不通的。因为欧洲人既尊重自由，为什么又说中国人是一片散沙呢？欧洲人从前要争自由的时候，他们自由的观念自然是很浓厚；得到了自由之后，目的已达，恐怕他们的自由观念也渐渐淡薄；如果现在再去提倡自由，我想一定不像从前那样的欢迎。而且欧洲争自由的革命是两三百年前的旧方法，一定是做不通的。就一片散沙而论，有什么精采呢？精采就是在有充分的自由，如果不自由，便不能够成一片散沙。从前欧洲在民权初萌芽的时代便主张争自由，到了目的已达，各人都扩充自己的自由，于是由于自由太过，便发生许多流弊。所以英国有一个学者叫做弥勒氏①的便说：一个人的自由以不侵犯他人的自由为范围，才是真自由；如果侵犯他人的范围，便不是自由。欧美人讲自由从前没有范

---

① 弥勒（前译穆勒）论及自由的主要著作有：《论自由》（*On Liberty*），严复中译本名为《群己权界论》；《论自由及代议政府》（*Utilitarianism Liberty and Representative Government*），亦译《功利主义自由权与代议政治》。

围，到英国弥勒氏才立了自由的范围，有了范围，便减少很多自由了。由此可知，彼中学者已渐知自由不是一个神圣不可侵之物，所以也要定一个范围来限制他了。若外国人批评中国人，一方面说中国人不懂自由，一方面又说中国人是一片散沙，这两种批评实在是互相矛盾。中国人既是一片散沙，本是很有充分自由的。如果成一片散沙是不好的事，我们趁早就要参加水和士敏土，要那些散沙和士敏土彼此结合来成石头，变成很坚固的团体，到了那个时候散沙便不能够活动，便没有自由。所以中国人现在所受的病不是欠缺自由，如果一片散沙是中国人的本质，中国人的自由老早是很充分了。不过中国人原来没有"自由"这个名词，所以没有这个思想。但是中国人没有这个思想，和政治有什么关系呢？到底中国人有没有自由呢？我们拿一片散沙的事实来研究，便知道中国人有很多的自由，因为自由太多，故大家便不注意去理会，连这个名词也不管了。

这是什么道理呢？好比我们日常的生活最重要是衣食，吃饭每天最少要两餐，穿衣每年最少要两套，但是还有一件事比较衣食更为重要。普通人都以为不吃饭便要死，以吃饭是最重大的事，但是那一件重要的事比较吃饭还要重大过一万倍，不过大家不觉得，所以不以为重大。这件事是什么呢？就是吃空气，吃空气就是呼吸。为什么吃空气比较吃饭重要过一万倍呢？因为吃饭在一天之内有了两次或者一次就可以养生，但是我们吃空气，要可以养生，每一分钟最少要有十六次才可舒服，如果不然，便不能忍受。大家不信，可以实地试验，把鼻孔塞住一分钟，便停止了十六次的呼吸，像我现在试验不到一分钟，便很难忍受。一天有二十四点钟，每点钟有六十分，每分钟要吃空气十六次，每点钟便要吃九百六十次，每天便要吃二万三千零四十次。所以说吃空气比较吃饭是重要得一万倍，实在是不错的。像这样要紧，我们还不感觉的原因，就是由于天中空气到处皆有，取之不尽，用之不竭，一天吃到晚都不用工夫，不比吃饭要用人工去换得来。所以我们觉得找吃饭〔饭吃〕是很难的，找空气吃是很容易的。因为太过容易，大家便不注意。个人闭住鼻孔，停止吃空气，来试验吃空气的重要，不过是小试验。如果要行大试验，可以把这个讲堂四围的窗户都关闭起来，我们所吃的空气便渐渐减少，不过几分钟久，现在这几百人便都不能忍受。又把一个人在小房内关闭一天，初放出来的时候，便觉得很舒服，也是一样的道理。中国人因为自由过于充分便不去理会，好比房中的空气太多，我们便不觉得空气有什么重要；到了关闭门户，没有空气进来，我们才觉得空气是个很重要的。欧洲人在两三百年以前受专制的痛苦，完全没有自由，所以他们人人才知道自由可贵，要拚命去争。没有争到自由之先，好像是闭在小房里一样；既争到了自由之后，好比是从小房内忽然放出来，遇着了空气一样。所以大家便觉得自由是很贵重的东西，所以他们常常说"不自由，毋宁死"那一句话。但是中国的情形就不同了。

中国人不知自由，只知发财。对中国人说自由，好像对广西深山的猺人说发财一样。猺人常有由深山中拿了熊胆、鹿茸到外边的圩场去换东西，初时圩场中的人把钱和他交换，他常常不要，只要食盐或布匹乃乐于交换。在我们的观念内最好是发财，在猺人的观念，只要合用东西便心满意足。他们不懂发财，故不喜欢得钱。中国一般的新学者对中国民众提倡自由，就好像和猺人讲发财一样。中国人用不着自由，但是学生还要宣传自由，真可谓不识时务了。欧美人在一百五十年以前因为难得自由，所以拚命去争。既争到了之后，像法国、美国是我们所称为实行民权先进的国家，在这两个国家之内，人人是不是都有自由呢？但是有许多等人，像学生、军人、官吏和不及二十岁未成年的人都是没有自由的。所以欧洲两三百年前的战争，不过是三〔二〕十岁以上的人，和不做军人、官吏、学生的人来争自由。争得了之后，也只有除了他们这几等人以外的才有自由，在这几等人以内的至今都不得自由。

中国学生得到了自由思想，没有别的地方用，便拿到学校内去用。于是生出学潮，美其名说是争自由。欧美人讲自由是有很严格界限的，不能说人人都有自由。中国新学生讲自由，把什么界限都打破了。拿这种学说到外面社会，因为没有人欢迎，所以只好搬回学校内去用，故常常生出闹学风潮。此自由之用之不得其所也。外国人不识中国历史，不知道中国人民自古以来都有很充分的自由，这自是难怪。至于中国的学生，而竟忘却了"日出而作，日入而息，凿井而饮，耕田而食，帝力于我何有哉"这个先民的自由歌，却是大可怪的事。由这个自由歌看起来，便知中国自古以来，虽无自由之名，而确有自由之实，且极其充分，不必再去多求了。

我们要讲民权，因为民权是由自由发生的，所以不能不讲明白欧洲人民当时争自由的情形。如果不明白，便不知到〔道〕自由可贵。欧洲人当时争自由不过是一种狂热，后来狂热渐渐冷了，便知到〔道〕自由有好的和不好的两方面，不是神圣的东西。所以外国人说中国人是一片散沙，我们是承认的；但是说中国人不懂自由，政治思想薄弱，我们便不能承认。中国人为什么是一片散沙呢？由于什么东西弄成一片散沙呢？就是因为是各人的自由太多。由于中国人自由太多，所以中国要革命。中国革命的目的与外国不同，所以方法也不同。到底中国为什么要革命呢？直接了当说，是和欧洲革命的目的相反。欧洲从前因为太没有自由，所以革命，要去争自由。我们是因为自由太多，没有团体，没有抵抗力，成一片散沙。因为是一片散沙，所以受外国帝国主义的侵略，受列强经济商战的压迫，我们现在便不能抵抗。要将来能够抵抗外国的压迫，就要打破各人的自由，结成很坚固的团体，像把士敏土参加到散沙里头，结成一块坚固石头一样。中国人现在因为自由太多，发生自由的毛病，不但是学校内的学生是这样，就是我们革命党里头也有这种毛病。所以从前推倒满清之后，至今无法建设民国，就是错用了自由之过也。我们革命党从前被袁世凯打败，亦是为这个理由。当民国二年袁世凯大借外债，不经国会通过，又杀宋教仁，做种种事来破坏民国。我当时推〔催〕促各省马上去讨袁，但因为我们同党之内，大家都是讲自由，没有团体。譬如在西南，无论那一省之内，自师长、旅长以至兵士，没有不说各有各的自由，没有彼此能够团结的。大而推到各省，又有各省的自由，彼此不能联合。南方各省当时乘革命余威，表面虽然是轰轰烈烈，内容实在是四分五裂，号令不能统一。说到袁世凯，他有旧日北洋六镇的统系，在那六镇之内，所有的师长、旅长和一切兵士都是很服从的，号令是一致的。简单的说，袁世凯有很坚固的团体，我们革命党是一片散沙，所以袁世凯打败革命党。由此可见，一种道理在外国是适当的，在中国未必是适当。外国革命的方法是争自由，中国革命便不能说是争自由。如果说争自由，便更成一片散沙，不能成大团体，我们的革命目的便永远不能成功。

外国革命是由争自由而起，奋斗了两三百年，生出了大风潮，才得到自由，才发生民权。从前法国革命的口号是用自由、平等、博爱，我们革命的口号是用民族、民权、民生，究竟我们三民主义的口号和自由、平等、博爱三个口号有什么关系呢？照我讲起来，我们的民族可以说和他们的自由一样，因为实行民族主义就是为国家争自由。但欧洲当时是为个人争自由，到了今天，自由的用法便不同。在今天，"自由"这个名词究竟要怎么样应用呢？如果用到个人就成一片散沙，万不可再用到个人上去，要用到国家上去。个人不可太过自由，国家要得完全自由。到了国家能够行动自由，中国便是强盛的国家。要这样做去，便要大家牺牲自由。当学生的能够牺牲自由，就可以天天用功，在学问上做工夫，学问成了，智识发达，能力丰富，便可以替国家做事。当军人能够牺牲自由，就能服从命令，忠心报国，使国家有自由。如果学生、军人要讲自由，便像中国"自由"的对待名词成为"放任"、"放荡"，在学校内便没有校规，在军队内便没有军纪。在学校内不讲校规，在军队内不讲军纪，那还能够成为学校、号称军队吗？我们为什么要国家自由呢？因为中国受列强的压迫，失去了国家的地位，不只是半殖民地，实在已成了次殖民地，比不上缅甸、安南、高丽。缅甸、安南、高丽不过是一国的殖民地，只做一个主人的奴隶；中国是各国的殖民地，要做各国的奴隶。中国现在是做十多个主人的奴隶，所以现在的国家是很不自由的。要把我们国家的自由恢复起来，就要集合自由，成一个很坚固的团体。要用革命的方法把国家成一个大坚固团体，非有革命主义不成功。我们的革命主义便是集合起来的士敏土，能够把四万万人都用革命主义集合起来，成一个大团体。这一个大团体能够自由，中国国家当然是自由，中国民族才真能自由。

　　用我们三民主义的口号和法国革命的口号来比较，法国的自由和我们的民族主义相同，因为民族主义是提倡国家自由的。平等和我们的民权主义相同，因为民权主义是提倡人民在政治之地位都是平等的。要打破君权，使人人都是平等的，所以说民权是和平等相对待的。此外还有博爱的口号，这个名词的原文是"兄弟"的意思，和中国"同胞"两个字是一样解法①，普通译成博爱，当中的道理和我们的民生主义是相通的。因为我们的民生主义是图四万万人幸福的，为四万万人谋幸福就是博爱。这个道理，等到讲民生主义的时候再去详细解释。

---

　　①　此处所称"博爱"的英文名词指 brotherhood，具有兄弟关系、四海之内皆兄弟的含义。

第　三　讲

（三月二十二日）①

"民权"两个字，是我们革命党的第二个口号，同法国革命口号的"平等"是相对〈待〉的。因为平等是法国革命的第二个口号，所以今天专拿平等做题目来研究。

"平等"这名词，通常和"自由"那个名词都是相提并论的。欧洲各国从前革命，人民为争平等和争自由都是一样的出力，一样的牺牲，所以他们把平等和自由都是看得一样的重大。更有许多人以为要能够自由，必要得到平等，如果得不到平等便无从实现自由。用平等和自由比较，把平等更是看得重大的。

什么是叫做平等呢？平等是从那里来的呢？欧美的革命学说都讲平等是天赋到人类的。譬如美国在革命时候的《独立宣言》，法国在革命时候的《人权宣言》，都是大书特书，说平等、自由是天赋到人类的特权，人类〔他人〕不能侵夺的。天生人究竟是否赋有平等的特权呢？请先把这个问题拿来研究清楚。

从前在第一讲中，推溯民权的来源，自人类初生几百万年以前推到近来民权萌芽时代，从没有见过天赋有平等的道理。譬如用天生的万物来讲，除了水面以外没有一物是平的，就是拿平地来比较，也没有一处是真平的。好像坐粤汉铁路，自黄沙到银盏坳一段本来是属于平原，但是从火车窗外过细考察沿路的高低情况，没有那一里路不是用人工修筑，才可以得平路的。所谓天生的平原，其不平的情形已经是这样。再就眼前而论，拿桌上这一瓶的花来看，此刻我手内所拿的这枝花是槐花，大概看起来，以为每片叶子都是相同，每朵花也是相同。但是过细考察起来，或用显微镜试验起来，没有那两片叶子完全是相同的，也没有那两朵花完全是相同的。就是一株槐树的几千万片叶中，也没有完全相同的。推到空间、时间的关系，此处地方的槐叶和彼处地方的槐叶更是不相同的，今年所生的槐叶

---

①　底本原缺第三讲日期。据一九二四年三月二十五日《广州民国日报》（三）所载《大元帅徒步高师》，谓"昨星期六日赴高师演讲"，按星期六即为三月二十二日，今于此处及本册目录标题增补。

和去年所生的槐叶又是不相同的。由此可见，天地间所生的东西总没有相同的。既然都是不相同，自然不能够说是平等。自然界既没有平等，人类又怎么有平等呢？天生人类本来也是不平等的，到了人类专制发达以后，专制帝王尤其变本加厉，弄到结果，比较天生的更是不平等了。这种由帝王造成的不平等，是人为的不平等。人为的不平等究竟是什么情形，现在可就讲坛的黑板上绘一个图来表明。

第一图　不平等

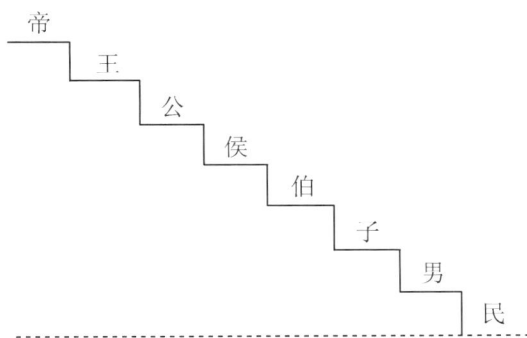

```
帝
 ┐
 王
  ┐
  公
   ┐
   侯
    ┐
    伯
     ┐
     子
      ┐
      男
       ┐
       民
- - - - - - - - - - - - - -
```

　　请诸君细看第一图，便可明白。因为有这种人为的不平等，在特殊阶级的人过于暴虐无道，被压迫的人民无地自容，所以发生革命的风潮来打不平。革命的始意，本是在打破人为的不平等，到了平等以后便可了事。但是占了帝王地位的人，每每假造天意做他们的保障，说他们所处的特殊地位是天所授与的，人民反对他们便是逆天。无知识的民众不晓得研究这些话是不是合道理，只是盲从附和，为君主去争权利，来反对有知识的人民去讲平等自由。因此赞成革命的学者，便不得不创天赋人权的平等自由这一说，以打破君主的专制。学者创造这一说，原来就是想打破人为之不平等的。但是天下的事情，的确是行易知难。当时欧洲的民众都相信帝王是天生的，都是受了天赋之特权的，多数无知识的人总是去拥戴他们，所以少数有知识的学者无论用什么方法和力量，总是推不倒他们。到了后来，相信天生人类都是平等自由的，争平等自由是人人应该有的事，然后欧洲的帝王便一个一个不推自倒了。不过专制帝王推倒以后，民众又深信人人是天生平等的这一说，便日日去做工夫，想达到人人的平等，殊不知这种事是不可能的。到了近来科学昌明，人类大觉悟了，才知道没有天赋平等的道理。假若照民众相信的那一说去做，纵使不顾真理勉强做成功，也是一种假平等。像第二图一样，必定要把位置高的压下去，成了平头的平等，至于立脚点还是弯曲线，还是不能平等。这种平等不是真平等，是假平等。

第二图　假平等

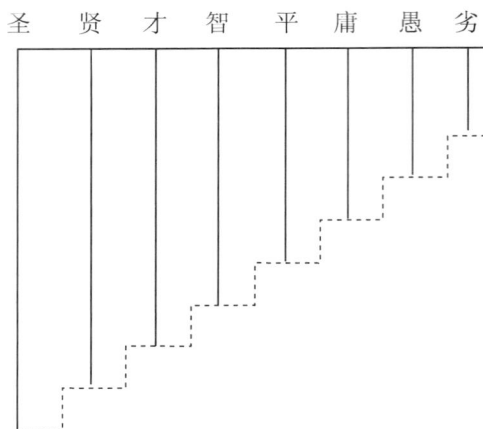

圣　贤　才　智　平　庸　愚　劣

说到社会上的地位平等，是始初起点的地位平等，后来各人根据天赋的聪明才力自己去造就，因为各人的聪明才力有天赋的不同，所以造就的结果当然不同。造就既是不同，自然不能有平等。像这样讲来，才是真正平等的道理。如果不管各人天赋的聪明才力，就是以后有造就高的地位，也要把他们压下去。一律要平等，世界便没有进步，人类便要退化。所以我们讲民权平等，又要世界有进步，是要人民在政治上的地位平等。因为平等是人为的，不是天生的；人造的平等，只有做到政治上的地位平等。故革命以后，必要各人在政治上的立足点都是平等，好像第三图的底线一律是平的，那才是真平等，那才是自然之真理。

第三图　真平等

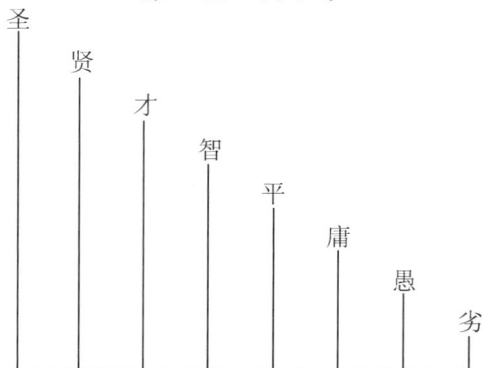

圣　贤　才　智　平　庸　愚　劣

欧洲从前革命，人民争平等自由，出了很大的力量，费了很大的牺牲。我们现在要知道他们为什么要那样出力、那样牺牲，便先要知道欧洲在没有革命以前是怎样不平等的情形。上面所绘的第一图，是表示欧洲在没有革命以前政治上是怎么样不平等的事实。图中所示帝、王、公、侯、伯、子、男等一级一级的阶梯，就是从前欧洲政治地位上的阶级。这种阶级，中国以前也是有的，到十三年前发生革命，推翻专制，才铲平这种不平的阶级。但是中国以前的不平等，没有从前欧洲的那么利害。欧洲两百多年以前还是在封建时代，和中国两千多年以前的时代相同。因为中国政治的进化早过欧洲，所以中国两千多年以前便打破了封建制度。欧洲就是到现在，还不能完全打破封建制度；在两三百年之前才知道不平等的坏处，才发生平等的思想。中国在两千多年以前便有了这种思想，所以中国政治的进步是早过欧洲。但是在这两百年以来，欧洲的政治进步不但是赶到中国，并且超过中国，所谓后来者居上。

欧洲没有革命以前的情形，和中国比较起来，欧洲的专制要比中国利害得多。原因是在什么地方呢？就是在世袭制度。当时欧洲的帝王公侯那些贵族，代代都是世袭贵族，不去做别种事业。人民也代代都是世袭一种事业，不能够去做别种事业。比方耕田的人，他的子子孙孙便要做农夫；做工的人，他的子子孙孙便要做苦工。祖父做一种什么事业，子孙就不能改变。这种职业上不能够改变，就是当时欧洲的不自由。中国自古代封建制度破坏以后，这种限制也完全打破。由此可见，从前中国和外国都是有阶级制度，都是不平等。中国的好处是只有皇帝是世袭，除非有人把他推翻才不能世袭，如果不被人推翻，代代总是世袭，到了改朝换姓才换皇帝。至于皇帝以下的公侯伯子男，中国古时都是可以改换的，平民做宰相、封王侯的极多，不是代代世袭一种事业的。欧洲平民间或也有做宰相、封王侯的，但是大多数的王侯都是世袭，人民的职业不能自由，因为职业不自由，所以失了平等。不但是政治的阶级不平等，就是人民彼此的阶级也不平等。由于这个原故，人民一来难到公侯伯子男的那种地位，二来自己的职业又不能自由改变，更求上进，于是感觉非常痛苦，不能忍受。所以不得不拚命去争自由，解除职业不自由的束缚，以求上进；拚命去争平等，打破阶级专制的不平等。那种战争，那种奋斗，在中国是向来没有的。中国人虽然受过了不平等的界限，但是没有牺牲身家性命去做平等的代价。欧洲人民在两三百年以前的革命，都是集中到自由、平等两件事。中国人向来不懂什么是争自由平等，当中原因，就是中国的专制和欧洲比较实在没有什么利害。而且中国古时的政治虽然是专制，二千多年以来虽然没有进步，但是以前改良了很多，专制淫威也减除了不少，所以人民便不觉得十分痛苦，因为不觉得痛苦，便不为这个道理去奋斗。

近来欧洲文化东渐，他们的政治、经济、科学都传到中国来了。中国人听到欧洲的政治学理，多数都是照本抄誊，全不知道改变。所以欧洲两三百年以前的革命说是争自由，中国人也说要争自由；欧洲从前争平等，中国人也照样要争平等。但是中国今日的弊病，不是在不自由、不平等的这些地方。如果专拿自由平等去提倡民气，便是离事实太远，和人民没有切肤之痛，他们便没有感觉，没有感觉一定不来附和。至于欧洲在两三百年以前，人民所受不自由、不平等的痛苦真是水深火热，以为非争到自由平等什么问题都不能解决，所以拚命去争自由、打平等。因为有这种风潮，所以近两三百年来，一次发生英国革命，二次发生美国革命，三次发生法国革命。美国、法国的革命都是成功的，英国革命算是没有成功，所以国体至今没有改变。英国革命的时候，正当中国明末清初，当时英国人民把皇位推倒，杀了一个皇帝，不到十年又发生复辟，一直到现在他们的国体仍旧是君主，贵族阶级也还是存在。美国自脱离英国独立以后，把从前政治的阶级完全打破，创立共和制度。以后法国革命也是照美国一样，把从前的阶级制度根本推翻。延到现在六年以前，又发生俄国革命，他们也打破阶级制度，变成共和国家。美国、法国、俄国都是世界上很强盛的国家，推原他们强盛的来历，都是由于革命成功的。就这三个革命成功的国家比较，发起最后的是俄国，成功最大的也是俄国。俄国革命的结果，不但是把政治的阶级打到平等，并且把社会上所有资本的阶级都一齐打到平等。

我们再拿美国来讲。美国革命的时候，人民所向的目标是在独立。他们为什么要独立呢？因为他们当时的十三州都是英国的领土，归英国管理。英国是一个专制国家，压迫美国人民比压迫本国人民还要严厉得多。美国人民见得他们自己和英国人民都是同归一个英国政府管理，英国政府待本国人民是那样宽大，待美国人民是这样刻薄，便觉得很不平等，所以要脱离英国，自己去管理自己，成一个独立国家。他们因为独立，反抗英国，和英国战争了八年。后来独立成功，所有在美国的白色人种，政府都一律看待，一律平等。但是对待别色人种便大不相同，比方在美国的非洲黑人，他们便视为奴隶。所以美国独立之后，白人的政治地位虽然是平等，但是黑人和白人比较便不是平等。这种事实，和美国的宪法及独立的宣言便不相符合。因为《独立宣言》开宗明义便说人人是生而平等的，天赋有一定不能少的权利，那些权利便是生命、自由和求幸福。后来订定宪法也是根据这个道理。美国注重人类平等的宪法既然成立以后，还要黑人来做奴隶，所以美国主张平等自由的学者，见到那种事实和立国的精神太相矛盾，便反对一个平等自由的共和国家里头还用许多人类来做奴隶。美国当时对待黑人究竟是怎么样的情形呢？美国人从前对待黑人是很刻薄的，把黑人当作牛马一样，要他们做奴隶，做苦工，每日做很多的工，辛辛苦苦做完了之后，没有工钱，只有饭吃。那种残酷情形，全国人民看见了，觉得是很不公道、很不平等的，和开国宪法的道理太不相容，所以大家提倡人道主义，打破这种不平等的制度。后来这种主张愈传愈广，赞成这种主张的人便非常之多。于是有许多热心的人，调查当时黑奴所受的痛苦，做成了许多记录。其中最著名的一本书，是把黑奴受痛苦的种种事实编成一本小说，令人人看到了之后都很有趣味。这本小说是叫做《黑奴吁天录》①。自这本书做出之后，大家都知道黑奴是怎么样受苦，便替黑奴来抱不平。

当时全美国之中，北方各省没有畜黑奴的，便主张放奴。南方各省所畜的黑奴是很多的，因为南方各省有许多极大的农场，平常都是专靠黑奴去耕种，如果放黑奴便没有苦工，便不能耕种。南方的人由于自私自利的思想，便反对放奴，说黑奴制度不是一人〈造〉起来的。美国人从前运非洲的黑人去做奴隶，好像几十年前欧洲人运中国人到美洲和南洋去做"猪仔"一样，黑奴便是当时非洲的"猪仔"。南方各省反对放奴，说黑奴是他们的本钱，如果要解放，他们一定要收回本钱。当时一个黑奴差不多要值五六千元，南方各省的黑奴有几百万，总算起来要值几百万万元。因为那种价值太大，国家没有那样多钱去偿还黑奴的东家，所以放黑奴的风潮虽然是发生了很久，但是酝酿复酝酿，到了六十年前才爆发出

---

①　《黑奴吁天录》（*Uncle Tom's Cabin*），美国女作家哈丽雅特·斯托（Harriet Beecher Stowe）著，此为林纾、魏易合译中文本的书名，今多直译为《汤姆叔叔的小屋》。

来，构成美国的南北战争。那次战争，两方死了几十万人，打过了五年仗，双方战争是非常激烈的，是世界最大战争之一。那次战争是替黑奴打不平、替人类打不平等的，可以说是争平等的战争。

欧美从前为争平等的问题，都是本身觉悟，为自己的利害去打仗。美国的南北战争为黑奴争平等，不是黑人自己懂得要争。因为他们做奴隶的时候太久，没有别的知识，只知道主人有饭给他们吃，有衣给他们穿，有屋给他们住，他们便很心满意足。当时主人间或也有很宽厚的，黑奴只知道要有好主人，不致受十分的虐待，并不知道要反抗主人，要求解放，有自己做主人的思想。所以那次美国的南北战争，所争平等的人，是白人替黑人去争，是自己团体以外的人去争，不是本身的觉悟。那次战争的结果，南方打败了，北方打胜了，联邦政府就马上发一个命令，要全国放奴。南方各省因为打败了仗，只有服从那个命令，自此以后便不理黑奴，从解放的日起便不给饭与黑奴吃，不给衣与黑奴穿，不给屋与黑奴住。黑人从那次以后，虽然是被白人解放，有了自由，成了美国的共和国民，在政治的平等自由上有很大的希望；但是因为从前替主人做工便有饭吃、有衣穿、有屋住，解放以后不替主人做工便没有饭吃、没有衣穿、没有屋住，一时青黄不接。黑奴觉得失了泰山之靠，便感非常的痛苦，因此就怨恨放奴的各省分，尤其怨恨北方那位主张放奴的大总统。那位主张放奴的总统是谁呢？大家都知道，美国有两个极有名的大总统。一位是开国的大总统，叫做华盛顿。现在世界上的人说起开国元勋，便数到华盛顿，因为那位大总统在争人类平等的历史上是很有功劳的。其余一位大总统就是林肯，他就是当时主张放奴最出力的人。因为他解放黑奴，为人类求平等立了很大的功劳，所以世界上的人至今都称颂他。但是当时解放了的黑奴，因为一时没有衣、食、住的痛苦，便非常怨恨他。现在还有一种歌谣是骂林肯的，说他是洪水猛兽。那些写〔骂〕林肯的人之心理，好像中国现在反对革命的人来骂革命党一样。现在有智识的黑人知道解放的好处，自然是称颂林肯；但是无智识的黑人至今还是恨林肯，学他们的祖宗一样。

解放黑奴，是美国历史上一件争平等的事业。所以讲美国最好的历史，第一个时期是由于受英国不平等的待遇，人民发起独立战争，打过了八年仗，才脱离英国，得到平等，成一个独立国家。第二个时期是在六十年前发生南北战争，那次战争的理由，和头一次的独立战争是相同的，打过了五年仗。五年战争的时间，和八年战争的时间虽然是差不多，但是说起损失来，那次五年的战争比较八年的战争牺牲还要大，流血还要多。简单的说起来，美国第一次的大战争，是美国人民自己求独立，为自己争平等。第二次的大战争，是美国人民为黑奴求自由，为黑奴争平等；不是为自己争平等，是为他人争平等。为他人争平等，比较为自己争平等所受的牺牲还要大，流血还要多。所以美国历史是一种争平等的历史。这种争平等的历史，是世界历史中的大光荣。

美国争得平等之后，法国也发生革命，去争平等。当中反覆了好几次，争了八十年才算成功。但是平等争成功之后，他们人民把"平等"两个字走到极端，要无论那一种人都是平等。像第二图所讲的平等，把平等地位不放在立足点，要放在平头点，那就是假平等。

中国的革命思潮是发源于欧美，平等自由的学说也是由欧美传进来的。但是中国革命党不主张争平等自由，主张争三民主义。三民主义能够实行，便有自由平等。欧美为平等自由去战争，争得了之后，常常被平等自由引入歧路。我们的三民主义能够实行，真有自由平等，要什么方法才能够归正轨呢？像第二图把平等线放在平头上，是不合乎平等正轨的；要像第三图把平等线放在立足点，才算合乎平等的正轨。所以我们革命，要知道所用的主义是不是适当，是不是合乎正轨，非先把欧美革命的历史源源本本来研究清楚不成功。人民要彻底明白我们的三民主义是不是的的确确〈有〉好处，是不是合乎国情，要能够信仰我们的三民主义始终不变，也非把欧美革命的历史源源本本来研究清楚不成功。

美国为"平等"、"自由"两个名词经过了两次战争，第一次争了八年，第二次争了五年，才达到目的。中国向来没有为平等自由起过战争。几千年来，历史上的战争都是大家要争皇帝，每次战争人人都是存一个争皇帝的思想。只有此次我们革命推倒满清，才是不争皇帝的第一次。但是这种不争皇帝的思想，只限于真革命党以内的人才是。说到革命党以外像北方的曹锟、吴佩孚，名义上虽然赞成共和，但是主张武力统一，还是想专制。如果他们的武力统一成功，别人不能够反抗，他们一定是想做皇帝的。譬如袁世凯在辛亥年推倒满清的时候，他何尝不赞成共和呢？他又何曾主张帝制呢？当时全国的人民便以为帝制不再发生。到了民国二年，袁世凯用武力打败革命党，把革命党赶出海外，便改变国体，做起皇帝来。这般军阀的思想腐败不堪，都是和袁世凯相同的，将来没有人敢担保这种危险不发生。所以中国的革命至今没有成功，就是因为做皇帝的思想没有完全铲除，没有一概肃清。我们要把这种做皇帝的思想完全铲除、一概肃清，便不得不再来奋斗，再来革命。

　　中国现在有许多青年志士，还是主张争平等自由。欧洲在一两百年以来本是争平等自由，但是争得的结果，实在是民权。因为有了民权，平等自由才能够存在；如果没有民权，平等自由不过是一种空名词。讲到民权的来历，发源是很远的，不是近来才发生的。两千多年以前，希腊、罗马便老早有了这种思想。当时希腊、罗马都是共和国家。同时地中海的南方有一个大国叫做克塞支①，也是一个共和国。后来有许多小国继续起来，都是共和国家。当时的希腊、罗马名义上虽然是共和国家，但是事实上还没有达到真正的平等自由，因为那个时候民权还没有实行。譬如希腊国内便有奴隶制度，所有贵族都是畜很多的奴隶，全国人民差不多有三分之二是奴隶；斯巴达②的一个武士，国家定例要给五个奴隶去服侍他。所以希腊有民权的人是少数，无民权的是大多数。罗马也是一样的情形。所以二千多年以前，希腊、罗马的国家名义虽然是共和，但是由于奴隶制度，还不能够达到平等自由的目的③。到六十年前美国解放黑奴，打破奴隶制度，实行人类的平等以后，在现在的共和国家以内才渐渐有真平等自由的希望。但是真平等自由是在什么地方立足呢？要附属到什么东西呢？是在民权上立足的，要附属于民权。民权发达了，平等自由才可以长存；如果没有民权，什么平等自由都保守不住。所以中国国民党发起革命，目的虽然是要争平等自由，但是所定的主义和口号还是要用民权。因为争得了民权，人民方有平等自由的事实，便可以享平等自由的幸福。所以，平等自由实在是包括于民权之内。因为平等自由是包括在民权之内，所以今天研究民权的问题，便附带来研究平等自由的问题。

　　欧美革命为求平等自由的问题来战争，牺牲了无数的性命，流了很多的碧血。

---

① 克塞支（Carthage），今译迦太基。

② 斯巴达（Spárti），古希腊城邦。

③ 以上七字原作"平等的自由目的"，今改"平等自由的目的"。

争到平等自由之后，到了现在，把平等自由的名词应该要看得如何宝贵，把平等自由的事实应该要如何审慎，不能够随便滥用。但是到现在究竟是怎么样呢？就自由一方面的情形说，前次已经讲过了，他们争得自由之后，便生出自由的许多流弊。美国、法国革命至今有了一百多年，把平等争得了，到底是不是和自由一样也生出许多流弊呢？依我看起来，也是一样的生出许多流弊。由于他们已往所生流弊的经验，我们从新革命，便不可再蹈他们的覆辙，专为平等去奋斗，要为民权去奋斗。民权发达了便有真正的平等，如果民权不发达，我们便永远不平等。

　　欧美平等的流弊究竟是怎么样呢？简单的说，就是他们把平等两个字认得太呆了。欧美争得平等以后，为什么缘故要发生流弊呢？就是由于民权没有充分发达，所以自由平等还不能够向正轨道去走。因为自由平等没有归到正轨，所以欧美人民至今还是要为民权去奋斗。因为要奋斗，自然要结团体。人民因为知道结团体的重要，所以由于奋斗的结果，便得到集会结社的自由。由于得到这种自由，便生出许多团体，在政治上有政党，在工人中有工党。现在世界团体中最大的是工党。工党是在革命以后，人民争得了自由才发生出来。发生的情形是怎么样呢？最初的时候，工人没有知识，没有觉悟，并不知道自己是处于不平等的地位，也不知道受资本家有很大的压迫。好像美国黑奴只知道自祖宗以来都是做人的奴隶，并不知道奴隶的地位是不好，也不知道除了奴隶以外另外还有自由平等一样。当时各国工人本来不知道自己是处于什么地位，后来于工人之外得了许多好义之士替工人抱不平，把工人和资本家不平等的道理宣传到工人里头，把他们唤醒了，要他们固结团体和贵族及资本家抵抗，于是世界各国才发生工党。工党和贵族及资本家抵抗，是拿什么造〔做〕武器呢？工人抵抗的唯一武器，就是消极的不合作，不合作的举动就是罢工。这种武器，比较军人打仗的武器还要利害得多。如果工人对于国家或资本家有要求不遂的，便大家联合起来，一致罢工。那种罢工影响到全国人民，比较普通的战争也不相上下。因为在工人之外有知识极高的好义之士做领袖，去引导那些工人，教他们固结团体，去怎么样罢工，所以他们的罢工一经发动，便在社会上发生很大的力量。因为有了很大的力量，工人自己才感觉起来，要讲平等。英国、法国的工人由于这种感觉要讲平等，看见团体以内引导指挥的领袖都不是本行的工人，不是贵族便是学者，都是从外面来的，所以他们到了团体成功，便排斥那些领袖。这种排斥领袖的风潮，在欧洲近数十年来渐渐发生了。所以起这种风潮的原故，便是由于工人走入平等的迷途，成了平等的流弊。由于这种流弊发生以后，工党便没有好领袖去引导指挥他们，工人又没有智识去引导自己，所以虽然有很大的团体，不但是没有进步，不能发生大力量，并且没有人去维持，于是工党内部渐渐腐败，失却了大团体的力量。

工人的团体不但是在外国很多，近十多年来中国也成立了不少。中国自革命以后，各行的工人都联合起来成立团体，团体中的领袖也有很多不是工人的。那些团体中的领袖，固然不能说个个都是为工人去谋利益的，其中假借团体的名义、利用工人为自己图私利的当然是很多，但是真为大义去替工人出力的也是不少。所以工人应该要明白，应该要分别领袖的青红皂白。现在中国的工人讲平等，也是发生平等的流弊。譬如前几天我收到由汉口寄来的一种工报，当中有两个大标题，第一个标题是"我们工人不要穿长衣的做领袖"，第二个标题是"我们工人奋斗，只求面包，不问政治"。由于这种标题，便可知和欧美工党排斥非工人做领袖的口调是一样。欧美工人虽然排斥非工人的领袖，但是他们的目标还是要问政治。所以汉口工人的第二个标题，便和欧美工人的口调不能完全相同。因为一国之内，人民的一切幸福都是以政治问题为依归的。国家最大的问题就是政治，如果政治不良，在国家里头无论什么问题都不能解决。比方中国现在受外国政治经济的压迫，一年之内损失十二万万元，这就是由于中国政治不良，经济不能发达，所以每年要受这样大的损失。在这种损失里头，最大的是进口货超过出口货每年有五万万元，这五万万元的货都是工人生产的，因为中国工业不发达，才受这种损失。我们拿这个损失的问题来研究。中国工人所得工价是世界中最便宜的，所做的劳动又是世界中最勤苦的，一天能够做十多点钟工。中国的工价既是最便宜，工人的劳动又是最勤苦，和外国工业竞争，照道理讲当然可以操胜算。为什么中国工人所生产的出口货，不能敌外国工人所生产的进口货呢？为什么我们由于工业的关系，每年要损失五万万元呢？此中最大的原因，就是中国政治不良，我们的政府没有能力。如果政府有了能力，便可以维持这五万万元的损失，我们能够维持这五万万元的损失，便是每年多了五万万元的面包。中国政府有能力，怎么样可以维持五万万元的损失呢？如果政府有能力，便可以增加关税，关税加重，外国的洋货自然难得进口，中国的土货便可以畅销，由此全国的工人每年便可以多进五万万元。但是照汉口工人寄来报纸上的标题讲，工人不问政治，既然不问政治，自然不要求政府增加关税，抵制洋货，提倡土货。不抵制洋货提倡土货，中国就不制造土货；不制造土货，工人便没有工做。工人连工都没有做，那里还有面包呢？由此可见，工人无好领袖，总是开口便错。这样的工人团体断不能发达，不久必归消灭，因其太无知识了，不知道面包问题就是经济问题。政治和经济两个问题总是有连带关系的，如果不问政治，怎么样能够解决经济的面包问题来要求面包呢？汉口工人的那种标题，便是由于错讲平等生出来的流弊。

所以，我们革命不能够单说是争平等，要主张争民权。如果民权不能够完全发达，就是争到了平等，也不过是一时，不久便要消灭的。我们革命主张民权，虽然不拿平等做标题，但是在民权之中便包括得有平等。如果平等有时是好，当然是采用；如果不好，一定要除去。像这样做去，才可以发达民权，才是善用平等。

我从前发明过一个道理，就是世界人类其得之天赋者约分三种：有先知先觉者，有后知后觉者，有不知不觉者。先知先觉者为发明家，后知后觉者为宣传家，不知不觉者为实行家。此三种人互相为用，协力进行，则人类之文明进步必能一日千里。天之生人虽有聪明才力之不平等，但人心则必欲使之平等，斯为道德上之最高目的，而人类当努力进行者。但是要达到这个最高之道德目的，到底要怎么样做法呢？我们可把人类两种思想来比对，便可以明白了。一种就是利己，一种就是利人。重于利己者，每每出于害人亦有所不惜。此种思想发达，则聪明才力之人专用彼之才能去夺取人家之利益，渐而积成专制之阶级，生出政治上之不平等，此民权革命以前之世界也。重于利人者，每每至到牺牲自己亦乐而为之。此种思想发达，则聪明才力之人专用彼之才能以谋他人的幸福，渐而积成博爱之宗教、慈善之事业。惟是宗教之力有所穷，慈善之事有不济，则不得不为根本之解决，实行革命，推翻专制，主张民权，以平人事之不平了。从此以后，要调和三种之人使之平等，则人人当以服务为目的，而不以夺取为目的。聪明才力愈大者，当尽其能力而服千万人之务，造千万人之福。聪明才力略小者，当尽其能力以服十百人之务，造十百人之福。所谓"巧者拙之奴"，就是这个道理。至于全无聪明才力者，亦当尽一己之能力，以服一人之务，造一人之福。照这样做去，虽天生人之聪明才力有不平等，而人之服务道德心发达，必可使之成为平等了。这就是平等之精义。

第　四　讲

（四月十三日）

照前几次所讲，我们知道欧美人民争民权已经有了两三百年。他们争过了两三百年，到底得到了多少民权呢？今天所讲的题目，就是欧美人民在近来两三百年之中所争得民权多少，和他们的民权现在进步到什么地方。

民权思想已经传到中国来了，中国人知道民权的意思是从书本和报纸中得来的。主张民权的书本和报纸，一定是很赞成民权那一方面的。大家平日研究民权，自然都是从赞成一方面的书本和报纸上观察。照赞成一方面的书本和报纸上所说的话，一定是把民权的风潮说得是怎样轰轰烈烈，把民权的思想说得是怎么蓬蓬勃勃。我们看见了这些书报，当然受他们的鼓动，发生民权的思想，以为欧美人民争民权争过了两三百年，每次都是得到最后的胜利。照这样看起来，以后世界各国的民权一定是要发达到极点，我们中国处在这个世界潮流之中，也当然是应该提倡民权，发达民权。并且，有许多人以为提倡中国民权能够像欧美那一样的发达，便是我们争民权已达到目的了；以为民权能够发达到那个地步，国家便算是很文明，便算是很进步。

但是，从书报中观察欧美的民权，和事实上有很多不对的。考察欧美的民权事实，他们所谓先进的国家像美国、法国，革命过了一百多年，人民到底得了多少民权呢？照主张民权的人看，他们所得的民权还是很少。当时欧美提倡民权的人，想马上达到民权的充分目的，所以牺牲一切，大家同心协力，一致拚命去争。到了胜利的时〈候〉，他们所争到的民权和革命时候所希望的民权两相比较起来，还是差得很多，还不能达到民权的充分目的。

现在可以回顾美国对于英国的独立战争是一个什么情形。那个战争打过了八年仗，才得到最后的胜利，才达到民权的目的。照美国《独立宣言》来看，说平等和自由是天赋到人类的，无论什么人都不能夺去人人的平等自由。当时美国革命本想要争到很充分的自由平等，但是争了八年，所得的民权还是很少。为什么争了八年之久，只得到很少的民权呢？当初反对美国民权的是英国皇帝，美国人民受英国皇帝的压迫，才主张独立，和英国战争。所以那个战争，是君权和民权的战争。战争的结果本是民权胜利，照道理讲，应该得到充分的民权。为什么不能达到充分的目的呢？因为独立战争胜利之后，虽然打破了君权，但是主张民权的人便生出民权的实施问题，就是要把民权究竟应该行到什么程度，由于研究这种问题，主张民权的同志之见解各有不同，因为见解不同，便生出内部两大派别的分裂。大家都知道美国革命有一个极著名的首领叫做华盛顿，他是美国的开国元勋。当时帮助他去反抗英国君权的人，还有许多英雄豪杰，像华盛顿的财政部长叫做哈美尔顿①，和国务部长叫做遮化臣②。那两位大人物对于民权的实施问题，因为见解各有不同，彼此的党羽又非常之多，便分成为绝对不相同的两大派。

遮氏一派，相信民权是天赋到人类的，如果人民有很充分的民权，由人民自由使用，人民必有分寸，使用民权的时候一定可以做许多好事，令国家的事业充分进步。遮氏这种言论，是主张人性是善的一说。至于人民有了充分的民权，如果有时不能充分发达善性去做好事，反误用民权去作恶，那是人民遇到了障碍，一时出于不得已的举动。总而言之，人人既是有天赋的自由平等，人人便应该有政权；而且人人都是有聪明的，如果给他们以充分的政权，令个个都可以管国事，一定可以做出许多大事业；大家负起责任来把国家治好，国家便可以长治久安。那就是遮化臣一派对于民权的信仰。

至于哈美尔顿一派所主张的，恰恰和遮氏的主张相反。哈氏以为人性不能完全都是善的，如果人人都有充分的民权，性恶的人便拿政权去作恶。那些恶人拿到了国家大权，便把国家的利益自私自利分到自己同党，无论国家的什么道德、法律、正义、秩序都不去理会。弄到结果，不是一国三公，变成暴民政治，就是把平等自由走到极端，成为无政府。像这样实行民权，不但是不能令国家进步，

---

　　①　哈美尔顿（Alexander Hamilton），今译汉密尔顿。
　　②　遮化臣（Thomas Jefferson），今译杰斐逊，后任美国总统。

反要捣乱国家，令国家退步。所以哈氏主张，国家政权不能完全给予人民，要给予政府，把国家的大权都集合于中央，普通人只能够得到有限制的民权。如果给予普通人以无限制的民权，人人都拿去作恶，那种作恶的影响对于国家比较皇帝的作恶还要利害得多。因为皇帝作恶，还有许多人民去监视防止，一般人若得到了无限制的民权，大家都去作恶，便再没有人可以监视防止。故哈美尔顿说："从前的君权要限制，现在的民权也应该要限制。"由此创立一派，叫做"联邦派"，主张中央集权，不主张地方分权。

美国在独立战争以前本有十三邦，都归英国统辖，自己不能统一。后来因为都受英国专制太过，不能忍受，去反抗英国，是大家有同一的目标，所以当时对英国作战便联同一气。到战胜了英国以后，各邦还是很分裂，还是不能统一。在革命的时候，十三邦的人口不过三百万。在那三百万人中，反抗英国的只有二百万人，还有一百万仍是赞成英国皇帝的。就是当时各邦的人民还有三分之一是英国的保皇党，只有三分之二才是革命党。因为有那三分之一的保皇党在内部捣乱，所以美国独立战争费过了八年的长时间，才能够完全战胜。到了战胜以后，那些著名的保皇党无处藏身，便逃到北方，搬过圣罗伦士河①以北，成立了加拿大殖民地，至今仍为英国属地，忠于英国。美国独立之后，国内便没有敌人。但是那三百万人分成十三邦，每邦不过二十多万人，各不相下，大家不能统一，美国的国力还是很弱，将来还是很容易被欧洲吞灭，前途的生存是很危险的。于是各邦的先知先觉想免去此种危险，要国家永远图生存，便不得不加大国力；要加大国力，所以主张各邦联合起来，建设一个大国家。当时所提倡联合的办法，有主张专行民权的，有主张专行国权的。头一派的主张就是地方分权。后一派的主张就是中央集权，限制民权，把各邦的大权力都联合起来，集中于中央政府，又可以说是"联邦派"。这两派彼此用口头文字争论，争了很久，并且是很激烈。最后是主张限制民权的"联邦派"占胜利，于是各邦联合起来成立一个合众国，公布联邦的宪法。美国自开国一直到现在，都是用这种宪法。这种宪法就是三权分立的宪法，把立法权、司法权和行政权分得清清楚楚，彼此不相侵犯。这是世界上

---

① 圣罗伦士河（Saint Lawrence River），今译圣劳伦斯河。

自有人类历史以来第一次所行的完全宪法。美国就是实行三权分立的成文宪法的第一个国家。世界上有成文宪法的国家，美国就是破天荒的头一个。这个宪法，我们叫做《美国联邦宪法》。美国自结合联邦、成立宪法以后，便成世界上顶富的国家；经过欧战以后，更成世界上顶强的国家。因为美国达到了今日这样富强，是由于成立联邦宪法，地方人民的事让各邦分开自治。

十多年来，我国一般文人志士想解决中国现在的问题，不根本上拿中美两国的国情来比较，只就美国富强的结果而论。以为中国所希望的不过是在国家富强，美国之所以富强是由于联邦，中国要像美国一样的富强便应该联省；美国联邦制度的根本好处是由于各邦自定宪法、分邦自治，我们要学美国的联邦制度变所〔成〕联省，根本上便应该各省自定宪法、分省自治，等到省宪实行了以后，然后再行联合成立国宪。质而言之，就是将本来统一的中国变成二十几个独立的单位，像一百年以前的美国十几个独立的邦一样，然后再来联合起来。这种见解和思想真是谬误到极点，可谓人云亦云，习而不察。像这样只看见美国行联邦制度便成世界顶富强的国家，我们现在要中国富强也要去学美国的联邦制度，就是像前次所讲的欧美人民争民权，不说要争民权，只说要争自由平等，我们中国人此时来革命也要学欧美人的口号说去争自由平等，都是一样的盲从，都是一样的莫明其妙。

主张联省自治的人，表面上以为美国的地方基础有许多小邦，各邦联合便能自治，便能富强；中国的地方基础也有许多行省，也应该可以自治，可以富强。殊不知道美国在独立时候的情形究竟是怎么样。美国当独立之后为什么要联邦呢？是因为那十三邦向来完全分裂，不相统属，所以不能不联合起来。至于我们中国的情形又是怎么样呢？中国本部形式上向来本分作十八省，另外加入东三省及新疆，一共是二十二省，此外还有热河、绥远、青海许多特别区域及蒙古、西藏各属地。这些地方，在清朝二百六十多年之中，都是统属于清朝政府之下。推到明朝时候，各省也很统一。再推到元朝时候，不但是统一中国的版图，且几几乎统一欧亚两洲。推到宋朝时候，各省原来也是很统一的，到了南渡以后南方几省也是统一的。更向上推到唐朝、汉朝，中国的各省没有不是统一的。由此便知中国的各省在历史上向来都是统一的，不是分裂的，不是不能统属的，而且统一之时就是治，不统一之时就是乱的。美国之所以富强，不是由于各邦之独立自治，还是由于各邦联合后的进化所成的一个统一国家。所以美国的富强是各邦统一的结果，不是各邦分裂的结果。中国原来既是统一的，便不应该把各省再来分开。中国眼前一时不能统一，是暂时的乱象，是由于武人的割据。这种割据，我们要铲除他，万不能再有联省的谬主张，为武人割据作护符。若是这些武人有口实来各据一方，中国是再不能富强的。如果以美国联邦制度就是富强的原因，那便是倒果为因。

外国人现在对于中国为什么要来共管呢？是从什么地方看出中国的缺点呢？就是由于看见中国有智识阶级的人所发表的言论、所贡献的主张，都是这样的和世界潮流相反，所以他们便看中国不起，说中国的事中国人自己不能管，列强应该来代我们共管。我们现在东亚处于此时的潮流，要把"联邦"二个字用得是恰当，便应该说中国和日本要联合起来，或者中国和安南、缅甸、印度、波斯、阿富汗都联合起来。因为这些国家向来都不是统一的，此刻要亚洲富强，可以抵抗欧洲，要联成一个大邦，那才可以说得通。至于中国的十八省和东三省以及各特别区，在清朝时候已经是统一的，已经是联属的。我们推翻清朝，承继清朝的领土，才有今日的共和国，为什么要把向来统一的国家再来分裂呢？提倡分裂中国的人一定是野心家，想把各省的地方自己去割据。像唐继尧割据云南，赵恒惕割据湖南，陆荣廷割据广西，陈炯明割据广东，这种割据式的联省是军阀的联省，不是人民自治的联省。这种联省不是有利于中国的，是有利于个人的，我们应该要分别清楚。

美国独立时候的十三邦毫不统一，要联成一个统一国家实在是非常的困难，所以哈氏和遮氏两派的争论便非常之激烈。后来制成联邦宪法，付之各邦自由投票，最后是哈氏一派占胜利，遮氏一派的主张渐渐失败。因为联邦宪法成立之前，全国人有两大派的主张，所以颁布的宪法弄成两派中的一个调和东西。把全国的大政权，如果是属于中央政府的，便在宪法之内明白规定；若是在宪法所规定以外的，便属于地方政府。比方币制，应该中央政府办理，地方政府不能过问。像外交，是规定由中央政府办理，各邦不能私自和外国订约。其余像关于国防上海陆军的训练与地方上民团的调遣等那些大权，都是归中央政府办理。至于极复杂的事业，在宪法未有划归中央政府的，便归各邦政府分别办理。这种划分，便是中央和地方的调和办法。

美国由于这种调和办法，人民究竟得到了多少民权呢？当时所得的民权，只得到一种有限制的选举权。在那个时候的选举权，只是限于选举议员和一部分的地方官吏。至于选举总统和上议院的议员，还是用间接选举的制度，由人民选出选举人，再由选举人才去选总统和那些议员。后来民权逐渐发达，进步到了今日，总统和上议院的议员以及地方上与人民有直接利害关系的各官吏，才由人民直接去选举，这就叫做普通选举。所以美国的选举权，是由限制的选举渐渐变成普通选举。但是这种普通选举只限于男人才能够享受，至于女子，在一二十年前还是没有这种普通选举权。欧美近二十年以来，女子争选举权的风潮非常激烈。大家都知道，当是〔时〕欧美的女子争选举权，许多人以为不能成功，所持的理由就是女子的聪明才力不及男子，男子所能做的事女子不能够做，所以很多人反对。不但是男人很反对，许多女子自己也是很反对，就是全国的女人都争得很激烈，还料不到可以成功。到了七八年以前英国女子才争成功，后来美国也争成功。这个成功的缘故，是由于当欧战的时候男子通同去当兵，效力战场，在国内的许多事业没有男人去做，像兵工厂内的职员、散工，街上电车内的司机、卖票，和后方一切勤务事宜，男子不敷分配，都是靠女子去补充。所以从前反对女子选举权的人，说女子不能做男子事业，到了那个时候便无法证明，便不敢反对，主张女子有选举权的人才完全占胜利。所以欧战之后，女子的选举权才是确定了。

由此便知，欧美革命的目标本是想达到民权，像美国独立战争就是争民权。战争成功之后，主张民权的同志又分出两派，一派是主张应该实行充分的民权，一派是主张民权应该要限制，要国家应该有极大的政权。后来发生许多事实，证明普通人民的确是没有智识、没有能力去行使充分的民权。譬如遮化臣争民权，他的门徒也争民权，弄到结果所要争的民权还是失败，便可以证明普通民众不知道运用政权。由于这个原故，欧美革命有了两三百多年，向来的标题都是争民权，所争得的结果，只得到男女选举权。

讲到欧洲的法国革命，当时也是主张争民权。所以主张民权的学者像卢梭那些人，便说人人有天赋的权利，君主不能侵夺。由于卢梭的学说，便发生法国革命。法国革命以后，就实行民权。于是一般贵族皇室都受大害，在法国不能立足，便逃亡到外国。因为法国人民当时拿充分的民权去做头一次的试验，全国人都不敢说民众没有智识、没有能力，如果有人敢说那些话，大家便说他是反革命，马上就要上断头台。所以那个时候便成暴民专制，弄到无政府，社会上极为恐慌，人人朝不保夕。就是真革命党，也有时因为一言不慎，和大众的意见不对，便要受死刑。故当法国试验充分民权的时期，不但是王公贵族被人杀了的是很多，就是平时很热心的革命志士像丹顿①一流人物，一样因为一言不合，被人民杀了的也是很不少。后来法国人民看到这样的行为是过于暴虐，于是从前赞成民权的人反变成心灰意冷，来反对民权，拥护拿破仑做皇帝，因此生出民权极大的障碍。这种障碍不是由君权发生的。在一百年以前，民权的风潮便已经是很大，像前几次所讲的情形。现在世界潮流已达到了民权的时代，照道理推测，以后应该一天发达一天，为什么到民权把君权消灭了以后，反生出极大的障碍呢？是什么原因造成的呢？一种原因是由于赞成民权所谓稳健派的人，主张民权要有一定的限制。这派是主张国家集权，不主张充分民权。这派对于民权的阻力还不甚大，阻碍民权的进步也不很多。最为民权障碍的人，还是主张充分民权的人。像法国革命时候，人民拿到了充分的民权，便不要领袖，把许多有知识有本事的领袖都杀死了，只剩得一班暴徒。那般暴徒对于事物的观察既不明瞭，又很容易被人利用。全国人民既是没有好耳目，所以发生一件事，人民都不知道谁是谁非，只要有人鼓动，便一致去盲从附和。像这样的现象是很危险的。所以后来人民都觉悟起来，便不敢再主张民权。由于这种反动力，便生出了民权的极大障碍，这种障碍是由于主张民权的人自招出来的。

欧洲自法国以外，像丹麦、荷兰、葡萄牙、西班牙那些小国，于不知不觉之中也发生民权的风潮。民权的风潮在欧美虽然遇了障碍，得到君权的反抗，还是不能消灭；遇到了民权自身的障碍，也是自然发达，不能阻止。那是什么原故呢？因为大势所趋，潮流所至，没有方法可以阻止。由于这个道理，故许多专制国家都是顺应潮流，去看风行事。譬如英国从前革命杀了皇帝，不到十年再复辟起来，

① 丹顿（Georges Jacques Danton），今译丹东。

但是英国的贵族知机善变，知道民权的力量太大，不能反抗，那些皇室贵族便不和民权去反抗，要和他去调和。讲到民权的起源，本来是发生于英国的。英国自复辟之后，推翻了民权，便成贵族执政，只有贵族可以理国事，别界人都不能讲话。到了一千八百三十二年以后，在贵族之外，才准普通平民有选举权。到了欧战以后，才许女子也有选举权。至于英国对待属地，更是善用退让的手段，顺应民权的潮流。像爱尔兰是英国三岛中的土地，英国始初本是用武力压迫，后来见到民权的风潮扩大，便不去压迫，反主退让，准爱尔兰独立。英国不独对于三岛的内部是如此，就是对于外部，像对付埃及也是退让。埃及当欧战时候为英国是很出力的，英国当时要埃及人去助战，也允许过了埃及许多权利，准他们以后独立。到欧战之后，英国食言，把所许的权利都不履行。埃及便要求独立，履行前约，风潮扩大，英国也是退让，许埃及独立。又像印度现在要求英国扩充选举，英国也是一概允许。至于现在英国国内容纳工党组织内阁，工人执政，便更足以证明英国贵族的退让，民权的进步。英国贵族知道世界民权的大势，能够顺应潮流，不逆反潮流，所以他们的政体至今还可以维持，国家的现状还是没有大危险。

世界上经过了美国、法国革命之后，民权思想便一日发达一日。但是根本讲起来，最新的民权思想还是发源于德国。德国的人心向来富于民权思想，所以国内的工党便非常之多，现在世界上工党团体中之最大的还是在德国。德国的民权思想发达本早，但到欧战以前，民权的结果还不及法国、英国。这个理由，是因为德国对付民权所用的手段和英国不同，所以得来的结果也是不同。从前德国对付民权是用什么手段呢？德国是谁阻止民权的发达呢？许多学者研究，都说是由于俾士麦。

俾士麦是德国很有名望、很有本领的大政治家。在三四十年前，世界上的大事业都是由于俾士麦造成的，世界上的大政治家都不能逃出俾士麦的范围。所以在三四十年前，德国是世界上顶强的国家。德国当时之所以强，全由俾士麦一手造成。在俾士麦没有执政之先，德国是一个什么景象呢？德国在那个时候有二十几个小邦，那二十几个小邦的民族虽然是相同，但是各自为政，比较美国的十三邦还要分裂，加以被拿破仑征服之后，人民更是穷苦不堪。后来俾士麦出来，运用他的聪明才力和政治手腕，联合附近民族相同的二十几邦，造成一个大联邦，才有后来的大富强。在十年以前，德国是世界上顶强的国家，美国是世界上顶富的国家，他们那两国都是联邦。许多人以为我们中国要富强，也应该学德国、美国的联邦。殊不知德国在三四十年前，根本上只有一个普鲁士，因丕士麦执政以后拿普鲁士做基础，整军经武，刷新内政，联合其余的二十多邦，才有后来的大德意志。当丕士麦联合各邦的时候，法国、奥国都极力反对。奥国所以反对德国联邦的缘故，是因为奥国和德国虽然是同一条顿民族，但是奥皇也想争雄欧洲，故不愿德国联邦再比奥国还要强盛。无如丕士麦才智过人，发奋图强，于一千八百六十六年用很迅速手段和奥国打仗，一战便打败奥国。德国战胜了以后，本来可以消灭奥国，惟丕士麦以为奥国虽然反对德国，但是奥国民族还是和德国相同，将来不至为德国的大患。丕士麦的眼光很远大，看到将来足为德国大患的是英国、法国，所以丕士麦战胜了奥国以后，便马上拿很宽大的条件和奥国讲和。奥国在新败之余，复得德国的宽大议和，便很感激他。从此只有六年，到一千八百七十年德国便去打法国①，打破拿破仑第三，占领巴黎。到讲和的时候，法国便把阿尔赛士和罗伦②两处地方割归德国。从这两次大战以后，德国的二十几个小邦便联合得很巩固，成立一个统一国家。德国自联邦成立了之后，到欧战以前是世界上最强的国家，执欧洲的牛耳，欧洲各国的事都惟德国马首是瞻。德国之所以能够达到那个地位，全由丕士麦一手缔造而成。

因为丕士麦执政不到二十年，把很弱的德国变成很强的国家，有了那种大功业，故德国的民权虽然是很发达，但是没有力量去反抗政府。在丕士麦执政的时代，他的能力不但是在政治、军事和外交种种方面战胜全世界，就是对于民权风潮，也有很大的手段战胜一般民众。譬如到了十九世纪的后半，在德法战争以后，世界上不但是有民权的战争，并且发生经济的战争。在那个时候，民权的狂热渐渐减少，另外发生一种什么东西呢？就是社会主义。这种主义，就是我所主张的民生主义。人民得了这种主义，便不热心去争民权，要去争经济权。这种战争，是工人和富人的阶级战争。工人的团体在德国发达最早，所以社会主义在德国也

---

①　这场战争于下文亦称"德法战争"，在民生主义演讲中又称"普法战争"，即普鲁士王国与法国之间的战争。普鲁士战胜法国后，于一八七一年一月十八日始成立德意志帝国。

②　阿尔赛士（Alsace），今译阿尔萨斯，现为法国一省；罗伦（Lorraine），今译洛林，现为法国大区名。

是发达最先。世界上社会主义最大的思想家都是德国人，像大家都知道有一位大社会主义家叫做马克思，他就是德国人。〈从前俄国革命〉就是实行马克思主义，俄国的老革命党都是马克思的信徒。德国的社会主义在那个时候便非常之发达。社会主义本来是和民权主义相连带的，这两个主义发生了以后，本来应该要同时发达的。欧洲有了民权思想，便发生民权的革命。为什么有了那样发达的社会主义，在那个时候不发生经济的革命呢？因为德国发生社会主义的时候，正是丕士麦当权的时候。在别人一定是用政治力去压迫社会主义，但是丕士麦不用这种手段。他以为德国的民智很开通，工人的团体很巩固，如果用政治力去压迫，便是图〔徒〕劳无功。当时丕士麦本是主张中央集权的独裁政治，他是用什么方法去对付社会党呢？社会党提倡改良社会，实行经济革命，丕士麦知道不是政治力可以打消的，他实行一种国家社会主义，来防范马克思那般人所主张的社会主义。比方铁路是交通上很重要的东西，国内的一种基本实业，如果没有这种实业，什么实业都不能够发达。像中国津浦铁路没有筑成以前，直隶、山东和江北一带地方都是很穷苦的，后来那条铁路筑成功了，沿铁路一带便变成很富饶的地方。又像京汉铁路没有筑成以前，直隶、湖北、河南那几省也是很荒凉的，后来因为得了京汉铁路交通的利便，沿铁路的那几省便变成很富庶。当丕士麦秉政的时候，英国、法国的铁路多半是人民私有，因为基本实业归富人所有，所以全国实业都被富人垄断，社会上便生出贫富不均的大毛病。丕士麦在德国便不许有这种毛病，便实行国家社会主义，把全国铁路都收归国有，把那些基本实业由国家经营。对于工人方面又定了作工的时间，工人的养老费和保险金都一一规定。这些事业本来都是社会党的主张，要拿出去实行的，但是丕士麦的眼光远大，先用国家的力量去做了，更用国家经营铁路、银行和各种大实业，拿所得的利益去保护工人，令全国工人都是心满意足。德国从前每年都有几十万工人到外国去做工，到了丕士麦经济政策成功时候，不但没有工人出外国去做工，并且有许多外国工人进德国去做工。丕士麦用这样方法对待社会主义，是用先事防止的方法，不是用当冲打消的方法。用这种防止的方法，就是在无形中消灭人民要争的问题，到了人民无问题可争，社会自然不发生革命。所以这是丕士麦反对民权的很大手段。

　　现在就世界上民权发达一切经过的历史讲：第一次是美国革命，主张民权的人分成哈美尔顿和遮化臣两派，遮化臣主张极端的民权，哈美尔顿主张政府集权，后来主张政府集权派占胜利，是民权的第一次障碍。第二次是法国革命，人民得到了充分的民权，拿去滥用，变成了暴民政治，是民权的第二次障矾〔碍〕。第三次是丕士麦用最巧的手段去防止民权，成了民权的第三次障碍。这就是民权思想在欧美发达以来所经过的一切情形。但是民权思想虽然经过了三个障碍，还是不期然而然，自然去发达，非人力所能阻止，也非人力所能助长。民权到了今日，便成世界上的大问题。世界上的学者，无论是守旧派或者是革新派，都知道民权思想是不能消灭的。不过在发达的时候，民权的流弊还是免不了的，像从前讲平等自由也生出流弊一样。总而言之，欧美从前争平等自由，所得的结果是民权，民权发达了之后便生出许多流弊。在民权没有发达之先，欧美各国都想压止他，要用君权去打消民权。君权推倒了之后，主张民权的人便生出民权的障碍；后来实行民权，又生出许多流弊，更为民权的障碍。最后丕士麦见到人民主张民权，知道不能压止，便用国家的力量去替代人民，实行国家社会主义，这也是民权的障碍。欧战以后，俄国、德国的专制政府都推倒了，女子选举权也有好几国争到手了，所以民权到了今日更是一个大问题，更不容易解决。

推到实行民权的原始，自美国革命之后，人民所得的头一个民权，是选举权。当时，欧美人民以为民权就是选举权算了，如果人民不论贵贱、不论贫富、不论贤愚都得到了选举权，那就算民权是充分的达到了目的。至于欧战后三四年以来，又究竟是怎么样呢？当中虽然经过了不少的障碍，但是民权仍然是很发达，不能阻止。近来瑞士的人民，除了选举权以外，还有创制权和复决权。人民对于官吏有权可以选举，对于法律也应该有权可以创造、修改。创制权和复决权便是对于法律而言的。大多数人民对于一种法律，以为很方便的便可以创制，这便是创制权；以为很不方便的便可以修改，修改便是复决权。故瑞士人民比较别国人民多得了两种民权，一共有三种民权，不只一种民权。近来美国西北几邦新开辟地方的人民，比较瑞士人民更多得一种民权，那种民权是罢官权。在美洲①各邦之中，这种民权虽然不能普遍，但有许多邦已经实行过了。所以美国许多人民现在得到

———————————

① 特指美国。

了四种民权：一种是选举权，二种是罢官权，三种是创制权，四种是复决权。这四种权在美国西北几州已经行得很有成绩，将来或者可以推广到全美国，或者全世界。将来世界各国要有充分的民权，一定要学美国的那四种民权。由此四种民权实行下去，将来能不能够完全解决民权的问题呢？现在世界学者看见人民有了这四种民权的思想，还不能把民权的问题完全来解决，都以为是时间的问题，以为这种直接的民权思想发生尚不久。从前的神权经过了几万年，君权经过了几千年。现在此刻各国的君权，像英国、日本和意大利的君权还有多少问题，不过这种君权将来一定是消灭的。这些直接的民权，新近发生不过是几十年，所以在今日还是一个不能解决的大问题。

　　照现在世界上民权顶发达的国家讲，人民在政治上是占什么地位呢？得到了多少民权呢？就最近一百多年来所得的结果，不过是一种选举和被选举权。人民被选成议员之后，在议会中可以管国事。凡是国家的大事，都要由议会通过才能执行，如果在议会没有通过便不能行。这种政体叫做"代议政体"，所谓"议会政治"。但是成立了这种代议政体以后，民权是否算得充分发达呢？在代议政体没有成立之先，欧美人民争民权，以为得到了代议政体便算是无上的民权。好像中国革命党希望中国革命以后，能够学到日本或者学到欧美，便以为大功告成一样。如果真是学到了像日本、欧美一样，可不可以算是止境，还要听下文分解。欧美人民从前以为争到了代议政体，便算是心满意足。我们中国革命以后是不是达到了代议政体？所得民权的利益究竟是怎么样呢？大家都知道，现在的代议士都变成了"猪仔议员"①，有钱就卖身，分赃贪利，为全国人民所不齿。各国实行这种代议政体都免不了流弊，不过传到中国，流弊更是不堪问罢了。大家对于这种政体如果不去闻问，不想挽救，把国事都付托到一般猪仔议员，让他们去乱作乱为，国家前途是很危险的。所以外国人所希望的代议政体，以为就是人类和国家的长治久安之计，那是不足信的。民权初生本经过了许多困难，后来实行又经过了许多挫折，还是一天一天的发达，但是得到的结果不过是代议政体。各国到了代议政体就算是止境。近来俄国新发生一种政体，这种政体不是代议政体，

①　一九二三年九月，直系军阀首领曹锟在北京重贿国会议员，十月被选为总统；此举遭到社会各界及舆论强烈谴责，并称受贿议员为"猪仔议员"。

是"人民独裁"的政体①。这种人民独裁的政体究竟是怎么样呢？我们得到的材料很少，不能判断其究竟，惟想这种人民独裁的政体，当然比较代议政体改良得多。但是我们国民党提倡三民主义来改造中国，所主张的民权是和欧美的民权不同。我们拿欧美已往的历史来做材料，不是要学欧美，步他们的后尘，是用我们的民权主义把中国改造成一个"全民政治"的民国，要驾乎欧美之上。我们要达到这种大目的，便先要把民权主义研究到清清楚楚。

今天所讲的大意，是要诸君明白欧美的先进国家把民权实行了一百多年，至今只得到一种代议政体。我们拿这种制度到中国来实行，发生了许多流弊。所以民权的这个问题，在今日②还是很难解决。我以后对于民权主义还要再讲两次，便把这个问题在中国求一个根本解决的办法。我们不能解决，中国便要步欧美的后尘；如果能够解决，中国便可以驾乎欧美之上。

第　五　讲

（四月二十日）③

中国人的民权思想都是由欧美传进来的，所以我们近来实行革命，改革政治，都是仿效欧美。我们为什么要仿效欧美呢？因为看见了欧美近一百年来的文化雄飞突进，一日千里，种种文明都是比中国进步得多。

比方就武器一项说，欧美近年的武器便是一天改良一天，要比中国进步得多。中国的武器几千年以来都是弓箭刀戟，在二三十年以前还是用那几种东西。像庚子年发生义和团，他们的始意是要排除欧美势力的，因为他们要排除欧美的势力，所以和八国联军打仗，当时所用的武器便是大刀。要用大刀去抵抗联军的机关枪和大炮，那种举动就是当时中国人对于欧美的新文化之反动，对于他们的物质进步之抵抗，不相信欧美的文化是比中国进步，并且想表示中国的文化还要好过欧

---

①　指由工农兵代表组成、实行无产阶级专政的苏维埃（Совет），是苏联国家权力机关。

②　此处删一衍字"的"。

③　底本原缺第五讲日期。据一九二四年四月二十一日《广州民国日报》（六）所载《大元帅在高师演讲》，谓"特于昨星期日之暇，复驾临高师大礼堂续讲三民主义"，按星期日即为四月二十日，今于此处及本册目录标题增补。

美。甚至于像欧美的洋枪大炮那些精利武器，也不相信比较中国的大刀还要利害，所以发生义和团来反抗欧美。义和团的勇气始初是锐不可当的，在杨村一战，是由于英国提督西摩①带了三千联军，想从天津到北京去救那些公使馆，经过杨村就被义和团围住了。当时战斗的情形，义和团没有洋枪大炮只有大刀，所围住的联军有很精利的枪炮，在义和团一方面可说是肉体相搏。西摩因为被他们包围了，便用机关枪去扫射义和团。义和团虽然是被机关枪打死了很多的人，血肉横飞，但是还不畏惧，还不退却，总是前仆后继，死死的把联军围住。弄到西摩带那三千联军，终不敢通过杨村直进北京，便要退回天津等候，另外请了大兵来帮助，才能够到达北京，解各国公使馆的围。就那次战争的情形而论，西摩有几句批评说：照当时义和团之勇气，如果他们所用的武器是西式的枪炮，那些联军一定是全军覆没的。但是他们始终不相信外国的新式武器，总是用大刀、肉体和联军相搏，虽然被联军打死了几万人，伤亡枕藉，还是前仆后继，其勇锐之气殊不可当，真是令人惊奇佩服。所以经过那次血战之后，外国人才知道中国还有民族思想，这种民族是不可消灭的。不过庚子年的义和团，是中国人的最后自信思想和最后自信能力去同欧美的新文化相抵抗。由于那次义和团失败以后，中国人便知道从前的弓箭刀戟不能够和外国的洋枪大炮相抵抗，便明白欧美的新文明的确是比中国的旧文明好得多。用外国的新东西和中国的旧东西比较，就武器一项效力，自然是很明显的。至于除了武器之外，像交通上的铁路、电报，也要比中国的挑伕、驿站好得多。我们要转运东西，火车当然是快过挑伕，便利过挑伕；要通消息，电报当然是迅速过驿站，灵通过驿站。再推到其余种种关于人类日常生活的机器，和农工商所用的种种方法，也没有不是比中国进步得多的。

　　所以从那次义和团失败以后，中国一般有思想的人便知道要中国强盛，要中国能够昭雪北京城下之盟的那种大耻辱，事事便非仿效外国不可。不但是物质科学要学外国，就是一切政治社会上的事都要学外国。所以经过义和团之后，中国人的自信力便完全失去，崇拜外国的心理便一天高过一天。由于要崇拜外国、仿效外国，便得到了很多的外国思想，就是外国人只才想到、还没有做到的新思想，

---

　　①　西摩（Edward Hobart Seymour），原为英国远东舰队司令，曾率领八国联军进攻北京，后于一九一一年著有《我的海军生涯及旅行记事》（*My Naval Career and Travels*）一书。

我们也想拿来实行。十三年前革命仿效外国改革政治，成立民主政体，目的是在取法乎上，所以把外国很高的政治哲理和最新的政治思想都拿来实行。这是中国政治思想上一个最大的变动。在义和团以前，中国和外国已经通了商，早知道外国的好处也是很多，但是全国人的心理还不相信外国是真有文明。所以当义和团的时候，便把仿效外国的铁路和电报都毁坏了，就是外国的枪炮也不信仰，在打仗的时候还是要用中国的弓刀。以后因为失败，又反过来信仰外国，在中国所用的无论什么东西都是要仿效外国。由此可见，中国从前是守旧，在守旧的时候总是反对外国，极端信仰中国要比外国好；后来失败便不守旧，要去维新，反过来极端的崇拜外国，信仰外国是比中国好。因为信仰外国，所以把中国的旧东西都不要，事事都是仿效外国，只要听到说外国有的东西，我们便要去学，便要拿来实行。对于民权思想也有这种流弊。革命以后举国如狂，总是要拿外国人所讲的民权到中国来实行，至于民权究竟是什么东西，也不去根本研究。

前几次所讲的情形，是把外国争民权的历史和胜利之后所得的什么结果，详细的说明。由于那几次的研究，便知民权政治在外国也不能够充分实行，进行民权在中途也遇到了许多障碍。现在中国主张实行民权要仿效外国，便要仿效外国的办法，但是民权问题在外国政治上至今没有根本办法，至今还是一个大问题。就是外国人拿最新发明的学问来研究民权、解决民权问题，在学理一方面根本上也没有好发明，也没有得到一个好解决的方法。所以外国的民权办法不能做我们的标准，不足为我们的师导。

自义和团以后，一般中国人的思想，时时刻刻、件件东西总是要学外国。外国的东西到底可不可以学呢？比方用武器讲，到底是外国的机关枪利害呢，还是中国的弓刀利害呢？这两种东西没有比较，一定是外国的机关枪要利害得多。不但是外国的武器要比中国的利害，就是其他各种东西，外国都是比中国进步得多。就物质一方面的科学讲，外国驾乎中国那是不可讳言的。但是外国在政治一方面究竟是怎么样呢？外国的政治哲学和物质科学两种学问的进步，又是那一种最快呢？政治的进步远不及科学。譬如兵学就是一种军事科学，专就兵学讲，外国的战术随时发明，随时改良，所谓日新月异。所以拿一百多年以前的外国兵书，今日有没有人还拿去用呢？那是没有的。不但是一百年以前的兵书没有人拿去用，就是十年以前的兵书，到了今日也是无用。外国的武器和战术，每过十年便成一个大变动，换句话讲，就是外国的武器和战术每过十年便有一次革命。外国最大的武器和价值最贵的武器，就是水上所用的战斗舰。现在外国的战斗舰每艘要值五千万元以至于一万万元，能够值这些钱的船，才叫做一只兵船。外国物质的进步以武器为最快，武器的进步又以战斗舰为最快。战斗舰的变动最多不过十年，在欧战以前的战斗舰至今已成废物。不但是海军的战斗舰有这样的大变动，就是陆军的枪炮也是日日进步，每十年一次变动，每十年一次革命，每十年一翻新。现在我们所用的枪，在外国已经成了无用的废物；欧战时各国所用的大炮，到了今日也算是旧式。不但是武器在欧美是日日进步、件件翻新，就是其他机器物品也是天天改良、时时发明。所以外国在物质文明上的进步，真是日新月异，一天比一天的不同。至于在政治上，外国比较中国又是进步了多少呢？欧美两三百年来经过许多次数的革命，政治上的进步虽然是比中国快得多，但是外国的政治书本，像二千多年以前在希腊有一位大政治哲学家叫做柏拉图①，他所著的《共和政体》那本书至今还有学者去研究，对于现在的政体还以为有多少价值可以供参考，不像兵船、操典过了十年便成无价值的废物。由此便知外国的物质科学，每十年一变动，十年之前和十年之后大不相同，那种科学的进步是很快的。至于政治理论，在二千年以前柏拉图所写的《共和政体》至今还有价值去研究，还是很有用处，所以外国政治哲学的进步不及物质进步这样快的。他们现在的政治思想，和二千多年以前的思想根本上还没有大变动。如果我们仿效外国的政治，以为也是像仿效②物质科学一样，那便是大错。

　　外国的物质文明一天和一天不同，我们要学他，便很不容易赶上。至于外国政治的进步，比较物质文明的进步是差得很远的，速度是很慢的。像美国革命实行民权有了一百五十多年，现在能够实行的民权，和一百多年以前所实行的民权便没有大分别。现在法国所行的民权，还不及从前革命时候所行的民权。法国在

----

　　①　柏拉图（Plato），其著作《共和政体》，希腊文原名 $\Piο\lambda\iota\tau\epsilon\iota\alpha$，英译本称 *Republic*，中文今译《理想国》。
　　②　此处删一衍字"法"。

从前革命的时候所行的民权是很充分的，当时一般人民以为不对，大家要去反抗，所以至今有了一百多年，法国的民权还是没有大进步。我们要学外国，便要把这些情形分别清楚。至于外国民权所以没有大进步的原因，是由于外国对于民权的根本办法没有解决。由前几次所讲的情形，便知道欧美的民权政治至今还是没有办法，民权的真理还是没有发明；不过近两三百年以来民权思想逐渐澎涨，在人事上想不通的问题，大家便听其自然，顺着潮流去做罢了。所以近来民权的发达，不是学者从学理上发明出来的，是一般人民顺其自然做出来的。因为总是顺其自然去做，预先没有根本办法，前后没有想过，所以欧美实行民权在中途便遭了许多挫折，遇了许多障碍。中国革命以后要仿效欧美实行民权，欧美的民权现在发达到了代议政体，中国要跟上外国实行民权，所以也有代议政体。但是欧美代议政体的好处，中国一点都没有学到，所学的坏处却是百十倍，弄到国会议员变成猪仔议员，污秽腐败，是世界各国自古以来所没有的。这真是代议政体的一种怪现象。所以中国学外国的民权政治，不但是学不好，反且学坏了！

照前几回所讲，大家便知道欧美的民权政治根本上还没有办法，所以我们提倡民权，便不可完全仿效欧美。我们不完全仿效欧美，究竟要怎么样去做呢？现在中国还有守旧派，那些守旧派的反动力是很大的。他们的主张是要推翻民国，恢复专制，去图复辟，以为要这样的办法才可以救中国。我们明白世界潮流的人，自然知道这个办法是很不对的，所以要反对这个办法，顺应世界潮流去实行民权，走政治的正轨。我们要走政治的正轨，便先要知道政治的真意义。什么是叫做政治呢？照民权第一讲的定义说，政是众人的事，治是管理众人的事。中国几千年以来社会上的民情风土习惯，和欧美的大不相同。中国的社会既然是和欧美的不同，所以管理社会的政治自然也是和欧美不同，不能完全仿效欧美，照样去做，像仿效欧美的机器一样。欧美的机器，我们只要是学到了，随时随地都可以使用。譬如电灯，无论在中国的什么房屋都可以装设，都可以使用。至于欧美的风土人情和中国不同的地方是很多的，如果不管中国自己的风土人情是怎么样，便像学外国的机器一样，把外国管理社会的政治硬搬进来，那便是大错。虽然管理人类之政治法律条理也是一种无形的机器，所以我们称行政组织为机关。但是有形的机器是本于物理而成的，而无形的机器之政治是本于心理而成的。物理之学近数百年来已发明得甚多，而心理之学近二三十年始起首进步，至今尚未有大发明。此所以有别也，是以管理物的方法可以学欧美，管理人的方法当然不能完全学欧美。因欧美关于管理物的一切道理已经老早想通了，至于那些根本办法他们也老早解决了，所以欧美的物质文明，我们可以完全仿效，可以盲从，搬进中国来也可以行得通。至于欧美的政治道理至今还没有想通，一切办法在根本上还没有解决，所以中国今日要实行民权，改革政治，便不能完全仿效欧美，便要重新想出一个方法。如果一味的盲从附和，对于国计民生是很有大害的。因为欧美有欧美的社会，我们有我们的社会，彼此的人情风土各不相同。我们能够照自己的社会情形，迎合世界潮流做去，社会才可以改良，国家才可以进步。如果不照自己社会的情形，迎合世界潮流去做，国家便要退化，民族便受危险。我们要中国进步，民族的前途没有危险，自己来实行民权，自己在根本上便不能不想出一种办法。

我们对于民权政治到底能不能够想出办法呢？我们要能够想出办法，虽然不能完全仿效欧美，但是要借鉴于欧美，要把欧美已往的民权经验研究到清清楚楚。因为欧美民权虽然没有充分发达、根本解决，但是已经有了很多的学者对于民权天天去研究，常常有新学理的发明，而且在实行上也有了一百多年，所得的经验也是很多的。那些经验和学理，根本上都是应该拿来参考的。如果不参考欧美已往的经验、学理，便要费许多冤枉工夫，或者要再蹈欧美的覆辙。

现在各国学者研究已往民权的事实，得到了许多新学理，那是些什么学理呢？最新的对于政治问题的，有一位美国学者说："现在讲民权的国家，最怕的是得到了一个万能政府，人民没有方法去节制他；最好的是得一个万能政府，完全归人民使用，为人民谋幸福。"这一说是最新发明的民权学理，但所怕、所欲都是在一个万能政府，第一说是人民怕不能管理的万能政府，第二说是为人民谋幸福的万能政府。要怎么样才能够把政府成为万能呢？变成了万能政府，要怎么样才听人民的话呢？在民权发达的国家，多数的政府都是弄到无能的；民权不发达的国家，政府多是有能的。像前次所讲，近几十年来欧洲最有能的政府，就是德国俾士麦当权的政府，在那个时候的德国政府的确是万能政府。那个政府本是不主张民权的，本是要反对民权的，但是他的政府还是成了万能政府。其他各国主张民权的政府，没有那一国可以叫做万能政府。

又有一位瑞士学者说："各国自实行了民权以后，政府的能力便行退化。这个理由，就是人民恐怕政府有了能力，人民不能管理，所以人民总是防范政府，不许政府有能力，不许政府是万能。所以实行民治的国家，对于这个问题便应该想方法去解决。想解决这个问题，人民对于政府的态度就应该要改变。"从前人民对于政府总是有反抗态度的缘故，是由于经过了民权革命以后，人民所争得的自由平等过于发达，一般人把自由平等用到太没有限制，把自由平等的事做到过于充分，政府毫不能够做事。到了政府不能做事，国家虽然是有政府，便和无政府一样。这位瑞士学者看出了这个流弊，要想挽救，便主张人民要改变对于政府的态度。他究竟要人民变成什么态度呢？人民的态度对于政府有什么关系呢？譬如就中国几千年的历史说，中国人在这几千年中对于政府是什么样的态度呢？我们研究历史，总是看见人称赞尧、舜、禹、汤、文、武；尧、舜、禹、汤、文、武的政府是中国人常常羡慕的政府，中国人无论在那个时代，总是希望有那样的政府替人民来谋幸福。所以欧美的民权思想没有传进中国以前，中国人最希望的就是尧、舜、禹、汤、文、武，以为有了尧、舜、禹、汤、文、武那些皇帝，人民便可以得安乐，便可以享幸福，这就是中国人向来对于政府的态度。近来经过了革命以后，人民得到了民权思想，对于尧、舜、禹、汤、文、武那些皇帝便不满意，以为他们都是专制皇帝，虽美亦不足称。由此便知民权发达了以后，人民便有反抗政府的态度，无论如何良善，皆不满意。如果持这种态度，长此以往，不想办法来改变，政治上是很难望进步的。现在世界上要改变人民对于政府的态度，究竟是用什么办法呢？欧美学者只想到了人民对于政府的态度应该要改变，至于怎么样改变的办法，至今还没有想出。

我们革命主张实行民权，对于这个问题，我想到了一个解决的方法。我的解决方法，是世界上学理中第一次的发明，我想到的方法就是解决这个问题的一个根本办法。我的办法就是像瑞士学者近日的发明一样，人民对于政府要改变态度。近日有这种学理之发明，更足以证明我向来的主张是不错。这是什么办法呢？就是"权"与"能"要分别的道理。这个权能分别的道理，从前欧美的学者都没有发明过。究竟什么是叫做权与能的分别呢！要讲清楚这个分别，便要把我从前对于人类分别的新发明再拿来说一说。

　　我对于人类的分别是何所根据呢？就是根据于各人天赋的聪明才力。照我的分别，应该有三种人：第一种人叫做先知先觉。这种人有绝顶的聪明，凡见一件事便能够想出许多道理，听一句话便能够做出许多事业，有了这种才力的人才是先知先觉。由于这种先知先觉的人预先想出了许多办法，做了许多事业，世界才有进步，人类才有文明，所以先知先觉的人是世界上的创造者，是人类中的发明家。第二种人叫做后知后觉。这种人的聪明才力比较第一种人是次一等的，自己不能够创造发明，只能够跟随摹仿，第一种人已经做出来了的事，他便可以学到。第三种人叫做不知不觉。这种人的聪明才力是更次的，凡事虽有人指教他，他也不能知，只能去行。照现在政治运动的言词说，第一种人是发明家，第二种人是宣传家，第三种人是实行家。天下事业的进步都是靠实行，所以世界上进步的责任，都在第三种人的身上。譬如建筑一间大洋楼，不是一种寻常人能够造成的，先要有一个工程师，把想做的洋楼关于各种工程材料都要通盘计算，等到通盘计算好了，便绘一个很详细的图，再把那个图交给工头去看；等到工头把图看清楚了，才叫工人搬运材料，照那个图样去做。做洋楼的工人，都是不能够看图样的，只有照工头的吩咐，听工头的指挥，或者是某处放一块砖，某处加一片瓦，做那种最简单的事。工头又是不能够通盘计算去绘图的，只有照工程师所绘的图，吩咐工人去砌砖盖瓦。所以绘图的工程师，是先知先觉；看图的工头，是后知后觉；砌砖盖瓦的工人，是不知不觉。现在各城市的洋楼，都是靠工人、工头和工程师三种人共同做出来的。就是世界上的大事，也都是全靠那三种人来做成的。但是其中大部分的人都是实行家，都是不知不觉，次少数的人便是后知后觉，最少数的人才是先知先觉。世界上如果没有先知先觉，便没有发起人；如果没有后知后觉，便没有赞成人；如果没有不知不觉，便没有实行的人。世界上的事业都是先要发起人，然后又要许多赞成人，再然后又要许多实行者，才能够做成功。所以世界上的进步都是靠这三种人，无论是缺少了那一种人都是不可能的。现在世界上的国家实行民权、改革政治，那些改革的责任应该是人人都有份的，先知先觉的人要有一份，后知后觉的人要有一份，就是不知不觉的人也要有一份。我们要知道民权不是天生的，是人造成的。我们应该造成民权，交到人民，不要等人民来争才交到他们。

　　前几天有一位在高丽做官的日本人来见我，和我谈天，谈了颇久之后，我顺便问他一句话说："现在高丽的革命是什么样情形呢？能不能够成功呢？"那位日本人没有什么话可答。我又问他说："日本在高丽的官吏，对于高丽的民权态度又是怎么样呢？"他说："只看高丽人将来的民权思想究竟是怎么样。如果高丽人都晓得来争民权，我们一定是把政权交还他们的。但是现在的高丽人还不晓得争民权，所以我们日本还是不能不代他们治理高丽。"这种说话未尝不冠冕堂皇，但是我们革命党对待全国人民，就不可像日本对待高丽一样，要等到人民晓得争民权的时候才去给他。因为中国人民都是不知不觉的多，就是再过几千年，恐怕全体人民还不晓得要争民权。所以自命为先知先觉和后知后觉的人，便不可像日本人一样专是为自己打算，要预先来替人民打算，把全国的政权交到人民。

　　照以前所讲的情形，欧美对于民权问题还没有解决的办法，今日我们要解决民权问题，如果仿效欧美一定是办不通的。欧美既无从仿效，我们自己便应该想一种新方法来解决这个问题。这个新方法，是像瑞士的学者最新的发明，人民对于政府要改变态度。但要改变态度，就是要把权与能来分开。权与能要怎么样分开呢？我们要把他研究到清楚，便应该把前几次所讲的情形，重提起来再说。第一件，什么是叫做民权呢？简单的说，民权便是人民去管理政治。详细推究起来，从前的政治是谁人管理呢？中国有两句古语，说"不在其位，不谋其政"，又说"庶人不议"。可见从前的政权完全在皇帝掌握之中，不关人民的事。今日我们主张民权，是要把政权放在人民掌握之中。那么，人民成了一个什么东西呢？中国自革命以后成立民权政体，凡事都是应该由人民作主的，所以现在的政治又可以叫做"民主政治"。换句话说，在共和政体之下，就是用人民来做皇帝。

　　照中国几千年的历史看，实在负政治责任为人民谋幸福的皇帝，只有尧、舜、禹、汤、文、武，其余的那些皇帝都是不能负政治责任为人民谋幸福的。所以中国几千年的皇帝，只有尧、舜、禹、汤、文、武能够负政治责任，上无愧于天，下无怍于民。他们所以能够达到这种目的，今〔令〕我们在几千年之后都来歌功颂德的原因，是因为他们有两种特别的长处：第一种长处是他们的本领很好，能够做成一个良政府，为人民谋幸福；第二种长处是他们的道德很好，所谓"仁民爱物"，"视民如伤"，"爱民若子"，有这种仁慈的好道德。因为他们有这两种长处，所以对于政治能够完全负责，完全达到目的。中国几千年来，只有这几个皇帝令后人崇拜，其余的皇帝不知道有多少，甚至于有许多皇帝后人连姓名都不知道。历代的皇帝，只有尧、舜、禹、汤、文、武有很好的本领、很好的道德，其余都是没有本领、没有道德的多。那些皇帝虽然没有本领、没有道德，但是很有权力的。

大家都把中国历史看得是很多的，尤其是《三国演义》，差不多人人都看过了。我们可以拿《三国演义》来证明。譬如诸葛亮是很有才学的，很有能干的。他所辅的主，先是刘备，后是阿斗。阿斗是很庸愚的，没有一点能干。因为这个原因，所以刘备临死的时候，便向诸葛亮说："可辅则辅之，不可辅则取而代之。"刘备死了以后，诸葛亮的道德还是很好，阿斗虽然没有用，诸葛亮依然是忠心辅佐，所谓"鞠躬尽瘁，死而后已"。由这样看来，在君权时代，君主虽然没有能干，但是很有权力，像三国的阿斗和诸葛亮便可以明白。诸葛亮是有能没有权的，阿斗是有权没有能的。阿斗虽然没有能，但是把什么政事都付托到诸葛亮去做。诸葛亮很有能，所以在西蜀能够成立很好的政府，并且能够六出祈〔祁〕山去北伐，和吴、魏鼎足而三。用诸葛亮和阿斗两个人比较，我们便知道权和能的分别。专制时代，父兄做皇帝，子弟承父兄之业，虽然没有能干也可以做皇帝，所以没有能的人也是很有权。现在成立共和政体，以民为主，大家试看这四万万人是那一类的人呢？这四万万人当然不能都是先知先觉的人，多数的人也不是后知后觉的人，大多数都是不知不觉的人。现在民权政治是要靠人民作主的，所以这四万万人都是很有权的，全国很有权力能够管理政治的人就是这四万万人。大家想想，现在的四万万人，就政权一方面说是像什么人呢？照我看起来，这四万万人都是像阿斗。中国现在有四万万个阿斗，人人都是很有权的。阿斗本是无能的，但是诸葛亮有能，所以刘备死了以后，西蜀还能够治理。现在欧美人民反对有能的政府，瑞士学者要挽救这种流弊，主张人民改变态度，不可反对有能的政府。但是改变了态度以后，究竟是用什么办法呢？他们还没有发明。我现在所发明的是要权与能分开，人民对于政府的态度才可以改变。如果权与能不分开，人民对于政府的态度总是不能改变。当时阿斗知道自己无能，把国家全权托到诸葛亮，要诸葛亮替他去治理。所以诸葛亮上"出师表"，便献议到阿斗把宫中和府中的事要分开清楚：宫中的事，阿斗可以去做；府中的事，阿斗自己不能去做。府中的事是什么事呢？就是政府的事。诸葛亮把宫中和府中的事分开，就是把权和能分开。所以我们治理国家，权和能一定是要分开的。究竟要怎么样才可以分开呢？大家要拿一个远大眼光和冷静见解来看世界上的事，才可以把他分别清楚。

大家此时对于政府有一种特别观念，这种观念是怎么样发生的呢？是由于几千年专制政体发生的。因为几千年的专制政体，多是无能力的人做皇帝，人民都是做皇帝的奴隶。在中国的四万万人就做过了几千年奴隶。现在虽然是推翻专制，成立共和政体，表面上固然是解放，但是人民的心目中还有专制的观念，还怕有皇帝一样的政府来专制。因为再怕有皇帝一样的政府来专制，想要打破他，所以生出反对政府的观念，表示反抗政府的态度。所以现在人民反抗政府的态度，还是由于从前崇拜皇帝的心理反动生出来的。换句话说，人民对于政府的态度，就是由于从前崇拜皇帝的心理，一变而为排斥政府的心理。从前崇拜皇帝的心理固然是不对，现在排斥政府的心理也是不对的。我们要打破这种不对的心理，便要回顾到几万年和几千年以前的政治历史，才可以看破。

比方在专制皇帝没有发达以前，中国尧舜是很好的皇帝，他们都是公天下，不是家天下。当时的君权还没有十分发达，中国的君权是从尧舜以后才发达的。推到尧舜以前更没有君权之可言，都是奉有能的人做皇帝，能够替大家谋幸福的人才可以组织政府。譬如从前所讲人同兽争的野蛮时代，国家的组织没有完全，人民都是聚族而居，靠一个有能的人来保护。在那个时候，人民都怕毒蛇猛兽来侵害，所以要奉一个有能的人负保护的责任。当时保护的任务就是在有能力去打，能够打胜毒蛇猛兽的人，就是当时很有能干的人。当时人同兽打，没有武器，都是靠赤手空拳，要个人的体魄很强壮，所以在当时体魄很强壮的人，大家便奉他做皇帝。除了会打的人可以做皇帝以外，中国还有例外。譬如燧人氏钻木取火，教人火食，既可避去生食动植物的危险，复可制出种种美味，适于口腹之欲，所以世人便奉他做皇帝。钻木取火，教人火食，是什么人的事？就是厨子的事。所以燧人氏钻木取火、教人火食便做皇帝，就可以说厨子做皇帝。神农尝百草，发明了许多药性，可以治疾病，可以起死回生，便是一件很奇怪、很有功劳的事，所以世人便奉他做皇帝。尝百草是什么人的事呢？就是医生的事。所以神农由于尝百草便做皇帝，就可以说医生做皇帝。更推到轩辕氏教民做衣服也是做皇帝，那就是裁缝做皇帝；有巢氏教民营宫室也做皇帝，那就是木匠做皇帝。所以由中国几千年以前的历史看起来，都不是专以能够打得的人才做皇帝，凡是有大能干、有新发明、在人类立了功劳的人都可以做皇帝，都可以组织政府。像厨子、医生、裁缝、木匠那些有特别能干的人，都是做过了皇帝的。

从前有一位美国教授叫做丁韪良①，有一天到北京西山去游玩，遇到了一个农夫，和农夫谈起话来。那个农夫便问丁韪良说："外国人为什么不到中国来做皇帝呢？"丁韪良反问农夫说："外国人可以来做皇帝吗？"那个农夫便指田边所挂的电线说："能做这种东西的人，便可以做中国皇帝了。"那个农夫的思想，以为只有一根铁线便可以通消息传书信，做这种铁线通消息的人当然是很有本领的，有这样大本领的人当然可以做皇帝。由此便可以证明中国人的一般心理，都以为是大本领的人便可以做皇帝。中国自尧舜以后，那些皇帝便渐渐变成专制，都要家天下，不许人民自由拥戴有本领的人去做皇帝。假若现在四万万人用投票的方法选举皇帝，如果给以充分的民权，人民能够自由投票，丝毫不受别种势力的干涉，同时又有尧舜复生，究竟是选举谁来做皇帝呢？我想一定是举尧舜来做皇帝。中国人对于皇帝的心理，不像欧美人对于皇帝的那样深恶痛绝，因为中国皇帝的专制没有欧洲皇帝的那么利害。

欧洲在两三百年以前，皇帝专制达到了极点，人民都视为洪水猛兽，非常的怕他，所以人民不但是对于皇帝要去排斥，就是和皇帝很相近的东西像政府一样，也是一齐要排斥。欧美现在实行了民权，人民有了大权，要排斥政府实在是很容易的。像西蜀的阿斗要排斥诸葛亮，那还不容易吗？如果阿斗要排斥诸葛亮，试问西蜀的政府能不能够长久呢？能不能够六出祈〔祁〕山去北伐呢？阿斗见到了这一层，所以便把政治的全权都付托到诸葛亮，无论是整顿内部是由他，南征是由他，就是六出祈〔祁〕山去北伐也是由他。我们现在行民权，四万万人都是皇帝，就是有四万万个阿斗，这些阿斗当然是应该欢迎诸葛亮来管理政事，做国家

---

① 丁韪良（William Alexander Parsons Martin），原为美国传教士，长期寓居中国，曾先后担任北京同文馆、京师大学堂总教习。

的大事业。欧美现在实行民权，人民所持的态度总是反抗政府，根本原因就是由于权和能没有分开。中国要不蹈欧美的覆辙，便应该照我所发明的学理，要把权和能划分清楚。人民分开了权与能，才不致反对政府，政府才可以望发展。中国要分开权与能是很容易的事，因为中国有阿斗和诸葛亮的先例可援。如果政府是好的，我们四万万人便把他当作诸葛亮，把国家的全权都交到他们；如果政府是不好的，我们四万万人可以实行皇帝的职权，罢免他们，收回国家的大权。欧美人民对于政府不知道分别权与能的界限，所以他们的民权问题发生了两三百年，至今还不能解决。

　　我们现在主张要分开权与能，再拿古时和现在的事实比较的来说一说。在古时能打的人，大家便奉他做皇帝。现在的富豪家庭也请几位打师来保护，好像上海住的军阀官僚，在各省铲了地皮、发了大财之后，搬到上海的租界之内去住，因为怕有人去打他、和他要钱，他便请几个印度巡捕在他的门口保护。照古时的道理讲，能保护人的人便可以做皇帝，那末保护那些官僚军阀的印度巡捕，便应该做那些官僚军阀的皇帝。但是现在的印度巡捕，决不能问那些官僚军阀的家事。从前赤手空拳的打师都是做皇帝，现在有长枪的印度巡捕更是应该要做皇帝；那些官僚军阀不把他当作皇帝，只把他当作奴隶。那种奴隶有了枪，虽然是很有能力，那般官僚军阀只能够在物质一方面给些钱，不能够在名义上叫他做皇帝。像这样讲，古时的皇帝便可以看作现在守门的印度巡捕，现在守门的印度巡捕就是古时的皇帝。再进一层说，保护人民的皇帝，既是可以看作守门的印度巡捕，大家又何必要排斥他呢？

　　现在有钱的那些人组织公司、开办工厂，一定要请一位有本领的人来做总办，去管理工厂。此总办是专门家，就是有能的人，股东就是有权的人。工厂内的事，只有总办能够讲话，股东不过监督总办而已。现在民国的人民便是股东，民国的总统便是总办。我们人民对于政府的态度，应该要把他们当作专门家看。如果有了这种态度，股东便能够利用总办整顿工厂，用很少的成本出很多的货物，可以令那个公司发大财。现在欧美民权发达的国家，人民对于政府都没有这种态度，所以不能利用有本领的人去管理政府。因为这个原因，所以弄到在政府之中的人物都是无能，所以弄到民权政治的发达反是很迟，民主国家的进步反是很慢，反不及专制国家的进步，像日本和德国那一样的迅速。从前日本维新，只有几十年便富强起来。从前德国也是很贫弱的国家，到了威廉第一①和俾士麦执政，结合联邦，励精图治，不到几十年便雄霸欧洲。其他实行民权的国家，都不能像日本和德国的进步，一日千里。推究此中原因，就是由于民权问题的根本办法没有解决。如果要解决这个问题，便要把国家的大事付托到有本领的人。

现在欧美人无论做什么事，都要用专门家。譬如练兵打仗便要用军事家，开办工厂便要用工程师，对于政治也知道要用专门家。至于现在之所以不能实行用政治专家的原因，就是由于人民的旧习惯还不能改变。但是到了现在的新时代，权与能是不能不分开的，许多事情一定是要靠专门家的，是不能限制专门家的。像最新发明，在人生日用最便利的东西是街上的汽车。在二十多年前初有汽车的时候，没有驾驶的车夫，没有修理的工匠。我从前有一个朋友买了一架汽车，自己一方面要做驾驶的汽车夫，又一方面要做修理的机器匠，那是很麻烦的，是很难得方方面面都做好的。到了现在，有许多的汽车夫和机器匠，有汽车的主人只要出钱雇他们来，便可以替自己来驾驶，替自己来修理。这种汽车夫和机器匠，就是驾驶汽车和修理汽车的专门家，没有他们，我们的汽车便不能行动，便不能修理。国家就是一辆大汽车，政府中的官吏就是一些大车夫。欧美人民始初得到了民权，没有相当的专门家，就像二十多年以前有钱的人得了一辆汽车一样，所以事事便非靠自己去修理、自己去驾驶不可。到了现在，有了许多有本领的专门家，有权力的人民便应该要聘请他们，不然就要自己去驾驶、自己去修理，正所谓自寻烦恼，自找痛苦。就这个比喻，更可分别驾驶汽车的车夫是有能而无权的，汽车的主人是无能而有权的，这个有权的主人便应该靠有能的专门家去代他驾驶汽车。民国的大事也是一样的道理。国民是主人，就是有权的人；政府是专门家，就是有能的人。由于这个理由，所以民国的政府官吏，不管他们是大总统，是内阁总理，是各部总长，我们都可以把他们当作汽车夫。只要他们是有本领，忠心为国家做事，我们就应该把国家的大权付托于他们，不限制他们的行动，事事由他们自由去做，然后国家才可以进步，进步才是很快。如果不然，事事都是要自

---

① 威廉第一（Wilhelm Ⅰ），今译威廉一世，普鲁士国王、德国皇帝。

己去做，或者是请了专门家一举一动都要牵制他们，不许他们自由行动，国家还是难望进步，进步还是很慢。

　　要明白这个道理，我有一段很好的故事，可以引来证明。我从前住在上海的时候，有一天和一个朋友约定了时间，到虹口去商量一件事。到了那一天，把所约定的时间忽然忘记了，一直到所约定的时间十五分钟之前才记忆起来。当时我所住的地方是法国租界，由法国租界到虹口是很远的，用十五分钟的时间很不容易赶到。我便着急起来，找着汽车夫，慌忙的问他说："在十五分钟之内，可以不可以赶到虹口呢？"那个车夫答应说："一定可以赶到。"我便坐上车，由车夫自由去驾驶，向目的地出发。上海的道路我是很熟悉的，由法国租界到虹口，好比由广州沙基到东山一样，一定要经过长堤和川龙口，才是捷径。但是我的汽车夫从开车以后所走的路，便不经过长堤和川龙口，他先由丰宁路再绕道德宣路，走小北门然后才到大东门，才抵东山。当时汽车走得飞快，声音很大，我不能够和车夫说话，心里便很奇怪，便非常的恨那个车夫，以为车夫和我捣乱，是故意的走弯曲路阻迟时候。此时的情形，好比是政府有特别原故，要做非常的事，国民不知道，便生出许多误会来非难政府一样。至于那个车夫选择那一条路走，不过十五分钟便到了虹口，我的忿气才平，便问那个车夫说："为什么要这样弯弯曲曲走这一条路呢？"那个车夫答应说："如果走直路，便要经过大马路，大马路的电车、汽车、人力车和行人货物的来往是很拥挤的，是很不容易走通的。"我才明白从前误会的道理，才晓得我所要走的大马路和外摆渡桥是从空间着想。那个车夫是有经验的，知道汽车能够走得很快，每小时可以走三四十英里，虽然走弯一点，多走几里路，但是把汽车的速度加快一点，还是在限定钟点以内可以赶到。他的这样打算，是从时间上着想。那个车夫不是哲学家，本不知道用什么时间、空间去打算，不过他是专门家，知道汽车有缩地的能力，如果把汽车的速度加快，就是多走弯路，还能够于十五分钟之内赶到虹口。假若当时我不给车夫以全权，由他自由去走，要依我的走法一定是赶不到。因为我信他是专门家，不制〔掣〕他的肘，他要走那一条路便走那一条路，所以能够在预约时间之内可以赶到。不过我不是这种专门家，所以当时那个车夫走弯路，我便发生误会，便不知道他何以要走弯路的道理。民国的人民都是国家的主人，对于政府的态度，应该要学我那次到虹口对于车夫的态度一样，把他当作是走路的车夫。能够有这样的眼光，人民对于政府的态度才可以改变。

欧美人民现在对于政府持反对的态度，是因为权与能没有分开，所以民权的问题至今不能解决。我们实行民权，便不要学欧美，要把权与能分得清清楚楚。民权思想虽然是由欧美传进来的，但是欧美的民权问题至今还没有办法。我们现在已经想出了办法，知道人民要怎么样才对于政府可以改变态度。但是人民都是不知不觉的多，我们先知先觉的人便要为他们指导，引他们上轨道去走，那才能避了欧美的纷乱，不蹈欧美的覆辙。欧美学者现在只研究到了人民对于政府的态度不对，应该要改变，但是用什么方法来改变，他们还没有想到。我现在把这个方法已经发明了，这个方法是要权与能分开。讲到国家的政治，根本上要人民有权，至于管理政府的人，便要付之于有能的专门家。把那些专门家不要看作是很荣耀很尊贵的总统、总长，只把他们当作是赶汽车的车夫，或者是当作看门的巡捕，或者是弄饭的厨子，或者是诊病的医生，或者是做屋的木匠，或者是做衣的裁缝，无论把他们看作是那一种的工人都是可以的。人民要有这样的态度，国家才有办法，才能够进步。

第　六　讲

（四月二十六日）①

现在欧美的政治家同法律学者，都说政府是机器，法律是机器之中的工具。中国很多的政治法律书籍都是从日本译过来的，日本人把政治组织译作"机关"，这个机关的意思，就是中国人所常说的机器一样。我们中国人从前说机关，是机会的意思，从日本人把政治组织译成了机关之后，就和机器的意思相同。所以从

---

①　底本所标第六讲为四月二十六日，惟同月二十九日《广州民国日报》（九）所载《帅座高师演说》云："昨日下午二时，大元帅由府度河赴高师演讲三民主义……直演至五时许，始命驾返府。"按"昨日"系指本日之前一天，则此处当指四月二十八日。但"昨"又有既往之义，如前注引及该报谓第三讲日期为"昨星期六"，实在三天之前；且亦不排除其他意外因素，诸如二十九日发表稿为两天前拟就，因故延期见报之类。鉴于底本所定日期必有所据，故不予更动，并附上述另一说备考。

前说政府衙门，现在说是行政机关、财政机关、军事机关、教育机关。这种种机关的意思，和日本人所说的政府机关是一样的解释，没有丝毫分别。现在说机关就是机器，好比说机关枪就是机器枪一样。由此便知道"机关"和"机器"两个名词，是一样的意思。因为机关和机器的意思相同，所以行政机关就可以说是行政机器。至于行政机器和制造机器有什么分别呢？制造机器完全是用物质做成的，譬如用木料、钢铁和皮带种种东西凑合起来，便做成制造机器。行政机器完全是用人组织成的，种种动作都是靠人去活动，不是靠物去活动。所以行政机器和制造机器有大大的分别，最要紧的分别就是行政机器是靠人的能力去发动的，制造机器是靠物的能力去发动的。

照前几次所讲的民权情形，便知道近来的欧美文化是很发达的，文明是很进步的。分析〔析〕起来说，他们的物质文明，像制造机器那些东西的进步是很快的；至于人为机器，像政府机关这些东西的进步是很慢的。这个理由是在什么地方呢？就是物质机器做成了之后易于试验，试验之后不好的易于放弃，不备的易于改良。人为机器成立了之后很不容易试验，试验之后很不容易改良。假若是要改良，除非起革命不可。如果不然，要把他当作不好的物质机器看待，变成废铁，那是做不来的。因为这个理由，所以欧美的制造机器进步很快，行政机器进步很慢。譬如民权风潮在欧美发生了之后，各国都想实行民权。最早的是美国，美国自开国至今有了一百四十多年，开国时所行的民权和现在所行的差不多相同，现在所用的宪法就是开国时候的联邦宪法，那种联邦宪法经过了一百多年，根本上没有大更改，至今还是应用他。至于大多数的制造机器，发明的年代也不过一百多年。在一百多年以前的旧机器，现在有没有人去用他呢？从前的旧机器老早变成了废铁，现在农工商业中所有的机器，没有十年以前的旧东西。因为每过十年，便有此很多的新发明，很多的新改良，没有那一年不是有进步的。说到一百多年以前的行政机关至今还是应用他，这便是由于用人活动的机关，当中活动的人固然可以随时改换，但是全体组织不容易根本改造。因为习惯太久，陈陈相因，如果不想革命，要在平时去改造，把旧组织完全废弃，那是做不到的。由于这个道理，欧美的物质机器近来很容易进步，进步是很快的；人为机器向来便难于进步，进步是很慢的。

我在前两次讲演民权，便说欧美对于民权政治至今没有根本办法。他们为什么没有办法呢？就是因为他们把人为的机器，没有精良去试验。说到物质的机器，自最初发明时代以至于现在，不知道古人经过了几千次的试验和几千次的改良，才有今日我们所见的机器。由现在所见的机器回顾到最初发明时代，是什么情形呢？如果大家读过了机器史，便知道有一段很有趣味的故事。譬如就发动机的历史说，在最初发明的时候，只有一个方向的动力，没有和现在一样的两个方向之动力。现在做种种工作的机器，像火车轮船都是有来回两个方向的动力。那个动力的来源，是把水盛在锅内，再用煤在炉底烧很大的火，把水烧到沸腾，变成蒸汽，到了水变成蒸汽之后便有很大的膨胀力，用一个汽管把蒸汽由锅中导入一个机器箱，这个机器箱中国话叫做"活塞"，外国话叫做"比士顿"①。这个活塞就是令机器发动的东西，是机器全体中最要紧的一部分。机器之所以发动，是由于活塞之一端接收了蒸汽以后，由蒸汽之膨胀力，便推动活塞，令活塞前进。蒸汽力在活塞之一端用尽了以后，更由他端注入新蒸汽，再把活塞推回。由是蒸汽推动活塞，来往不息，机器的全体便运动不已。运动的原料从前用水，现在用油，叫做瓦斯油②，就是很容易挥发的油，化为气体去推动活塞。各种机器发动的原料，不管他是用水或者是用油，都是一样的道理，由于活塞的运动，往返不已，便旋转机器。我们要想用来做什么工作，便可以做什么工作。譬如行船拉车，就是走路的机器，一天可以走几千里；就是运输的机器，要运多少货物，便可以载多少货物。到现在看起来是妙极了的东西。但是推到最初发明的时候是什么情形呢？最初发明的活塞构造极简单，只能够在一端接收蒸汽，把活塞推过去，再不能够在他端接收蒸汽，把活塞推回来。所以当初活塞的运动，只有一个前进的方向，再没有回头的方向。因为这个原因，从前用机器做工便有许多的不方便。譬如最初用新发明的机器去弹棉花，每用一架机器，便要用一个小孩子站在机器的旁边，等到活塞前进了之后，小孩子便要用手把活塞棒拉回来，然后才由蒸汽再把活塞推过去。所以一往一返，便要用小孩子来帮助，比较现在的活塞往返自如，不要人帮助，该是何等的不利便呢！后来是怎么样造成现在这样便利的活塞呢？

---

①　"比士顿"为英文 piston 译音，即活塞。

②　瓦斯油（gas oil）。

当中所经过的阶级是什么情形呢？当时做那种机器的工程师，毫不知道要怎么样才能够把活塞拉回来。至于在那个时候的棉花工厂本不很大，所用的机器力虽然是只有一个方向，但是在一个工厂之内，只有十多架机器。不过一架机器要用一个小孩子去帮助，有了十多架机器，便要用十几个小孩子。那些小孩子天天去拉那种机器，时时刻刻做一个动作，便觉得很无趣味，很觉得讨厌。因为那些小孩子觉得那种工作讨厌，所以要有工头去监视，那些小孩子才不躲懒。工头一离开了工厂，那些小孩子便不拉机器，便去玩耍。其中有一个很聪明又很懒怠的小孩子，不情愿总是用手去拉那架机器，想用一个方法代手去拉，于是乎用一条绳和一根棍绑在那架机器的上面，令活塞推过去了之后，又可以自动的拉回来。那个小孩子不必动手去拉他，便可以自动的来回，运转不已。由于那一个小孩子的发明，便传到那十几个小孩子的全体。那些全体的小孩子，因为都得了棍和绳的帮助，机器都可以自动，所以大家都去玩耍，不管机器的工作。等到工头回厂之后，看见那些小孩子都在玩耍，都没有站在机器旁边去拉回活塞棒，便惊讶起来说："为什么这些小孩子不拉机器，机器还能够自动的来往，继续作工呢？这些小孩子是玩的什么把戏呢？这真是奇怪的很呀！"工头在当时因为觉得很奇怪，便去考察机器之所以自动来回的原故，更把考察的结果去报告工程师。后来工程师明白那个小孩子的方法是很奇妙的，便照他的方法逐渐改良，做成了今日来回自如的机器。

民权政治的机器至今有了一百多年，没有改变。我们拿现在民权政治的机器来看，各国所行的民权只有一个选举权，这就是人民只有一个发动力，没有两个发动力。只能够把民权推出去，不能够把民权拉回来，这好像始初的发动机一样。但是从前有一个帮助机器的懒小孩子，知道了加一条绳和一根棍，借机器本体的力量，可以令机器自动的来回；至于现在的民权政治中，还没有这种懒小孩子发明那种拉回民权的方法。因为这个原因，所以民权政治的机器用过了一百多年，至今还只有一个选举权。从有了选举权以后，许久都没有别的进步。选举出来的人究竟是贤与不肖，便没有别的权去管他。像这种情形，就是民权政治的机器不完全。因为这种机器不完全，所以民权政治至今还没有好办法，还没有大进步。我们要这种机器进步，是从什么地方做起呢？照前一次所讲的道理，是要把权和能分清楚。

现在还是用机器来比喻，机器里头各部的权和能是分得很清楚的。那一部是做工，那一部是发动，都有一定的界限。譬如就船上的机器说，现在最大的船有五六万吨，运动这样大船的机器，所发出来的力量有超过十万匹马力的机器，只用一个人便可以完全管理。那一个管理的人，要全船怎么样开动便立刻开动，要全船怎么样停止便立刻停止。现在机器的进步，到了这种妙境。在最初发明机器的时候，如果一种机器发出来的力量到了几百匹或者几千匹马力，便不敢用他，因为马力太大便没有人能够管理。通常说机器的大小，都是用马力做标准。一匹马力是多少呢？八个强壮人的力合垄〔拢〕起来，便是一匹马力。如果说一万匹马力，便是有八万个人的力。现在大商船和兵船上的机器所发出的原动力，有从十万匹到二十万匹马力的。像这样大力的机器，是没有别样东西可以抵当得住的。在寻常的机器，一万匹马力便有八万个人的力，若是那么样大力的机器，管理的方法不完全，那么机器全体一经发动之后便不能收拾，所谓能发不能收。因为这个理由，所以从前发明机器的人去试验机器，常常自己打死自己。由于这种结果，在机器界打死的发明家，世界历史中不知道有了多少。外国有一个名词叫做"化兰京士丁"①，就是能发不能收的机器。到了后来，机器的构造天天改良，天天进步，虽然有十万匹或者二十万匹马力的机器，只用一个人便可以从容去管理，没有一点危险。说到十万匹马力便是有八十万个人的力，二十万匹马力便是有一百六十万个人的力，若是专有这样大的人力，是不是容易管理呢？现在军队的力量到了一两万人便不容易管理，机器的力量就是有一百六十万人之多，一个人还可以从容管理。由此便可见近来的机器是很进步的，管理的方法是很完全的。

现在的政治家和法律学者都以政府为机器，以法律为工具。此刻的民权时代是以人民为动力。从前的君权时代是以皇帝为动力，全国的动作是发源于皇帝。在那个时代，政府的力量越大，皇帝越显尊严，有了强有力的政府，皇帝的号令

① 化兰京士丁（Frankenstein），今译弗兰肯斯坦，原为英国女作家玛丽·雪莱（Mary Wollstonecraft Shelley，著名诗人雪莱之妻）于一八一八年所著小说《弗兰肯斯坦：现代的普罗米修斯》（*Frankenstein, or the Modern Prometheus*）中的主人公，这位生理学研究者在一次意外事故中被自己创造的怪物所毁灭。后人即以其比喻创造者所无法控制之物，或作法自毙者。

才容易实行。因为皇帝是发动机器的人，所以政府的力越大，皇帝高高在上，便可以为所欲为，譬如修内治、勤远略、整军经武，他要想做什么便可以做什么。故在君权时代，政府的力越大，对于皇帝只有利而无害。到了民权时代，人民就是政府的原动力，为什么人民不愿意政府的能力太大呢？因为政府的力量过大，人民便不能管理政府，要被政府来压迫。从前被政府的压迫太过，所受的痛苦太多，现在要免去那种压迫的痛苦，所以不能不防止政府的能力。在最初发明机器的时代，一个机器推过去了以后，只用一个小孩子便可以拉回来，由此便知道在那个时候一个机器的力量是很小的，最大的不过是几匹马力。如果有了一万匹马力以上的机器，当然不是一个小孩子可以拉得回来的。当时因为管理机器的方法不完全，一定要有那样小力的机器，人民才是敢用他。现在是民权初发达的时代，管理政府的方法也是不完全。政府的动力固然是发源于人民，但是人民发出了动力之后，还要随时可以收回来，像那样小力的政府，人民才是敢用他。若是有了几万匹马力的政府，人民不能够管理，便不敢用他。所以现在欧美各国的人民恐怕强有力的政府，好比从前的工厂怕有大马力的机器是一样的道理。当初那种小力的机器，如果不想方法来改良，那种机器一定是永远没有进步，一定是永远还要人去拉。但是后来日日求改良，一直到现在，便可以不必用人力去拉，只要机器的自身便可以来回自动。至于政治的机器，人民总不知道想方法来改良，总是怕政府的能力太大，不能拉回，反常常想方法去防止，所以弄到政治不能发达，民权没有进步。照现在世界的潮流说，民权思想是一天一天的进步，管理民权政治的机器还是丝毫没有进步。所以欧美的民权政治至今没有根本办法，就是这个理由。

　　照我前一次所讲的根本办法说，权与能要分别清楚。用机器来做比喻，什么是有能力的东西呢？机器的本体就是有能力的东西。譬如十万匹马力的机器，供给了相当的煤和水之后，便可以发生相当的能力。什么是有权的人呢？管理机器的工程师就是有权的人。无论机器是有多少马力，只要工程师一动手，要机器开动便立刻开动，要机器停止便立刻停止。工程师管理机器，想要怎么样便可以怎么样，好像轮船火车一开机器，便可以要轮船火车走得很快，一停机器马上就可以要他不走。所以机器是很有能的东西，工程师是很有权的人。人民管理政府，如果把权和能分开了，也要像工程师管理机器一样。在民权极盛的时代，管理政府的方法很完全，政府就是有大力，人民只要把自己的意见在国民大会上去发表，对于政府加以攻击，便可以推翻，对于政府加以颂扬，便可以巩固。但是现在的权与能不分，政府过于专横，人民没有方法来管理，不管人民是怎么样攻击，怎么样颂扬，政府总是不理，总是不能发生效力。现在世界上的政治不进步，民权思想很发达，无论那一国的人民，对于政治机关的现状总是不合他们心理上的用法。

中国此刻正是改革时代，我们对于政治主张实行民权。这种民权思想是由欧美传进来的，我们近来想学欧美的新思想，造成一个完全的民治国家。最初想造成这种国家的时候，一般革命志士都以为完全仿效欧美，步欧美的后尘，把欧美的东西完全抄过来，中国的民权便算是很发达，便可以算是止境。当初的这种思想并不是全错，因为中国从前的专制政体过于腐败，我们如果实行革改〔改革〕，打破了专制以后做建设的事业，能够学到像欧美，就比较上说当然是很好。但是欧美人民对于自己国家社会的现状是不是心满意足呢？如果我们细心考察欧美的政治社会，所谓革命的先进国家像美国、法国的人民，现在还是主张改良政治，还是想要再来革命。他们革命不过一百多年，为什么还要再来革命呢？由此便可以证明我们从前以为学到了像欧美便算是止境，那便是不对。由此便知就令是我们学到了像美国、法国一样，法国、美国现在还是要革命，我们到了百十年之后一定也是免不了再起革命的。因为法国、美国现在的政治机器还是有很多的缺点，还是不能满足人民的欲望，人民还是不能享圆满的幸福。像这样讲来，所以我们现在提倡改革，决不能够说学到了像现在的欧美便算是止境，便以为心满意足。我们步他们的后尘，岂不是一代更不如一代，还再要起革命吗？若是再起革命，那么此次的革命岂不是徒劳无功吗？

我们要现在的革命不是徒劳无功，想存一个长治久安之计，所谓一劳永逸，免将来的后患。要怎么样才可以做得到呢？欧美的方法可不可以完全搬到中国来行呢？我们试拿欧美最新的物资文明说，譬如交通上最要紧的东西是铁路。东方国家仿造铁路最早的是日本，中国近来才知道铁路的重要，才知道要建筑铁路。所以中国仿造铁路是在日本之后。但是用中国和日本现在的铁路来比较，中国和日本的火车大家如果都是坐过了的，便知道日本的铁轨是很窄的，车是很小的；中国的沪宁和京汉铁路，那些铁轨都是很宽的，车是很大的。为什么中国建筑铁路在日本之后，所做的车和轨还是比日本的宽大呢？就是因为中国所学的是欧美的新发明，日本所学的是欧美的旧东西。若是中国建筑铁路不照欧美的新发明，只学日本的旧东西，可不可以算是满足呢？欧美从前只有那样的窄铁路和小火车，日本最初去学他，便在无形之中上了大当。我们现在建筑铁路，可不可以也学那种不便利的旧东西呢？但是中国近来建筑铁路，不学日本不便利的旧东西，要学欧美很便利的新发明，所以中国现在的铁路好过日本，这所谓是后来者居上。因为这个原故，我们现在改良政治便不可学欧美从前的旧东西，要把欧美的政治情形考察清楚，看他们政治的进步究竟是到了什么程度，我们要学他们的最新发明，才可以驾乎各国之上。

我在前一次讲过了，欧美对于民权问题的研究还没有彻底，因为不彻底，所以人民和政府日日相冲突。因为民权是新力量，政府是旧机器，我们现在要解决民权问题，便要另造一架新机器。造成这种新机器的原理是要分开权和能，人民是要有权的，机器是要有能的。现在有大能的新机器用人去管理，要开动就开动，要停止就停止。这是由于欧美对于机器有很完全的发明，但是他们对于政治还是没有很完全的发明。我们现在要有很完全的改革，无从学起，便要自己想出一个新办法。要我们自己想出一个新办法，可不可以做得到呢？中国人从经过了义和团之后，完全失掉了自信力，一般人的心理总是信仰外国，不敢信仰自己。无论什么事，以为要自己去做成、单独来发明是不可能的，一定要步欧美的后尘，要仿效欧美的办法。至于在义和团之前，我们的自信力是很丰富的，一般人的心理都以为中国固有的文明、中国人的思想才力是超过欧美，我们自己要做到什么新发明都是可能的事。到了现在，便以为是不可能的事。殊不知欧美的文明只在物质的一方面，不在其他的政治各方面。专就物质文明的科学说，欧美近来本是很发达的。一个人对于一种学问固然是有特长，但是对于其余的各科学问未必都是很精通的，还有许多都是盲然的。他们的物质科学，一百多年以来发明到了极点，许多新发明真是巧夺天工，是我们梦想不到的。如果说政治学问，他们从前没有想到的我们现在也想不到，那便是没有理由。欧美的机器近来本有很完全的进步，但是不能说他们的机器是进步，政治也是进步。因为近两百多年以来，欧美的特长只有科学，大科学家对于本行的学问固然是有专长，对于其余的学问像政治哲学等未必就有兼长。有一段很好的故事，可以引来证明一证明。

英国从前有一位大科学家，在近来世界上的学问家之中，没有那一个能够驾乎他之上的，是叫做纽顿。纽顿是什么人呢？他是一个很聪明很有学问的人，他在物理学中有很多超前绝后的发明，最著名的是"万有引力"。纽顿推出来的"万有引力"是世界上头一次的发明，是至今科学中的根本原理。近来世界上许多科学原理的新发明，没有那一种能够驾乎万有引力学说之上的。纽顿对于科学既是有这样的特别聪明，试看他对于别的事情是不是一样的聪明呢？照我看起来，却有大大的不然。有一件很有趣味的故事，可以证明纽顿做事不是件件事都是很聪明的。纽顿一生除了读书、试验之外，还有一种嗜好，他的嗜好是爱猫。他养了大小不同的两个猫，出入总是跟着他。因为他很爱那两个猫，所以猫要怎样行动，他便怎么样去侍候。譬如他在房内读书、试验，猫要出门，他便停止一切工作，亲自去开门让猫出去；如果猫要进到房内，他又停止一切工作，去打开房门让猫进来。那两个猫终日总是出出入入，弄到牛顿开门关门，是麻烦不堪的。所以有一天牛顿便要想一个方法，让那两个猫自己出入自由，不致扰乱他的工作，总是去开门关门。他所想出来的是什么方法呢？就是把房门开两个孔，一个是很大的，一个是很小的。在纽顿的思想，以为在门上所开的大孔，便可以令大猫出入；在门上所开的小孔，便可以令小猫出入。像这种思想还是大科学家的聪明，这件事实还是大科学家做出来的。照普通的常识讲，开一个大孔，大猫可以出入，小猫也当然是可以出入，那么开一个大孔便够了，又何必枉费工夫多开一个小孔呢？在常人都知道只要开一个孔，大科学家的纽顿偏要开两个孔，这是不是可笑呢？科学家做事，是不是件件事都是很聪明呢？由此便可以证明，科学家不是对于件件事都是很聪明的，科学家有了一艺的专长，未必就有种种学问的兼长。

欧美科学在近几十年以来，本来是进步到了极点，所以做出来的物质机器有往返的两面动力，来回可以自动。但是做成的政治机器还只有一面的动力，人民对于政府的权力只能够发出去，不能够收回来。我们现在主张民权来改造民国，将来造成的新民国一定是要彻底。要造成彻底的新民国，在欧美的先进国家无从完全仿效，我们自己便要另想一个新办法。这种新办法，欧美还没有完全想到，我们能不能够想到呢？要答覆这个问题，自己便不可以轻视自己，所谓妄自菲薄。此刻民权潮流传进中国来了，我们欢迎这种潮流，来改造国家，自己的新办法是不是完全的想到了呢？中国几千年以来都是独立国家，从前政治的发达，向来没有假借过外国材料的。中国在世界之中，文化上是先进的国家，外国的材料向来无可完全仿效。欧美近来的文化才比中国进步，我们羡慕他们的新文明，才主张革命。此刻实行革命，当然是要中国驾乎欧美之上，改造成世界上最新、最进步的国家。我们要达到这种目的，实在是有这种资格。不过欧美现在的民权政府还是不能完全仿效，他们的政府已经成了旧机器，我们要另外造出一架新机器，才可以达到我们的目的。此刻想要造出一架新机器，世界上有没有新材料呢？现在散在各国的新材料是很多的，不过要先定一个根本办法。我在前一次所主张的分开权与能，便是这一种的根本办法。根本办法定了之后去实行民权，还要分开国家的组织与民权的行使。欧美的根本办法没有想通，不能分开权与能，所以政府能力不能扩充。我们的根本办法已经想通了，更进一步就是分开政治的机器。要分开政治的机器，先要明白政治的意义。

　　我在第一讲中，已经把"政治"这个名词下了一个定义说：政是众人之事，治是管理众人之事。现在分开权与能，所造成的政治机器就是像物质的机器一样，其中有机器本体的力量，有管理机器的力量。现在用新发明来造新国家，就要把这两种力量分别清楚。要怎么样才可以分别清楚呢？根本上还是要再从政治的意义来研究。政是众人之事，集合众人之事的大力量，便叫做政权；政权就可以说是民权。治是管理众人之事，集合管理众人之事的大力量，便叫做治权；治权就可以说是政府权。所以政治之中包含有两个力量，一个是政权，一个是治权。这两个力量，一个是管理政府的力量，一个是政府自身的力量。这是什么意思呢？好比有十万匹马力的轮船机器，那架机器能够发生十万匹马力来运动轮船，这便是机器本体的力量。这种力量就好比是政府自身的力量一样，这种自身的力量就是治权。至于这样大的轮船，或者是要前进，或者是要后退，或者是要向左右转，或者是要停止，以及所走的速度或者是要快或者是要慢，更要有很好的工程师，用很完全的机器才可以驾驶，才可以管理。有了很完全的驾驶、管理之力量，才可以令那样大力的轮船，要怎么样开动便是怎么样开动，要怎么停止便是要怎么样停止。这种开动、停止的力量，便是管理轮船的力量。这种力量就好比是管理政府的力量一样，这种管理的大力量就是政权。我们造新国家，好比是造新轮船一样，船中所装的机器如果所发生的马力很小，行船的速度当然是很慢，所载的货物当然很少，所收的利息当然是很微。反过来说，如果所发生的马力很大，行船的速度当然是极快，所载的货物当然是极多，所收的利息也当然是极大。假设有一只大轮船，其中所装的机器可发生十万匹马力，每小时可以走二十海里，来往广州、上海一次，在两个星期之内可以赚十万块钱。如果是另造一只极大的轮船，其中装一架新机器可以发生一百万匹马力，每小时可以走五十海里，照比例算起来，那么来往广州、上海一次，只要一个星期便可赚一百万块钱。现在世界上最快的大轮船每小时不过走二三十海里，如果我们所造的新轮船每小时可以走五十海里，世界上便没有别的轮船能够来比赛，我们的轮船就是世界上最快最大的新轮船。创造国家也是一样的道理。如果在国家之内，所建设的政府只要他发生很小的力量，是没有力的政府，那么这个政府所做的事业当然是很小，所成就的功效当然是很微。若是要他发生很大的力量，是强有力的政府，那么这个政府所做的事业当然是很大，所成就的功效也当然是极大。假设在世界上的最大国家之内，建设一个极强有力的政府，那么这个国家岂不是驾乎各国之上的国家，这个政府岂不是无敌于天下的政府？

欧美到了今日，为什么还是只造有大马力的机器之轮船，不造极强有力的政府之国家呢？因为他们现在的人民，只有方法来管理大马力的机器，没有方法来管理强有力的政府。而且不要小马力的旧船，另外造一只大马力的新船是很容易的事。至于国家，已经是根深蒂固，有了没有力的旧政府，要另外造成一个强有力的新政府那是很不容易的事。说到我们中国，人口有了四万万，是世界上人口最多的国家，领土宽阔、物产丰富都要在美国之上。美国成了现在世界上最富最强的国家，没有那一国可以和他并驾齐驱。就天然的富源来比较，中国还应该要驾乎美国之上，但是现在的实情，不但是不能驾乎美国之上，并且不能够和美国相提并论。此中原因，就是我们中国只有天然的资格，缺少人为的工夫，从来没有很好的政府。如果用这种天然的资格再加以人为的工夫，建设一个很完全很有力的政府，发生大力量运动全国，中国便可以和美国马上并驾齐驱。

　　中国有了强有力的政府之后，我们便不要像欧美的人民，怕政府的力量太大，不能够管理。因为在我们的计画之中，想造成的新国家，是要把国家的政治大权分开成两个。一个是政权，要把这个大权完全交到人民的手内，要人民有充分的政权可以直接去管理国事；这个政权，便是民权。一个是治权，要把这个大权完全交到政府的机关之内，要政府有很大的力量治理全国事务；这个治权，便是政府权。人民有了很充分的政权，管理政府的方法很完全，便不怕政府的力量太大，不能够管理。欧美从前不敢造十万匹马力以上的机器，只敢造十万匹马力以下的机器，就是因为机器的构造不完全，管理的方法不周密，所以便怕机器的力量太大，不敢管理。到了现在机器很进步，机器本体的构造既是很完全，管理机器的方法又是很周密，所以便造极大马力的机器。我们要造政治的机器，要政治的机器进步，也是要跟这一样的路走，要有构造很完全和有大力的政府机关，同时又要有管理这个机关很周密的民权方法。欧美对于政府因为没有管理很周密的方法，所以他们的政治机关至今还是不发达。我们要不蹈他们的覆辙，根本上要人民对于政府的态度，分开权与能，把政治的大权分开成两个：一个是政府权，一个是人民权。像这样的分开，就是把政府当作机器，把人民当作工程师，人民对于政府的态度就好比是工程师对于机器一样。

　　现在机器的构造很进步，不但是有机器知识的人可以来管理，就是没有机器知识的小孩子也是可以来管理。譬如现在所用的电灯，从前发明的时候是什么情形呢？因为电是和雷一样是很危险的东西，如果管理的方法不好，便打死人。因为这个原故，从前发明电的科学家不知道受过了多少牺牲。因为所受的牺牲太多，危险太大，所以发明了电光很久，还不敢拿来做灯用。后来发明了管理电的方法很周密，只要一转接电钮，便可以开闭。这样一转手之劳，是很便利很安全的，无论是那一种没有电学知识的人，不管他是城市的小孩子，或者是乡下极无知识愚民，都可以用手来转他，所以现在便把极危险的电光拿来做灯用。其他各种机器的进步，也是和这一样的情形。比方最新发明大机器，是飞天的机器，也是一种很危险的东西，最初发明的时候不知道死了多少人。像从前广东的冯如，他是什么人呢？就是制造飞机的人，就是驾驶飞机跌死了的人。在从前发明飞机的时候，没有人知道用这个机器去飞，所以制造飞机的人又要做飞机师。最初做飞机师的人，一来由于管理这种机器的方法不周密，二来由于向来没有经验，不知道怎么样来用这种机器，所以飞到天空之中，常常跌到地下，死了许多人。因为死了很多的人，所以普通人便不敢去坐飞机。现在管理这种机器的方法很周密，许多人都知道飞到了天空之中，像鸟雀一样，来往上下，非常的便利，非常的安全，所以就是普通人都敢去坐飞机。因为普通人都敢去坐这种机器，所以近来便把他用作交通的机器。好像我们由广东到四川，道路很远，当中又有敌人，水陆路的交通很不便利，便可坐飞机，由天空之中一直飞到四川。

现在中国有了民权的思想，但是关于这种思想的机器，世界上还没有发明完全，一般人民都不知道用他。我们先知先觉的人，便应该先来造好这种机器，做一个很便利的放水制，做一个很安全的接电钮，只要普通人一转手之劳便知道用他，然后才可以把这种思想做成事实。中国人得到民权思想本是在欧美之后，好像筑铁路是在日本之后一样。日本筑铁路虽然是在我们之先，但是所筑的铁路是旧东西，不合时用，我们新筑成的铁路是很合时用的东西。至于我们在欧美之后，要想有什么方法才可以来使用民权呢？这种方法想通了，民权才可以供我们的使用。若是这种方法没有想通，民权便不能供我们的使用；如果一定要去使用，便是很危险，便要打死人。现在世界上有没有这种方法呢？在欧洲有一个瑞士国，已经有了这几部分的方法，已经试验了这几部分的方法，这是彻底的方法，是直接的民权，不过不大完全罢了。至于欧洲的那些大国，就是这不完全的方法还是没有试验。因为试验这几部分之方法的国家，只有瑞士的一个小国，没有别的大国，所以许多人便怀疑起来，说这几部分的方法只有在小国能够使用，在大国不能够用。欧洲的大国为什么不用这几部分的方法呢？这个理由，就是像日本已经有了小铁路，再要改造大铁路便要费很久的时间，花很多的钱，是很不经济的事。因为畏难苟安，注重经济，所以他们的先进国家就是知道了这些新式的发明，还是不采用他。说到我们中国，关于民权的机器从前没有旧东西，现在很可以采用最近最好的新发明。

关于民权一方面的方法，世界上有了一些什么最新式的发明呢？第一个是选举权。现在世界上所谓先进的民权国家，普遍的只实行这一个民权。专行这一个民权，在政治之中是不是够用呢？专行这一个民权，好比是最初次的旧机器，只有把机器推到前进的力，没有拉回来的力。现在新式的方法除了选举权之外，第二个就是罢免权。人民有了这个权，便有拉回来的力。这两个权是管理官吏的，人民有了这两个权，对于政府之中的一切官吏，一面可以放出去，又一面可以调回来，来去都可以从人民的自由。这好比是新式的机器，一推一拉，都可以由机器的自动。国家除了官吏之外，还有什么重要东西呢？其次的就是法律，所谓有了治人，还要有治法。人民要有什么权才可以管理法律呢？如果大家看到了一种法律，以为是很有利于人民的，便要有一种权，自己决定出来，交到政府去执行。关于这种权，叫做创制权，这就是第三个民权。若是大家看到了从前的旧法律，以为是很不利于人民的，便要有一种权，自己去修改，修改好了之后，便要政府执行修改的新法律，废止从前的旧法律。关于这种权，叫做复决权，这就是第四个民权。人民有了这四个权，才算是充分的民权。能够实行这四个权，才算是彻底的直接民权。从前没有充分民权的时候，人民选举了官吏、议员之后便不能够再问，这种民权是间接民权。间接民权就是代议政体，用代议士去管理政府，人民不能直接去管理政府。要人民能够直接管理政府，便要人民能够实行这四个民权，人民能够实行四个民权才叫做全民政治。全民政治是什么意思呢？就是从前讲过了的，用四万万人来做皇帝。四万万人要怎么样才可以做皇帝呢？就是要有这四个民权来管理国家的大事。所以这四个民权，就是四个放水制，或者是四个接电钮。我们有了放水制，便可以直接管理自来水；有了接电钮，便可以直接管理电灯。有了四个民权，便可以直接管理国家的政治。这四个民权，又叫做政权，就是管理政府的权。

至于政府自己办事的权，又可以说是做工权，就是政府来替人民做工夫的权。人民有了大权，政府能不能够做工夫，要做什么样的工夫，都要随人民的志愿。就是政府有了大权，一经发动做工夫之后，可以发生很大的力量，人民随时要他停止，他便要停止。总而言之，要人民真有直接管理政府之权，便要政府的动作随时受人民的指挥。好像外国的旧兵船，从前如果是装了十二门大炮，便分成六个炮台，要瞄准放炮打什么敌人，都是由许多炮手去分别执行，做指挥的人不能直接管理。现在的新兵船，要测量敌人的远近，在桅顶便有测量机；要瞄准放炮，在指挥官的房中便有电机直接管理。如果遇到了敌人，不必要许多炮手去瞄准放炮，只要做指挥官的人坐在房中，就测量机的报告，按距离的远近拨动电机，要用那一门炮，打那一方的敌人，或者是要十二门炮同时瞄准，同时放炮，都可以如愿，都可以命中。像这样才叫做是直接管理。但是要这样来直接管理，并不是要管理的人自己都来做工夫，不要自己来做工夫的机器，才叫做灵便机器。

　　人民有了这四个大权来管理政府，要政府去做工夫，在政府之中要用什么方法呢？要政府有很完全的机关，去做很好的工夫，便要用五权宪法。用五权宪法所组织的政府才是完全政府，才是完全的政府机关。有了这种的政府机关去替人民做工夫，才可以做很好很完全的工夫。从前说美国有一位学者对于政治学理上的最新发明，是说在一国之内，最怕的是有了一个万能政府，人民不能管理；最希望的是要一个万能政府，为人民使用，以谋人民的幸福。有了这种政府，民治才算是最发达。我们现在分开权与能，说人民是工程师，政府是机器。在一方面要政府的机器是万能，无论什么事都可以做；又在他一方面要人民的工程师也有大力量，可以管理万能的机器。那么，在人民和政府的两方面彼此要有一些什么的大权，才可以彼此平衡呢？在人民一方面的大权刚才已经讲过了，是要有四个权，这四个权是选举权、罢免权、创制权、复决权。在政府一方面的是要有五个权，这五个权是行政、立法权、司法权、考试权、监察权。用人民的四个政权来管理政府的五个治权，那才算是一个完全的民权政治机关。有了这样的政治机关，人民和政府的力量才可以彼此平衡。我们要详细明白这两种大权的关系，可以用一个图来说明：

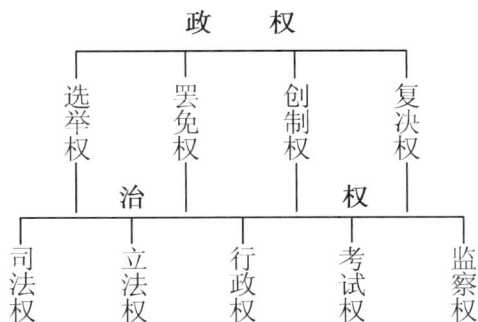

政　　权
选举权　罢免权　创制权　复决权
治　　　　　权
司法权　立法权　行政权　考试权　监察权

　　就这个图看，在上面的政权就是人民权，在下面的治权就是政府权。人民要怎么样管理政府，就是实行选举权、罢免权、创制权和复决权；政府要怎么样替人民做工夫，就是实行行政权、立法权、司法权、考试权和监察权。有了这九个权，彼此保持平衡，民权问题才算是真解决，政治才算是有轨道。

　　至于这九个权的材料，并不是今日发明的。譬如就政权说，在瑞士已经实行过了三个权，不过是没有罢官权。在美国的西北几省，现在除采用瑞士的三个政权以外，并加入一个罢免权。至于选举权，更是世界上各国最通行的民权。所以就世界上民权的情形说，瑞士已经实行过了三权，美国有四分之一的省分已经实行过了四权。他们在那几部分的地方实行这四个民权，有了很周密的办法，得了很好的成绩。就是这四个民权，实在是经验中的事实，不是假设来的理想。我们现在来采用是很稳健的，并没有什么危险。至于说到政府权，从前都是由皇帝一个人垄断，革命之后才分开成三个权。像美国独立之后便实行三权分立，后来得了很好的成绩，各国便都学美国的办法。

　　不过，外国从前只有三权分立，我们现在为什么要五权分立呢？其余两个权是从什么地方来的呢？这两个权是中国固有的东西。中国古时举行考试和监察的独立制度，也有很好的成绩。像满清的御史，唐朝的谏议大夫，都是很好的监察制度。举行这种制度的大权就是监察权，监察权就是弹劾权。外国现在也有这种权，不过把他放在立法机关之中，不能够独立成一种治权罢了。至于历代举行考试，拔取真才，更是中国几千年的特色。外国学者近来考察中国的制度，便极赞美中国考试的独立制度，也有仿效中国的考试制度去拔取真才。像英国近来举行文官考试，便是说从中国仿效过去的。不过英国的考试制度，只考试普通文官，还没有达到中国考试权之独立的真精神。所以就中国政府权的情形讲，只有司法、立法、行政三个权是由皇帝拿在掌握之中，其余监察权和考试权还是独立的。就是中国的专制政府，从前也可以说是三权分立的，和外国从前的专制政府便大不相同。从前外国在专制政府的时候，无论是什么权都是由皇帝一个人垄断。中国在专制政府的时候，关于考试权和监察权，皇帝还没有垄断。所以分开政府的大权，便可以说外国是三权分立，中国也是三权分立。中国从前实行君权、考试权和监察权的分立，有了几千年。外国实行立法权、司法权和行政权的分立，有了一百多年。不过外国近来实行这种三权分立还是不大完全，中国从前实行那种三权分立更是有很大的流弊。我们现在要集合中外的精华，防止一切的流弊，便要采用外国的行政权、立法权、司法权，加入中国的考试权和监察权，连成一个很好的完璧，造成一个五权分立的政府。像这样的政府，才是世界上最完全最良善的政府。国家有了这样的纯良政府，才可以做到民有、民治、民享的国家。

我们在政权一方面主张四权，在治权一方面主张五权，这四权和五权各有各的统属，各有各的作用，要分别清楚，不可紊乱。现在许多人都不能分别，不但是平常人不能分别，就是专门学者也是一样的不能分别。像近来我会见了一个同志，他是从美国毕业回来的。我问他说："你对于革命的主义是怎么样呢？"他说："我是很赞成的。"我又问他说："你是学什么东西呢？"他说："我是学政治法律。"我又问他说："你对于我所主张的民权，有什么意见呢？"他说："五权宪法是很好的东西呀，这是人人都欢迎的呀！"像这位学政治法律的专门学者，所答非所问，便可以知道他把四权和五权还没有分别清楚，对于人民和政府的关系还是很糊涂。殊不知道五权是属于政府的权，就他的作用说，就是机器权。一个极大的机器，发生了极大的马力，要这个机器所做的工夫很有成绩，便要把他分成五个做工的门径。民权就是人民用来直接管理这架大马力的机器之权，所以四个民权，就可以说是机器上的四个节制。有了这四个节制，便可以管理那架机器的动静。政府替人民做事要有五个权，就是要有五种工作，要分成五个门径去做工。人民管理政府的动静要有四个权，就是要有四个节制，要分成四方面来管理政府。政府有了这样的能力，有了这些做工的门径，才可以发出无限的威力，才是万能政府。人民有了这样大的权力，有了这样多的节制，便不怕政府到了万能没有力量来管理。政府的一动一静，人民随时都是可以指挥的。像有这种情形，政府的威力便可以发展，人民的权力也可以扩充。有了这种政权和治权，才可以达到美国学者的目的，造成万能政府，为人民谋幸福。中国能够实行这种政权和治权，便可以破天荒在地球上造成一个新世界。

至于民权之实情与民权之行使，当待选举法、罢免法、创制法和复决法规定之后，乃能悉其真相与底蕴。在讲演此民权主义之中，固不能尽述也。阅者欲知此中详细情形，可参考廖仲恺君所译之《全民政治》①。

据孙文讲演、中国国民党中央执行委员会编
辑:《民权主义》,广州,中国国民党中央执
行委员会宣传部发行,一九二四年八月出版

---

① 英文著作《全民政治》一书原名为 *Government by All the People*，别名 *The Initiative*，*The Referendum and the Recall as Instruments of Democracy*（创制权、复决权和罢免权对于民主政治的作用），美国人威尔科克斯（Delos Franklin Wilcox）著，一九一二年出版。廖仲恺将之译成中文于一九一九年八月起在上海《建设》连载，一九二五年发行单行本。

民 生 主 义

第 一 讲

(八月三日)①

诸君：

今天来讲民生主义。什么叫做民生主义呢？"民生"两个字是中国向来用惯的一个名词。我们常说什么"国计民生"，不过我们所用这句话恐怕多是信口而出，不求甚解，未见得涵有几多意义的。但是今日科学大明，在科学范围内拿这个名词来用于社会经济上，就觉得意义无穷了。我今天就拿这个名词来下一个定义，可说"民生"就是人民的生活——社会的生存、国民的生计、群众的生命便是。我现在就是用"民生"二字，来讲外国近百十年来所发生的一个最大问题，这个问题就是社会问题。故民生主义就是社会主义，又名共产主义，即是大同主义。欲明白这个主义，断非几句定义的话可以讲得清楚的，必须把民生主义的演讲从头听到尾，才可以彻底明白了解的。

民生问题，今日成了世界各国的潮流。推到这个问题的来历，发生不过一百几十年。为什么近代发生这个问题呢？简单言之，就是因为这几十年来，各国的物质文明极进步，工商业很发达，人类的生产力忽然增加。着实言之，就是由于发明了机器，世界文明先进的人类便逐渐不用人力来做工，而用天然力来做工，就是用天然的汽力、火力、水力及电力来替代人的气力，用金属的铜、铁来替代人的筋骨。机器发明之后，用一个人管理一副机器，便可以做一百人或一千人的工夫，所以机器的生产力和人工的生产力便有大大的分别。在没有机器以前，一个最勤劳的人最多不过是做两三个人的工夫，断不能做得十个人以上的工夫。照此推论起来，一个人的生产力，就本领最大、体魄最强和最勤劳的人说，也不过

---

① 《民生主义》第一、三、四讲所标时间前面原有"十三年"三字，为使格式统一而将其删去。

是大过普通人十倍。平常人的生产力都是相等的，没有什么大差别。至于用机器来做工的生产力，和用人做工的生产力两相比较，便很不相同。用人来做工，就是极有能干而兼勤劳的人，只可以驾乎平常人的十倍；但是用机器来做工，就是用一个很懒惰和很寻常的人去管理，他的生产力也可以驾乎一个人力的几百倍或者是千倍。所以这几十年来机器发明了之后，生产力比较从前就有很大的差别。

我们拿眼前可以证明的事实来说一说。比方在广州市街上所见最多的人莫如运送的苦力，这种苦力就叫做挑夫。这种挑夫的人数，占广州市工人中一大部分。挑夫中之体魄最强壮的人，最重只可以挑二百斤东西，每日不过是走几十里路远，这种挑夫是很不容易得的。寻常的挑夫挑了几十斤重，走了几十里路远，便觉得很辛苦。如果拿挑夫和运送的机器来比较，是怎么样的情形呢？像广州市黄沙的火车运送货物，一架火车头可以拖二十多架货车，一架货车可以载几百担重的货物，一架货车能够载几百担，二十多架货车便能够载一万担。这一万担货物用一架火车头去拉，只要一两个人管理火车头的机器，或者要几个人管理货车，一日便可以走几百里。譬如广东的粤汉铁路，由黄沙到韶关约有五百里的路程，像从前专用人力去运货物，一个人挑一担，一百人挑一百担，如果有一万担货物，就要有一万个工人。用工人所走的路程计算，一个人一天大概只能够走五十里，五百里的路程就要走十天的时间。所以一万担货物，从前专用人工去运送，就要一万个工人，走十天之久；现在用火车去运送，只要八点钟的时间，一直便由黄沙到韶间〔关〕，所用的工人最多不过是十个人。由此便知道用十个人所做的工便可以替代一万人，用八点钟便可替代十天。机器和人工比较的相差，该是有多少呢？用火车来运送的工，不但是用一个人可以替代一千人，用一点钟可以替代一日，是很便利迅速的。就是以运货的工钱来说，一个工人挑一担货物，走五十里路远，每天大约要一元；要用一万工人挑一万担货物，走十天的路，统共就要十万元。如果用火车来运送，顶多不过是几千元。机器和人工的比较，单拿挑夫来讲便有这样的大差别。其他耕田、织布、做房屋以及种种工作，也是有几百倍或千倍的差别。

所以机器发明了之后，世界的生产力便生出一个大变动。这个大变动就是机器占了人工，有机器的人便把没有机器人的钱都赚去了。再像广州，没有经过鸦片战争以前，是中国独一的通商口岸。中国各省的货物都是先运来广州，然后再由广州运去外洋；外国的货物也是先运到广州，然后再由广州运进各省。所以中国各省的进出口货物，都是经过湖南、江西，走南雄、乐昌才到广州。因为这个原因，所以南雄、乐昌到韶关的这两条路，在当时沿途的挑夫是很多的，两旁的茶馆饭店也是很热闹的。后来海禁大开，各省的货物或者是由海船运到广东，或者是由上海、天津直接运送到外洋，都不经过南雄、乐昌到韶关的这两条路，所以由南雄、乐昌到韶关两条路的工人现在都减少了。从前那两条路的繁盛，现在都变成很荒凉了。到了粤汉铁路通了火车之后，可以替代人工，由广州到韶关的挑夫更是绝迹。其他各地、各国的情形都是一样。所以从机器发明了之后，便有许多人一时失业，没有工做，没有饭吃。这种大变动，外国叫做"实业革命"。因为有了这种实业革命，工人便受很大的痛苦。因为要解决这种痛苦，所以近几十年来便发生社会问题。

　　这个社会问题，就是今天所讲的民生主义。我今天为什么不学外国直接来讲社会主义，要拿"民生"这个中国古名词来替代社会主义呢？这是很有道理，我们应该要研究的。因为机器发明以后，经过了实业革命成为社会问题，便发生社会主义，所以社会主义之发生已经有了几十年。但是这几十年中，欧美各国对于社会主义还没有找出一个解决方法，现在还是在剧烈战争之中。这种学说和思想现在流入中国来了，中国一班新学者也是拿他来研究。社会主义之中又有叫做共产主义的①，因为社会主义现在中国很流行，所以共产主义之名②现在中国也是很流行。中国学者拿社会主义和共产主义来研究，想寻出一个解决方法也是很艰难的。因为外国发明这种学理已经有了几十年，到现在还不能够解决，此时传入中国，我们就想要解决当然是不容易的。我们要研究这个问题，便要先把他的源委、性质和定义来研究清楚。"共产主义"和"社会主义"两个名词，现在外国是一样并称的，其中办法虽然各有不同，但是通称的名词都是用社会主义。现在中国有人把"社会主义"同"社会学"两个名词作一样的看待，这实在是混乱。这种

　　①　以上"社会主义"起十五字，据孙文讲演、中国国民党中央执行委员会宣传部发行、一九二五年四月再版的《民生主义》增补。

　　②　"之名"二字据上注《民生主义》再版本增补。

混乱不但专是中国人有的，就是外国人也是一样有的。因为"社会"这个名词在英文是"梳西乙地"，社会学是"梳西柯罗之"，社会主义是"梳西利甚"①，这三个字头一半的英文串字都是相同的，所以许多人便生出混乱。其实英文中的社会主义"梳西利甚"那个字，是从希腊文变出来的。希腊文社会主义的原意是"同志"，就像中国俗话说是"伙计"两个字一样②。至于说到社会学的范围，是研究社会的情状、社会的进化和群众结合的现象；社会主义的范围，是研究社会经济和人类生活的问题，就是研究人民生计问题。所以我用民生主义来替代社会主义，始意就是在正本清源，要把这个问题的真性质表明清楚，要一般人一听到这个名词之后便可以了解。

因为社会主义已经发生了几十年，研究这种学理的学者不知道有千百家，所出的书籍也不知道有千百种，其中关于解决社会问题的学说之多，真是聚讼纷纷。所以外国的俗语说，社会主义有五十七种，究竟不知那一种才是对的。由此便可见普通人对于社会主义无所适从的心理了。欧战发生了之后，社会的进步很快，世界潮流已经到了解决社会问题的时期。凡是从前不理会社会主义的人，在此时也跟上社会主义的路来走。就时势的机会讲，社会党应该可以做很多事，应该可以完全解决社会问题，但是社会党的内部便生出许多纷争。在各国的社会党一时风起云涌，发生种种派别，其中最著名的有所谓共产党、国家社会党和社会民主党，各党派之复杂几乎不只五十七种。所以从前旁观者对于社会党派别复杂的批评，至此时正所谓不幸而言中。至于欧战没有发生以前，世界各国只有赞成社会主义和反对社会主义的两种人，反对的那种人大多数都是资本家，所以从前只有反对社会主义的资本家同社会党来战争。到欧战发生了之后，反对的人都似降服了，社会党似乎可以乘机来解决社会问题，不过当时赞成社会主义的人在事前没有想到好办法，所以社会党内部便临时生出许多纷争。这种纷争比较从前反对派和赞成派的纷争更要利害，所以社会问题至今不能解决，我们到了今日还是要来

---

①　"梳西乙地"为英文 society 译音，即社会；"梳西柯罗之"为英文 sociology 译音，即社会学；"梳西利甚"为英文 socialism 译音，即社会主义。

②　英文中 socialism（社会主义）一词系由 social（社会的）加后缀 ism 而成，social 一词源于古拉丁文 socialis，原意是"同志"、"同伙"、"善于社交"等。

研究。在从前资本家、工人和学者反对社会主义的时候，所有世界各国赞成社会主义的人，不论是本国外国都是认为同志；到了近来，不但是德国的社会党反对俄国的社会党，或者是俄国的社会党反对英国、美国的社会党，有国际的纷争，就是一国的社会党内部也演出种种纷争。所以社会问题愈演愈纷乱，到现在还找不出一个好方法来解决。

今天我所讲的民生主义，究竟和社会主义有没有分别呢？社会主义中的最大问题就是社会经济问题，这种问题就是一班人的生活问题。因为机器发明以后，大部分人的工作都是被机器夺去了，一班工人不能够生存，便发生社会问题。所以社会问题之发生，原来是要解决人民的生活问题。故专就这一部分的道理讲，社会问题便是民生问题，所以民生主义便可说是社会主义的本题。现在各国的社会主义各有各的主张，所以各国解决社会问题的方法也是各有不同。社会主义到底是民生主义中的一部分呀，或者民生主义是社会主义中的一部分呢？实业革命以后，研究社会问题的人不下千百家，其中研究最透彻和最有心得的，就是大家所知道的马克思。马克思对于社会问题，好像卢骚对于民权问题一样。在一百多年以前欧美研究民权问题的人，没有那一个不是崇拜卢骚为民权中的圣人，好像中国崇拜孔子一样。现在研究社会问题的人，也没有那一个不是崇拜马克思做社会主义中的圣人。

在马克思的学说没有发表以前，世界上讲社会主义的都是一种陈义甚高的理论，离事实太远。而马克思专从事实与历史方面用功，原原本本把社会问题的经济变迁阐发无遗。所以后来学者把社会主义的人分作两派：一是叫做"乌托邦派"，这个乌托邦和中国黄老所说的"华胥氏之国"意思相同；一是叫做"科学派"，专从科学方法去研究社会问题之解决①。至于乌托邦派是专从理想上来把社会来改良成一个安乐的国家，便有这种子虚乌有的寄托。这种寄托是由于人类受了很多痛苦，那些极有道德和悲天悯人的人见了很不忍心，但是又没有力量去改良，所以只好说理想上的空话作一种寄托。中国俗话说："天生一条虫，地生一片叶；天生一只鸟，地生一条虫。"这几句话的意思，就是说有了虫就有叶来养，

---

① "乌托邦派"与"科学派"，即现今所称空想社会主义与科学社会主义两大流派。

有了鸟就有虫来养。但是人类的天然形体不完全，生来没有羽毛，必需衣以御寒，必需食以养生。在太古吃果实的时候，地广人稀，人人都是很容易觅食，不必做很多的工就可以生活。到了渔猎时代，人民就要打鱼猎兽，才可以有鱼肉吃，才可以生活，就是要做工才有饭吃。到了游牧时代，人类要从事畜牧才可以生活，当时人人都是逐水草而居，时常迁徙，所有的工作便是很辛苦勤劳。至于农业时代，人类要树艺五谷才可以生活，彼时人类的生活更是复杂，所有的工作更是辛苦勤劳。到了工商时代，遇事都是用机器，不用人力，人类虽然有力也没有用处，想去卖工找不到雇主。在这个时候，便有很多人没有饭吃，甚至于饿死，所受的痛苦不是一言可尽。一般道德家见得天然界的禽兽不用受痛苦尚且可以得衣食，人类受了痛苦反不容易得衣食，这是很可悯的；想要减少这些痛苦，令人人都可以得衣食，便发明了社会主义的学说来解决这个问题。所以从前一般讲社会主义的人多半是道德家，就是一般赞成的人，也是很有良心、很有道德的。只有在经济上已经成功、自私自利、不顾群众生活的资本家才去反对，才不理社会问题。这个问题既然是为世界大多数人谋生活的问题，先知先觉的人发明了这个道理之后，自然可以得多数人的同情心来表示赞成。所以这个学说一经出世之后，便组织得有社会党；社会党一经成立之后，团体便一天发达一天，一天加大一天，扩充到各国。但是从前讲社会主义的人都是乌托邦派，只希望造一个理想上的安乐世界来消灭人类的痛苦，至于怎么样去消灭的具体方法，他们毫没有想到。

到了马克思出世之后，便用他的聪明才智和学问经验，对于这些问题作一种极透彻的研究，把古人所不知道和所不能解决的都通通发明出来。他的发明是全凭着经济原理。他照经济原理作透彻的研究之后，便批评从前主张社会主义的人，不过是有个人的道德心和群众的感情作用，其实经济问题不是道德心和感情作用可以解决得了的，必须把社会的情状和社会的进化研究清楚了之后，才可以解决。这种解决社会问题的原理，可以说是全凭事实，不尚理想。至于马克思所著的书和所发明的学说，可说是集几千年来人类思想的大成。所以他的学说一出来之后，便举世风从，各国学者都是信仰他，都是跟住①他走；好像卢骚发明了民权主义

---

①　"住"于此为广州话方言，同"着"。

之后，凡是研究民权的人都信仰卢骚一样。从马克思以后，社会主义里头便分为两派，一个是乌托邦派，一个是科学派。乌托邦派的情形，刚才已经讲过了。至于科学派，是主张用科学的方法来解决社会问题。因为近几十年来，物质文明极发达，科学很昌明，凡事都是要凭科学的道理才可以解决，才可以达到圆满的目的。就是讲到社会问题的解决方法，也是要从科学一方面研究清楚了之后，才可以得出结果。

讲到这地，便要归宿到我的学说"知难行易"。天下事情，如果真是知道了，便容易行得到。比方今天讲堂里很热，我们不用人力，只用电气风扇便可以解热。这件事如果是古人或者是乡下毫没有知识的人看见了，一定以为是神鬼从中摇动，所谓巧夺天工，对于这种奇怪的风扇一定要祈祷下拜。现在大家虽然不明白电气风扇的详细构造，但是已经明白电磁吸引的道理，因为由电能够吸引风扇，所以风扇能够转动，决不以为是很奇怪的事。难道古人的聪明不及我们吗？推论这个原因，就是由于古人不知道科学，故不能发明风扇，不是古人没有本领不能用风扇。近来因为知道科学，有了科学家能够发明风扇，所以大家便能够用这种风扇来享清凉。如果古人知道科学，以古人的聪明才智所做出来的东西，或者要比我们做的还要巧妙得多。

讲到社会问题，在马克思以前以为是一种希望，是做不到的事。到马克思本人，也以为单靠社会主义的理想去研究，还是一种玄想，就令全世界人都赞成也是做不成功，一定要凭事实，要用科学的方法去研究清楚才可以做得到。所以他一生研究社会主义，便在科学方法上去做工夫。他研究社会主义的工作，更是很辛苦的。当他亡命在英国的时候，英国是近代世界上顶文明的国家，没有那一国可以驾乎英国之上的，所以英国在当时关于文化的设备也是很齐备。有一间图书馆①，其中所藏的书籍总有好几百万种，无论关于什么问题的书籍都是很丰富的。马克思便每天在那间图书馆内去研究，用了二三十年的功，费了一生的精力，把关于社会主义的书籍，不管他是古人著作的或者是时人发表的，都搜集在一处，过细参考比较，想求出一个结果。这种研究社会问题的办法，就是科学方法。故

---

① 指伦敦的大英博物馆（British Museum）。

马克思所求出解决社会问题的方法，就是科学的社会主义。由于他这种详细深奥的研究，便求出一个结果，说世界上各种人事的动作，凡是文字记载下来令后人看见的，都可以作为历史。他在这种历史中所发明的最重要之一点，就是说世界一切历史都是集中于物质，物质有变动，世界也随之变动；并说人类行为都是由物质的境遇所决定，故人类文明史只可说是随物质境遇的变迁史。马克思的这种发明，有人比之牛顿发明天文学之重心学说一样。现在马克思发明物质是历史的重心，因为他的研究透彻，理由充足，所以从前许多反对社会主义的人，后来都变为赞成社会主义。如果是过细研究了马克思学说的人，更是信仰他。

经过欧战以后，世界上差不多没有反对社会主义的人，社会党可以为所欲为，本来可以解决各国的社会问题。当时势力最大的社会党是马克思派。马克思派是科学派，从前的是乌托邦派。在当时各国的社会，秩序一乱，社会党内的科学派和乌托邦派固然是发生了冲突，就是科学派的社会党也是互相冲突。因为内部有冲突，所以欧战之后，至今还不能解决社会问题。

至于推到社会党的圣人马克思，以物质为历史的重心，这个道理究竟是怎么样呢？马克思的门徒于一千八百四十八年在比利时开了一个国际社会党大会，定了许多办法，现在各国马克思派的社会党所用的办法，许多还是奉行那年所定的大纲①。当欧战发生以后，俄国便拿那种主义去实行，现在俄国已经把那种主义改变了，其中理由到底是怎么样，我们研究俄国的情形不多，不敢判断。但是照俄国人自己说，俄国从前所行的革命办法并不是马克思主义，是一种战时政策。这种战时政策并不是俄国独行的，就是英国、德国和美国当欧战的时候，把全国的大实业像铁路、轮船和一切大制造厂都收归国有。同是一样的办法，为什么英国、美国实行出来就说是战时政策，在俄国实行出来大家便说是马克思主义呢？理由就是由于俄国革命党是信仰马克思主义，而欲施之实行的原故。照俄国人说，俄国现在的实业和经济还没有大发达，实在够不上实行马克思主义；要像英国、美国之实业经济的那样发达，才可以实行马克思主义。所以在理论一方面讲，马

---

① 当时各国社会主义者的国际组织是"共产主义者同盟"，曾于一八四七年十一月至十二月在英国伦敦举行第二次代表大会，一八四八年二月发表该同盟纲领——大会委托马克思和恩格斯起草的《共产党宣言》。

克思的信徒在欧战以后便大家争论起来。德国、法国和俄国的社会党本来都是服从马克思主义，成了"国际派"，但是到了争论的时候，彼此互相攻击，互相诋毁，攻击的人总是说被攻击的人不是服从马克思主义。这一派攻击那一派，这一国的社会党攻击那一国的社会党。由于这些攻击诋毁，马克思的学说便发生了问题，就是物质到底是不是历史的重心呢？牛顿考究得太阳在宇宙之间，是我们的中心，照天文学和各种科学去研究，那个道理是很对的。马克思发明物质是历史的重心，到底这种道理是对不对呢？经过欧战后几年的试验以来，便有许多人说是不对。到底什么东西才是历史的重心呢？我们国民党提倡民生主义已经有了二十多年，不讲社会主义，只讲民生主义。社会主义和民生主义的范围是什么关系呢？近来美国有一位马克思的信徒威廉氏①，深究马克思的主义，见得自己同门互相纷争，一定是马克思学说还有不充分的地方，所以他便发表意见，说马克思以物质为历史的重心是不对的，社会问题才是历史的重心，而社会问题中又以生存为重心，那才是合理。民生问题就是生存问题，这位美国学者最近发明适与吾党主义若合符节。这种发明就是民生为社会进化的重心，社会进化又为历史的重心，归结到历史的重心是民生，不是物质。我们提倡民生主义二十多年，当初详细研究，反覆思维，就是觉得用"民生"这两个字来包括社会问题，较之用"社会"或"共产"等名词为适当，切实而且明瞭，故采用之。不图欧战发生之后，事理更明，学问更进，而马克思宗徒亦有发明相同之点。此足见吾党之提倡民生主义正合夫进化之原理，非同时髦学者之人云亦云也。

照这位美国学者主张，他说古今人类的努力都是求解决自己的生存问题，人类求解决生存问题才是社会进化的定律，才是历史的重心；马克思的唯物主义没有发明社会进化的定律，不是历史的重心。我们要明白这两家的学说，究竟那一家的主张是对的，便要详细研究他们的主义和近世社会进化的事实是不是相符合。

马克思研究社会问题是专注重物质的。要讲到物质，自无〔然〕不能不注重生产；没有过量的生产，自然不至有实业革命。所以生产是近世经济上的头一件

---

①　威廉（Maurice William），工人出身，早年曾加入美国社会劳动党；其著作《社会史观：马克思主义经济史观的辩驳》（*The Social Interpretation of History：A Refutation of the Marxian Economic Interpretation of History*）于一九二一年在纽约出版。

事。要知道近世的经济情形，便先要知道近世的生产情形。近世的生产情形是怎么样呢？生产的东西都是用工人和机器，由资本家与机器合作，再利用工人，才得近世的大生产。至于这种大生产所得的利益，资本家独得大分，工人分得少分，所以工人和资本家的利益常常相冲突，冲突之后不能解决，便生出阶级战争。照马克思的观察，阶级战争不是实业革命之后所独有的，凡是过去的历史都是阶级战争史。古时有主人和奴〈隶〉的战争，有地主和农奴的战争，有贵族和平民的战争，简而言之，有种种压迫者和被压迫者的战争。到了社会革命完全成功，这两个互相战争的阶级才可以一齐消灭。由此便可知马克思认定要有阶级战争，社会才有进化，阶级战争是社会进化的原动力。这是以阶级战争为因，社会进化为果。我们要知道这种因果的道理是不是社会进化的定律，便要考察近来社会进化的事实。

近几十年来社会是很进化的，各种社会进化的事实更是很复杂的。就是讲到经济一方面的事实，也不是一言可尽。但是用概括的方法来讲，欧美近年来之经济进化可以分作四种：第一是社会与工业之改良；第二是运输与交通事业收归公有；第三是直接征税；第四是分配之社会化。这四种社会经济事业，都是用改良的方法进化出来的。从今以往，更是日日改良，日日进步的。这四种社会经济事业是些什么详细情形呢？

譬如就第一种，就是要用政府的力量改良工人的教育，保护工人的卫生，改良工厂和机器，以求极安全和极舒服的工作。能够这样改良，工人便有做工的大能力，便极愿意去做工，生产的效力便是很大。这种社会进化事业在德国施行最早，并且最有成效。近来英国、美国也是一样的仿行，也是一样的有成效。

就第二种的情形说，就是要把电车、火车、轮船以及一切邮政、电政、交通的大事业，都由政府办理。用政府的大力量去办理那些大事业，然后运输才是很迅速，交通才是很灵便。运输迅速，交通灵便，然后各处的原料才是很容易运到工厂内去用，工厂内制造的出品才是很容易运到市场去卖，便不至多费时间，令原料与出品在中道停滞，受极大的损失。如果不用政府办，要用私人办，不是私人的财力不足，就是垄断的阻力极大，归结到运输一定是不迅速，交通一定是不灵便，令全国的各种经济事业都要在无形之中受很大的损失。这种事业的利弊，在德国明白最早，所以他们的各种大运输交通事业老早就是由国家经营。就是美国私有的大运输交通事业，在欧战期内也是收归政府办理。

至于第三种直接征税，也是最近进化出来的社会经济方法。行这种方法就是累进税率，多征资本家的所得税和遗产税。行这种税法，就可以令国家的财源多是直接由资本家而来。资本家的入息极多，国家直接征税，所谓多取之而不为虐。从前的旧税法只是钱粮和关税两种，行那种税法就是国家的财源完全取之于一般贫民，资本家对于国家只享权利，毫不尽义务，那是很不公平的。德国、英国老早发现这种不公平的事实，所以他们老早便行直接征税的方法。德国政府的岁入由所得税和遗产税而来的，占全国收入约百分之六十至百分之八十。英国政府关于这种收入，在欧战开始的时候也到百分之五十八。美国实行这种税法较为落后，在十年之前才有这种法律，自有了这种法律以后国家的收入便年年大形增加，在一千九百一十八年专就所得税一项的收入而论，便约有美金四十万万。欧美各国近来实行直接征税，增加了大财源，所以更有财力来改良种种社会事业。

第四种分配之社会化，更是欧美社会最近的进化事业。人类自发明了金钱，有了买卖制度以后，一切日常消耗货物多是由商人间接买来的。商人用极低的价钱从出产者买得货物，再卖到消耗者，一转手之劳便赚许多佣钱。这种货物分配制度，可以说是买卖制度，也可以说是商人分配制度。消耗者在这种商人分配制度之下，无形之中受很大的损失。近来研究得这种制度可以改良，可以不必由商人分配，可以由社会组织团体来分配，或者是由政府来分配。譬如英国所发明的消费合作社，就是由社会组织团体来分配货物。欧美各国最新的市政府，供给水电、煤气以及面包、牛奶、牛油等食物，就是用政府来分配货物。像用这种分配的新方法，便可以省去商人所赚的佣钱，免去消耗者所受的损失。就这种新分配方法的原理讲，就可以说是分配之社会化，就是行社会主义来分配货物。

以上所讲的社会与工业之改良、运输与交通收归公有、直接征税与分配之社会化，这四种社会经济进化，便打破种种旧制度，发生种种新制度。社会上因为常常发生新制度，所以常常有进化。

至于这种社会进化是由于什么原因呢？社会上何以要起这种变化呢？如果照马克思的学说来判断，自然不能不说是由于阶级战争。社会上之所以要起阶级战争的原故，自然不能不说是资本家压制工人。资本家和工人的利益总是相冲突，不能调和，所以便起战争。社会因为有这种战争，所以才有进化。但是照欧美近几十年来社会上进化的事实看，最好的是分配之社会化，消灭商人的垄断，多征资本家的所得税和遗产税，增加国家的财富，更用这种财富来把运输和交通收归公有，以及改良工人的教育、卫生和工厂的设备，来增加社会上的生产力。因为社会上的生产很大，一切生产都是很丰富，资本家固然是发大财，工人也可以多得工钱。像这样看来，资本家改良工人的生活，增加工人的生产力，工人有了大生产力，便为资本家多生产，在资本家一方面可以多得出产，在工人一方面也可以多得工钱。这是资本家和工人的利益相调和，不是相冲突。社会之所以有进化，是由于社会上大多数的经济〔利益〕相调和，不是由于社会上大多数的经济利益有冲突。社会上大多数的经济利益相调和，就是为大多数谋利益。大多数有利益，社会才有进步。社会上大多数的经济利益之所以要调和的原因，就是因为要解决人类的生存问题。古今一切人类之所以要努力，就是因为要求生存，人类因为要有不间断的生存，所以社会才有不停止的进化。所以社会进化的定律是人类求生存，人类求生存才是社会进化的原因。阶级战争不是社会进化的原因，阶级战争是社会当进化的时候所发生的一种病症。这种病症的原因是人类不能生存，因为人类不能生存，所以这种病症的结果便起战争。马克思研究社会问题所有的心得，只见到社会进化的毛病，没有见到社会进化的原理。所以马克思只可说是一个"社会病理家"，不能说是一个"社会生理家"。

再照马克思阶级战争的学说讲，他说资本家的盈余价值都是从工人的劳动中剥夺来的。把一切生产的功劳完全归之于工人的劳动，而忽略社会上其他各种有用分子的劳动。譬如中国最新的工业是上海、南通州①和天津、汉口各处所办的纱厂布厂，那些纱厂布厂当欧战期内纺纱织布是很赚钱的，各厂每年所剩的盈余价值少的有几十万，多的有几百万。试问这样多的盈余价值，是属于何人的功劳呢？是不是仅仅由于纱厂布厂内纺纱织布的那些工人的劳动呢？就纺纱织布而论，我们便要想想布和纱的原料，由此我们便要推及于棉花。因为要研究棉花的来源，

---

① 南通州为清代江苏省通州直隶州的俗称，民国初废州，将其州治改名南通县；今析南通县城区置南通市，继又改该县为本市通州区。此处指当时的南通县。

我们便要推到种种农业问题。要详细讲到棉花的农业问题，便不能不推及到研究好棉花种子和怎么种植棉花的那些农学家。当未下棉种之初，便不能不用各种工具和机器去耕耘土地，及下棉种之后又不能不用肥料去培养结棉花的枝干。我们一想到那些器械和肥料，便不能不归功到那些器械和肥料的制造家和发明家。棉花收成之后再要运到工厂内来纺纱织布，布和纱制成之后再运到各处市场去卖，自然要想到那些运输的轮船火车。要研究到轮船火车之何以能够运动，首先便要归功到那些蒸汽和电气的发明家。要研究到构造轮船火车是些什么材料，自然不能不归功于金属的采矿家、制造家和木料的种植家。就是布和纱制成之后，社会上除了工人之外，假若其余各界的人民都不穿那种布、用那种纱，布和纱当然不能畅销。布和纱没有大销路，纱厂布厂的资本家怎么样可以多赚钱，可以多取盈余价值？就这种种情形设想，试问那些纱厂布厂的资本家所取得的盈余价值，究竟是属于谁的呢？试问纱厂布厂内的工人，怎么能够说专以他们的劳动便可以生出那些布和纱的盈余价值呢？不徒是纱布工业盈余价值的情形是这样，就是各种工业盈余价值的情形都是一样。由此可见，所有工业生产的盈余价值不专是工厂内工人劳动的结果，凡是社会上各种有用有能力的份子，无论是直接、间接，在生产方面或者是在消费方面都有多少贡献。这种有用有能力的份子，在社会上要占大多数。如果专讲工人，就是在工业极发达的美国，工人的数目也不过是二千多万，只占全美国人口五分之一。至于其他工业不发达的国家，像我们中国做工的人数更是很少。像这样讲，就令在一个工业极发达的国家，全国的经济利益不相调和，发生冲突，要起战争，也不是一个工人阶级和一个资本阶级的战争，是全体社会大多数有用有能力的份子和一个资本阶级的战争。这些社会上大多数有用有能力的份子，因为都要求生存，免去经济上的战争，所以才用公家来分配货物，多征资本家的所得税、遗产税，来发达全国的运输和交通事业，以及改良工人的生活和工厂的工作，做种种大多数的经济利益相调和的事业。欧美各国从这种种经济利益相调和的事业发达以后，社会便极有进化，大多数便很享幸福。所以马克思研究社会问题，只求得社会上一部分的毛病，没有发明社会进化的定律。这位美国学者所发明的人类求生存才是社会进化的定律，才是历史的重心。人类求生存是什么问题呢？就是民生问题。所以民生问题才可说是社会进化的原动力。

我们能够明白社会进化的原动力再来解决社会问题，那才容易。

马克思认定阶级战争才是社会进化的原因，这便是倒果为因。因为马克思的学说颠倒因果，本源不清楚，所以从他的学说出世之后，各国社会上所发生的事实便与他的学说不合，有的时候并且相反。譬如他的门徒在一千八百四十八年开过一次国际共产大会，发表了种种主张，这次所组织的国际共产党，在普法战争的时候就被消灭了①。后来又成立第二次的国际共产党。第二次国际共产党和第一次国际共产党②不同的地方，是第一次国际共产党要完全本阶级战争的原理，用革命手段来解决社会问题，主张不与资本家调和，所谓不妥协；至于党员加入国会去活动是共产党所不许可的，以为这不是科学的方法。但是后来德国的共产党通同走到国会去活动，延到今日，英国工党又在君主立宪政府之下组织内阁。照这些事件来看，世界上所发生许多的政治经济变动，都不是第一次国际共产党所定的办法。因为第一次国际共产党和第二次国际共产党的主张太不相同，所以后来马克思党徒的纷争更是利害。这都是马克思在当时所没有料到的。由于这些不能料到的事情，便知道我的学说是知难行易。马克思主张用科学来解决社会问题，他致力最大的地方，在第一次国际共产党没有成立以前，用很多工夫把从前的历史和当时的事实都研究得很清楚。由于他研究从前的历史和当时的事实所有的心得，便下一个判断，说将来资本制度一定要消灭。他以为资本发达的时候，资本家之中彼此因为利害的关系，大资本家一定吞灭小资本家，弄到结果社会上便只有两种人，一种是极富的资本家，一种是极穷的工人。到资本发达到了极点的时候，自己便更行破裂，成一个资本国家，再由社会主义顺着自然去解决，成一个自由社会式的国家。依他的判断，资本发达到极点的国家，现在应该到消灭

---

① 此处所称"国际共产党"实指一八四七年六月在伦敦建立的"共产主义者同盟"，所称"国际共产大会"实指该同盟于同年十一月至十二月召开的第二次代表大会。共产主义者同盟的成员因积极参加一八四八年欧洲革命而遭迫害，一八五二年十一月即告解散。

② "第一次国际共产党"与"第二次国际共产党"，即第一国际与第二国际。第一国际并非"共产主义者同盟"，而是一八六四年九月在伦敦成立、十月定名的"国际工人协会"，由马克思起草宣言和规章，后为区别于第二国际而称作第一国际。一八七〇年普法战争期间，第一国际成员曾积极参加建立巴黎公社的活动，公社失败后，欧洲一些国家政府对其进行迫害并取缔第一国际所在支部，第一国际后于一八七六年七月宣告解散。第二国际即一八八九年七月在巴黎成立的社会党国际，初期基本上执行马克思主义路线，后分成几个不同政治路线的派别。

的时期，应该要起革命。但是从他至今有了七十多年，我们所见欧美各国的事实和他的判断刚刚是相反。当马克思的时代，英国工人要求八点钟的工作时间，用罢工的手段向资本家要挟；马克思便批评以为这是一种梦想，资本家一定是不许可的，要得到八点钟的工作时间，必须用革命手段才可以做得到。到了后来，英国工人八点钟的要求不但是居然成为事实，并且由英国国家定为一种通行的法律，令所有全国的大工厂、银行、铁路中的工人都是作工八点钟。其他许多事实，在马克思当时自以为是料到了的，后来都是不相符合，令马克思自己也说"所料不中"。别的事实不说，只就资本一项来讲，在马克思的眼光，以为资本发达了之后便要互相吞并，自行消灭；但是到今日，各国的资本家不但不消灭，并且更加发达，没有止境，便可以证明马克思的学理了。

我们再来讲德国社会问题的情形。德国当俾士麦执政的时代，用国家力量去救济工人的痛苦，作工时间是由国家规定了八点钟；青年和妇女作工的年龄与时间，国家定了种种限制；工人的养老费和保险费，国家也有种种规定，要全国的资本家担任去实行。当时虽然有许多资本家反对，但是俾士麦是一位铁血宰相，他便有铁血的手腕去强制执行。当实行的时候，许多人以为国家保护工人的办法改良，作工的时间减少，这是一定于工人有利、于资本家有损的。再照比例的理想来推，从前十六点钟工作的生产力自然要比八点钟的生产力大得多，但是行了之后的结果是怎么样呢？事实上，八点钟的工作比较十六点钟的工作还要生产得多。这个理由，就是因为工人一天作八点钟的工作，他的精神体魄不至用尽，在卫生上自然是健康得多。因为工人的精神体魄健康，管理工厂内的机器自然是很周到，机器便很少损坏；机器很少损坏，便不至于停工修理，便可以继续的生产，生产自然是加多。如果工人一天做十六点钟的工，他们的精神体魄便弄到很衰弱，管理机器不能周到，机器便时常损坏，要停工修理，不能继续生产，生产自然要减少。如果大家不信，我可举一个比喻，请诸君各人自己去试验。比方一个人一日要读十五六点钟的书，弄到精神疲倦，就是勉强读得多，也不容易记清楚。如果一日只读八点钟的书，其余的时间便去休息游戏，保养精神，我想读过了的书一定是很容易记得，很容易了解。讲到时间的关系，马克思在当时所想到了的，以为作工八点钟，生产力一定要减少。后来德国实行时间减少政策，生产力反为加多，驾乎各国之上。于是英国、美国便奇怪起来，以作工时间减少，工人保护费加多，生产应该要减少，何以德国行这种政策生产力反加多呢？因为奇怪，便去考察德国的情形。后来英国、美国也明白这个道理，便仿效德国的办法。马克思在当时总是不明白这个道理，所以他便断错了。

再照马克思的研究，他说资本家要能够多得盈余价值，必须有三个条件：一是减少工人的工钱；二是延长工人作工的时间；三是抬高出品的价格。这三个条件是不是合理，我们可以用近来极赚钱的工业来证明。大家知道美国有一个福特汽车厂①，那个厂极大，汽车的出品极多，在世界各国都是很销行的，该厂内每年所赚的钱有过万万。至于那个厂内制造和营业的情形是怎么样呢？不管是制造厂或者是办事房，所有一切机器陈设都是很完备，都是很精致，很适合工人的卫生。工人在厂内做事，最劳动的工作，最久不过是做八点钟。至于工钱，虽极不关重要的工夫，每日工钱都有美金五元，合中国钱便有十元；稍为重要的职员，每日所得的薪水更不止此数。厂内除了给工人的工钱薪水以外，还设得有种种游戏场，供工人的娱乐；有医药卫生室，调治工人的疾病；开设得有学校，教育新到的工人和工人的子弟；并代全厂的工人保人寿险，工人死亡之后遗族可以得保险费，又可以得抚恤金。说到这个厂所制出来汽车的价格，这是大家买过汽车的人都是很知道的，凡是普通汽车要值五千元的，福特汽车最多不过是值一千五百元。这种汽车价值虽然是很便宜，机器还是很坚固，最好的是能够走山路，虽使用极久还不至于坏。因为这个车厂的汽车有这样的价廉物美，所以风行全球。因为这种汽车销路极广，所以这个厂便发大财。我们用这个发财车厂所持的工业经济原理，来和马克思盈余价值的理论相比较，至少有三个条件恰恰是相反。就是马克思所说的是资本家要延长工人作工的时间，福特车厂所实行的是缩短工人作工的时间；马克思所说的是资本家要减少工人的工钱，福特车厂所实行的是增加工人的工钱；马克思所说的是资本家要抬高出品的价格，福特车厂所实行的是减低出品的价格。像这些相反的道理，从前马克思都是不明白，所以他从前的主张便大错特错。马克思研究社会问题用功几十年，所知道的都是已往的事实，至于

---

① 该厂创办人福特（Henry Ford），有汽车大王之称。

后来的事实他一点都没有料到，所以他的信徒要变更他的学说。再推到马克思社会主义的目的，根本上主张要推倒资本家。究竟资本家应该不应该推倒，还要后来详细研究才能够清楚。由此更可见，知是很艰难的，行是很容易的。

马克思盈余价值的精华，是说资本家所得的钱是剥夺工人的盈余，由此便推到资本家生产要靠工人，工人生产要靠物质，物质买卖要靠商人。凡是一种生产，资本家同商人总是从中取利，剥夺工人的血汗钱。由此便知资本家和商人都是有害于工人、有害于世界的，都应该要消灭。不过马克思的判断，以为要资本家先消灭，商人才能够消灭。现在世界天天进步，日日改良，如前所讲之分配社会化就是新发明，这种发明叫做合作社。这种合作社是由许多工人联合起来组织的。工人所需要的衣服饮食，如果要向商人间接买来，商人便从中取利，赚很多的钱，工人所得的物品一定是要费很多的钱。工人因为想用贱价去得好物品，所以他们便自行凑合开一间店子，店子内所卖的货物都是工人所需要的。所以工人常年需要货物都是向自己所开的店子内去买，供给既便利，价值又便宜。到了每年年底，店中所得的盈利便依顾主消费的多少分派利息。这种店子分利，因为是根据于顾主消费的比例，所以就叫做消费合作社。现在英国许多银行和生产的工厂，都是由这种消费合作社去办理。由于这种合作社之发生，便消灭了许多商店，所以从前视此种合作社为不关重要的商店，现在便看作极有效力的组织。英国因为这种组织很发达，所以国内的大商家现在都变成生产家。就是像美国的三达火油公司，在中国虽然是一家卖油的商店，在美国便是制造火油的生产家。其他英国的各种大商家，现在都有变成生产家的趋势。用这种合作社来解决社会问题虽然是旁枝的事情，但是马克思当时的判断，以为要资本家先消灭，商人才可以消灭，现在合作社发生，商人便先消灭。马克思的判断和这种事实又是不相符合。马克思的判断既然是和事实不对，可见我的学说"知难行易"是的确不能磨灭的。

再照马克思的学理说，世界上的大工业要靠生产，生产又要靠资本家。这几句话的意思，就是有了好生产和大资本家，工业便可以发展，便可以赚钱。就我们中国工业的情形来证明，是怎么样呢？中国最大的工业是汉冶萍公司，汉冶萍公司是专制造钢铁的大工厂。这个公司内最大的资本家，从前是盛宣怀。这个工厂每年所出的钢铁，在平常的时候，或者是运到美洲舍路埠去卖，或者是运到澳洲去卖，当欧战的时候都是运到日本去卖。钢铁本来是中国的大宗进口货，中国既是有了汉冶萍可以制造钢铁，为什么还要买外国的钢铁呢？因为中国市面所需要的钢铁都是极好的建筑钢、枪炮钢和工具钢，汉冶萍所制造的只是钢轨和生铁，不合市面的用途，所以市面要买外来的进口货，不买汉冶萍的钢铁。至于美国每年所出的钢有四千万吨、铁有四五千万吨，中国只有汉冶萍每年出铁二十万吨、出钢十几万吨。中国所出这样少数的钢铁，为什么还要运到美国去卖呢？美国出那样多的钢铁，为什么还可以消受中国的钢铁呢？就是因为汉冶萍没有好炼钢厂，所出的生铁要经过许多方法的制造才可以有用，在中国不合用途，所以要运到外国去卖。美国有极多的制钢厂，只要有便宜铁，不管他是那里来的，便可以消纳，便可以制造好钢来赚钱。所以本国虽然出很多的钢铁，就是中国运去的便宜铁，还可以买。汉冶萍公司所出的钢铁，因为是运到外国去卖，所以在欧战的时候，对于工人减时间、加工价，还是很赚钱；现在是亏本，许多工人失业。照马克思的学理讲，汉冶萍公司既是有钢铁的好出产，又有大资本，应该要赚钱，可以大发展，为什么总是要亏本呢？由汉冶萍这一个公司的情形来考究，实业的中心是在什么地方呢？就是在消费的社会，不是专靠生产的资本。汉冶萍虽然有大资本，但是生产的钢铁在中国没有消费的社会，所以不能发展，总是不能赚钱。因为实业的中心要靠消费的社会，所以近来世界上的大工业都是照消费者的需要来制造物品。近来有知识的工人也是帮助消费者。消费是什么问题呢？就是解决众人的生存的问题，也就是民生问题。所以工业实在是要靠民生。民生就是政治的中心，就是经济的中心和种种历史活动的中心，好像天空以内的重心一样。

　　从前的社会主义错认物质是历史的中心，所以有了种种纷乱。这好像从前的天文学错认地球是宇宙的中心，所以计算历数，每三年便有一个月的大差，后来改正太阳是宇宙的中心，每三年后的历数才只有一日之差一样。我们现在要解除社会问题中的纷乱，便要改正这种错误，再不可说物质问题是历史的中心，要把历史上的政治、社会、经济种种中心都归之于民生问题，以民生为社会历史的中心。先把中心的民生问题研究清楚了，然后对于社会问题才有解决的办法。

第 二 讲

（八月十日）

民生主义这个问题，如果要从学理上详细来讲，就是讲十天或二十天也讲不完全，况且这种学理现在还是没有定论的。所以单就学理来讲，不但是虚耗很多时间，恐怕讲演理论越讲越难明白。所以我今天先把学理暂且放下不说，专拿办法来讲。

民生主义的办法，国民党在党纲里头老早是确定了。国民党对于民生主义定了两个办法：第一个是平均地权，第二个是节制资本。只要照这两个办法，便可以解决中国的民生问题。至于世界各国因为情形各不相同，资本发达的程度也是各不相同，所以解决民生问题的办法，各国也是不能相同。我们中国学者近来从欧美得到了这种学问，许多人以为解决中国民生问题也要仿效欧美的办法，殊不知欧美社会党解决社会问题的办法至今还是纷纷其说，莫衷一是。

照马克思派的办法，主张解决社会问题要平民和生产家即农工专制，用革命手段来解决一切政治、经济问题，这种是激烈派。还有一派社会党主张和平办法，用政治运动和妥协的手段去解决。这两派在欧美常常大冲突，各行其是。用革命手段来解决政治、经济问题的办法，俄国革命时候已经采用过了。不过俄国革命六年以来，我们所看见的，是他们用革命手段只解决政治问题。用革命手段解决政治问题，在俄国可算是完全成功。但是说到用革命手段来解决经济问题，在俄国还不能说是成功。俄国近日改变一种新经济政策，还是在试验之中。由此便知纯用革命手段，不能完全解决经济问题。因为这个原因，欧美许多学者便不赞成俄国专用革命的手段去解决经济问题的方法，主张要用政治运动去解决这种问题。行政治运动去解决政治、经济问题，不是一日可以做得到的，所以这派人都主张缓进。这派主张缓进的人，就是妥协家同和平派。他〈们〉所想得的方法，以为英美资本发达的国家不能用马克思那种方法立时来解决社会问题，要用和平的方法才可以完全解决。这种方法就是前一次已经讲过了的四种方法：第一是社会与工业之改良；第二运输与交通事业收归公有；第三直接征税，就是收所得税；第四为分配之社会化，就是合作社。这四种方法都是和马克思的办法不同，要主张行这种方法来改良经济问题，就是反对马克思用革命手段来解决经济问题。欧美各国已经陆续实行这四种方法，不过还没有完全达到所期望的目的。但是大家都以为用这四种方法，社会问题便可以解决，所以英美便有许多社会党很赞成这四种方法。这四种方法都是和平手段，所以他们便很反对马克思革命手段。俄国当初革命的时候，本来想要解决社会问题，政治问题还在其次。但是革命的结果，政治问题得了解决，社会问题不能解决，和所希望的恰恰是相反。由于这种事实，反对马克思的一派便说："俄国行马克思办法，经过这次试验，已经是办不通，归于失败。"至于马克思的党徒便答覆说："俄国行革命手段来解决社会问题不是失败，是由于俄国的工商业还没有发达到英美那种程度，俄国的经济组织还没有成熟，所以不能行马克思的方法。如果在工商业极发达、经济组织很成熟的国家，一定可以行马克思的办法。所以马克思的方法若是在英美那种国家去实行，一定是能够成功的，社会问题一定是可以根本解决的。"照这两派学说比较起来，用马克思的方法所谓是"快刀斩乱麻"的手段，反对马克思的方法是和平手段。我们要解决社会问题，究竟是用快刀斩乱麻的手段好呀，还是用和平手段像上面所讲的四种政策好呢？这两派的办法，都是社会党所主张的和资本家所反对的。

现在欧美的工商业进步到很快，资本发达到极高，资本家专制到了极点，一般人民都不能忍受。社会党想为人民解除这种专制的痛苦，去解决社会问题，无论是采用和平的办法或者是激烈的办法，都被资本家反对。到底欧美将来解决社会问题是采用什么方法，现在还是看不出，还是料不到。不过主张和平办法的人，受了资本家很多的反对、种种的激烈〔刺激〕，以为用和平手段来改良社会于人类极有利益，于资本家毫无损害，尚且不能实行，便有许多人渐渐变更素来的主张，去赞成激烈的办法，也一定要用革命手段来解决社会问题。照马克思的党徒说："如果英国工人真能够觉悟，团结一致，实行马克思的办法来解决社会问题，在英国是一定可以成功的。美国的资本发达和英国相同，假若美国工人能行马克思主义，也可以达到目的。"但是现在英美各国的资本家专制到万分，总是设法反对解决社会问题的进行，保守他们自己的权利。现在资本家保守权利的情形，好像从前专制皇帝要保守他们的皇位一样。专制皇帝因为要保守他们的皇位，恐怕反对党来摇动，便用很专制的威权、极残忍的手段来打消他们的反对党。现在资本家要保守自己的私利，也是用种种专制的方法来反对社会党，横行无道。欧美社会党将来为势所迫，或者都要采用马克思的办法来解决经济问题，也是未可定的。

　　共产这种制度在原人时代已经是实行了，究竟到什么时代才打破呢？依我的观察，是在金钱发生之后。大家有了金钱，便可以自由买卖，不必以货易货，由交易变成买卖，到那个时候共产制度便渐渐消灭了。由于有了金钱，可以自由买卖，便逐渐生出大商家。当时工业还没有发达，商人便是资本家。后来工业发达，靠机器来生产，有机器的人便成为资本家。所以从前的资本家是有金钱，现在的资本家是有机器。由此可见，古代以货易货，所谓"日中为市"，"交易而退，各得其所"的时候，还没有金钱，一切交换都不是买卖制度，彼此有无相通，还是共产时代。后来有了货币，金钱发生，便以金钱易货，便生出买卖制度，当时有金钱的商人便成为资本家。到近世发明了机器，一切货物都靠机器来生产，有机器的人更驾乎有金钱的人之上。所以由于金钱发生，便打破了共产；由于机器发明，便打破了商家。现在资本家有了机器，靠工人来生产，掠夺工人的血汗，生出贫富极相悬殊的两个阶级。这两个阶级常常相冲突，便发生阶级战争。一般悲天悯人的道德家不忍见工人的痛苦，要想方法来解除这种战争，减少工人的痛苦，是用什么方法呢？就是想把古代的共产制度恢复起来。因为从前人类顶快活的时代，是最初脱离禽兽时代所成的共产社会，当时人类的竞争只有和天斗，或者是和兽斗。后来工业发达，机器创出，便人与人斗。从前人类战胜了天同兽之后，不久有金钱发生，近来又有机器创出，那些极聪明的人把世界物质都垄断起来，图他个人的私利，要一般人都做他的奴隶，于是变成人与人争的极剧烈时代。这种争斗要到什么时候才可以解决呢？必要再回复到一种新共产时代，才可以解决。所谓人与人争，究竟是争什么呢？就是争面包，争饭碗。到了共产时代，大家都有面包和饭吃，便不至于争，便可以免去人同人争。所以共产主义就是最高的理想来解决社会问题的。我们国民党所提倡的民生主义不但是最高的理想，并且是社会的原动力，是一切历史活动的重心。民生主义能够实行，社会问题才可以解决；社会问题能够解决，人类才可以亨〔享〕很大的幸福。我今天来分别共产主义和民生主义，可以说共产主义是民生的理想，民生主义是共产的实行。所以两种主义没有什么分别，要分别的还是在方法。

我们国民党在中国所占的地位、所处的时机，要解决民生问题应该用什么方法呢？这个方法不是一种玄妙理想，不是一种空洞学问，是一种事实。这种事实不但是外国所独有的，就是中国也是有的。我们要拿事实做材料才能够定出方法，如果单拿学理来定方法，这个方法是靠不住的。这个理由，就是因为学理有真的有假的，要经过试验才晓得是对与不对。好像科学上发明一种学理，究竟是对与不对，一定要做成事实，能够实行，才可以说是真学理。科学上最初发明的许多学理，一百种之中有九十九种是不能够实行的，能够实行的学理不过是百分之一。如果通通照学理去定办法，一定是不行的。所以我们解决社会问题，一定是要根据事实，不能单凭学理。

在中国的这种事实是什么呢？就是大家所受贫穷的痛苦。中国人大家都是贫，并没有大富的特殊阶级，只有一般普通的贫。中国人所谓"贫富不均"，不过在贫的阶级之中，分出大贫与小贫。其实中国的顶大资本家，和外国资本家比较不过是一个小贫，其他的穷人都可说是大贫。中国的大资本家在世界上既然是不过一个贫人，可见中国人通通是贫，并没有大富，只有大贫、小贫的分别。我们要把这个分别弄到大家平均，都没有大贫，要用什么方法呢？大概社会变化和资本发达的程序，最初是由地主，然后由地主到商人，再由商人才到资本家。地主之发生是由于封建制度。欧洲现在还没有脱离封建制度，中国自秦以后封建制度便已经打破了。当封建制度的时候，有地的贵族便是富人，没有地的人便是贫民。中国到今日脱离封建制度虽然有了二千多年，但是因为工商业没有发达，今日的社会情形还是和二千多年以前的社会情形一样。中国到今日虽然没有大地主，还有小地主。在这种小地主时代，大多数地方还是相安无事，没有人和地主为难。

不过，近来欧美的经济潮流一天一天的侵进来了，各种制度都是在变动，所受的头一个最大的影响就是土地问题。比方现在广州市的土地在开辟了马路之后，长堤的地价，和二十年以前的地价相差是有多少呢？又像上海黄浦滩的地价，比较八十年前的地价相差又是有多少呢？大概可说相差一万倍，就是从前的土地大概一块钱可以买一方丈，现在的一方丈便要卖一万块钱。好像上海黄浦滩的土地现在每亩要值几十万，广州长堤的土地现在每亩要值十几万。所以中国土地先受欧美经济的影响，地主便变成了富翁，和欧美的资本家一样了。经济发达，土地受影响的这种变动，不独中国为然，从前各国也有这种事实。不过各国初时不大注意，没有去理会，后来变动越大才去理会，便不容易改动，所谓积重难返了。我们国民党对于中国这种地价的影响，思患预防，所以要想方法来解决。

讲到土地问题，在欧美社会主义的书中，常说得有很多有趣味的故事。像澳洲有一处地方，在没有成立市场以前，地价是很平的。有一次政府要拍卖一块土地，这块土地在当时是很荒芜的，都是作垃圾堆之用，没有别的用处，一班人都不愿意出高价去买。忽然有一个醉汉闯入拍卖场来。当时拍卖官正在叫卖价，众人所还的价有一百元的，有二百元的，有还到二百五十元的；到了还到二百五十元的时候，便没人再加高价。拍卖官就问有没有加到三百元的？当时那个醉汉，醉到很糊涂，便一口答应说：“我出价三百元。”他还价之后，拍卖官便照他的姓名定下那块地皮。地既卖定，众人散去，他也走了。到第二天，拍卖官开出账单，向他要地价的钱。他记不起昨天醉后所做的事情，便不承认那一笔账。后来回忆他醉中所做的事，就大生悔恨。但对于政府既不能赖账，只可费了许多筹画，尽其所有，才凑够三百元来给拍卖官。他得了那块地皮之后，许久也没有能力去理会。相隔十多年，那块地皮的周围都建了高楼大厦，地价都是高到非常。有人向他买那块地皮，还他数百万的价钱，他还不放手。他只是把那块地分租与人，自己总是收地租。更到后来，这块地便长价到几千万，这个醉汉便变成澳洲第一个富家翁。推到这位澳洲几千万元财产的大富翁，还是由三百元的地皮来的。

讲到这种事实，在变成富翁的地主当然是很快乐，但是考究这位富翁原来只用三百元买得那块地皮，后来并没有加工改良，毫没有理会，只是睡觉，便坐享其成，得了几千万元。这几千万元是谁人的呢？依我看来，是大家的。因为社会上大家要用那处地方来做工商事业的中心点，便去把他改良，那块地方的地价才逐渐增加到很高。好像我们现在用上海地方做中国中部工商业的中心点，所以上海的地价比从前要增涨几万倍。又像我们用广州做中国南部工商业的中心点，广州的地价也比从前要增涨几万倍。上海的人口不过一百多万，广州的人口也是一百多万，如果上海的人完全迁出上海，广州的人完全迁出广州，或者另外发生天灾人祸，令上海的人或广州的人都消灭，试问上海、广州的地价还值不值现在这样高的价钱呢？由此可见，土地价值之能够增加的理由，是由于众人的功劳，众人的力量，地主对于地价涨跌的功劳是没有一点关系的。所以外国学者认地主由地价增高所获的利益，名之为"不劳而获"的利，比较工商业的制造家要劳心劳力，买贱卖贵，费许多打算、许多经营才能够得到的利益，便大不相同。工商业家垄断物质的价值来赚钱，我们已经觉得是不公平，但是工商业家还要劳心劳力，地主只要坐守其成，毫不用心力，便可以得很大的利益。但是地价是由什么方法才能够增涨呢？是由于众人改良那块土地，争用那块土地，地价才是增涨。地价一增涨，在那块地方之百货的价钱都随之而涨。所以就可以说，众人在那块地方经营工商业所赚的钱，在间接无形之中都是被地主抢去了。

至于中国社会问题，现在到了什么情形呢？一般研究社会问题和提倡解决社会问题的人，所有的这种思想学说都是从欧美得来的。所以讲到解决社会问题的办法，除了欧美各国所主张的和平办法和马克思的激烈办法以外，也没有别的新发明。此刻讲社会主义，极时髦的人是赞成马克思的办法。所以一讲到社会问题，多数的青年便赞成共产党，要拿马克思主义在中国来实行。到底赞成马克思主义的那般青年志士，用心是什么样呢？他们的用心是很好的，他们的主张是要从根本上解决，以为政治、社会问题要正本清源，非从根本上解决不可。所以他们便极力组织共产党，在中国来活动。

我们国民党的旧同志，现在对于共产党生出许多误会，以为国民党提倡三民主义是与共产主义不相容的。不知道我们一般同志，在二十年前都是赞成三民主义互相结合。在没有革命以前，大多数人的观念只知道有民族主义，譬如当时参加同盟会的同志，各人的目的都是在排满。在进会的时候，我要他们宣誓，本是赞成三民主义，但是他们本人的心理，许多都是注意民族主义，要推翻清朝，以为只要推翻满清之后，就是中国人来做皇帝，他们也是欢迎的。就他们宣誓的目的，本是要实行三民主义，同时又赞成中国人来做皇帝，这不是反对民权主义吗？就是极有思想的同志赞成三民主义，明白三民主义是三个不同的东西，想用革命手段来实行主义，在当时以为只要能够排满，民族主义能够达到目的，民权主义和民生主义便自然跟住做去，没有别样枝节。所以他们对于民权主义和民生主义，在当时都没有过细研究。在那个时候他们既是不过细研究，所以对于民权主义固然是不明白，对于民生主义更是莫明其妙。革命成功以后成立民国，采用共和制度，此时大家的思想，对于何以要成立民国都是不求甚解。就是到现在，真是心悦诚服实行民权、赞成共和的同志还是很少。大家为什么当初又来赞成民国，不去反对共和呢？这个顶大的原因，是由于排满成功以后，各省同志由革命所发生的新军人，或者满清投降革命党的旧军人，都是各据一方，成了一个军阀，做了一个地方的小皇帝，想用那处地盘做根本，再行扩充。像拿到了广东地盘的军人，便想把广东的地盘去扩充；拿到云南、湖南地盘的军人，便想把云南、湖南的地盘去扩充；拿到了山东、直隶的军人，也想把山东、直隶的地盘去扩充。扩充到极大的时候，羽毛丰满了之后，他们便拿自己的力量来统一中国，才明目张胆来推翻共和。这种由革命所成的军阀，或由满清投降到民国的军阀，在当时都是怀抱这种心事。他们以为自己一时的力量不能统一中国，又不愿意别人来统一中国，大家立心便沉机观变，留以有待。所以这种军阀在当时既不明白共和，又来赞成民国，实在是想做皇帝，不过拿赞成民国的话来做门面，等待他们的地盘扩充到极大之后，时机一到便来反对民国，解决国家问题。因为这个原因，所以当初的民国还能够成立。在这十三年之中的民国，便有许多人想来推翻，但是他们的力量都不甚大，所以民国的名义还能够苟延残喘，继续到现在。由此便可见当时同盟会人的心理，对于民权主义便有许多都是模棱两可，对于民生主义更是毫无心得。

现在再来详细剖解。革命成功之后，改大清帝国为中华民国，我们国民党至今还是尊重民国。一班革命同志对于国民党的三民主义是什么情形呢？民国政治上经过这十三年的变动和十三年的经验，现在各位同志对于民族、民权那两个主义都是很明白的，但是对于民生主义的心理，好像革命以后革命党有兵权的人对于民权主义一样无所可否，都是不明白的。为什么我敢说我们革命同志对于民生主义还没有明白呢？就是由于这次国民党改组，许多同志因为反对共产党，便居然说共产主义与三民主义不同，在中国只要行三民主义便够了，共产主义是决不能容纳的。然则民生主义到底是什么东西呢？我在前一次讲演有一点发明，是说社会的文明发达、经济组织的改良和道德进步，都是以什么为重心呢，就是以民生为重心。民生就是社会一切活动中的原动力。因为民生不遂，所以社会的文明不能发达，经济组织不能改良和道德退步，以及发生种种不平的事情。像阶级战争和工人痛苦，那些种种压迫，都是由于民生不遂的问题没有解决。所以社会中的各种变态都是果，民生问题才是因。照这样判断，民生主义究竟是什么东西呢？民生主义就是共产主义，就是社会主义。所以我们对于共产主义，不但不能说是和民生主义相冲突，并且是一个好朋友，主张民生主义的人应该要细心去研究的。

共产主义既是民生主义的好朋友，为什么国民党员要去反对共产党员呢？这个原因，或者是由于共产党员也有不明白共产主义为何物，而尝有反对三民主义之言论，所以激成国民党之反感。但是这种无知妄作的党员，不得归咎于全党及其党中之主义，只可说是他们个人的行为。所以我们决不能够以共产党员个人不好的行为，便拿他们来做标准去反对共产党。既是不能以个人的行为便反对全体主义，那么，我们同志中何以发生这种问题呢？原因就是由于不明白民生主义是什么东西。殊不知民生主义就是共产主义，这种共产主义的制度，就是先才①讲过并不是由马克思发明出来的。② 照生物进化家说，人类是由禽兽进化而来的。先由兽类进化之后，便逐渐成为部落，在那个时候人类的生活便与兽类的生活不同。人类最先所成的社会，就是一个共产社会。所以原人时代，已经是共产时代。那个原人时代的情形究竟是怎么样，我们可以考察现在非洲和南洋群岛的土人生番毫末〔未〕有受过文明感化的社会，是什么制度。那些土人生番的社会制度，通通是共产。由于现在那些没有受过文明感化的社会都是共产，可见我们祖先的社会一定也是共产的。

近来欧美经济的潮流侵入中国，最先所受的影响就是土地。许多人把土地当作赌具，做投机事业，俗语说是炒地皮。原来有许多地皮毫不值钱，要到了十年、二十年之后才可以值高价钱的，但是因为有投机的人从中操纵，便把那块地价预先抬高。这种地价的昂贵，更是不平均。由于土地问题所生的弊病，欧美还没有完善方法来解决，我们要解决这个问题，便要趁现在的时候，如果等到工商业发

---

①　"先才"为广州话方言，刚刚、刚才之意，以往有误改为"在先"者。
②　据前引注的《民生主义》再版本，此处尚有如下一段话："当原始人类发生的时候，便有这种制度，便实行共产。"

达以后更是没有方法可以解决。中国现在受欧美的影响，社会忽生大变动，不但是渐渐成为贫富不齐，就是同是有土地的人也生出不齐。比方甲有一亩地是在上海黄埔〔浦〕滩，乙有一亩地是在上海乡下。乙的土地，如果是自己耕种，或者每年可以得一二十元；如果租与别人，最多不过得五元至十元。但是甲在上海的土地，每亩可租得一万几千元。由此便可见上海的土地可以得几千倍，乡下的土地只能够得一倍。同是有一亩土地，便生出这样大的不平。我们国民党的民生主义，目的就是要把社会上的财源弄到平均。所以民生主义就是社会主义，也就是共产主义，不过办法各有不同。我们的头一个办法，是解决土地问题。

解决土地问题的办法各国不同，而且各国有很多繁难的地方。现在我们所用的办法是很简单很容易的，这个办法就是平均地权。讲到解决土地问题，平均地权，一般地主自然是害怕，好像讲到社会主义一般资本家都是害怕，要起来反对一样。所以说到解决土地问题，如果我们的地主是像欧洲那种大地主，已经养成了很大的势力，便很不容易做到。不过中国今日没有那种大地主，一般小地主的权力还不甚大，现在就来解决还容易做到。如果现在失去了这个机会，将来更是不能解决。讲到了这个问题，地主固然要生一种害怕的心理，但是照我们国民党的办法现在的地主还是很可以安心的。

这种办法是什么呢？就是政府照地价收税和照地价收买。究竟地价是什么样定法呢？依我的主张，地价应该由地主自己去定。比方广州长堤的地价，有值十万元一亩的，有值一万元一亩的，都是由地主自己报告到政府。至于各国土地的税法，大概都是值百抽一，地价值一百元的抽税一元，值十万元的便抽一千元，这是各国通行的地价税。我们现在所定的办法也是照这种税率来抽税，地价都是由地主报告到政府，政府照他所报的地价来抽税。许多人以为地价由地主任意报告，他们以多报少，政府岂不是要吃亏么？譬如地主把十万元的地皮，到政府只报告一万元。照十万元的地价，政府应该抽税一千元；照地主所报一万元的地价来抽税，政府只抽得一百元，在抽税机关一方面自然要吃亏九百元。但是政府如果定了两种条例，一方面照价抽税，一方面又可以照价收买。那么地主把十万元的地皮只报一万元，他骗了政府九百元的税，自然是占便宜；如果政府照一万元的价钱去收买那块地皮，他便要失去九万元的地，这就是大大的吃亏。所以照我的办法，地主如果以多报少，他一定怕政府要照价收买，吃地价的亏；如果以少报多，他又怕政府要照价抽税，吃重税的亏。在利害两方面互相比较，他一定不情愿多报，也不情愿少报，要定一个折中的价值，把实在的市价报告到政府。地主既是报折中的市价，那么政府和地主自然是两不吃亏。

地价定了之后，我们更有一种法律的规定。这种规定是什么呢？就是从定价那年以后，那块地皮的价格再行涨高，各国都是要另外加税，但是我们的办法就要以后所加之价完全归为公有。因为地价涨高，是由于社会改良和工商业进步。中国的工商业几千年都没有大进步，所以土地价值常常经过许多年代都没有大改变。如果一有进步，一经改良，像现在的新都市一样，日日有变动，那种地价便要增加几千倍，或者是几万倍了。推到这种进步和改良的功劳，还是由众人的力量经营而来的。所以由这种改良和进步之后所涨高的地价，应该归之大众，不应该归之私人所有。比方有一个地主现在报一块地价是一万元，到几十年之后那块地价涨到一百万元，这个所涨高的九十九万元，照我们的办法都收归众人公有，以酬众人改良那块地皮周围的社会和发达那块地皮周围的工商业之功劳。这种把以后涨高的地价收归众人公有的办法，才是国民党所主张的平均地权，才是民生主义。这种民生主义就是共产主义。所以国民党员既是赞成了三民主义，便不应该反对共产主义。因为三民主义之中的民生主义，大目的就是要众人能够共产。不过我们所主张的共产，是共将来，不是共现在。这种将来的共产是很公道的办法，以前有了产业的人决不至吃亏，和欧美所谓收归国有，把人民已有了的产业都抢去政府里头是大不相同。地主真是明白了我们平均地权办法的道理，便不至害怕。因为照我们的办法，把现在所定的地价还是归地主私有。土地问题能够解决，民生问题便可以解决一半了。

文明城市实行地价税，一般贫民可以减少负担，并有种种利益。像现在的广州市，如果是照地价收税，政府每年便有一宗很大的收入。政府有了大宗的收入，行政经费便有着落，便可以整理地方。一切杂税固然是可以豁免，就是人民所用的自来水和电灯费用都可由政府来负担，不必由人民自己去负担。其他马路的修理费和警察的给养费，政府也可向地税项下拨用，不必另外向人民来抽警捐和修路费。但是广州现在涨高的地价都是归地主私人所有，不是归公家所有，政府没有大宗收入，所以一切费用便不能不向一般普通人民来抽种种杂捐。一般普通人民负担的杂捐太重，总是要纳税，所以便很穷，所以中国的穷人便很多。这种穷人负担太重的原故，就是由于政府抽税不公道，地权不平均，土地问题没有解决。如果地价税完全实行，土地问题可以解决，一般贫民便没有这种痛苦。

外国的地价虽然是涨得很高，地主的收入固然是很多，但是他们科学进步，机器发达，有机器的资本家便有极大的生产，这种资本家所有极大生产的收入，比较地主的收入更要多得利害。中国现在最大收入的资本家只是地主，并无拥有机器的大资本家。所以我们此时来平均地权，节制资本，解决土地问题，便是一件很容易的事。

讲到照价抽税、照价收买，就有一重要事件要分别清楚，就是地价是单指素地来讲，不算人工之改良及地面之建筑。比方有一块地价值是一万元，而地面的楼宇是一百万元，那么照价抽税，照值百抽一来算，只能抽一百元。如果照价收买，就要给一万元地价之外，另要补回楼宇之价一百万元了。其他之地，若有种树、筑堤、开渠各种人工之改良者，亦要照此类推。

我们在中国要解决民生问题，想一劳永逸，单靠节制资本的办法是不足的。现在外国所行的所得税，就是节制资本之一法。但是他们的民生问题究竟解决了没有呢？中国不能和外国比，单行节制资本是不足的。因为外国富，中国贫，外国生产过剩，中国生产不足。所以中国不单是节制私人资本，还是要发达国家资本。我们的国家现在四分五裂，要发达资本，究竟是从那一条路走？现在似乎看不出，料不到。不过这种四分五裂是暂时的局面，将来一定是要统一的。统一之后要解决民生问题，一定要发达资本，振兴实业。振兴实业的方法很多：第一是交通事业，像铁路、运河都要兴大规模的建筑；第二是矿产，中国矿产极其丰富，货藏于地，实在可惜，一定是要开辟的；第三是工业，中国的工业非要赶快振兴不可。中国工人虽多，但是没有机器，不能和外国竞争，全国所用的货物都是靠外国制造输运而来，所以利权总是外溢。我们要挽回这种利权，便要赶快用国家的力量来振兴工业，用机器来生产，令全国的工人都有工作。到全国的工人都有工做，都能够用机器生产，那便是一种很大的新财源。如果不用国家的力量来经营，任由中国私人或者外国商人来经营，将来的结果也不过是私人的资本发达，也要生出大富阶级的不平均。所以我们讲到民生主义，虽然是很崇拜马克思的学问，但是不能用马克思的办法到中国来实行。这个理由很容易明白，就是俄国实行马克思的办法，革命以后行到今日，对于经济问题还是要改用新经济政策。俄国之所以要改用新经济政策，就是由于他们的社会经济程度还比不上英国、美国那样的发达，还是不够实行马克思的办法。俄国的社会经济程度尚且比不上英国、美国，我们中国的社会经济程度怎么能够比得上呢？又怎么能够行马克思的办法呢？所以照马克思的党徒，用马克思的办法来解决中国的社会问题，是不可能的。

　　我记得三十多年前，我在广州做学生的时候，西关的富家子弟一到冬天便穿起皮衣。广州冬天的天气本来不大冷，可以用不着皮衣的，但是那些富家子弟每年到冬天总是要穿皮衣，表示他们的豪富。在天气初冷的时候便穿小毛，稍为再冷便穿大毛，在深冬的时候，无论是什么天气他们都是穿大毛。有一天，他们都是穿了大毛皮衣到一个会场，天气忽然变暖，他们便说道："现在这样的天气，如果不翻北风①，便会坏人民了。"照这样说法，以"不翻北风便坏人民"，在他们的心理以为社会上大家都是有皮衣穿，所以不翻北风，大家便要受热，是于大家卫生有害的。其实社会上那里个个人有皮衣穿呢？广州人民在冬天有的穿棉衣，有的是穿夹衣，甚至于有许多人只是穿单衣，那里还怕"不翻北风"呢！现在一般青年学者信仰马克思主义，一讲到社会主义，便主张用马克思的办法来解决中国社会经济问题，这就是无异"不翻北风就坏人民"一样的口调。不知中国今是患贫，不是患不均。在不均的社会，当然可用马克思的办法，提倡阶级战争去打平他。但在中国实业尚未发达的时候，马克思的阶级战争、无产专制便用不着。所以我们今日师马克思之意则可，用马克思之法则不可。我们主张解决民生问题的方法，不是先提出一种毫不合时用的剧烈办法，再等到实业发达以求适用；是要用一种思患预防的办法来阻止私人的大资本，防备将来社会贫富不均的大毛病。这种办法才是正当解决今日中国社会问题的方法，不是先穿起大毛皮衣再来希望翻北风的方法。

　　我先才讲过，中国今日单是节制资本仍恐不足以解决民生问题，必要加以制

----

　　①　"翻北风"为广州话方言，即起北风。

造国家资本方可解决之。何谓制造国家资本呢？就是发展国家实业是也。其计画已详于《建国方略》第二卷之《物质建设》，又名曰《实业计画》，此书已言制造国家资本之大要。前言商业时代之资本为金钱，工业时代之资本为机器，故当由国家经营，设备种种之生产机器为国家所有。好像欧战时候各国所行的战时政策，把大实业和工厂都收归国有一样，不过他们试行这种政策不久便停止罢了。中国本来没有大资本家，如果由国家管理资本，发达资本，所得的利益归人民大家所有，照这样的办法，和资本家不相冲突，是很容易做得到的。

照美国发达资本的门径，第一是铁路，第二是工业，第三是矿产。要发达这三种大实业，照我们中国现在的资本、学问和经验都是做不来的，便不能不靠外国已成的资本。我们要拿外国已成的资本，来造成中国将来的共产世界，能够这样做去才是事半功倍。如果要等待我们自己有了资本之后才去发展实业，那便是很迂缓了。中国现在没有机器，交通上不过是六七千英里的铁路，要能够敷用，应该要十倍现在的长度，至少要有六七万英里才能敷用。所以，不能不借助外资来发展交通运输事业，又不能不借用外国有学问经验的人材来经营这些实业。至于说到矿产，我们尚未开辟。中国的人民比美国多，土地比美国大，美国每年产煤有六万万吨、钢铁有九千万吨，中国每年所产的煤铁不及美国千分之一。所以要赶快开采矿产，也应该借用外资。其他建造轮船、发展航业和建设种种工业的大规模工厂，都是非借助外国资本不可。如果交通、矿产和工业的三种大实业都是很发达，这三种收入每年都是很大的。假若是由国家经营，所得的利益归大家共享，那么全国人民便得享资本的利，不致受资本的害，像外国现在的情形一样。外国因为大资本是归私人所有，便受资本的害，大多数人民都是很痛苦，所以发生阶级战争来解除这种痛苦。

我们要解决中国的社会问题，和外国是有相同的目标。这个目标，就是要全国人民都可以得安乐，都不致受财产分配不均的痛苦。要不受这种痛苦的意思，就是要共产。所以我们不能说共产主义与民生主义不同。我们三民主义的意思，就是民有、民治、民享。这个民有、民治、民享的意思，就是国家是人民所共有，政治是人民所共管，利益是人民所共享。照这样的说法，人民对于国家不只是共产，一切事权都是要共的。这才是真正的民生主义，就是孔子所希望之大同世界。

第　三　讲

（八月十七日）

　　今天所讲的是吃饭问题。大家听到讲吃饭问题，以为吃饭是天天做惯了的事。常常有人说，天下无论什么事都没有容易过吃饭的。可见吃饭是一件很容易的事，是一件常常做惯了的事。为什么一件很容易又是做惯了的事还有问题呢？殊不知道吃饭问题就是顶重要的民生问题。如果吃饭问题不能够解决，民生主义便没有方法解决。所以民生主义的第一个问题，便是吃饭问题。古人说："国以民为本，民以食为天。"可见吃饭问题是很重要的。

　　未经欧战以前，各国政治家总没有留意到吃饭问题。在这个十年之中，我们留心欧战的人，研究到德国为什么失败呢？正当欧战剧烈的时候，德国都是打胜仗，凡是两军交锋，无论是陆军的步队、炮队和骑兵队，海军的驱逐舰、潜水艇和一切战斗舰，空中的飞机、飞艇，都是德国战胜。自始至终，德国没有打过败仗。但是欧战结果，德国终归于大败，这是为什么原因呢？德国之所以失败，就是为吃饭问题。因为德国的海口都被联军封锁，国内粮食逐渐缺乏，全国人民和兵士都没有饭吃，甚至于饿死，不能支持到底，所以终归失败。可见吃饭问题是关系国家之生死存亡的。

　　近来有饭吃的国家，第一个是美国，美国每年运送许多粮食去接济欧洲。其次是俄国，俄国地广人稀，全国出产的粮食也是很多。其他像澳洲、加拿大和南美洲阿根廷那些国家，都是靠粮食做国家的富源，每年常有很多粮食运到外国去卖，补助各国粮食之不足。不过当欧战时候，平时许多供运输的轮船都是被国家收管，作军事的转运，至于商船是非常缺乏。所以澳洲和加拿大、阿根廷那些地方多余的粮食便不能运到欧洲，欧洲的国家便没有饭吃。中国当欧战的时候幸而没有水旱天灾，农民得到了好收成，所以中国没有受到饥荒。如果在当时遇着像今年的水灾，农民没有收成，中国一定也是没有饭吃。当时中国能够逃过这种灾害，不至没有饭吃，真是一种天幸了。现在世界各国有几国是有饭吃的，有许多国是没有饭吃的。像西方三岛的英国，一年之中所出的粮食只够三个月吃，有九个月所吃的粮食都是靠外国运进去的。所以当欧战正剧烈的时候，德国的潜水艇把英国的海口封锁了，英国便几乎没有饭吃。东方三岛的日本国每年也是不够饭吃，不过日本所受粮食缺乏的忧愁，没有像英国那些利害。日本本国的粮食，一年之中可以供给十一个月，不够的约有一个月。德国的粮食，一年之中可以供给十个月，还相差约两个月。其他欧洲各小国的粮食有许多都是不够的。德国的粮食在平时已经是不够，当欧战时候许多农民都是去当兵士，生产减少，粮食更是不够，所以大战四年，归到结果便是失败。由此可见，全国的吃饭问题是很重要的。

　　如果是一个人没有饭吃，便容易解决；一家没有饭吃，也很容易解决。至于要全国人民都有饭吃，像要中国四万万人都是足食，提到这个问题便是很重要，便不容易解决。到底中国粮食是够不够呢？中国人有没有饭吃呢？像广东地方每年进口的粮食要值七千万元，如果在一个月之内外间没有米运进来，广东便马上闹饥荒，可见广东是不够饭吃的。这是就广东一省而言，其他有许多省分都是有和广东相同的情形。至于中国土地的面积是比美国大得多，人口比美国多三四倍，如果就吃饭这个问题用中国和美国来讨论，中国自然比不上美国。但是和欧洲各国来比较，德国是不够饭吃的，故欧战开始之后两三年国内便有饥荒。法国是够饭吃的，故平时不靠外国运进粮食，还可足食。用中国和法国来比较，法国的人口是四千万，中国的人口是四万万，法国土地的面积为中国土地面积的二十分之一，所以中国的人口比法国是多十倍，中国的土地是比法国大二十倍。法国四千万人口因为能够改良农业，所以得中国二十份一的土地，还能够有饭吃。中国土地的面积比法国大二十倍，如果能够仿效法国来经营农业，增加出产，所生产的粮食至少要比法国多二十倍。法国现在可以养四千万人，我们中国至少也应该可以养八万万人，全国人口不但是不怕饥荒，并且可以得粮食的剩余，可以供给他国。但是中国现在正是民穷财尽，吃饭问题的情形到底是怎么样呢？全国人口现在都是不够饭吃，每年饿死的人数大概过千万。这还是平时估算的数目，如果遇着了水旱天灾的时候，饿死的人数更是不止千万了。照外国确实的调查，今年中国的人数只有三万万一千万。中国的人数在十年以前是四万万，现在只有三万万一千万，这十年之中便少了九千万，这是一件很可怕的事，是应该要研究的一个大问题。中国人口在这十年之中所以少了九千万的原故，简而言之，就是由于没有饭吃。

　　中国之所以没有饭吃，原因是很多的，其中最大的原因就是农业不进步，其次就是由于受外国经济的压迫。在从前讲民族问题的时候，我曾说外国用经济势力来压迫中国，每年掠夺中国的利权，现在有十二万万元。就是中国因为受外国经济的压迫，每年要损失十二万万元。中国把这十二万万元是用什么方法贡献到外国呢？是不是把这十二万万元的金钱运送到外国呢？这十二万万元的损失，不是完全用金钱，有一部分是用粮食。中国粮食供给本国已经是不足，为什么还有粮食运送到外国去呢？从什么地方可以看得出来呢？照前几天外国的报告，中国出口货中，以鸡蛋一项，除了制成蛋白质者不算，只就有壳的鸡蛋而论，每年运进美国的便有十万万个，运进日本及英国的也是很多。大家如果是到过了南京的，一抵下关便见有一所很宏伟的建筑，那所建筑是外国人所办的制肉厂，把中国的猪、鸡、鹅、鸭各种家畜都在那个制肉厂内制成肉类，运送到外国。再像中国北方的大小麦和黄豆，每年运出口的也是不少。前三年中国北方本是大旱，沿京汉、京奉铁路一带饿死的人民本是很多，但是当时牛庄、大连还有很多的麦、豆运出外国。这是什么原故呢？就是由于受外国经济的压迫。因为受了外国经济的压迫，没有金钱送到外国，所以宁可自己饿死，还要把粮食送到外国去。这就是中国的吃饭问题还不能够解决。

　　现在我们讲民生主义，就是要四万万人都有饭吃，并且要有很便宜的饭吃。要全国的个个人都有便宜饭吃，那才算是解决了民生问题。要能够解决这个问题，究竟是从什么地方来研究起呢？吃饭本来是很容易的事，大家天天都是睡觉吃饭，以为没有什么问题。中国的穷人常有一句俗话说："天天开门七件事，柴米油盐酱醋茶。"可见吃饭是有问题的。我们要解决这个问题，便要详细来研究。

　　我们人类究竟是吃一些什么东西才可以生存呢？人类所吃的东西有许多是很重要的材料，我们每每是忽略了。其实我们每天所靠来养生活的粮食，分类说起来，最重要的有四种。第一种是吃空气，浅白言之，就是吃风。我讲到吃风，大家以为是笑话，俗语说"你去吃风"，是一句轻薄人的话，殊不知道吃风比较吃饭还要重要得多。第二种是吃水。第三种是吃动物，就是吃肉。第四种是吃植物，就是吃五谷果蔬。这个风、水、动、植四种东西，就是人类的四种重要粮食。现在分开来讲。第一种吃风，大家不可以为是笑话。如果大家不相信吃风是一件最重要的事，大家不妨把鼻孔、口腔都闭住起来，一分钟不吃风，试问要受什么样的感觉呢？可不可以忍受呢？我们吃风每分钟是十六次，就是每分钟要吃十六餐。每天吃饭最多不过是三餐，像广东人吃饭，连消夜算起来，也不过每天吃四餐。至于一般穷人吃饭，大概都是两餐，没有饭吃的人就是一餐也可以渡生活。至于吃风，每日就要吃二万三千零四十餐，少了一餐便觉得不舒服，如果数分钟不吃，必定要死。可见风是人类养生第一种重要的物质。第二种是吃水，我们单独靠吃饭不吃水，是不能够养生的。一个人没有饭吃，还可以支持过五六天，不至于死；但是没有水吃，便不能支持过五天，一个人有五天不吃水便要死。第三种是吃植物，植物是人类养生之最要紧的粮食。人类谋生的方法很进步之后，才知道吃植物。中国是文化很老的国家，所以中国人多是吃植物。至于野蛮人多是吃动物，所以动物也是人类的一种粮食。风、水、动、植这四种物质，都是人类养生的材料。不过风和水是随地皆有的。有人居住的地方，无论是在河边或者是在陆地，不是有河水便有泉水，或者是井水，或者是雨水，到处皆有水。风更是无处不有。所以风和水虽然是很重要的材料，很急需的物质，但是因为取之无尽、用之不竭，是天给与人类，不另烦人力的，所谓是一种天赐。因为这个情形，风和水这两种物质不成问题，但是动植物质便成为问题。原始时代的人类和现在的野蛮人都是在渔猎时代，谋生的方法只是打鱼猎兽，捉水陆的动物做食料。后来文明进步，到了农业时代便知道种五谷，便靠植物来养生。中国有了四千多年的文明，我们食饭的文化是比欧美进步得多，所以我们的粮食多是靠植物。植物虽然是靠土地来生长，但是更要费许多功夫，经过许多生产方法才可以得到。所以要解决植物的粮食问题，便先要研究生产问题。

中国自古以来都是以农立国，所以农业就是生产粮食的一件大工业。我们要把植物的生产增加，有什么方法可以达到目的呢？中国的农业从来都是靠人工生产，这种人工生产在中国是很进步的，所收获的各种出品都是很优美的，所以各国学者都极力赞许中国的农业。中国的粮食生产既然是靠农工〔民〕，中国的农民又是很辛苦勤劳，所以中国要增加粮食的生产，便要在政治、法律上制出种种规定来保护农民。中国的人口，农民是占大多数，至少有八九成，但是他们由很辛苦勤劳得来的粮食，被地主夺去大半，自己得到手的几乎不能够自养，这是很不公平的。我们要增加粮食生产，便要规定法律，对于农民的权利有一种鼓励、有一种保障，让农民自己可以多得收成。我们要怎么样能够保障农民的权利，要怎么样令农民自己才可以多得收成，那便是关于平均地权的问题。前几天，我们国民党在这个高师学校开了一个农民联欢大会①，做农民的运动，不过是想解决这个问题的起点。至于将来民生主义真是达到目的，农民问题真是完全解决，是要"耕者有其田"，那才算是我们对于农民问题的最终结果。中国现在的农民究竟是怎么样的情形呢？中国现在虽然是没有大地主，但是一般农民有九成都是没有田的。他们所耕的田大都是属于地主的，有田的人自己多不去耕。照道理来讲，农民应该是为自己耕田，耕出来的农品要归自己所有。现在的农民都不是耕自己的田，都是替地主来耕田，所生产的农品大半是被地主夺去了。这是一个很重大的问题，我们应该马上用政治和法律来解决。如果不能够解决这个问题，民生问题便无从解决。农民耕田所得的粮食，据最近我们在乡下的调查，十分之六是归地主，农民自己所得到的不过十分之四，这是很不公平的。若是长此以往，到了农民有知识，还有谁人再情愿辛辛苦苦去耕田呢？假若耕田所得的粮食完全归到农民，农民一定是更高兴去耕田的。大家都高兴去耕田，便可以多得生产。但是现在的多数生产都是归于地主，农民不过得回四成。农民在一年之中辛辛苦苦所收获的粮食，结果还是要多数归到地主，所以许多农民便不高兴去耕田，许多田地便渐成荒芜，不能生产了。

我们对于农业生产，除了上说之农民解放问题以外，还有七个加增生产的方法要研究：第一是机器问题，第二是肥料问题，第三是换种问题，第四是除害问题，第五〔是〕制造问题，第六是运送问题，第七是防灾问题。

第一个方法就是机器问题。中国几千年来耕田都是用人工，没有用过机器。如果用机器来耕田，生产上至少可以加多一倍，费用可减轻十倍或百倍。向来用人工生产，可以养四万万人，若是用机器生产便可以养八万万人。所以我们对于

---

① 一九二四年七月二十八日，中国国民党中央执行委员会农民部主持召开农民党员联欢大会，广州近郊农民党员千余人出席，孙文到会演说提出农民应首先结成团体的要求，会上通过成立广州市郊农民协会。八月二十一日，他又在国民党农民运动讲习所的演说中发表"耕者有其田才算是彻底的革命"的意见。

粮食生产的方法，若用机器来代人工，则中国现在有许多荒田不能耕种，因为地势太高，没有水灌溉，用机器抽水，把低地的水抽到高地，高地有水灌溉，便可以开辟来耕种。已开辟的良田，因为没有旱灾，更可以加多生产。那些向来不能耕种的荒地，既是都能够耕种，粮食的生产自然是大大增加了。现在许多耕田抽水的机器都是靠外国输运进来的，如果大家都用机器，需要增加，更要我们自己可以制造机器，挽回外溢的利权。

第二个方法就是肥料问题。中国向来所用的肥料，都是人与动物的粪料和各种腐败的植物，没有用过化学肥料的。近来才渐渐用智利硝①做肥料，像广东河南②有许多地方近来都是用智利硝来种甘蔗。甘蔗因为得了智利硝的肥料，生长的速度便加快一倍，长出来的甘蔗也加大几倍。凡是没有用过智利硝做肥料的甘蔗，不但是长得很慢，并且长得很小。但是智利硝是由南美洲智利国运来的，成本很高，卖价很贵，只有种甘蔗的人才能够买用，其他普通的农业都用不起。除了智利硝之外，海中各种甲壳动物的磷质和矿山岩石中的铍质，也是很好的肥料。如果硝质、磷质和铍质三种东西再混合起来，更是一种很好的肥料，栽培什么植物都很容易生长，生产也可以大大的增加。比方耕一亩田，不用肥料的可以收五箩谷，如果用了肥料便可以收多二三倍。所以要增加农业的生产，便要用肥料；要用肥料，我们便要研究科学，用化学的方法来制造肥料。

制造肥料的原料，中国到处都有，像智利硝那一种原料，中国老早便用来造火药。世界向来所用的肥料，都是由南美洲智利国所产。近来科学发达，发明了一种新方法，到处可以用电来造硝，所以现在各国便不靠智利运进来的天然硝，多是用电去制造人工硝。这种人工硝和天然硝的功用相同，而且成本又极便宜，所以各国便乐于用这种肥料。但是电又是用什么造成的呢？普通价钱极贵的电，都是用蒸汽力造成的；至于近来极便宜的电，完全是用水力造成的。近来外国利用瀑布和河滩的水力来运动发电机，发生很大的电力，再用电力来制造人工硝。瀑布和河滩的天然力是不用费钱的，所以发生电力的价钱是很便宜。电力既然是很便宜，所以由此制造出来的人工硝也是很便宜。

---

① 智利硝（Chile saltpeter），即硝酸钠（sodium nitrate）。

② 指珠江南岸。

这种瀑布和河滩在中国是很多的，像西江到梧州以上便有许多河滩。将近南宁的地方有一个伏波滩，这个滩的水力是非常之大，对于往来船只是很阻碍、危险的，如果把滩水蓄起来，发生电力，另外开一条航路给船舶往来，岂不是两全其利吗？照那个滩的水力计算，有人说可以发生一百万匹马力的电。其他像广西的抚河、红河①也有很多河滩，也可以利用来发生电力。再像广东北部之翁江②，据工程师的测量说，可以发生数万匹马力的电力，用这个电力来供给广州各城市的电灯和各工厂中的电机之用，甚至于把粤汉铁路照外国最新的方法完全电化，都可以足用。又像扬子江上游夔峡③的水力，更是很大。有人考察由宜昌到万县一带的水力，可以发生三千余万匹马力的电力，像这样大的电力比现在各国所发生的电力都要大得多，不但是可以供给全国火车、电车和各种工厂之用，并且可以用来制造大宗的肥料。又像黄河的龙门，也可以生几千万匹马力的电力。由此可见，中国的天然富源是很大的。如果把扬子江和黄河的水力，用新方法来发生电力，大约可以发生一万万匹马力。一匹马力是等于八个强壮人的力，有一万万匹马力便是有八万万人的力。一个人力的工作，照现在各国普通的规定每天是八点钟，如果用人力作工多过了八点钟，便于工人的卫生有碍，生产也因之减少，这个理由在前一回已经是讲过了。用人力作工每天不过八点钟，但是马力作工每天可以作足二十四点钟。照这样计算，一匹马力的工作，在一日夜之中便可等于二十四个人的工作。如果能够利用扬子江和黄河的水力发生一万万匹马力的电力，那便是有二十四万万个工人来做工，到了那个时候，无论是行驶火车汽车、制造肥料和种种工厂的工作都可以供给。韩愈说"工之家一，而用器之家六"，国家便一天穷一天。中国四万万人到底有多少人做工呢？中国年轻的小孩和老年的人固然是不作工，就是许多少年强壮的人，像收田租的地主，也是靠别人做工来养他们。所以中国人大多数都是不做工，都是分利，不是生利，所以中国便很穷。如果能够利用扬子江和黄河的水力发生一万万匹马力，有了一万万匹马力就是有二十四万万个人力，拿这么大的电力来替我们做工，那便有很大的生产，中国一

---

①　红河，当为红水河之误。

②　翁江，又名滃江，横贯翁源县境。

③　夔峡，瞿塘峡的别称，长江三峡之一。

定是可以变贫为富的。所以对于农业生产，要能够改良人工，利用机器，更用电力来制造肥料，农业生产自然是可以增加。

　　第三个方法就是换种问题。像一块地方，今年种这种植物，明年改种别种植物；或者同是一样的植物，在今年是种广东的种子，明年是种湖南的种子，后年便种四川的种子。用这样交换种子的方法，有什么好处呢？就是土壤可以交替休息，生产力便可以增〈加〉。而种子落在新土壤，生于新空气，强壮必加，结实必夥。所以能换种，则生产增加。

　　第四个方法是除物害问题。农业上还有两种物害：一是植物的害，一是动物的害。像稻田本来是要种谷，但是当种谷的时候常常生许多稗和野草，那些草和稗比禾生长得快，一面阻止禾的生长，一面吸收田中的肥料，于禾稻是很有害的。农民应用科学的道理，研究怎么样治疗那些草稗，以去植物之灾害，同时又要研究怎么样去利用那些草稗，来增加五谷的结实。至于动物的害是些什么呢？害植物的动物很多，最普通的是蝗虫和其他各种害虫。当植物的成熟时候，如果遇着了害虫，便被虫食坏了，没有收成。像今年广东的荔枝，因为结果的时候遇着了毛虫，把那些荔枝花都食去了，所以今年荔枝的出产是非常之少。其他害植物的虫是很多的，国家要用专门家对于那些害虫来详细研究，想方法来消除。像美国现在把这种事当作是一个大问题，国家每年耗费许多金钱来研究消除害虫的方法，美国农业的收入每年才可以增加几万万元。现在南京虽然是设了一个昆虫局来研究消除这种灾害，但是规模太小，没有大功效。我们要用国家的大力量，仿美国的办法来消除害虫，然后全国农业的灾害才可以减少，全国的生产才可以增加。

　　第五个方法就是制造问题。粮食要留存得长久，要运送到远方，就必须要经过一度之制造方可。我国最普通的制造方法就有两种，一是晒干，一是醃鹹，好像菜干、鱼干、肉干、咸菜、咸鱼、咸肉等便是。近来外国制造新法，就有将食物煮熟或烘熟，入落罐内而封存之，存留无论怎么长久，到时开食，其味如新，这是制造食物之最好方法。无论什么鱼肉、果蔬、饼食皆可制为罐头，分配全国或卖出外洋。

　　第六个方法就是运送问题。粮食到了有余的时候，我们还要彼此调剂，拿此地的有余去补彼地的不足。像东三省和北方是有豆有麦没有米，南方各省是有米没有豆和麦，我们就要把北方、东三省多余的豆、麦拿来供给南方，更要把南方多余的米拿去供给北方和东三省。要这样能够调剂粮食，便要靠运输。现在中国最大的问题就在运输，因为运输不方便，所以生出许多耗费。现在中国许多地方运送货物都是靠挑夫，一个挑夫的力量，顶强壮的每日只能够挑一百斤，走一百里路远，所需要的工钱总要费一元。这种耗费，不但是空花金钱，并且空费时间，中国财富的大部分于无形中便在运输这一方面消耗去了。讲到中国农业问题，如果真是能够做到上面所说的五种改良方法，令生产加多，但是运输不灵又要成什么景象呢？像前几年我遇着了一位云南土司，他是有很多土地的，每年收入很多租谷，他告诉我说："每年总要烧去几千担谷。"我说："谷是很重要的粮食，为什么要把他来烧去呢？"他说："每年收入的谷太多，自己吃不完，在附近的人民都是足食，又无商贩来买。转运的方法，只能够挑几十里路远，又不能运去远方去卖。因为不能运到远地去卖，所以每年总是新谷压旧谷，又没有多的仓库可以储蓄，等到新谷上了市，人民总是爱吃新谷，不爱吃旧谷，所以旧谷便没有用处。因为没有用处，所以每年收到新谷的时候，只好烧去旧谷，腾出空仓来储新谷。"这种烧谷的理由，就是由于生产过剩、运输不灵的原故。中国向来最大的耗费，就是在挑夫。像广州这个地方从前也有很多挑夫，现在城内开了马路，有了手车，许多事便可以不用挑夫。一架手车可以抵得几个挑夫，可以省几个挑夫的钱。一架自动车更可以抵得十几个挑夫，可以省十几个挑夫的钱。有手车和自动车来运送货物，不但是减少耗费，并可省少时间。至于西关没有马路的地方，还是要用挑夫来搬运。若是在乡下，要把一百斤东西运到几十里路远，更是不可不用挑夫。甚至于有钱的人走路都是用轿夫。中国从前因为这种运输方法不完全，所以就是极重要的粮食还是运输不通，因为粮食运输不通，所以吃饭问题便不能解决。

中国古时运送粮食最好的方法，是靠水道及运河。有一条运河①是很长的，由杭州起，经过苏州、镇江、扬州、山东、天津以至北通州②，差不多是到北京，有三千多里路远，实为世界第一长之运河。这种水运是很利便的，如果加多近来的大轮船和电船，自然更加利便。不过近来对于这条运河都是不大理会。我们要解决将来的吃饭问题，可以运输粮食，便要恢复运河制度。已经有了的运河便要

---

① 此指大运河，今亦名京杭运河。

② 北通州，指当时的通县。

修理，没有开辟运河的地方，更要推广去开辟。在海上运输更是要用大轮船，因为水运是世界上运输最便宜的方法。其次便宜的方法就是铁路，如果中国十八行省和新疆、满洲、青海、西藏、内外蒙古都修筑了铁路，到处联络起了，中国粮食便可以四处交通，各处的人民便有便宜饭吃。所以铁路也是解决吃饭问题的一个好方法。但是铁路只可以到繁盛的地方才能够赚钱，如果到穷乡僻壤的地方去经过，便没有什么货物可以运输，也没有很多的人民来往，在铁路一方面不但是不能够赚钱，反要亏本了。所以在穷乡僻壤的地方便不能够筑铁路，只能够筑车路，有了车路便可以行驶自动车。在大城市有铁路，在小村落有车路，把路线联络得很完全，于是在大城市运粮食便可以用大火车，在小村落运粮食便可以用自动车。像广东的粤汉铁路，由黄沙到韶关，铁路两旁的乡村是很多的。如果这些乡村都是开了车路，和粤汉铁路都是联络起来，不但是粤汉铁路可以赚许多钱，就是各乡村的交通也是很方便。假若到两旁的各乡村也要筑许多支铁路，用火车去运送，不用自动车去输送，那就一定亏本。所以现在外国乡下就是已经筑成了铁路，火车可以通行，但是因为没有多生意，便不用火车，还是改用自动车。因为每开一次火车要烧许多煤，所费成本太大，不容易赚钱；每开一次自动车，所费的成本很少，很容易赚钱。这是近来办交通事业的人不可不知道的。又像由广州到澳门向来都是靠轮船，近来有人要筹办广澳铁路，但是由广州到澳门不过二百多里路程远，如果筑了铁路，每天来往行车能开三次，还不能够赚钱，至于每天只开车两次那便要亏本了。而且为节省经费，每天少开几次车，对于交通还是不大方便。所以由广州到澳门，最好是筑车路，行驶自动车。因为筑车路比筑铁路的成本是轻得多。而且火车开行一次，一个火车头最少要拖七八架车才不致亏本，所费的人工和煤炭的消耗是很多的，如果乘客太少便不能够赚钱。不比在车路行驶自动车，随便可以开多少架车，乘客多的时候便可开一架大车，更多的时候可多开两三架大车，乘客少的时候可以开一架小车。随时有客到便可以随时开车，不比火车开车的时候有一定，如果不照开车的一定时候，便有撞车的危险。所以由广州到澳门筑车路和筑铁路比较起来，筑车路是便宜得多。有了车路之后，更有穷乡僻壤是自动车不能到的地方，才用挑夫。由此可见，我们要解决运输粮食的问题，第一是运河，第二是铁路，第三是车路，第四是挑夫。要把这四个方法做到圆满的解决，我们四万万人才有很便宜的饭吃。

第七个方法就是防天灾问题。像今年广东水灾，在这十几天之内便可以收头次谷，但是头次谷将成熟的时候，便完全被水淹没了。一亩田的谷最少可以值十元，现在被水淹浸了，便是损失了十元。今年广东全省受水灾的田该是有多少亩呢？大概总有几百万亩，这种损失便是几千万元。所以要完全解决吃饭问题，防灾便是一个很重大的问题。关于这种水灾是怎样去防呢？现在广东防水灾的方法，设得有治河处，已经在各江两岸低处地方修筑了许多高堤，那种筑堤的工程都是很坚固的，所以每次遇到大水便可以抵御，便不至让大水泛滥到两岸的田中。我去年在东江打仗，看见那些高堤都是筑得很坚固，可以防水患，不至被水冲破。这种筑堤来防水灾的方法是一种治标的方法，只可以说是防水灾的方法之一半，还不是完全治标的方法。完全治标的方法，除了筑高堤之外，还要把河道和海口一〈带〉来浚深，把沿途的淤积沙泥都要除去。海口没有淤积来阻碍河水，河道又很深，河水便容易流通，有了大水的时候便不至泛滥到各地，水灾便可以减少。所以浚深河道和筑高堤岸两种工程要同时办理，才是完全治标方法。

至于防水灾的治本方法是怎么样呢？近来的水灾为什么是一年多过一年呢？古时的水灾为什么是很少呢？这个原因，就是由于古代有很多森林，现在人民采伐木料过多，采伐之后又不行补种，所以森林便很少。许多山岭都是童山，一遇了大雨，山上没有森林来吸收雨水和阻止雨水，山上的水便马上流到河里去，河水便马上泛涨起来，即成水灾。所以要防水灾，种植森林是很有关系的，多种森林便是防水灾的治本方法。有了森林，遇到大雨时候，林木的枝叶可以吸收空中的水，林木的根株可以吸收地下的水。如果有极隆密的森林，便可以吸收很大量的水。这些大水都是由森林蓄积起来，然后慢慢流到河中，不是马上直接流到河中，便不至于成灾。所以防水灾的治本方法还是森林。所以对于吃饭问题，要能够防水灾便先要造森林，有了森林便可以免去全国的水祸。我们讲到了种植全国森林的问题，归到结果，还是要靠国家来经营；要国家来经营，这个问题才容易成功。今年中国南北各省都有很大的水灾，由于这次大水灾，全国的损失总在几万万元。现在已经是民穷财尽，再加以这样的大损失，眼前的吃饭问题便不容易解决。

水灾之外，还有旱灾。旱灾问题是用什么方法解决呢？像俄国在这次大革命之后有两三年的旱灾，因为那次大旱灾，人民饿死了甚多，俄国的革命几乎要失败，可见旱灾也很利害的。这种旱灾，从前以为是天数不能够挽救，现在科学昌明，无论是什么天灾都有方法可以救。不过这种防旱灾的方法，要用全国大力量通盘计划来防止。这种方法是什么呢？治本方法也是种植森林。有了森林，天气中的水量便可以调和，便可以常常下雨，旱灾便可以减少。至于地势极高和水源很少的地方，我们更要用机器抽水，来救济高地的水荒。这种防止旱灾的方法，好像是筑堤防水灾，同是一样的治标方法。有了这种的治标方法，一时候的水旱天灾都可以挽救。所以我们研究到防止水灾与旱灾的根本方法，都是要造森林，要造全国大规模的森林。至于水旱两灾的治标方法，都是要用机器来抽水和建筑高堤与浚深河道。这种治标与治本两个方法能够完全做到，水灾〔旱〕天灾可以免，那么粮食之生产便不致有损失之患了。

中国如果能解放农民和实行以上这七个增加生产之方法，那么吃饭问题到底是解决了没有呢？就是以上种种的生产问题能够得到了圆满解决的时候，吃饭问题还是没有完全解决。大家都知到〔道〕欧美是以工商立国，不知道这些工商政府对于农业上也是有很多的研究。像美国对于农业的改良和研究便是无微不至，不但对于本国的农业有很详细的研究，并且常常派专门家到中国内地并满洲、蒙古各处来考察研究，把中国农业工作的方法和一切种子都带回美国去参考应用。美国近来是很注重农业的国家，所有关于农业运输的铁路、防灾的方法和种种科学的设备，都是很完全的。但是美国的吃饭问题到底是解决了没有呢？依我看起来，美国的吃饭问题还是没有解决。美国每年运输很多粮食到外国去发卖，粮食是很丰足的，为什么吃饭问题还没有解决呢？这个原因，就是由于美国的农业还是在资本家之手，美国还是私人资本制度。在那些私人资本制度之下，生产的方法太发达，分配的方法便完全不管，所以民生问题便不能够解决。

我们要完全解决民生问题，不但是要解决生产的问题，就是分配的问题也是要同时注重的。分配公平方法，在私人资本制度之下是不能够实行的。因为在私人资本制度之下，种种生产的方法都是向住①一个目标来进行，这个目标是什么

---

① "向住"为广州话方言，同"向着"。

呢？就是赚钱。因为粮食的生产是以赚钱做目标，所以粮食在本国没有高价的时候，便运到外国去卖，要赚多钱。因为私人要赚多钱，就是本国有饥荒，人民没有粮食，要饿死很多人，那些资本家也是不去理会。像这样的分配方法，专是以赚钱为目标，民生问题便不能够完全解决。我们要实行民生主义，还要注重分配问题。我们所注重的分配方法，目标不是在赚钱，是要供给大家公众来使用。中国的粮食现在本来是不够，但是每年还有数十万万个鸡蛋和谷米、大豆运到日本和欧美各国去，这种现象是和印度一样的。印度不但是粮食不够，且每年都是有饥荒，但是每年运到欧洲的粮食数目，印度还占了第三个重要位置。这是什么原因呢？这个原因就是由于印度受了欧洲经济的压迫，印度尚在资本制度时代，粮食生产的目标是在赚钱。因为生产的目标是在赚钱，印度每年虽是有饥荒，那般生产的资本家知道拿粮食来救济饥民是不能够赚钱的，要把他运到欧洲各国去发卖便很可以赚钱，所以那些资本家宁可任本地的饥民饿死，也要把粮食运到欧洲各国去卖。我们的民生主义，目的是在打破资本制度。中国现在已经是不够饭吃，每年还要运送很多的粮食到外国去卖，就是因为一般资本家要赚钱。如果实行民生主义，便要生产粮食的目标不在赚钱，要在给养人民。我们要达到这个目的，便要把每年生产有余的粮食都储蓄起来，不但是今年的粮食很足，就是明年、后年的粮食都是很足，等到三年之后的粮食都是很充足，然后才可以运到外国去卖；如果在三年之后还是不大充足，便不准运出外国去卖。要能够照这样做去，来实行民生主义，以养民为目标，不以赚钱为目标，中国的粮食才能够很充足。

　　所以，民生主义和资本主义根本上不同的地方，就是资本主义是以赚钱为目的，民生主义是以养民为目的。有了这种以养民为目的〈的〉好主义，从前不好的资本制度便可以打破。但是我们实行民生主义来解决中国的吃饭问题，对于资本制度只可以逐渐改良，不能够马上推翻。我们的目的本是要中国的粮食很充足，等到中国粮食充足了之后，更进一步便容易把粮食的价值弄到很便宜。现在中国正是米珠薪桂，这个米珠薪桂的原因就是由于中国的粮食被外国夺去了一部分，进出口货的价值不能相抵，受外国的经济压迫，没有别的货物可以相消，只有拿人民要吃的粮食来作抵。因为这个道理，所以现在中国有很多人没有饭吃，因为没有饭吃，所以已生的人民要死亡，未生的人民要减少。全国人口逐渐减少，由四万万减到三万万一千万，就是由于吃饭问题没有解决，民生主义没有实行。

对于吃饭的分配问题，到底要怎么样呢？吃饭就是民生的第一个需要。民生的需要，从前经济学家都说是衣、食、住三种。照我的研究应该有四种，于衣、食、住之外，还有一种就是行。行也是一种很重的需要，行就是走路。我们要解决民生问题，不但是要把这四种需要弄到很便宜，并且要全国的人民都能够享受。所以我们要实行三民主义来造成一个新世界，就要大家对于这四种需要都不可短少，一定要国家来担负这种责任。如果国家把这四种需要供给不足，无论何人都可以来向国家要求。国家对于人民的需要固然是要负责任，至于人民对于国家又是怎么样呢？人民对于国家应该要尽一定的义务，像做农的要生粮食，做工的要制器具，做商的要通有无，做士的要尽才智。大家都能各尽各的义务，大家自然可以得衣食住行的四种需要。我们研究民生主义，就要解决这四种需要的问题。

今天先讲吃饭问题，第一步是解决生产问题，生产问题解决之后，便在粮食的分配问题。要解决这个问题，便要每年储蓄，要全国人民有三年之粮，等到有了三年之粮以后，才能够把盈余的粮食运到外国去卖。这种储蓄粮食的方法，就是古时的义仓制度。不过这种义仓制度近来已经是打破了，再加以欧美的经济压迫，中国就变成民穷财尽。所以这是解决民生问题最着急的时候，如果不趁这个时候来解决民生问题，将来再去解决便是更难了。我们国民党主张三民主义来立国，现在讲到民生主义，不但是要注重研究学理，还要注重实行事实。在事实上，头一个最重要的问题就是吃饭。我们要解决这个吃饭问题，是先要粮食的生产很充足，次要粮食的分配很平均。粮食的生产和分配都解决了，还要人民大家都尽义务。人民对于国家能够大家尽义务，自然可以得到家给人足，吃饭问题才算是真解决。吃饭问题能够先解决，其余的别种问题也就可以随之而决。

第　四　讲

（八月二十四日）

今天所讲的是穿衣问题。在民生主义里头，第一个重要问题是吃饭，第二个重要问题是穿衣。所以在吃饭问题之后，便来讲穿衣问题。

我们试拿进化的眼光来观察宇宙间的万物，便见得无论什么动物、植物都是要吃饭的，都是要靠养料才能够生存，没有养料便要死亡。所以吃饭问题，不但是在动物方面是很重要，就是在植物那方面也是一样的重要。至于穿衣问题，宇宙万物之中只是人类才有衣穿，而且只是文明的人类才是有衣穿。他种动物、植物都没有衣穿，就是野蛮人类也是没有衣穿。所以吃饭是民生的第一个重要问题，穿衣就是民生的第二个重要问题。现在非洲和南洋各处的野蛮人都是没有衣穿，可见我们古代的祖宗也是没有衣穿。由此更可见，穿衣是随文明进化而来，文明愈进步，穿衣问题就愈复杂。原人时代的人类所穿的衣服是"天衣"。什么叫做天衣呢？像飞禽走兽，有天生的羽毛来保护身体，那种羽毛便是禽兽的天然衣服，那种羽毛是天然生成的，所以叫做天衣。原人时代的人类，身上也生长得有许多毛，那些毛便是人类的天衣。后来人类的文明进化，到了游牧时代，晓得打鱼猎兽，便拿兽皮做衣。有了兽皮来做衣，身上生长的毛渐渐失了功用，便逐渐脱落。人类文明愈进步，衣服愈完备，身上的毛愈少。所以文明愈进步的人类，身上的毛便是很少；野蛮人和进化不久的人，身上的毛才是很多。拿中国人和欧洲人来比较，欧洲人身上的毛都是比中国人多，这个原因，就是欧洲人在天然进化的程度还不及中国人。由此可见，衣的原始，最初是人类身上天然生长的毛。后来人类进化，便打死猛兽，拿兽肉来吃，拿兽皮来穿，兽皮便是始初人类的衣。有一句俗语说："食肉寝皮。"这是一句很古的话。这句话的意思，本是骂人做兽类，但由此便可证明古代人类打死兽类之后，便拿他的肉来做饭吃，拿他的皮来做衣穿。后来人类渐多，兽类渐少，单用兽皮便不够衣穿，便要想出别种材料来做衣服，便发明了别种衣服的材料。什么是做衣服的材料呢？我前一回讲过，吃饭的普通材料，是靠动物的肉和植物的果实。穿衣的材料和吃饭的材料是同一来源的，吃饭材料要靠动物和植物，穿衣材料也是一样的要靠动物和植物。除了动物和植物以外，吃饭穿衣便没有别的大来源。

我们现在要解决穿衣问题，究竟要达到什么程度呢？穿衣是人类的一种生活需要。人类生活的程度，在文明进化之中可以分作三级。第一级是需要，人生不得需要，固然不能生活，就是所得的需要不满足，也是不能充分生活，可说是半死半活。所以第一级的需要，是人类的生活不可少的。人类得了第一级需要生活之外，更进一步便是第二级，这一级叫做安适。人类在这一级的生活，不是为求生活的需要，是于需要之外更求安乐，更求舒服。所以在这一级的生活程度可以说是安适。得了充分安适之后，再更进一步便想奢侈。比方拿穿衣来讲，古代时候的衣服所谓是夏葛冬裘，便算了满足需要。但是到了安适程度，不只是夏葛冬裘，仅求需要，更要适体，穿到很舒服。安适程度达到了之后，于适体之外还要再进一步，又求美术的雅观，夏葛要弄到轻绡幼绢，冬裘要取到海虎貂鼠。这样穿衣由需要一进而求安适，由安适再进而求雅观。便好像是吃饭问题，最初只求清菜淡饭的饱食，后来由饱食便进而求有酒有肉的肥甘美味，更进而求山珍海味。好像现在广东的酒席，飞禽走兽，燕窝鱼翅，无奇不有，无美不具，穷奢极欲，这就是到了极奢侈的程度。我们现在要解决民生问题，并不是要解决安适问题，也不是要解决奢侈问题，只要解决需要问题。这个需要问题，就是要全国四万万人都可以得衣食的需要，要四万万人都是丰衣足食。

我在前一回讲过，中国人口的数目是由四万万减到三万万一千万，我们现在对于这三万万一千万人的穿衣问题，要从生产上和制造上通盘计划，研究一种方法来解决。如果现在没有方法来解决，这三万万一千万人恐怕在一两年之后还要减少几千万。今年的调查已经只有三万万一千万，再过几年，更是不足。现在只算三万万人，我们对于这三万万人便要统筹一个大计划，来解决这些人数的穿衣问题。要求解决这种问题的方法，首先当要研究是材料的生产。就穿衣问题来讲，穿衣需要的原料是靠动物和植物，动物和植物的原料一共有四种。这四种原料，有两种是从动物得来的，有两种是从植物得来的。这四种原料之中，第一种是丝，第二种是麻，第三种是棉，第四种是毛。棉和麻是从植物得来的原料，丝和毛是从动物得来的原料。丝是由于一种虫叫做蚕吐出来的，毛是由于羊和骆驼及他种兽类生出来的。丝、毛、棉、麻这四种物件，就是人生穿衣所需要的原料。

现在先就丝来讲。丝是穿衣的一种好材料。这种材料是中国最先发明的，中国人在极古的时候便穿丝。现在欧美列强的文化虽然是比我们进步得多，但是中国发明丝的那个时候，欧美各国还是在野蛮时代，还是茹毛饮血。不但是没有丝穿，且没有衣穿；不但是没有衣穿，并且身上还有许多毛，是穿着"天衣"，是一种野蛮人。到近两三百年来，他们的文化才是比我们进步，才晓得用丝来做好衣服的原料。他们用丝不只是用来做需要品，多是用来做奢侈品。中国发明丝来做衣服的原料虽然有了几千年，但是我们三万万人的穿衣问题还不是在乎丝的问题。我们穿衣的需要品并不是丝，全国人还有许多用不到丝的。我们每年所产的丝，大多数都是运到外国，供外国做奢侈品。在中国最初和外国通商的时候，出口货物之中第一大宗便是丝。当时中国出口的丝很多，外国进口的货物很少。中国出口的货物和外国进口的货物价值比较，不但是可以相抵，而且还要超过进口货。中国出口货物除了丝之外，第二宗便是茶。丝、茶这两种货物，在从前外国都没有这种出产，所以便成为中国最大宗的出口货。外国人没有茶以前，他们都是喝酒，后来得了中国的茶，便喝茶来代酒，以后喝茶成为习惯，茶便成了一种需要品。因为从前丝和茶只有中国才有这种出产，外国没有这种货物，当时中国人对于外国货物的需要也不十分大，外国出产的货物又不很多，所以通商几十年，和外国交换货物，我们出口丝茶的价值便可以和外国进口货物的价值相抵消，这就是出口货和进口货的价值两相平均。但是近来外国进口的货物天天加多，中国出口的丝茶天天减少，进出口货物的价值便不能相抵消。中国所产的丝近来被外国学去了，像欧洲的法兰西和意大利现在就出产许多丝。他们对于养蚕、纺丝和制丝种种方法都有很详细的研究，很多的发明，很好的改良。日本的丝业不但是仿效中国的方法，而且采用欧洲各国的新发明，所以日本丝的性质便是很进步，出产要比中国多，品质又要比中国好。由于这几个原因，中国的丝茶在国际贸易上便没有多人买，便被外国的丝茶夺去了，现在出口的数量更是日日减少。中国丝茶的出口既是减少，又没有别的货物可以运去外国来抵消外国进口货的价值，所以每年便要由通商贸易上进贡于各国者约有五万万元大洋，这就是受了外国经济的压迫。中国受外国的经济压迫愈利害，民生问题愈不能够解决。中国丝在国际贸易上完全被外国丝夺去了，品质没有外国丝的那么好，价值也没有外国丝那么高。但是因为要换外国的棉布棉纱来做我们的需要品，所以自己便不能够拿丝来用，要运去外国换更便宜的洋布和洋纱。

　　至于讲到丝的工业，从前发明的生产和制造方法都是很好的，但是一成不易，总不知道改良。后来外国学了去，加以近来科学昌明，更用科学方法来改良，所以制出的丝便驾乎中国之上，便侵占中国蚕丝的工业。我们考究中国丝业之所以失败的原因，是在乎生产方法不好。中国所养的蚕很多都是有病的，一万条蚕虫里头，大半都是结果不良，半途死去；就是幸而不死，这些病蚕所结的茧、所出的丝，也是品质不佳，色泽不好。而且缫丝的方法不完全，断口太多，不合外国织绸机器之用。由于这些原因，中国丝便渐渐失败，便不能敌外国丝。在几十年以前，外国养蚕的方法也是和中国一样。中国农民养蚕，有时成绩很优，有时完全失败。这样结果，一时好一时不好，农民没有别的方法去研究，便归之于命运，养蚕的收成不好便说是"命运不佳"。外国初养蚕的时候也有许多病蚕，遇着失败没有方法去挽救，也是安于命运。后来科学家发明生物学，把一切生物留心考察，不但是眼所能看得见的生物要详细考究，就是眼看不见、要用几千倍显微镜才能看见的生物，也要过细去考究。由于这样考究，法国有一位科学家叫做柏斯多，便得了一个新发明。这个发明就是：一切动物的病，无论是人的病或是蚕的病，都是由于一种微生物而起；生了这种微生物，如果不能够除去，受病的动物便要死。他用了很多功夫，经过了许多研究，把微生物考究得很清楚，发明了去那种微生物来治疗蚕病的方法，传到法国、意国的养蚕家。法国、意国人民得了这个方法，知道医蚕病，于是病蚕便少了很多，到缫丝的时候成绩便很好，丝业便很进步。后来日本学了这个方法，他们的丝业也是逐渐进步。中国的农家一向是守旧，不想考究新法，所以我们的丝业便一天一天的退步。现在上海的丝商设立了一间生丝检查所去考究丝质，想用方法来改良。广东岭南大学也有用科学方法来改良蚕种，把蚕种改良了之后，所得丝的收成是很多，所出丝的品质也是很好。但是这样用科学方法去改良蚕种，还只是少数人才知道，大多数的养蚕家还没有知道。中国要改良丝业来增加生产，便要一般养蚕家都学外国的科学方法把蚕种和桑叶都来改良，蚕种和桑叶改良之后，更要把纺丝的方法过细考究，把丝的种类、品质和色泽都分别改良，中国的丝业便可以逐渐进步，才可以和外国丝去竞争。如果中国的桑叶、蚕种和丝质没有改良，还是老守旧法，中国的丝业不止是失败，恐怕要归天然的淘汰，处于完全消灭。现在中国自己大多数都不用丝，要把丝运出口去换外国的洋布洋纱，如果中国的丝质不好，外国不用中国丝，中国丝便没有销路，不但是失了一宗大富源，而且因为没有出口的丝去换外国洋布洋纱，中国便没有穿衣的材料。所以中国要一般人有穿衣的材料，来解决穿衣问题，便要保守固有的工业，改良蚕种、桑叶，改良纺丝的方法。至于中国丝织的绫罗绸缎，从前都是很好，是外国所不及的；现在外国用机器纺织所制出的丝织品，比中国更好得多。近来中国富家所用顶华美的丝织品，都是从外国来的，可见我们中国的国粹工业现在已经是失败了。我们要解决丝业问题，不但是要改良桑叶、蚕种，改良养蚕和纺丝方法来造成很好的丝，还要学外国用机器来织造绸缎，才可以造成顶华美的丝织品，来供大众使用。等到大众需要充足之后，才把有余的丝织品运去外国，去换别种货物。

穿衣所需要的材料除了丝之外，第二种便是麻。麻也是中国最先发明的。中国古代时候便已经发明了用麻制布的方法，到今日大家还是沿用那种旧方法。中国的农工业总是没有进步，所以制麻工业近来也被外国夺去了。近日外国用新机器来制麻，把麻制成麻纱，这种用机器制出来的麻纱，所有的光泽都和丝差不多。外国更把麻和丝混合起来织成种种东西，他们人民都是很乐用的。这种用麻、丝混合织成的各种用品，近来输入中国很多，中国人也是很欢迎，由此便夺了中国的制麻工业。中国各省产麻很多，由麻制出来的东西只供夏天衣服之用，只可以用一季。我们要改良制麻工业，便要根本上从农业起，要怎么样种植，要怎么样施用肥料，要怎么样制造细麻线，都要过细去研究，麻业才可以进步，制得的出品才是很便宜。中国制麻工业完全是靠手工，没有用机器来制造，用手工制麻不但是费许多工夫，制出的麻布不佳，就是成本也是很贵。我们要改良麻业，造出好麻，一定要用一种大计划。这种计划是先从农业起首来研究，自种植起以至于制造麻布，每步工夫都要采用科学的新方法。要能够这样改良，我们才可以得到好麻，才可以制出很便宜的衣料。

丝、麻这两种东西用来做穿衣的材料，是中国首先发明的。但是现在穿衣的材料不只是用丝、麻，大多数是用棉，现在渐渐用毛。棉、毛这两种材料，现在都是人人穿衣所需要的。中国本来没有棉，此种吉贝棉①是由印度传进来的。中国得了印度的棉花种子，各处种植起来，便晓得纺纱织布，成了一种棉花工业。近来外国的洋布输入中国，外国洋布比中国的土布好，价钱又便宜，中国人便爱

_____

①　吉贝棉（Ceiba tree cotton）。

穿洋布，不爱穿土布，中国的土布工业便被洋布打消了。所以中国穿衣的需要材料便不得不靠外国，就是有些土布小工业也是要用洋纱来织布。由此可见，中国的棉业根本上被外国夺去了。中国自输入印度棉种之后，各处都是种得很多，每年棉花的出产也是很多。世界产棉的国家，第一个是美国，其次是印度，中国产棉花是世界上的第三等国。中国所产的棉虽然是不少，天然品质也是很好，但是工业不进步，所以自己不能够用这种棉花来制成好棉布棉纱，只可将棉花运到外国去卖。中国出口的棉花大多数是运到日本，其余运到欧美各国。日本和欧美各国来买中国棉花，是要拿来和本国的棉花混合，才能够织成好布。所以日本大阪各纺纱织布厂所用的原料不只一半是中国的棉花，他们拿中国的棉花织成布之后，再把布又运到中国来赚钱。本来中国的工人是顶多的，工钱也是比各国要便宜的，中国自己有棉花又有贱价的工人，为什么还要把棉花运到日本去织布呢？为什么自己不来织布呢？日本的工人不多，工价又贵，为什么能够买中国棉花织成洋布，运回中国来赚钱呢？推究这个原因，就是由于中国的工业不进步，不能够制造便宜布；日本的工业很进步，能够制造很便宜的布。

所以要解决穿衣问题，便要解决农业和工业的两个问题。如果农业和工业两个问题不能够解决，不能够增加生产，便没有便宜衣穿。中国自己既是不能织造便宜布，便要靠外国运布进来。外国运布来中国，他们不是来尽义务，也不是来进贡，他们运货进来是要赚钱的，要用一块钱的货换两块中国钱。中国的钱被外国赚去了，就是要受外国的经济压迫。追究所以受这种压迫的原因，还是由于工业不发达。因为工业不发达，所以中国的棉花都要运去外国，外国的粗棉布还要买进来。中国人天天〈穿〉的衣服都是靠外国运进来，便要出很高的代价，这种很高的代价便是要把很贵重的金银、粮食运到外国去抵偿。这样情形，便很像破落户的败家子孙，自己不知道生产，不能够谋衣食，便要把祖宗留传下的珍宝玩器那些好东西卖去换衣食一样。这就是中国受外国经济压迫的现状。

我从前在民族主义中已经是讲过了，中国受外国经济的压迫，每年要被外国夺去十二万万至十五万万元。这十五万万元的损失之中，顶大的就是由于进口货同出口货不相比对。照这两三年海关册的报告，出口货比进口货要少三万万余两。这种两数是海关秤，这种海关秤的三万万余两要折合上海大洋便有五万万元，若果折合广东毫银便有六万万元。这就是出口货同进口货不能相抵销的价值。进口货究竟是些什么东西呢？顶大的是洋纱洋布，这种洋纱洋布都是棉花织成的，所以中国每年进口的损失，大多数是由于棉货。据海关册的报告，这种进口棉货的价值，每年要有二万万海关两，折合上海大洋便有三万万元。这就是中国用外国的棉布每年要值三万万元，拿中国近来人口的数目比较起来，就是每一个人要用一块钱来穿洋布。由此可见现在中国民生的第二个需要，都是用外国材料。中国本来有棉花，工人很多，工钱又贱，但是不知道振兴工业来挽回利权，所以就是穿衣便不能不用洋布，便不能不把许多钱都送到外国人。要送钱到外国人，就是受外国的经济压迫，没有方法来解决，我们直接穿衣的民生问题更是不能解决。大家要挽回利权，先解决穿衣问题，便要减少洋纱洋布的进口。要解决这个问题有什么好方法呢？

当欧战的时候，欧美各国没有洋布运进中国，到中国的洋布都是从日本运来的。日本在那个时候供给欧洲协约国的种种军用品，比较运洋布来中国还要赚钱得多，所以日本的大工厂都是制造军用品去供给协约国，只有少数工厂才制造洋纱洋布运到中国来卖。中国市面上的布便不够人民穿，布价便是非常之贵。当时中国的商人要做投机事业，便发起设立许多纱厂布厂，自己把棉花来纺成洋纱，更用洋纱织成洋布。后来上海设立几十家工厂，都是很赚钱，一块钱的资本差不多要赚三四块钱，有几倍的利息。一般资本家见得这样的大利，大家更想发大财，便更投许多资本去开纱厂布厂，所以当时在上海的纱厂布厂真是极一时之盛。那些开纱厂布厂新发财的资本家，许多都称为棉花大王。但是到现在又是怎么样情形呢？从前有几千万的富翁，现在都是亏大本，变成了穷人。从前所开的纱厂布厂，现在因为亏了本，大多数都是停了工。如果再不停工，还更要亏本，甚至于要完全破产。

这是什么原因呢？一般人以为外国的洋布洋纱之所以能够运到中国来的原故，是由于用机器来纺纱织布。这种用机器来纺纱织布，比较用手工来纺纱织布，所得的品质是好得多，成本是轻得多。所以外国在中国买了棉花，运回本国织成洋布之后再运来中国，这样往返曲折，还能够赚钱。推究他们能够赚钱的原因，是由于用机器。由于他们都是用机器，所以中国一般资本家都是学他们，也是用机器来织布纺纱，开了许多新式的大纱厂大布厂，所投的资本大的有千万，小的也有百几十万。那些纱厂和布厂在欧战的时候本赚了许多钱，但是现在都是亏本，大多数都是停工，从前的棉花大王现在多变成了穷措大。推到我们现在的纱厂和布厂也是用机器，同是一样的用机器，为什么他们外国人用机器织布纺纱便赚钱，我们中国人用机器织布纺纱便要亏本呢？而且外国织布的棉花还是从中国买回去的，外国买到棉花运回本国去要花一笔运费，织成洋布之后再运来中国又要花一笔运费，一往一返要多花两笔运费，再者外国工人的工钱又比中国高得多。中国用本地的土产来制造货物，所用的机器和外国相同，而且工钱又便宜，照道理是应该中国的纱厂布厂能够赚钱，外国的纱厂布厂要亏本，为什么所得结果恰恰是相反呢？这个原因，就是中国的棉业受了外国政治的压迫。外国压迫中国，不但是专用经济力。经济力是一种天然力量，就是中国所说的"王道"。到了经济力有时而穷，不能达到目的的时候，便用政治来压迫。这种政治力，就是中国所说的"霸道"。当从前中国用手工和外国用机器竞争的时代，中国的工业归于失败，那还是纯粹经济问题。到了欧战以后，中国所开纱厂布厂也学外国用机器去和他们竞争，弄到结果是中国失败，这便不是经济问题，是政治问题。外国用政治力来压迫中国是些什么方法呢？从前中国满清政府和外国战争，中国失败之后，外国便强迫中国立了许多不平等的条约，外国至今都是用那些条约来束缚中国。中国因为受了那些条约的束缚，所以无论什么事都是失败。中国和外国如果在政治上是站在平等的地位，在经济一方面可以自由去和外国竞争的，中国还可以支持，或不至于失败。但是外国一用到政治力，要拿政治力量来做经济力量的后盾，中国便没有方法可以抵抗、可以竞争。

外国束缚中国的条约，对于棉业问题是有什么关系呢？现在外国运洋纱到中国，在进口的时候，海关都是要行值百抽五的关税；进口之后，通过中国内地各处，再要行值百抽二〈点〉五的厘金。统计起来，外国的洋纱洋布只要百分之七〈点〉五的厘税，便可以流通中国各处，畅行无阻。至于中国纱厂布厂织成的洋布又是怎么样呢？在满清的时候，中国人都是做梦，糊糊涂涂，也是听外国人主持。凡是中国在上海等处各工厂所出的布匹，都要和外国的洋布一样，要行值百抽五的关税；经过内地各处的时候，又不能和外国洋布一样只纳一次厘金，凡是经过一处地方便要更纳一次厘金，经过几处地方便要纳几次厘金。讲到中国土布纳海关税是和外国洋布一样，纳厘金又要比外国洋布多几次，所以中国土布的价钱便变成非常之高。土布的价钱太高，便不能流通各省，所以就是由机器织成的布，还是不能够和外国布来竞争。外国拿条约来束缚中国的海关、厘金，厘金厂对于外国货不能随便加税，对于中国货可以任意加税。好像广东的海关不是中国人管理，是外国人管理，我们对于外国货物便不能自由加税。中国货物经过海关都由外国人任意抽税，通过各关卡更要纳许多次数厘金，外国货物纳过一次税之后便通行无阻，这就是中外货物的税率不平均。因为中外货物的税率不平均，所以中国的土布便归失败。

至于欧美平等的独立国家，彼此的关税都是自由，都没有条约的束缚，各国政府都是可以自由加税。这种加税的变更，是看本国和外国的经济状态来定税率的高下。如果外国有很多货物运进来，侵夺本国的货物，马上便可以加极重的税来压制外国货。压制外国货就是保护本国货，这种税法就叫做"保护税法"。譬如中国有货运到日本，日本对于中国货物最少也要抽值百分之三十的税，他们本国的货物便不抽税。所以日本货物原来成本是一百元的，因为不纳税仍是一百元，日本货物如果卖一百二十元，便有二十元的利。中国货运到日本去，若卖了一百二十元，便要亏十元的血本。由此日本便可以抵制中国货，可以保护本国货。这种保护本国货物的发达，抵制外国货物的进口，是各国相同的经济政策。

我们要解决民生问题，保护本国工业不为外国侵夺，便先要有政治力量，自己能够来保护工业。中国现在受条约的束缚，失了政治的主权，不但是不能保护本国工业，反要保护外国工业。这是由于外国资本发达，机器进步，经济方面已经是占了优胜；在经济力量之外，背后还有政治力量来做后援。所以中国的纱厂布厂，当欧战时候没有欧美的洋布洋纱来竞争，才可以赚钱；欧战之后，他们的洋布洋纱都是进中国来竞争，我们便要亏本。

讲到穿衣问题里头，最大的是棉业问题，我们现在对于棉业问题没有方法来解决。中国棉业还是在幼稚时代，机器没有外国的那样精良，工厂的训练和组织又没有外国的那么完备，所以中国的棉业就是不抽厘金、关税，也是很难和外国竞争。如果要和外国竞争，便要学欧美各国的那种政策。

欧美各国对于这种政策是怎么样呢？在几十年以前，英国的工业是占世界上第一个地位，世界所需要的货物都靠英国来供给。当时美国还是在农业时代，所有的小工业完全被英国压迫，不能够发达。后来美国采用保护政策，实行保护税法，凡是由英国运到美国的货物，便要行值百抽五十或者值百抽一百的重税。因此英国货物的成本便变成极大，便不能够和美国货物去竞争，所以许多货物便不能运去美国。美国本国的工业便由此发达，现在是驾乎英国之上。德国在数十年之前也是农业国，人民所需要的货物也是要靠英国运进去，要受英国的压迫；后来行了保护政策，德国的工业也就逐渐发达，近来更驾乎各国之上。由此可见，我们要发达中国的工业，便应该仿效德国、美国的保护政策，来抵制外国的洋货，保护本国的土货。

现在欧美列强都是把中国当做殖民地的市场，中国的主权和金融都是在他们掌握之中。我们要解决民生问题，如果专从经济范围来着手，一定是解决不通的。要民生问题能够解决得通，便要先从政治上来着手，打破一切不平等的条约，收回外人管理的海关，我们才可以自由加税，实行保护政策。能够实行保护政策，外国货物不能侵入，本国的工业自然可以发达。中国要提倡土货、抵制洋货，从前不知道运动了好几次，但是全国运动不能一致，没有成功；就令全国运动能够一致，也不容易成功。这个原因，就是由于国家的政治力量太薄弱，自己不能管理海关。外国人管理海关，我们便不能够自由增减税率。不能自由增减税率，没有方法令洋布的价贵，土布的价贱，所以现在的洋布便是便宜过土布。洋布便宜过土布，无论是国民怎样提倡爱国，也不能够永久不穿洋布来穿土布。如果一定要国民永久不穿洋布来穿土布，那便是和个人的经济原则相反，那便行不通。比方一家每年要用三十元的洋布，如果抵制洋布改用土布，土布的价贵，每年便不只费三十元，要费五六十元，这就是由于用土布每年便要多费二三十元。这二三十元的耗费，或者一时为爱国心所激动，宁可愿意牺牲。但是这样的感情冲动，是和经济原则相反，决计不能够持久。我们要合乎经济原则，可以持久，便要先打破不平等的条约，自己能够管理海关，可以自由增减税率，令中国货和外国货的价钱平等。譬如一家每年穿洋布要费三十元，穿土布也只费三十元，那才是正当办法，那才可以持久。我们如果能够更进一步，能令洋布贵过土布，令穿外国洋布的人一年要费三十元，穿本国土布的人一年只费二十元，那便可以战胜外国的洋布工业，本国的土布工业便可以大发达。由此可见，我们讲民生主义，要解决穿衣问题，要全国穿土布、不准外国洋布进口，便要国家有政治权力，穿衣问题才可以解决。

讲到民生主义的穿衣问题，现在最重要的材料就是丝、麻、棉、毛四种。这四种材料之中的毛，中国也是出产好多，品质也是比外国好。不过中国的这种工业不发达，自己不制造，便年年运到外国去卖。外国收中国的毛，制成绒呢，又再运回中国来卖，赚中国的钱。如果我们恢复主权，用国家的力量来经营毛业，也可以和棉业同时来发达。毛工业能够发达，中国人在冬天所需要的绒呢，便可以不用外国货，有盈余的时候更可以像丝一样推广到外国去销行。现在中国的制毛工业不发达，所以只有用带皮的毛，脱皮的散毛在中国便没有用处，便被外国用贱价收买，织成绒呢和各种毡料，运回中国来赚我们的钱。由此可见，中国的棉业和毛业同是受外国政治、经济的压迫。所以我们要解决穿衣问题，便要用全国的大力量统筹计划，先恢复政治的主权，用国家的力量来经营丝、麻、棉、毛的农业和工业，更要收回海关来保护这四种农业和工业，加重原料之出口税及加重洋货之入口税，我国之纺织工业必可立时发达，而穿衣材料之问题方能解决。

衣服的材料问题可以解决，我们便可来讲穿衣之本题。穿衣之起源前已讲过，就系用来御寒，所以穿衣之作用第一就系用来保护身体。但是后来文明渐进，就拿来彰身，所以第二之作用就系要来好看，叫做壮观瞻。在野蛮时代的人无衣来彰身，就有图腾其体的，就是用颜色涂画其身，即古人所〈谓〉"文身"是也。至今文明虽进，而穿衣作用仍以彰身为重，而御寒保体的作用反多忽略了。近代穷奢斗侈，不独材料时时要花样翻新，就衣裳之款式也年年有宽夹不同。而习俗之好尚，又多有视人衣饰以为优劣之别，所以有"衣冠文物"就是文化进步之别称。迨后君权发达，则又以衣服为等级之区别，所以第三个作用，衣服即为阶级之符号。至今民权发达，阶级削平，而共和国家之陆海军亦不能除去以衣饰为等级之习尚。照以上这三个衣服之作用，一护体、二彰身、三等差之外，我们今天以穿衣为人民之需要，则在此时阶级平等、劳工神圣之潮流，为民众打算，穿衣之需要则又要加多一个作用，这个作用就是要方便。故讲到今日民众需要之衣服之完全作用，必要能护体，能美观，又能方便不碍于作工，乃为完美之衣服。

　　国家为实行民生主义，当本此三穿衣之作用来开设大规模之裁缝厂，于各地就民数之多少、寒暑之节候来制造需要之衣服，以供给人民之用。务使人人都得到需要衣服，不致一人有所缺乏。此就是三民主义国家之政府对于人民穿衣需要之义务。而人民对于国家，又当然要尽足国民之义务，否则失去国民之资格。凡失去国民之资格者，就是失去主人之资格。此等游惰之流氓，就是国家人群之蟊贼，政府必当执行法律以强迫之，必使此等流氓渐变为神圣之劳工，得以同享国民之权利。如此，流氓尽绝，人人皆为生产之分子，则必丰衣足食，家给人足，而民生问题便可以解决矣。（未完）①

据孙文讲演、中国国民党中央执行委员会编辑：《民生主义》，广州，中国国民党中央执行委员会宣传部发行，一九二四年十二月出版

---

　　①　以下尚有住、行等问题未续讲。

附：三民主义演讲原稿本之一种（摘录）①

民权主义第一讲

（三月九日）

因为我从前是决定了中国要行民权才去革命，所以头一次失败逃亡到海外之后，极留心研究的就是民权问题。故再到美国之后，续渐实察美国的共和政治，总是见得民权大体，确是不差。其流弊无论如何，大势总是利多害少。但是民权到底是什么意思呢？我当时还没有彻底研究。后来游历欧洲有很多的闲时间，于是决意彻底来研究民权问题。

要研究这个问题，当然是要买很多这种书籍来参考，便到书店里去买关于民权的书。我记得头一次，买了一本英国人李基所著的《民权与自由》②。就那本书的名字说，顾名思义，应该是详细解释民权自由的，应该是极力颂扬民权自由的，所以我便很高兴去看。那知道那本书的内容完全是痛骂民权自由，把英国、美国、法国历代所有民权自由的流弊，源源本本和盘托出。我本是很主张民权的，一看了那本书，便大失所望。如果我的民权思想稍为薄弱，看了那本书之后，那么我的民权思想当然是根本推翻了。我当时就想起来，如果中国的保皇党能够看英文书，他们看了这本书一定要把他译成中文，传到中国来做反对民权的材料，所以暗说这本书决计不可让他们知道。由此便可知欧洲学者有很多是反对民权的，就是美洲学者也有主张帝制的。所以古德诺到中国来，便劝袁世凯做皇帝。

民权的流弊本来是很多，从前有一个保皇党③游历美国以后，便写一本书叫做《新大陆游记》，当中有一句话说，"游美国而梦俄罗斯"。这句话的意思，便

---

① 在《三民主义》正式出版前，经孙文亲笔修改的演讲记录稿或其过录稿先后有数种，此为惟一完整保存至今者。孙文虽于该书出版时重行修订并对各讲内容加以局部调整，但此稿本被删汰部分仍有不少可资研究参考，故择其要者附刊于此。各讲之下日期为编者所加。

② 李基（William Edward Hartpole Lecky），今译莱基；其著作《民权与自由》（*Democracy and Liberty*，今译《民主与自由》），一八九九年在伦敦出版。

③ 指梁启超。

是说看见了共和还是想到专制好。说这句话的人，便可见他的思想是很薄弱的。不过民权的流弊，遗害于国家人民确是不少，所以在欧美至今还是一个大问题。不过我们先知先觉的人，观察政治社会要持冷静的态度，拿远大的眼光，把当时世界的潮流和一种主义的利害要审慎周详，才可以拿出一种主张。现在世界潮流已经到了民权时代，各国由于民权所发生的流弊，本来是很多。不过从前在君权、神权时代，不能说君权、神权完全没有流弊；但是当君权、神权的时代，人民还是很崇拜。近来人民的思想很发达，政府不能禁止人民永远不觉悟。人民有了真觉悟，君权、神权就要消灭，民权就要发生，就要实行。

世界潮流到了今日，是实行民权的时代。我们应该顺应世界潮流去实行民权，不能阻止世界潮流来反对民权。不过中国此后实行民权，便不要蹈欧美的覆辙，再发生欧美的流弊。所谓取人之长，去人之短，流弊去了之后，大家同心协力去实行，就一定可以造成一个好国家。

民权主义第二讲

（三月十六日）

很多人说法国当革命的时候，是要专讲个人平等，无论什么人都要彼此平等。比方就做苦力而论，便要人人都去做苦力。如果是博士，做大学教授，不去做苦力便不平等；必要大学教授都去做苦力，才是平等。像这样讲平等，是平等的流弊，这种流弊是要大家降到最低的地位。社会里头的阶级本来各有不同，如果要这样讲平等，便是要在一国之内，专就做工而论人人都要去做苦力，专就耕田而论人人都要去做农夫，除了做苦力和农夫以外不准做别的事。像法国革命之初，那样的主张平等，是把社会上地位高的人都压下去。试问社会上没有地位高的人去做较高的事业，那一种社会可不可成立呢？是不能成立的。所以说那种平等是平等的流弊，不是适当的平等。适当的平等，是说各人的地位最初起点是平等，后来各人所造就的不同，所得的地位便各有不同，以后便不能平等。……所以我们讲民权，要民权平等，是要在政治上的地位平等。……至于没有革命以前，民权不能实行的时候，各人的政治地位始初都不平等，所以有许多人本来是很愚蠢的，因为他占有特殊的地位，便比别人高得多。像一个人在君主时代生在皇室里头做太子，无论他是怎样愚蠢也可以做皇帝，站在万人之上，这才是不平等。

民权主义第三讲

（三月二十二日）

在我们革命六年以后又发生一个很大的革命，这个革命就是俄国革命。俄国的革命虽然是在我们六年之后，但是他们成功还是在我们之先。我们革命已经过了十三年，以后要到什么时候才能够成功呢？我们现在还不能够知道。至于说到我们革命的历史，自在东京成立同盟会以后，便决定了三民主义做我们革命的目标，便要拿三民主义去奋斗。法国革命是拿自由、平等、博爱做口号，我们革命是拿民族、民权、民生做口号。我们既预定了这三个标题，十三年前推翻满清，建立共和，许多人都说我们的革命可算是成功。实在问起来，是不是成功呢？我们拿三民主义来革命，到了今日真正实行了多少呢？从前拿三民主义做目标，推翻满清，改变国体，到了民国十三年成功了多少呢？简单的说，一点都没有成功。许多人以为推翻满清便算是民族主义的完全成功，那就看错了，推翻满清只可算是民族主义的头一步成功。又有人以为推翻满清可算是民族主义的一半成功，但是照从前所讲民族主义的道理算起来，能不能够算是一半成功呢？不能够算是一半成功的。因为满清政府虽然是推倒了，但是他们从前把中国的许多领土都让到外国，和外国立了许多不平等条约。我们在十三年前做满洲人的奴隶，满清政府是我们的主人；他们和外国所订下不平等的条约，就是把我们卖到外国，写了身契一样，我们现在是做各国人的奴隶。做各国的奴隶，比做一国的奴隶还要不好得多。所以我们革命虽然推翻了满清，但是现在还为各国条约所束缚，不能像土耳其、俄罗斯的革命，革命成功了，把各国的条约也同时废除。因为满清已经把我们的领土主权送到外国人的手里了，所以我们今日虽然不做满清的奴隶，还要做各国的奴隶。由此看来，我们的民族主义可说是完全没有达到目的。

至于讲到民权，我们人民更是毫无所得。我们革命本来是主张民权的，为什么不能够实行呢？就是因为革命党当初入党的时候，虽然立了誓约，服从党义，实行民权，但是对于民权的精义都是莫名其妙。从前既是不明白民权的道理，怎么能够去实行民权呢？今天是讲到民权主义的第三次，要大家把民权的源流彻底来研究。如果民权主义彻底明白之后，还要有详细的方法，才可以去实行。从前革命党只知道利用欧美革命的口号，没有方法，所以革命就是成功还不知道去实行，以后还要把民权的方法讲到很明白。上两次所讲的大意，是民权的定义和用法；今天所讲的大意，是民权的来源和精神；以后还要讲民权的实体，就是实行民权的方法。等到大家把民权主义的源源本本彻底了解以后，才可以拿这个主义去奋斗，我们的革命然后才算是有结果。如果不然，就是拿到广东的这个好地盘，将来去北伐，得到全国人心的赞助，军事上可以成功，但是成功以后不知道怎么样去实行民权，也是和民国元年一样，还是徒劳无功。所以在没有北伐成功之先，我们便要把三民主义研究到很清楚。北伐成功以后，势力扩充到各省，便要把三民主义推行到各省，那才算是革命的真正成功。

俄国革命只费六年，为什么能够大功告成呢？就是因为他们的革命党在没有革命之先，能够彻底了解自己的主义。俄国从前所主张的革命主义，是共产主义。这个主义是我们民生主义的一部分，我们的民生主义包括一部分的共产主义。俄国革命党当初因为了解这种主义，能够拿这种主义去实行，所以革命一经发动便大告成功。我们革命党要这次革命完全达到目的，以后对于三民主义还要再做一番功夫。主义能够实行，革命才算是成功。如果主义不能够实行，就是打平北京，统一全国，还不算是真成功。要三民主义完全实行了，我们革命才算是彻底的大成功。

民生主义第一讲

（八月三日）

诸君：

今天来讲民生主义。什么是叫做民生主义呢？"民生"两个字是中国古代的名词。这个名词究竟是创自什么时代，我现在虽然没有考据出来，不过这个名词可说是老早已经有了。今天想就这个名词来下一个定义，可说民生就是人民的生存。照现在最新政治经济上的名词来解释，像卢骚所著的《群众契约》一书①，我们译作《民约论》。照这样来说：民者，众人也；民生者，众人之生活、众人之生命和众人之生存也。但是"生活"、"生命"和"生存"这几个名词又各有定义，如果再从定义之定义讲下去，便是玄之又玄，反为不明白了。我现在就是用"民生"二字，来讲外国近百几十年来所发生的一个最大问题，这个问题就是社会主义。所以民生主义就是用来替代社会主义，并用来包括社会主义外之附属问题。这便是民生主义之定义。简而言之，大家要明白什么是民生主义，外国的社会主义彷佛就是民生主义的替代名词。

⋯⋯⋯⋯⋯

在马克思的学说没有发表以前，世界上把社会主义都当作一种梦想。他们从前所讨论的社会主义，都是属于道德问题和理想问题。所以外国把讲社会主义的人分作两派，一种是 Utopian 派。Utopian② 这个字，中国译作"乌托邦"，把 U 译作"乌"音。

这种译法不但是音同，并且字意也同。所谓是"乌有寄托之邦"，并不是成为事实之邦。说到"乌托邦"这个字的来历，是一位英国小说家叫做摩西（Moorse）③ 著了一本小说，他在那本小说中说一个将来理想上的国家，叫做"乌托邦"。这个乌托邦和中国从前所说"华胥氏之国"的意思相同，这种理想的国家是一个极安乐的国家。这个极安乐的国家是摩西的寄意。摩西眼见得当时社会上种种痛苦，想从理论上把他来改良成一个安乐的国家，便有这种子虚乌有的寄托。这种寄托还是由于实业革命以后，人类受了很多痛苦，那些极有道德和悲天悯人的人见了很不忍心，但是又没有力量去改良，所以只好说理想上的空话，作一种寄托。

⋯⋯⋯⋯⋯

我们提倡民生主义二十多年，当初用"民生"这两个字，本是为表明外国学

---

① 卢骚，《三民主义》付印本改作卢梭（见上文），其著作《群众契约》今译《社会契约论》。

② 应为 Utopia。

③ 应为莫尔（Thomas More）。

者的社会问题。我的始意之所以用"民生"两个字来替代社会问题，就是因为用"民生"两个字令一般中国人都容易明白。如果用"社会"两个字，普通人便很难明白。至于我当初用"民生"这两个字做主义，也曾和欧美社会主义家详细讨论过，目的固然是用来替代社会主义，不过我当时对于民生主义和社会主义的范围究竟有没有关系，还没有详细研究；而且我当时对于社会主义的学理还没有研究的基础，所以也没有和他们去详细计较。我在当时如果不用"民生"两个字，而用过于通俗的名词像"发财"这两个字来替代社会主义，对于俗人市侩虽然可以通行，但是对于学者或者是悲天悯人的道德家一定是不便措词，他们一定是要反对。我为雅俗共赏起见，所以才采用"民生"这两个字来替代社会主义。到了这几年以来，各国的社会变迁莫测，社会问题成了一个极时髦的重要问题，凡是关心世界变迁的人都是在过细研究的。所以我便对于这个问题穷源溯流，考古证今，集各国学理与事实之大成。推得结果，敢下一句断案，说中国国民党的民生主义，就是外国的社会主义。

讲起范围来，民生主义还要包括社会主义。至于详细推到社会主义，更有一百多种，最好的是国家社会主义，这个主义外国已经实行过了。如果我们拿来再加改良，推行于全国，中国的社会进步当然是比外国快。在外国聚讼纷纭所不能解决的问题，中国或可以首先解决，成为后进者居上了。世界上提倡社会主义来解决社会的经济问题，是泛然来讲。至于讲到具体的办法，要仿照各国已有的事实来解决中国的社会问题，我们应该用民生主义来替代国家社会主义。因为世界上的万事都是根本于民生问题，民生问题解决了，国际间才有和平，人民才可以得安乐。

说到这地〈方〉，为什么我们讲民族主义也有国际的战争呢？因为各种民族战争的原因，还是由于物质的冲突。物质的大用途在什么地方呢？就是用来保养人类生命的。所以民族上国际战争的原因，就是为人类的养生问题。用外国话说，就是为面包问题；用中国话说，就是为饭碗问题。故国际间最大的战争，就是为争生活。所以讲到人类的归宿，没有别的问题，就是生活问题。

生活问题之中，物质自然占了很大的部分，但是人类不单是靠物质来生活的。

孔子说："君子谋道不谋食，……忧道不忧贫。"① 这些话的意思就是完全排斥物质，就是和马克思的学说相反。马克思说"历史的重心在物质"的这种学说，可以成一种金科玉律，为近世所宗仰。为什么和马克思相反的话，几千年还不磨灭呢？孔子在当时为什么要说这些话呢？就是由于当时历史的背景不同。因为孔子说这些话的时候，黄河一带沃野千里，地广人稀，物质是很丰富的，人类在物质上没有大竞争，所以孔子才说那些话。孔子所说的那些话，更是人生最重要的问题。再说到伯夷、叔齐饿死首阳山，义不食周粟，他们是为什么呢？就是为守道。后人尊崇他们，也就是因为他们能够守道。由此便可见人类的生活决不是专靠物质的，不过物质在人类的生活上占一个重要部分罢了。由此便可见美国学者②主张以生存为社会的原动力，为历史的中心，不以物质为历史的中心，是很对的。我们国民党专主张民生主义更是很对的。

因为物质不能做人类生活的止境，不能饱足人类的欲望，人类欲望除了物质之外更有无上上的要求，这种要求就是高尚道德。有了物质，又有高尚道德，才能够完全人类的生活；专有物质决不是人类的最高尚生活。所以世界无形中支配历史的东西，不是物质，是人类的生存。如果人类不能够圆满生存，就连历史都没有了，故生存才是世界上的原动力，是历史中的重心点。这个道理，就是用科学也可以证明，有一位生物家说"Self preservation is the first law of nature"，这句话译成中文的意思，就是"自然界中第一个原则是保护自己的生存"。可见生存的道理，便是社会活动的背景。今天我拿生存做历史的重心，对于科学中的原理是相合的，对于道德上的原理也是相合的。今天把生存的道理，虽然不能引天地间的事件件都来证明，但是由此便可见国民党主张民生主义来解决社会问题，已经得到了本原。马克思的门徒之所以有纷争，就是因为马克思的学说注重物质太过，对于社会问题的本原没有研究清楚。

---

① 按此系节录，中间被删去不少字，引自《论语》"卫灵公第十五"。
② 此指《社会史观：马克思主义经济史观的辩驳》一书的作者威廉。

民生主义第二讲

（八月十日）

欧美学者……以为英美资本发达的国家，不能用马克思那种方法立时来解决社会问题，要用和平的方法才可以完全解决。这种方法，已经实行过了的，就有德国的国家社会主义。当俾士麦执政的时候，他想解决德国的社会问题，采用国家社会主义，先改良各工厂和一切实业的工作，更把工人的待遇来改良，减少作工的时间，加高工人的工价，所有工人的保险费、养老金和小孩的限制法、妇女的保护法都在国家法律之中有很详细的规定。这种方法，是从法律上来解决社会问题。德国实行这种方法和英、美各国仿效这种方法，大家都知道是很有成绩的。这就是从政治上解决社会问题的方法之一种。

其他从土地一方面来解决社会问题的方法，各国也有主张的。这种主张就是要把土地的所有权，对于全国人民平均分配。我们国民党向来所主张解决民生问题的方法，便有这一种，这种方法叫做"平均地权"。这是解决社会问题的第二个方法。

第三个方法，是要把全国的大交通事业，像供运输的长铁路、载货物的大轮船都收归国有，用国家的大经济去调剂全国货物的运价，把全国的货物都要周转流通。这种方法在德国已经办到了。当欧战的时候，英国、美国也是实行过。不过他们从前收归国有，现在还是交回私人罢了。大家以为将来时机一到，也是可以收回国有的。

第四个方法，是欧美各国对于税法有一种改良。这种改良是专对资本家而设的，但是节制资本的方法。由于有了这种税法，各国的收入便大行增加。各国实行这种税法可说是大成功。这个方法就是所得税，这种所得税是专为节制大资本家的。行这种税，怎么样可以节制资本家呢？就是把资本家每年所赚的钱，用累进税法去抽他的税。比方资本家每年是赚一万元的，照普通税法值百抽一，就抽他一百元。如果资本家每年赚到了十万元，行累进的税法，除每一万元要抽一百元之外，其余的九万元要加抽若干元。如果资本家每年赚到了一百万元，那种累进税法，在每一万元抽一百元之外，其余的钱更要加抽。由此类推，这种税法是资本家的收入越大，政府所抽的税也越重。照这样累进的税法，行到极端的时候，如果一个人每年有几百万万元的收入，政府所抽得的税还要多过他个人实在的收入。这就是经济学中的累进税法。用这种税法，就是用和平手段来限制资本家，没收资本家的余利。这也是一个好方法。

这四种方法，都是和马克思的办法不同。

…………

要解决这种地价不平均的问题，现在欧美出了许多书，发表了种种方法。最出名的是几十年前美国有一位学者叫做亨利佐治，他著了一本书叫做《进步与贫乏》。那本书的大意，是说文明越进步，世界越贫穷；其余所说的土地法更是很详细。这本书已经译成中文，大家可以拿来研究研究，甚有趣味。

…………

资本是什么东西呢？在商业时代，金钱便是资本；在工业时代，机器才是资本。

民生主义第三讲

（八月十七日）

所以，实行民生主义就是要改造成新世界，要造成一个安乐世界，令全国人民都可以享幸福。

据孙文讲演《三民主义》原稿本，台北、
中国国民党文化传播委员会党史馆藏

国民政府建国大纲^①

（一九二四年一月十八日书赠孙科）

（一）国民政府本革命之三民主义、五权宪法，以建设中华民国。

（二）建设之首要在民生。故对于全国人民之食衣住行四大需要，政府当与人民协力，共谋农业之发展以足民食，共谋织造之发展以裕民衣，建设大计画之各式屋舍以乐民居，修治道路、运河以利民行。

（三）其次为民权。故对于人民之知识能力，政府当训导之，以行使其选举权，行使其罢官权，行使其创制权，行使其复决权。

（四）其三为民族。故对国内之弱小民族，政府当扶植之，使之能自决、自治。对于国外之侵略强权，政府当抵御之；同时修改各国条约，以恢复我国际平等、国家独立。

（五）建设之程序分为三期：一曰军政时期；二曰训政时期；三曰宪政时期。

（六）在军政时期，一切制度悉隶于军政之下。而政府一面用兵力以扫除国内之障碍，一面宣传主义以开化全国之人心，而促进国家之统一。

（七）凡一省完全砥定之日，则为训政开始之时，而军政停止之日。

（八）在训政时期，政府当派曾经训练考试合格之员，到各县协助人民筹备自治。其程度以全县人口调查清楚，全县土地测量完竣，全县警卫办理妥善，四境纵横之道路修筑成功，而其人民曾受四权使用之训练而完毕其国民之义务，誓

---

① 此大纲为孙文在广州拟建国民政府而制订，曾提交中国国民党第一次全国代表大会审议，其部分内容被列入大会宣言。所见手稿计有三种：一为一九二四年一月十八日草成并书赠孙科者，二为四月二日书赠宋庆龄者，三为四月十二日手书者（是年稍晚发行该件石印本，由宋庆龄附跋，日后各报刊书籍影印及碑刻者多本此）。另曾书赠冯玉祥一份，据说写于一九二四年一月并经上海中华书局印行，迄今未见。所见最早以排印文字刊布者则为国民党全国代表大会秘书长刘芷芬编辑、同年二月在广州印发的《孙总理在国民党第一次全国代表大会演说词（附总理手拟之国民政府建国大纲）》以及二月二十二日《广州民国日报》（三）所载《国民政府建国大纲草案》。各版本仅有个别文字出入或脱落，现以最早撰成的第一种手稿作为底本。

行革命之主义者，得选举县官以执行一县之政事，得选举议员以议立一县之法律，始成为一完全自治之县。

（九）一完全自治之县，其国民有直接选举官员之权，有直接罢免官员之权，有直接创制法律之权，有直接复决法案之权。

（十）每县开创自治之时，必须先规定全县私有土地之价，其法由地主自报之，地方政府则照价征税，并可随时照价收买。自此次报价之后，若土地因政治之改良、社会之进步而增价者，则其利益当为全县人民所共享，而原主不得而私之。

（十一）土地之岁收，地价之增益，公地之生产，山林川泽之息，矿产水力之利，皆为地方政府之所有，而用以经营地方人民之事业，及育幼、养老、济贫、救灾、卫生与夫种种公共之需。

（十二）各县之天然富源与及大规模之工商事业，本县之资力不能发展与兴办而须赖外资乃能经营者，当由中央政府为之协助；而所获之纯利，中央与地方政府各沾其半。

（十三）各县对于中央政府之负担，当以每县之岁收百分之几为中央岁费，每年由国民代表定之；其限度不得少于百分之十，不得加于百分之五十。

（十四）每县地方自治政府成立之后，得选国民代表以组织代表会，参预中央政事。

（十五）凡候选及任命人员，无论中央与地方，皆须经考试铨定资格者乃可。

（十六）凡一省全数之县皆达完全自治者，则为宪政开始时期。国民代表会得选举省长，以为本省自治之监督；至于该省内之国家行政，则省长受中央之指挥。

（十七）在此时期，中央与省之权限采均权主义。凡事务有全国一致之性质者，划归中央；有因地制宜之性质者，划归地方。不偏于中央集权或地方分权。

（十八）县为自治单位，省立于中央与县之间，以收联络之效。

（十九）在宪政开始时期，中央政府当完成设立五院，以试行五权之治。其序列如下：曰行政院；曰立法院；曰司法院；曰考试院；曰监察院。

（二十）行政院暂设如下各部：一、内政部；二、外交部；三、军政部；四、财政部；五、农矿部；六、工商部；七、教育部；八、交通部。

（二十一）宪法未颁布以前，各院长皆归总统任免而督率之。

（二十二）宪法草案当本建国大纲及训政、宪政两时期之成绩，由立法院议订，随时宣传于民众，以备到时采择施行。

（二十三）全国有过半数省分达至宪政开始时期，即全省之地方自治完全成立时期，则开国民大会，决定宪法而颁布之。

（二十四）宪法颁布之后，中央统治权则归于国民大会行使，即国民大会对于中央政府官吏有选举权、有罢免权，对于中央法律有创制权、有复决权。

（二十五）宪法颁布之日，即为宪政告成之时，而全国国民则依宪法施行全国大选举。国民政府则于选举完毕之后三个月解职，而授政于民选之政府，是为建国之大功告成。

右建国大纲二十五条，为今日再造民国必由之径，草成并书为科儿玩索。

孙 文（加盖"孙文之印"）

民国十三年一月十八日作于广州

据孙文书赠孙科《国民政府建国大纲》手稿原件，台北故宫博物院藏

附：另一版本①

（一九二四年四月二日书赠宋庆龄）

（一）国民政府本革命之三民主义、五权宪法，以建设中华民国。

（二）建设之首要在民生。故对于全国人民之食衣住行四大需要，政府当与

---

① 此件与孙文书赠孙科者相隔两个半月，上篇虽属初草，实则经过深思熟虑，故重录时改动不大。但所改动之处，足见孙文为提高本文件的内容准确性而字斟句酌。为便于比较，凡经修改文字均以黑体付排。因鉴于《建国大纲》的重要性及本手稿的珍贵价值，故予附载。至于四月十二日手稿，则与此件甚少差别。

人民协力，共谋农业之发展以足民食，共谋织造之发展以裕民衣，**建筑**大计画之各式屋舍以乐民居，修治道路、运河以利民行。

（三）其次为民权。故对于人民之**政治**知识能力，政府当训导之，以行使其选举权，行使其罢官权，行使其创制权，行使其复决权。

（四）其三为民族。故**对于**国内之弱小民族，政府当扶植之，使之能自决、自治。对于国外之侵略强权，政府当抵御之；同时修改各国条约，以恢复我国际平等、国家独立。

（五）建设之程序分为三期：一曰军政时期；二曰训政时期；三曰宪政时期。

（六）在军政时期，一切制度悉隶于军政之下。而政府一面用兵力以扫除国内之障碍，一面宣传主义以开化全国之人心，而促进国家之统一。

（七）凡一省完全**底定**之日，则为训政开始之时，而军政停止之日。

（八）在训政时期，政府当派曾经训练考试合格之员，到各县协助人民筹备自治。其程度以全县人口调查清楚，全县土地测量完竣，全县警卫办理妥善，四境纵横之道路修筑成功，而其人民曾受四权使用之训练而完毕其国民之义务，誓行革命之主义者，得选举县官以执行一县之政事，得选举议员以议立一县之法律，始成为一完全自治之县。

（九）一完全自治之县，其国民有直接选举官员之权，有直接罢免官员之权，有直接创制法律之权，有直接复决**法律**之权。

（十）每县开创自治之时，必须先规定全县私有土地之价，其法由地主自报之，地方政府则照价征税，并可随时照价收买。自此次报价之后，若土地因政治之改良、社会之进步而增价者，则其利益当为全县人民所共享，而原主不得而私之。

（十一）土地之岁收，地价之增益，公地之生产，山林川泽之息，矿产水力之利，皆为地方政府之所有，而用以经营地方人民之事业，及育幼、养老、济贫、救灾、**医病**与夫种种公共之需。

（十二）各县之天然富源与及大规模之工商事业，本县之资力不能发展与兴办而须赖外资乃能经营者，当由中央政府为之协助；而所获之纯利，中央与地方政府**各占**其半。

（十三）各县对于中央政府之负担，当以每县之岁收百分之几为中央岁费，每年由国民代表定之；其限度不得少于百分之十，不得加于百分之五十。

（十四）每县地方自治政府成立之后，得选国民代表**一员**以组织代表会，参预中央政事。

（十五）凡候选及任命**官员**，无论中央与地方，皆须经中央考试铨定资格者乃可。

（十六）凡一省全数之县皆达完全自治者，则为宪政开始时期。国民代表会得选举省长，以为本省自治之监督；至于该省内之国家行政，则省长受中央之指挥。

（十七）在此时期，中央与省之权限采均权**制度**①。凡事务有全国一致之性质者，划归中央；有因地制宜之性质者，划归地方。不偏于中央集权或地方分权。

（十八）县为自治单位，省立于中央与县之间，以收联络之效。

（十九）在宪政开始时期，中央政府当完成设立五院，以试行五权之治。其序列如下：曰行政院；曰立法院；曰司法院；曰考试院；曰监察院。

（二十）行政院暂设如下各部：一、内政部；二、外交部；三、军政部；四、财政部；五、农矿部；六、工商部；七、教育部；八、交通部。

（二十一）宪法未颁布以前，各院长皆归总统任免而督率之。

（二十二）宪法草案当本建国大纲及训政、宪政两时期之成绩，由立法院议订，随时宣传于民众，以备到时采择施行。

（二十三）全国有过半数省分达至宪政开始时期，即全省之地方自治完全成立时期，则开国民大会，决定宪法而颁布之。

（二十四）宪法颁布之后，中央统治权则归于国民大会行使，即国民大会对于中央政府官吏有选举权、有罢免权，对于中央法律有创制权、有复决权。

（二十五）宪法颁布之日，即为宪政告成之时，而全国国民则依宪法施行全国大选举。国民政府则于选举完毕之后三个月解职，而授政于民选之政府，是为

---

① 《中国国民党第一次全国代表大会宣言》、《孙总理在国民党第一次全国代表大会演说词（附总理手拟之国民政府建国大纲）》及二月二十二日《广州民国日报》于此处仍作"均权主义"，而四月十二日手稿则亦改为"均权制度"。

建国之大功告成。

民国十三年四月初二日写于广州大本营，为贤妻庆龄玩索。①

　　　　　孙　文（加盖"大元帅章"及"孙文之印"）

据孙文书赠宋庆龄《国民政府建国大纲》
手稿原件，上海孙中山故居纪念馆藏

————————

① 另者，一九二四年石印孙文于四月十二日手书的《建国大纲》原件，宋庆龄在文后附跋全文如下："先生建国大纲二十五条，实为施行三民主义、五权宪法之基础，而图国家长治久安之至道也。兹特将先生亲笔稿付石印，以供先睹之快，并作民国开创之宝典焉。妻宋庆龄谨跋并书。"

中国国民党第一次全国代表大会宣言①

（一九二四年一月三十日）②

一　中国之现状

　　中国之革命发轫于甲午以后，盛于庚子，而成于辛亥，卒颠覆君政。夫革命非能突然发生也。自满洲入据中国以来，民族间不平之气抑郁已久。海禁既开，列强之帝国主义如怒潮骤至，武力的掠夺与经济的压迫使中国丧失独立，陷于半殖民地之地位。满洲政府既无力以御外侮，而钤制家奴之政策且行之益厉，适足以侧媚列强。吾党之士，追随本党总理孙先生之后，知非颠覆满洲无由改造中国，乃奋然而起，为国民前驱，激进不已，以至于辛亥，然后颠覆满洲之举始告厥成。故知革命之目的，非仅仅在于颠覆满洲而已，乃在于满洲颠覆以后得从事于改造中国。依当时之趋向，民族方面，由一民族之专横宰制过渡于诸民族之平等结合；政治方面，由专制制度过渡于民权制度；经济方面，由手工业的生产过渡于资本制度的生产。循是以进，必能使半殖民地的中国变而为独立的中国，以屹然于世界。

　　然而当时之实际，乃适不如所期。革命虽号成功，而革命政府所能实际表现者，仅仅为民族解放主义。曾几何时，已为情势所迫，不得已而与反革命的专制阶级谋妥协。此种妥协，实间接与帝国主义相调和，遂为革命第一次失败之根源。夫当时代表反革命的专制阶级者实为袁世凯，其所挟持之势力初非甚强，而革命

---

　　①　一九二四年一月二十日至三十日，中国国民党第一次全国代表大会在广州国立高等师范学校礼堂举行。本宣言原在孙文亲自主持下，由国民党员汪精卫、胡汉民、廖仲恺及苏联顾问鲍罗庭、加入国民党的共产党员瞿秋白参与起草。二十日孙文将宣言草案提交代表大会审议，经过大会宣言审查委员会及有关人员反复讨论修改，于二十三日表决通过。二十四日又由孙文委托汪精卫提出增加宣言中"对内政策"第五条的动议，经大会表决通过。三十日又由孙文授意廖仲恺提出增订"对外政策"内容的动议，经大会表决同意，委托孙文修正有关文字条款。闭会后，大会秘书处于二月印发宣言单行本，国民党中央执行委员会复于四月进行修订并出版校正本。本文以后者为底本，另在下篇将前者附刊。

　　②　此据代表大会对宣言最后一次表决日期标出。

党人乃不能胜之者，则为当时欲竭力避免国内战争之延长，且尚未能获一有组织、有纪律、能了解本身之职任与目的之政党故也。使当时而有此政党，则必能抵制袁世凯之阴谋以取得胜利，而必不致为其所乘。夫袁世凯者，北洋军阀之首领，时与列强相勾结，一切反革命的专制阶级如武人、官僚辈，皆依附之以求生存。而革命党人乃以政权让渡于彼，其致失败，又何待言！

袁世凯既死，革命之事业仍屡遭失败，其结果使国内军阀暴戾恣睢，自为刀俎，而以人民为鱼肉，一切政治上民权主义之建设皆无可言。不特此也，军阀本身与人民利害相反，不足以自存，故凡为军阀者莫不与列强之帝国主义发生关系。所谓民国政府已为军阀所控制，军阀即利用之结欢于列强，以求自固。而列强亦即利用之，资以大借款充其军费，使中国内乱纠缠不已，以攫取利权，各占势力范围。由此点观测，可知中国内乱实有造于列强。列强在中国利益相冲突，乃假手于军阀，杀吾民以求逞。不特此也，内乱又足以阻滞中国实业之发展，使国内市场充斥外货。坐是之故，中国之实业即在中国境内，犹不能与外国资本竞争。其为祸之酷，不止吾国人政治上之生命为之剥夺，即经济上之生命亦为之剥夺无余矣。环顾国内，自革命失败以来，中等阶级濒经激变，尤为困苦；小企业家渐趋破产；小手工业者渐致失业，沦为游氓，流为兵匪；农民无力以营本业，至以其土地廉价售人，生活日以昂，租税日以重。如此惨状，触目皆是，犹得不谓已濒绝境乎？

由是言之，自辛亥革命以后，以迄于今，中国之情况不但无进步可言，且有江河日下之势。军阀之专横、列强之侵蚀日益加厉，令中国深入半殖民地之泥犁地狱。此全国人民所为疾首蹙额，而有识者所以徬徨日夜，急欲为全国人民求一生路者也。

然所谓生路者果如何乎？国内各党派以至于个人暨外国人多有拟议及此者，试简单归纳各种拟议，以一评骘其当否，而分述于下：

一曰立宪派。此派之拟议，以为今日中国之大患在于无法，苟能藉宪法以谋统一，则分崩离析之局庶可收拾。曾不思宪法之所以能有效力，全恃民众之拥护，假使只有白纸黑字之宪法，决不能保证民权俾不受军阀之摧残。元年以来尝有约法矣，然专制余孽、军阀官僚僭窃擅权，无恶不作，此辈一日不去，宪法即一日不生效力，无异废纸，何补民权？迩者曹锟以非法行贿，尸位北京，亦尝藉所谓宪法以为文饰之具矣，而其所为乃与宪法若风马牛不相及。故知推行宪法之先决问题，首在民众之能拥护宪法与否，舍本求末，无有是处。不特此也，民众果无组织，虽有宪法即民众自身亦不能运用之，纵无军阀之摧残，其为具文自若也。故立宪派只知要求宪法，而绝不顾及将何以拥护宪法，何以运用宪法，即可知其无组织、无方法、无勇气以真为宪法而奋斗。宪法之成立，唯在列强及军阀之势力颠覆之后耳。

二曰联省自治派。此派之拟议，以为造成中国今日之乱象，由于中央政府权力过重，故当分其权力于各省；各省自治已成，则中央政府权力日削，无所恃以为恶也。曾不思今日北京政府权力初非法律所赋予、人民所承认，乃由大军阀攘夺而得之。大军阀既挟持其暴力以把持中央政府，复即利用中央政府以扩充其暴力，吾人不谋所以毁灭大军阀之暴力，使不得挟持中央政府以为恶，乃反欲藉各省小军阀之力以谋削减中央政府之权能，是何为耶？推其结果，不过分裂中国，使小军阀各占一省自谋利益，以与挟持中央政府之大军阀相安于无事而已，何自治之足云？夫真正的自治诚为至当，亦诚适合吾民族之需要与精神，然此等真正的自治，必待中国全体独立之后始能有成。中国全体尚未能获得自由，而欲一部份先能获得自由，岂可能耶？故知争回自治之运动，决不能与争回民族独立之运动分道而行。自由之中国以内，始能有自由之省。一省以内所有经济问题、政治问题、社会问题，惟有于全国之规模中始能解决。则各省真正自治之实现，必在全国国民革命胜利之后，亦已显然，愿国人一思之也。

三曰和平会议派。国内苦战争久矣，和平会议之说，应之而生。提倡而赞和者，中国人有然，外国人亦有然。果能循此道而得和平，宁非国人之所望，无如其不可能也。何则？构成中国之战祸者，实为互相角立之军阀，此互相角立之军阀各顾其利益，矛盾至于极端，已无调和之可能。即使可能，亦不过各军阀间之利益得以调和而已，于民众之利益固无与也。此仅军阀之联合，尚不得谓为国家之统一也，民众果何需于此乎？此等和平会议之结果，必无以异于欧战议和所得之结果。列强利益相冲突，使欧州〔洲〕各小国不得和平统一，中国之不能统一亦此数国之利益为之梗也。至于知调和之不可能，而惟冀各派之势力保持均衡，使不相冲突，以苟安于一时者，则更为梦想。何则？盖事实上不能禁军阀中之一派，不对于他派而施以攻击。且凡属军阀莫不拥有雇佣军队，推其结果，不能不出于争战，出于掠夺。盖掠夺于邻省，较之掠夺于本省为尤易也。

四曰商人政府派。为此说者，盖鉴于今日之祸由军阀官僚所造成，故欲以资本家起而代之也。虽然，军阀官僚所以为民众厌恶者，以其不能代表民众也，商人独能代表民众利益乎？此当知者一也。军阀政府讬命于外人，而其恶益著，民众之恶之亦益深；商人政府若亦讬命于外人，则亦一丘之貉而已。此所当知者二也。故吾人虽不反对商人政府，而吾人之要求则在于全体平民自己组织政府，以代表全体平民之利益，不限于商界。且其政府必为独立的，不求助于外人，而惟恃全体平民自己之意力。

如上所述，足知各种拟议虽或出于救国之诚意，然终为空谈；其甚者则本无诚意，而徒出于恶意的讥评而已。

吾国民党则夙以国民革命、实行三民主义为中国唯一生路。兹综观中国之现状，益知进行国民革命之不可懈。故再详阐主义，发布政纲，以宣告全国。

二　国民党之主义

国民党之主义维何？即孙先生所提倡之三民主义是已。本此主义以立政纲，吾人以为救国之道，舍此末由。国民革命之逐步进行，皆当循此原则。此次毅然改组，于组织及纪律特加之意，即期于使党员各尽所能，努力奋斗，以求主义之贯彻。去年十一月廿五日孙先生之演说[1]，及此次大会孙先生对于中国现状及国民党改组问题之演述[2]，言之綦详。兹综合之，对于三民主义为郑重之阐明。盖必瞭然于此主义之真释，然后对于中国之现状而谋救济之方策，始得有所依据也。

（一）**民族主义**　国民党之民族主义有两方面之意义：一则中国民族自求解放；二则中国境内各民族一律平等。

第一方面：国民党之民族主义，其目的在使中国民族得自由独立于世界。辛亥以前，满洲以一民族宰制于上，而列强之帝国主义复从而包围之。故当时民族主义之运动，其作用在脱离满洲之宰制政策与列强之瓜分政策。辛亥以后，满洲

---

① 　此为在广州大本营就国民党改组问题对国民党员的演说。

② 　此为本年一月二十日下午的演说。

之宰制政策已为国民运动所摧毁，而列强之帝国主义则包围如故，瓜分之说变为共管。易言之，武力的掠夺变为经济的压迫而已，其结果足使中国民族失其独立与自由则一也。国内之军阀既与帝国主义相勾结，而资产阶级亦耽耽然①欲起而分其馋余，故中国民族政治上、经济上皆日即于憔悴。国民党人因不得不继续努力，以求中国民族之解放。其所恃为后盾者实为多数之民众，若智识阶级、若农夫、若工人、若商人是已。盖民族主义对于任何阶级，其意义皆不外免除帝国主义之侵略。其在实业界，苟无民族主义，则列强之经济的压迫，自国生产永无发展之可能。其在劳动界，苟无民族主义，则依附帝国主义而生存之军阀及国内外之资本家，足以蚀其生命而有余。故民族解放之斗争，对于多数之民众，其目标皆不外于反帝国主义而已。帝国主义受民族主义运动之打击而有所削弱，则此多数之民众即能因而发展其组织，且从而巩固之，以备继续之斗争，此则国民党能于事实上证明之者。吾人欲证实民族主义实为健全之反帝国主义，则当努力于赞助国内各种平民阶级之组织，以发扬国民之能力。盖惟国民党与民众深切结合之后，中国民族之真正的自由与独立始有可望也。

第二方面：辛亥以前，满洲以一民族宰制于上，具如上述。辛亥以后，满洲宰制政策既已摧毁无余，则国内诸民族宜可得平等之结合，国民党之民族主义所要求者即在于此。然不幸而中国之政府乃为专制余孽之军阀所盘据，中国旧日之帝国主义死灰不免复燃，于是国内诸民族因以有杌陧不安之象，遂使少数民族疑国民党之主张亦非诚意。故今后国民党为求民族主义之贯彻，当得国内诸民族之谅解，时时晓示其在中国国民革命运动中之共同利益。今国民党在宣传主义之时，正欲积集其势力，自当随国内革命势力之伸张，而渐与诸民族为有组织的联络，及讲求种种具体的解决民族问题之方法矣。国民党敢郑重宣言，承认中国以内各民族之自决权，于反对帝国主义及军阀之革命获得胜利以后，要〔当〕组织自由统一的（各民族自由联合的）中华民国。

（二）**民权主义**　国民党之民权主义，于间接民权之外复行直接民权，即为国民者不但有选举权，且兼有创制、复决、罢官诸权也。民权运动之方式规定于

---

① "耽"同"眈"，耽耽然与眈眈然同义。

宪法，以孙先生所创之五权分立为之原则，即立法、司法、行政、考试、监察五权分立是已。凡此既以济代议政治之穷，亦以矫选举制度之弊。近世各国所谓民权制度，往往为资产阶级所专有，适成为压迫平民之工具。若国民党之民权主义，则为一般平民所共有，非少数者所得而私也。于此有当知者：国民党之民权主义与所谓"天赋人权"者殊科，而唯求所以适合于现在中国革命之需要。盖民国之民权，唯民国之国民乃能享之，必不轻授此权于反对民国之人，使得藉以破坏民国。详言之，则凡真正反对帝国主义之个人及团体，均得享有一切自由及权利；而凡卖国罔民以效忠于帝国主义及军阀者，无论其为团体或个人，皆不得享有此等自由及权利。

（三）**民生主义**　国民党之民生主义，其最要之原则不外二者，一曰平均地权，二曰节制资本。盖酿成经济组织之不平均者，莫大于土地权之为少数人所操纵。故当由国家规定土地法、土地使用法、土地征收法及地价税法。私人所有土地，由地主估价呈报政府，国家就价征税，并于必要时依报价收买之。此则平均地权之要旨也。凡本国人及外国人之企业，或有独占的性质，或规模过大为私人之力所不能办者，如银行、铁道、航路之属，由国家经营管理之。使私有资本制度不能操纵国民之生计，此则节制资本之要旨也。举此二者，则民生主义之进行可期得良好之基础。于此犹有当为农民告者：中国以农立国，而全国各阶级所受痛苦以农民为尤甚。国民党之主张，则以为农民之缺乏田地沦为佃户者，国家当给以土地，资其耕作，并为之整顿水利；移殖荒徼，以均地力；农民之缺乏资本至于高利借贷以负债终身者，国家为之筹设调剂机关如农民银行等，供其匮乏。然后农民得享人生应有之乐。又有当为工人告者：中国工人之生活绝无保障，国民党之主张，则以为工人之失业者，国家当为之谋救济之道；尤当为之制定劳工法，以改良工人之生活。此外如养老之制、育儿之制、周恤废疾者之制、普及教育之制，有相辅而行之性质者，皆当努力以求其实现。凡此皆民生主义所有事也。

中国以内，自北至南，自通商都会以至于穷乡僻壤，贫乏之农夫、劳苦之工人所在皆是，因其所处之地位与所感之痛苦类皆相同，其要求解放之情至为迫切，则其反抗帝国主义之意亦必至为强烈。故国民革命之运动，必恃全国农夫、工人之参加然后可以决胜，盖无可疑者。国民党于此，一方面当对于农夫、工人之运动以全力助其开展，辅助其经济组织使日趋于发达，以期增进国民革命运动之实力；一方面又当对于农夫、工人要求参加国民党，相与为不断之努力，以促国民革命运动之进行。盖国民党现正从事于反抗帝国主义与军阀，反抗不利于农夫、工人之特殊阶级，以谋农夫、工人之解放。质言之，即为农夫、工人而奋斗，亦即农夫、工人为自身而奋斗也。

国民党之三民主义，其真释具如此。自本党改组后，以严格之规律的精神，树立本党组织之基础。对于本党党员，用各种适当方法施以教育及训练，使成为能宣传主义、运动群众、组织政治之革命的人才。同时以本党全力对于全国国民为普遍的宣传，使加入革命运动，取得政权，克服民敌。至于既取得政权、树立政府之时，为制止国内反革命运动及各国帝国主义压制吾国民众胜利之阴谋，芟除实行国民党主义之一切障碍，更应以党为掌握政权之中枢。盖惟有组织、有权威之党，乃为革命的民众之本据，能为全国人民尽此忠实之义务故耳。

三　国民党之政纲

吾人于党纲固悉力以求贯彻，顾以道途之远，工程之巨，诚未敢谓咄嗟有成；而中国之现状危迫已甚，不能不立谋救济。故吾人所以刻刻不忘者，尤在准备实行政纲，为第一步之救济方法。谨列举具体的要求作为政纲，凡中国以内，有能认国家利益高出于一人或一派之利益者，幸相与明辨而公行〈之〉。

甲　对外政策

（一）一切不平等条约，如外人租借地、领事裁判权、外人管理关税权以及外人在中国境内行使一切政治的权力侵害中国主权者，皆当取消，重订双方平等、互尊主权之条约。

（二）凡自愿放弃一切特权之国家及愿废止破坏中国主权之条约者，中国皆将认为最惠国。

（三）中国与列强所订其他条约，有损中国之利益者须重新审定，务以不害双方主权为原则。

（四）中国所借外债，当在使中国政治上、实业上不受损失之范围内保证并偿还之。

（五）庚子赔款当完全画作教育经费。

（六）中国境内不负责任之政府，如贿选、窃僭之北京政府，其所借外债非以增进人民之幸福，乃为维持军阀之地位，俾得行使贿买、侵吞盗用，此等债款中国人民不负偿还之责任。

（七）召集各省职业团体（银行界、商会等）、社会团体（教育机关等）组织会议，筹备偿还外债之方法，以求脱离因困顿于债务而陷于国际的半殖民地之地位。

乙　对内政策

（一）关于中央及地方之权限，采均权主义。凡事务有全国一致之性质者划归中央，有因地制宜之质性〔性质〕者划归地方，不偏于中央集权制或地方分权制。

（二）各省人民得自定宪法，自举省长，但省宪不得与国宪相抵触。省长一方面为本省自治之监督，一方面受中央指挥以处理国家行政事务。

（三）确定县为自治单位。自治之县，其人民有直接选举及罢免官吏之权，有直接创制及复决法律之权。土地之税收、地价之增益、公地之生产、山林川泽之息、矿产水力之利皆为地方政府之所有，用以经营地方人民之事业，及应育幼、养老、济贫、救灾、卫生等各种公共之需要。各县之天然富源及大规模之工商事业，本县资力不能发展兴办者，国家当加以协助；其所获纯利，国家与地方均之。各县对于国家之负担，当以县岁入百分之几为国家之收入，其限度不得少于百分之十，不得超过于百分之五十。

（四）实行普通选举制，废除以资产为标准之阶级选举。

（五）厘订各种考试制度，以救选举制度之穷。

（六）确定人民有集会、结社、言论、出版、居住、信仰之完全自由权。

（七）将现时募兵制度渐改为征兵制度。同时注意改善下级军官及兵士之经济状况，并增进其法律地位；施行军队中之农业教育及职业教育；严定军官之资格，改革任免军官之方法。

（八）严定田赋地税之法定额，禁止一切额外征收，如厘金等类当一切废绝之。

（九）清查户口，整理耕地，调正粮食之产销以谋民食之均足。

（十）改良农村组织，增进农人生活。

（十一）制定劳工法，改良劳动者之生活状况，保障劳工团体并扶助其发展。

（十二）于法律上、经济上、教育上、社会上确认男女平等之原则，助进女权之发展。

（十三）励行教育普及，以全力发展儿童本位之教育。整理学制系统，增高教育经费，并保障其独立。

（十四）由国家规定土地法、土地使用法、土地征收法及地价税法。私人所有土地，由地主估价呈报政府，国家就价征税，并于必要时得依报价收买之。

（十五）企业之有独占的性质者，及为私人之力所不能办者如铁道、航路等，当由国家经营管理之。

以上所举细目，皆吾人所认为党纲之最小限度，目前救济中国之第一步方法。

据《中国国民党第一次全国代表大会宣言》，
一九二四年四月中央执行委员会準据第一
次全国代表大会决议案校正本，广州出版①

附：另一版本

一　中国之现状

中国之革命发轫于甲午以后，盛于庚子，而成于辛亥，卒颠覆君政。夫革命非能突然发生也。自满洲入据中国以来，民族间不平之气抑郁已久。海禁既开，列强之帝国主义如怒潮骤至，武力的掠夺与经济的压迫使中国丧失独立，陷于半殖民地之地位。满洲政府既无力以御外侮，而钤制家奴之政策且行之益厉，适足

---

① 另见中央执行委员会同月印行的《中国国民党第一次全国代表大会宣言及决议案》一书，宣言内容文字与底本完全相同。按：代表大会结束后的两三年间在各地曾发行过多种宣言版本，其内容段落的增减、政策条款的多寡互有差异，研究学者对各版本的可靠性及其权威性评价不一，而以往出版的孙中山全集或选集本所据底本亦各不相同。编者认为，当时孙文担任国民党总理兼中央执行委员会主席，中执委开会时或由他主持，或缺席时通过重要文件须经他审核批准，故宣言校正本的权威性毋庸置疑。

以侧媚列强。吾党之士，追随本党总理孙先生之后，知非颠覆满洲无由改造中国，乃奋然而起，为国民前驱，激进不已，以至于辛亥，然后颠覆满洲之举始告厥成。故知革命之目的，非仅仅在于颠覆满洲而已，乃在于满洲颠覆以后得从事于改造中国。依当时之趋向，民族方面，由一民族之专横宰制过渡于诸民族之平等结合；政治方面，由专制制度过渡于民权制度；经济方面，由手工业的生产过渡于资本制度的生产。循是以进，必能使半殖民地的中国变而为独立的中国，以屹然于世界。

然而当时之实际，乃适不如所期。革命虽号成功，而革命政府所能实际表现者，仅仅为民族解放主义。曾几何时，已为情势所迫，不得已而与反革命的专制阶级谋妥协。此种妥协，实间接与帝国主义相调和，遂为革命第一次失败之根源。夫当时代表反革命的专制阶级者实为袁世凯，其所挟持之势力初非甚强，而革命党人乃不能胜之者，则为当时欲竭力避免国内战争之延长，且尚未能获一有组织、有纪律、能了解本身之职任与目的之政党故也。使当时而有此政党，则必能抵制袁世凯之阴谋以取得胜利，而必不致为其所乘。夫袁世凯者，北洋军阀之首领，时与列强相勾结，一切反革命的专制阶级如武人、官僚辈，皆依附之以求生存。而革命党人乃以政权让渡于彼，其致失败，又何待言！

袁世凯既死，革命之事业仍屡遭失败，其结果使国内军阀暴戾恣睢，自为刀俎，而以人民为鱼肉，一切政治上民权主义之建设皆无可言。不特此也，军阀本身与人民利害相反，不足以自存，故凡为军阀者莫不与列强之帝国主义发生关系。所谓民国政府已为军阀所控制，军阀即利用之结欢于列强，以求自固。而列强亦即利用之，资以大借款充其军费，使中国内乱纠缠不已，以攫取利权，各占势力范围。由此点观测，可知中国内乱实有造于列强。列强在中国利益相冲突，乃假手于军阀，杀吾民以求逞。不特此也，内乱又足以阻滞中国实业之发展，使国内市场充斥外货。坐是之故，中国之实业即在中国境内，犹不能与外国资本竞争。其为祸之酷，不止吾国人政治上之生命为之剥夺，即经济上之生命亦为之剥夺无余矣。环顾国内，自革命失败以来，中等阶级濒经激变，尤为困苦；小企业家渐趋破产；小手工业者渐致失业，沦为游氓，流为兵匪；农民无力以营本业，至以其土地廉价售人，生活日以昂，租税日以重。如此惨状，触目皆是，犹得不谓已濒绝境乎？

由是言之，自辛亥革命以后，以迄于今，中国之情况不但无进步可言，且有江河日下之势。军阀之专横、列强之侵蚀日益加厉，令中国深入半殖民地之泥犁地狱。此全国人民所为疾首蹙额，而有识者所以徬徨日夜，急欲为全国人民求一生路者也。

然所谓生路者果如何乎？国内各党派以至于个人暨外国人多有拟议及此者，试简单归纳各种拟议，以一评骘其当否，而分述于下：

一曰立宪派。此派之拟议，以为今日中国之大患在于无法，苟能藉宪法以谋统一，则分崩离析之局庶可收拾。曾不思宪法之所以能有效力，全恃民众之拥护，假使只有白纸黑字之宪法，决不能保证民权俾不受军阀之摧残。元年以来尝有约法矣，然专制余孽、军阀官僚僭窃擅权，无恶不作，此辈一日不去，宪法即一日不生效力，无异废纸，何补民权？迩者曹琨〔锟〕以非法行贿，尸位北京，亦尝藉所谓宪法以为文饰之具矣，而其所为乃与宪法若风马牛不相及。故知推行宪法之先决问题，首在民众之能拥护宪法与否，舍本求末，无有是处。不特此也，民众果无组织，虽有宪法即民众自身亦不能运用之，纵无军阀之摧残，其为具文自若也。故立宪派只知要求宪法，而绝不顾及将何以拥护宪法，何以运用宪法，即可知其无组织、无方法、无勇气以真为宪法而奋斗。宪法之成立，唯在列强及军阀之势力颠覆之后耳。

二曰联省自治派。此派之拟议，以为造成中国今日之乱象，由于中央政府权力过重，故当分其权力于各省；各省自治已成，则中央政府权力日削，无所恃以为恶也。曾不思今日北京政府权力初非法律所赋予、人民所承认，乃由大军阀攘夺而得之。大军阀既挟持其暴力以把持中央政府，复即利用中央政府以扩充其暴力，吾人不谋所以毁灭大军阀之暴力，使不得挟持中央政府以为恶，乃反欲藉各省小军阀之力以谋削减中央政府之权能，是何为耶？推其结果，不过分裂中国，使小军阀各占一省自谋利益，以与挟持中央政府之大军阀相安于无事而已，何自治之足云？夫真正的自治诚为至当，亦诚适合吾民族之需要与精神，然此等真正的自治，必待中国全体独立之后始能有成。中国全体尚未能获得自由，而欲一部份先能获得自由，岂可能耶？故知争回自治之运动，决不能与争回民族独立之运动分道而行。自由之中国以内，始能有自由之省。一省以内所有经济问题、政治问题、社会问题，惟有于全国之规模中始能解决。则各省真正自治之实现，必在全国国民革命胜利之后，亦已显然，愿国人一思之也。

三曰和平会议派。国内苦战争久矣，和平会议之说，应之而生。提倡而赞和者，中国人有然，外国人亦有然。果能循此道而得和平，宁非国人之所望，无如其不可能也。何则？构成中国之战祸者，实为互相角立之军阀，此互相角立之军阀各顾其利益，矛盾至于极端，已无调和之可能。即使可能，亦不过各军阀间之利益得以调和而已，于民众之利益固无与也。此仅军阀之联合，尚不得谓为国家之统一也，民众果何需于此乎？此等和平会议之结果，必无以异于欧战议和所得之结果。列强利益相冲突，使欧洲各小国不得和平统一，中国之不能统一亦此数国之利益为之梗也。至于知调和之不可能，而惟冀各派之势力保持均衡，使不相冲突，以苟安于一时者，则更为梦想。何则？盖事实上不能禁军阀中之一派，不对于他派而施以攻击。且凡属军阀莫不拥有雇佣军队，推其结果，不能不出于争战，出于掠夺。盖掠夺于邻省，较之掠夺于本省为尤易也。

四曰商人政府派。为此说者，盖鉴于今日之祸由军阀官僚所造成，故欲以资本家起而代之也。虽然，军阀官僚所以为民众厌恶者，以其不能代表民众也，商人独能代表民众利益乎？此当知者一也。军阀政府讬命于外人，而其恶益著，民众之恶之亦益深；商人政府若亦讬命于外人，则亦一邱之貉而已。此所当知者二也。故吾人虽不反对商人政府，而吾人之要求则在于全体平民自己组织政府，以代表全体平民之利益，不限于商界。且其政府必为独立的，不求助于外人，而惟恃全体平民自己之意力。

如上所述，足知各种拟议虽或出于救国之诚意，然终为空谈；其甚者则本无诚意，而徒出于恶意的讥评而已。

吾国民党则夙以国民革命、实行三民主义为中国唯一生路。兹综观中国之现状，益知进行国民革命之不可懈。故再详阐主义，发布政纲，以宣告全国。

二　国民党之主义

国民党之主义维何？即孙先生所提倡之三民主义是已。本此主义以立政纲，吾人以为救国之道，舍此末由。国民革命之逐步进行，皆当循此原则。此次毅然改组，于组织及纪律特加之意，即期于使党员各尽所能，努力奋斗，以求主义之贯彻。去年十一月廿五日孙先生之演说，及此次大会孙先生对于中国现状及国民党改组问题之演述，言之綦详。兹综合之，对于三民主义为郑重之阐明。盖必瞭然于此主义之真释，然后对于中国之现状而谋救济之方策，始得有所依据也。

（一）**民族主义** 国民党之民族主义有两方面之意义：一则中国民族自求解放；二则中国境内各民族一律平等。

第一方面：国民党之民族主义，其目的在使中国民族得自由独立于世界。辛亥以前，满洲以一民族宰制于上，而列强之帝国主义复从而包围之。故当时民族主义之运动，其作用在脱离满洲之宰制政策与列强之瓜分政策。辛亥以后，满洲之宰制政策已为国民运动所摧毁，而列强之帝国主义则包围如故，瓜分之说变为共管。易言之，武力的掠夺变为经济的压迫而已，其结果足使中国民族失其独立与自由则一也。国内之军阀既与帝国主义相勾结，而资产阶级亦耽耽然欲起而分其馋余，故中国民族政治上、经济上皆日即于憔悴。国民党人因不得不继续努力，以求中国民族之解放。其所恃为后盾者实为多数之民众，若智识阶级、若农夫、若工人、若商人是已。盖民族主义对于任何阶级，其意义皆不外免除帝国主义之侵略。其在实业界，苟无民族主义，则列强之经济的压迫，自国生产永无发展之可能。其在劳动界，苟无民族主义，则依附帝国主义而生存之军阀及国内外之资本家，足以蚀其生命而有余。故民族解放之斗争，对于多数之民众，其目标皆不外于反帝国主义而已〔已〕。帝国主义受民族主义运动之打击而有所削弱，则此多数之民众即能因而发展其组织，且从而巩固之，以备继续之斗争，此则国民党能于事实上证明之者。吾人欲证实民族主义实为健全之反帝国主义，则当努力于赞助国内各种平民阶级之组织，以发扬国民之能力。盖惟国民党与民众深切结合之后，中国民族之真正的自由与独立始有可望也。

第二方面：辛亥以前，满洲以一民族宰制于上，具如上述。辛亥以后，满洲宰制政策既已摧毁无余，则国内诸民族宜可得平等之结合，国民党之民族主义所要求者即在于此。然不幸而中国之政府乃为专制余孽之军阀所盘据，中国旧日之帝国主义死灰不免复燃，于是国内诸民族因以有机隉不安之象，遂使少数民族疑国民党之主张亦非诚意。故今后国民党为求民族主义之贯彻，当得国内诸民族之谅解，时时晓示其在中国国民革命运动中之共同利益。今国民党在宣传主义之时，正欲积集其势力，自当随国内革命势力之伸张，而渐与诸民族为有组织的联络，及讲求种种具体的解决民族问题之方法矣。国民党敢郑重宣言，承认中国以内各民族之自决权，于反对帝国主义及军阀之革命获得胜利以后，当组织自由统一的（各民族自由联合的）中华民国。

（二）**民权主义**　国民党之民权主义，于间接民权之外复行直接民权，即为国民者不但有选举权，且兼有创制、复决、罢官诸权也。民权运动之方式规定于宪法，以孙先生所创之五权分立为之原则，即立法、司法、行政、考试、监察五权分立是已。凡此既以济代议政治之穷，亦以矫选举制度之弊。近世各国所谓民权制度，往往为资产阶级所专有，适成为压迫平民之工具。若国民党之民权主义，则为一般平民所共有，非少数者所得而私也。于此有当知者：国民党之民权主义与所谓"天赋人权"者殊科，而唯求所以适合于现在中国革命之需要。盖民国之民权，唯民国之国民乃能享之，必不轻授此权于反对民国之人，使得藉以破坏民国。详言之，则凡真正反对帝国主义之个人及团体，均得享有一切自由及权利；而凡卖国罔民以效忠于帝国主义及军阀者，无论其为团体或个人，皆不得享有此等自由及权利。

（三）**民生主义**　国民党之民生主义，其最要之原则不外二者，一曰平均地权，二曰节制资本。盖酿成经济组织之不平均者，莫大于土地权之为少数人所操纵。故当由国家规定土地法、土地使用法、土地征收法及地价税法。私人所有土地，由地主估价呈报政府，国家就价征税，并于必要时依报价收买之。此则平均地权之要旨也。凡本国人及外国人之企业，或有独占的性质，或规模过大为私人之力所不能办者，如银行、铁道、航路之属，由国家经营管理之。使私有资本制度不能操纵国民之生计，此则节制资本之要旨也。举此二者，则民生主义之进行可期得良好之基础。于此犹有当为农民告者：中国以农立国，而全国各阶级所受痛苦以农民为尤甚。国民党之主张，则以为农民之缺乏田地沦为佃户者，国家当给以土地，资其耕作，并为之整顿水利；移殖荒徼，以均地力；农民之缺乏资本至于高利借贷以负债终身者，国家为之筹设调剂机关如农民银行等，供其匮乏。然后农民得享人生应有之乐。又有当为工人告者：中国工人之生活绝无保障，国民党之主张，则以为工人之失业者，国家当为之谋救济之道；尤当为之制定劳工法，以改良工人之生活。此外如养老之制、育儿之制、周恤废疾者之制、普及教育之制，有相辅而行之性质者，皆当努力以求其实现。凡此皆民生主义所有事也。

中国以内，自北至南，自通商都会以至于穷乡僻壤，贫乏之农夫、劳苦之工人所在皆是，因其所处之地位与所感之痛苦类皆相同，其要求解放之情至为迫切，则其反抗帝国主义之意亦必至为强烈。故国民革命之运动，必恃全国农夫、工人之参加然后可以决胜，盖无可疑者。国民党于此，一方面当对于农夫、工人之运动以全力助其开展，辅助其经济组织使日趋于发达，以期增进国民革命运动之实力；一方面又当对于农夫、工人要求参加国民党，相与为不断之努力，以促国民革命运动之进行。盖国民党现正从事于反抗帝国主义与军阀，反抗不利于农夫、工人之特殊阶级，以谋农夫、工人之解放。质言之，即为农夫、工人而奋斗，亦即农夫、工人为自身而奋斗也。

中国为农业的国家，故军队多由农民征集补充而成，乃不为民利捍卫，又不助人民抵抗帝国主义，而反为帝国主义所操纵之军阀以戕贼人民之利益。国民党于此，认为有史以来莫大之矛盾。其所以然之故，在于中国经济落后，农民穷苦，不得己〔已〕而受佣于军阀，以图几微之生存。其结果乃至更增贫困，加人民以压迫，使流为土匪而不顾。欲除此种矛盾，使军队中农民真实之利益与其现在所争之利益无相妨之弊，国民党将于一般兵士及下级军官中极力宣传运动，使知真利所在，成立革命的军队，为人民利益而奋斗。

凡助国民党奋斗以驱除民贼、建设自卫的革命政府之革命军，国民对之当有特殊待遇。每革命军人于革命完全成功之后，愿意归农，革命政府行将给以广田，俾能自给而赡家族。①

---

① 以上两段文字被宣言校正本删除。按：汪精卫（国民党中央委派的宣言起草员）在一九二四年四月三十日赠与黄炎培的《中国国民党改组纪念——民国日报特刊》一书（同月五日上海《民国日报》随报附送者）中，用毛笔将宣言此两段文字勾出，手书眉批如下："此是另一议决案，误刊于此。"（原件藏上海图书馆）所指当系一月二十九日大会通过的《关于感化游民土匪及殊遇革命军人之决议案》，但文字迥然有异，似属该议案草稿。

国民党之三民主义，其真释具如此。自本党改组后，以严格之规律的精神，树立本党组织之基础。对于本党党员，用各种适当方法施以教育及训练，使成为能宣传主义、运动群众、组织政治之革命的人才。同时以本党全力对于全国国民为普遍的宣传，使加入革命运动，取得政权，克服民敌。至于既取得政权、树立政府之时，为制止国内反革命运动及各国帝国主义压制吾国民众胜利之阴谋，芟除实行国民党主义之一切障碍，更应以党为掌握政权之中枢。盖惟有组织、有权威之党，乃为革命的民众之本据，能为全国人民尽此忠实之义务故耳。

三　国民党之政纲

吾人于党纲固悉力以求贯彻，顾以道途之远，工程之巨，诚未敢谓咄嗟有成；而中国之现状危迫已甚，不能不立谋救济。故吾人所以刻刻不忘者，尤在准备实行政纲，为第一步之救济方法。谨列举具体的要求作为政纲，凡中国以内，有能认国家利益高出于一人或一派之利益者，幸相与明辨而公行之。

甲　对外政策

（一）一切不平等条约，如外人租借地、领事裁判权、外人管理关税权以及外人在中国境内行使一切政治的权力侵害中国主权者，皆当取消，重订双方平等、互尊主权之条约。

（二）凡自愿放弃一切特权之国家及愿废止破坏中国主权之条约者，中国皆将认为最惠国。

（三）中国与列强所订其他条约，有损中国之利益者须重新审定，务以不害双方主权为原则。

（四）中国所借外债，当在使中国政治上、实业上不受损失之范围内保证并偿还之。

（五）庚子赔款当完全画作教育经费。

（六）中国境内不负责任之政府，如贿选、窃僭之北京政府，其所借外债非以增进人民之幸福，乃为维持军阀之地位，俾得行使贿买、侵吞盗用，此等债款中国人民不负偿还之责任。

（七）召集各省职业团体（银行界、商会等）、社会团体（教育机关等）组织会议，筹备偿还外债之方法，以求脱离因困顿于债务而陷于国际的半殖民地之地位。

乙　对内政策

（一）关于中央及地方之权限，采均权主义。凡事务有全国一致之性质者划归中央，有因地制宜之性质者划归地方，不偏于中央集权制或地方分权制。

（二）各省人民得自定宪法，自举省长，但省宪不得与国宪相抵触。省长一方面为本省自治之监督，一方面受中央指挥以处理国家行政事务。

（三）确定县为自治单位。自治之县，其人民有直接选举及罢免官吏之权，有直接创制及复决法律之权。

土地之税收、地价之增益、公地之生产、山林川泽之息、矿产水力之利皆为地方政府之所有，用以经营地方人民之事业，及应育幼、养老、济贫、救灾、卫生等各种公共之需要。

各县之天然富源及大规模之工商事业，本县资力不能发展兴办者，国家当加以协助；其所获纯利，国家与地方均之。

各县对于国家之负担，当以县岁入百分之几为国家之收入，其限度不得少于百分之十，不得超过于百分之五十。

（四）实行普通选举制，废除以资产为标准之阶级选举。

（五）厘订各种考试制度，以救选举制度之穷。

（六）确定人民有集会、结社、言论、出版、居住、信仰之完全自由权。

（七）将现时募兵制度渐改为征兵制度。同时注意改善下级军官及兵士之经济状况，并增进其法律地位；施行军队中之农业教育及职业教育；严定军官之资格，改革任免军官之方法。

（八）政府当设法安置土匪游民，使为社会有益之工作。而其所以达此目的之一法，计可以租界交还中国国民后所得之收入充此用途。此之所谓租界，乃指设有领事裁判之特别地区，发生"国中有国"之特别现象者而言。此种"国中有国"之现象，当在清除之列。至关于外人在租界内住居及营业者，其权利当由国民政府按照中国与外国特行缔结之条约规定之。①

（九）严定田赋地税之法定额，禁止一切额外征收，如厘金等类当一切废绝之。

（十）清查户口，整理耕地，调正粮食之产销以谋民食之均足。

（十一）改良农村组织，增进农人生活。

（十二）制定劳工法，改良劳动者之生活状况，保障劳工团体并扶助其发展。

（十三）于法律上、经济上、教育上、社会上确认男女平等之原则，助进女权之发展。

（十四）励行教育普及，以全力发展儿童本位之教育。整理学制系统，增高教育经费，并保障其独立。

（十五）由国家规定土地法、土地使用法、土地征收法及地价税法。私人所有土地，由地主估价呈报政府，国家就价征税，并于必要时得依报价收买之。

（十六）企业之有独占的性质者，及为私人之力所不能办者如铁道、航路等，当由国家经营管理之。

以上所举细目，皆吾人所认为党纲之最小限度，目前救济中国之第一步方法。

据《中国国民党第一次全国代表大会宣言》，一九二四年二月中国国民党全国大会秘书处印发本，广州出版②

---

① 关于"对内政策"，大会秘书处印发本有十六条，校正本有十五条，被删者即此第八条。按，本条内容亦与代表大会通过的《关于感化游民土匪及殊遇革命军人之决议案》有关。前注援引的《中国国民党改组纪念——民国日报特刊》所载宣言则仍存第八条，但该条仅有"政府当设法安置土匪游民，使为社会有益之工作"一句，无其后文字。

② 另见中央执行委员会同月印行的《中国国民党第一次全国代表大会宣言及决议案》一书，宣言内容文字与底本完全相同。按：在校正本问世之前，此印发本乃是最具权威性的宣言版本，并且印数多、流传广。校正本所修订者，系删除印发本中"国民党之主义"末后两段文字及政纲"对内政策"第八条，其余只字未改。

论

著（上）

兴利除害以为天下倡

致香山县籍清退休官员郑藻如书①

（一八八九年）②

窃维立身当推己以及人，行道贵由近而致远。某留心经济之学拾有余年矣，远至欧洲时局之变迁，上至历朝制度之沿革，大则两间之天道人事，小则泰西之格致语言，多有旁及。方今国家风气大开，此材当不沦落，某之翘首以期用世者非一日矣。每欲上书总署③以陈时势之得失，第以所学虽有师承而见闻半资典籍，运筹纵悉于胸中而决策未尝施诸实事，则坐而言者未必可起而行。此其力学十余年，而犹踌躇审慎，未敢遽求知于当道者，恐躬之不逮也。

某今年二十有四矣，生而贫，既不能学八股以博科名，又无力纳粟以登仕版，而得之于赋畀者又不敢自弃于盛世。今欲以平时所学小以试之一邑，以验其无谬，然后仿贾生〔山〕④ 之《至言》、杜牧之《罪言》⑤，而别为孙某《策略》质之交世，未为迟也。伏以台驾为一邑物望所归，闻于乡间，无善不举，兴蚕桑之利、除鸦片之害俱著成效，倘从此推而广之，直可风行天下、利百世，岂惟一乡一邑之沾其利而已哉！

---

① 此为孙文就读于香港西医书院（The College of Medicine for Chinese, Hongkong）时所撰，惟底本未录上下款。郑藻如，广东香山县（今中山市）濠头乡人，曾在上海综理江南制造总局十余年，又相继担任津海关道及出使美国、日斯巴尼亚（Hispania，即西班牙）、秘鲁三国大臣，一八八六年后病休居乡。

② 底本未说明写作时间。孙文函中自称"今年二十有四"，当时中国人以虚岁计算年龄，据此推算，当为一八八九年所作。

③ "总理各国事务衙门"简称总理衙门，或总署、译署。

④ 贾山，汉朝人，因向文帝上书《至言》，畅论治乱兴衰之道而闻名于世。原文误作"贾生"，按贾生为贾谊之别称。

⑤ 杜牧，唐朝人，因撰《罪言》针砭时事为世人所重。

　　呜呼！今天下农桑之不振，鸦片之为害，亦已甚矣。远者无论矣，试观吾邑东南一带之山，秃然不毛，本可植果以收利，蓄木以为薪，而无人兴之。农民只知斩伐而不知种植，此安得其不胜用耶？蚕桑则向无闻焉，询之老农，每谓土地薄，间见园中偶植一桑，未尝不滂勃而生，想亦无人为之倡者，而遂因之不讲耳。不然，地之生物岂有异哉？纵无彼土之盛，亦可以人事培之。道在鼓励农民，如泰西兴农之会，为之先导。此实事之欲试者一。

　　古者怪〔圣〕人为民驱其虫蛇禽兽而处之中土，而民乃得安熙于无事。今夫鸦片，物非虫蛇而为祸尤烈，举天下皆被其灾，此而不除，民奚以生？然议焚议辟，既无补于时艰；言禁言种，亦何益于国计。事机一错，贻祸无穷，未尝不咎当时主持之失计也。今英都①人士倡禁鸦片贸易于中国，时贤兴敌烟会于内，印度教士又有遏种、遏卖、遏吸，俱有其人，想烟害之灭当不越于斯时矣。然而懦夫劣士惯恋烟霞，虽禁令已申，犹不能一时折枪碎斗。此吾邑立会以劝戒，设局以助戒，当不容缓。推贵乡已获之效，仿沪上戒烟之规。此实事之欲试者二。

　　远观历代，横览九洲，人才之盛衰、风俗之淳靡实关教他〔化〕。教之有道，则人才济济，风俗丕丕，而国以强；否则返②此。呜呼！今天下之失教亦已久矣，古之庠序无闻焉。综人数而核之，不识丁者十有七八，妇女识字者百中无一。此人才〈安得〉不乏，风俗安得不颓，国家安得不弱？此所谓弃天生之材而自安于弱，虽多置铁甲、广购军装，亦莫能强也。必也多设学校，使天下无不学之人，无不学之地，则智者不致失学而嬉，而愚者亦赖学以知理，不致流于颓悍，妇儒〔孺〕亦皆晓诗书。如是，则人才安得不罢〔盛〕，风俗安得不良，国家安得而不强哉！然则学校之设，遍周于一国则不易，而举之于一邑亦无难。先立一兴学之会，以总理共〔其〕事。每户百家，设男女蒙馆各一所，其费随地筹之，不给则总会捐助。又于邑城设大学馆〈一〉所，选蒙馆聪颖子弟入之，其费通邑合筹。以吾富庶之众，筹此二款当无难事。此实事之欲试者三。

---

　　① 英国首都，即伦敦。
　　② "返"为"反"今字，又于违反、反而等义通"反"。

之斯三者，有关于天下国家甚大。倘能举而行之，必有他邑起而效者，将见一倡百和，利以此兴，害以此除，而人才亦以此辈出，未始非吾邑之大幸，而吾国之大幸也。某甚望于台驾有以提倡之，台驾其有意乎？兹谨拟创办节略，另缮呈览，恳为斧裁而督教之，幸甚。

据《孙总理致藻如书》（录自光绪十八年澳门报①），自勉公（郑勉刚）辑《濠头文献录外集》转录，载广东中山县《濠头月刊》第十四、十五期合刊，一九四七年十月出版

农　功②

（一八九二年至一八九三年间）③

古之言曰："上农夫食九人，其次食七人，最下食五人。"④ 同此土田，同此

---

①　此说有误，因光绪十八年即公历一八九二年澳门尚无中文报刊。一八九三年七月，葡萄牙人、孙中山之友飞南第（Franciscoh H. Fernandes）始在澳门创办《镜海丛报》（报纸型中文周刊），同时发行葡文版 *Echo Macaense*（直译可作《澳门回声报》，刊名之下加中文"镜海丛报"四字），惟所载内容不尽相同。据澳门学者发现，该葡文版于同年八月一日登有孙文致郑藻如书的报道，而按其惯例，中文版亦同时刊载中文原文，但是日《镜海丛报》一期今已佚失，无从查对，却可断定此即为一八九三年发表致郑藻如书的澳门中文刊物。

②　底本未署明系孙文所撰。据戴季陶称，孙文曾于一九二三年亲口告诉他，郑观应的《盛世危言》采用其两篇文稿。早年就读于香港西医书院并助孙文修订文稿的陈少白在一九二五年四月说，其中一篇为关于农政。与孙文认识于一八九五年的冯自由，则指明《农功》一文为孙文所作。编者认为上述说法可信。观本文内容，与当年孙文发展农业的主张相吻合，与致郑藻如书、上李鸿章书及《创立农学会倡言》等一脉相承；孙文又与《盛世危言》的辑著者郑观应、参订者郑藻如同属香山县籍，当时已有交往。本文当系由孙文撰成后，经郑观应等酌加修改而辑入《盛世危言》。至于另一篇文稿，疑为辑入该书的《垦荒》，待考。

③　底本未说明写作时间。按《盛世危言》编成于一八九二年春，所收《农功》一文提及孙文时称"今粤东有肄业西学者留心植物之理"，且观其内容，估计系撰于孙文就读香港西医书院后期，很可能在一八九一年前后。而《盛世危言》成书于一八九二年，初刊于一八九三年，即为本文定稿、发表之时，故据此期间标出。

④　语出《礼记》"王制第五"，原文是："制农田百亩，百亩之分：上农夫食九人，其次食八人，其次食七人，其次食六人，下农夫食五人。"另见《孟子》"万章下"所载略异。

树艺，而收获之多寡迥乎不同者，农功之勤惰为之也。故水潦出于天，肥硗判于地，而人力之所至，实足以补天地之缺陷而使之平。昔英国挪佛①一郡本属不毛，后察其土宜遍种萝卜，大获其利；伊里岛②田卑湿，嗣用机器竭其水，土脉遂肥；撒里司平原③之地既枯且薄，自以鸟粪培壅，百谷无不勃茂。犹是田也，而物产数倍，是无异一亩之田变为数亩之用。反硗确为沃壤，化瘠土为良田，地利之关乎人力概可知矣。

且地之肥瘠，何常之有？万里中原，沟渠湮废，粟麦而外，物产无多，地之肥者变而瘠矣；扬州之赋上下，今则畎浍纵横，桑麻翳荟，神京④廪给悉仰南方，地之瘠者变而肥矣。三古农书不可考已，今所传者如《齐民要术》、《农桑辑要》、《农政全书》⑤ 亦多精要，大抵文人学士博览所资，而犁云锄雨之侪，何能家喻而户晓？况劳农劝相，虚有其文，补助巡游，今无其事，民亦因循简陋，聊毕此生，盖官民之相去远矣。

泰西农政，皆设农部总揽大纲。各省设农艺博览会一所，集各方之物产用考农功，与化学诸家详察地利，各随土性，分种所宜。每岁收成，自百谷而外，花木果蔬以至牛羊畜牧胥入会，考察优劣，择尤异者奖以银币，用旌其能。至牲畜受病若何施治，谷螟木蠹若何豫防，复备数等田样，备各种汽车，事事讲求，不遗余力。先考土性原质，次辨物产所宜，徐及浇溉粪壅诸法，务欲各尽地利，各极人工。所以物产赢余，昔获其一，今且倍蓰十百而未已也。

西人考察植物所必需者，曰磷，曰钙，曰钾。磷为阴火，出于骨殖之内，而鸟粪所含尤多。钙则石灰是已，如螺蚌之壳及数种土石，均能化合。而钾则水草所生，如稻藁、茶寮之属。考验精密，而粪壅之法无微不至，无物不生。迩有用

---

① 挪佛郡（Norfolk），今译诺福克郡。

② 伊里岛（Isle Ely），今译伊利岛，在英格兰大乌斯河（Great Ouse River）之西，原置郡，现属剑桥郡（Cambridgeshire）。按：该地并非真岛，因其周围被许多小河酿成的沼泽地带所环绕，故名。

③ 撒里司平原（Salisbury Plain），今译索尔兹伯里平原，在英格兰南部。

④ 神京，即京城，指北京。

⑤ 《齐民要术》，北魏贾思勰撰；《农桑辑要》，元司农司（元朝农桑水利管理机构）编撰；《农政全书》，明徐光启编撰。

电之法，无论草木果蔬，入以电气，萌芽既速，长成更易。则早寒之地，严霜不虑其摧残；温和之乡，一岁何止于三熟。是诚巧夺天功矣！其尤妙者，农部有专官，农功有专学，朝得一法，暮已遍行于民间；何国有良规，则互相仿效，必底于成而后已。民心之不明，以官牖之；民力之不足，以官辅之；民情之不便，以官除之。此所以千耦其耘，比户可封也。

　　然而良法不可不行，佳种尤不可不拣。地属高亢，则宜多种赤米。赤米即红霞米，松江①谓之金城稻，色红性硬，最为耐旱。四月布种，七月即收，今北地多有种之者。若卑湿之田，则宜种耐水之稻。稻之利下湿者为稌，稌种有黏有不黏，黏者为糯，又谓之秫，不黏者为秔。氾胜之②云："三月种秔，四月种秫，最为耐水。"暹罗稻田一至夏间，有黄水由海中来，水深一尺，苗长一尺，水深一丈，苗长一丈，水退之后倍获丰收，此低田之所宜也。其余花果草木，皆当审察土宜，于隙地广行栽种。如牛羊犬豕之属，皆当因地制宜，教以牧畜。庶使地无遗利，人有盖藏。惟小民可与乐成，难与图治，非得贤牧令尽心民事以教导而倡率之，未易遽有成效也。

　　稽古帝王之设地官司徒之职，实兼教养。孔子策卫曰："富之教之。"③ 其时为邑宰者，劝农耕课，著有成效。近世鲜有留心农事者。惟泰西尚有古风，为民上者见我所无之物，或有其物而美不如人，必穷究其所以然，故效法于人，蕲胜于人。年来意大利、法兰西、印度、锡兰所种丝茶，反寝寝乎胜于中国。曩有宁波税务司康必〔发〕达④见我养蚕未善，不能医蚕之病，往往失收，曾倩华人到外国学习，尽得其法，并购备机器欲在沪仿行，格于当道未准，其机器尚存格

　　①　江苏省松江县，今改置上海市松江区。

　　②　氾胜之，汉朝人，古籍载其著"氾胜之十八篇"，隋以后称为《氾胜之书》，现有辑佚本，系流传至今中国最早的农书，该书对多项耕作、选种良法予以总结推广。

　　③　语出《论语》"子路第十三"，原文是："冉有曰：既庶矣，又何加焉？曰：富之。曰：既富矣，又何加焉？曰：教之。"此谓孔子驱马车至卫国，御者冉有问人口众多当如何，孔子答须使其富裕；冉有问富裕之后又当如何，孔子答须使其受教育。

　　④　康发达（F. E. Kleinwachter），德国人，一八八一年至一八八三年、一八八六年至一八八八年任浙海关（宁波）税务司。

致①院中。今粤东有肄业西学者留心植物之理②，曾于香山试种莺粟③，与印度所产之味无殊，犹恐植物新法未精，尚欲游学欧洲，讲求新法，返国试办。惟恐当道不能保护，反为之阻遏，是以踌躇未果。

我国似宜专派户部侍郎一员综理农事，参仿西法，以复古初。委员赴泰西各国，讲求树艺农桑、养蚕牧畜、机器耕种、化瘠为腴一切善法，渤为专书，必简必赅，使人易晓。每省派藩臬道府④之干练者一员为水利农田使，责成各牧令于到任数月后，务将本管土田肥瘠若何，农功勤惰若何，何利应兴，何弊应革，招徕垦辟，董劝经营，定何章程，作何布置，决不得假手胥役生事扰民，亦不准故事奉行，敷衍塞责。如果行之有效，开辟利源，使本境居民日臻富庶，本管道府查验得实，乃得保以卓异，予以升迁。仅仅折狱催科，只得谓之循分供职。苟借此需索供应，骚扰闾阎，别经发觉，革职之外仍重治其罪。重赏严罚，以兴事劝功，天下之民其有豸矣。盖天生民而立之君，朝廷之设官以为民也，今之悍然民上者，其视民之去来生死如秦人视越人之肥瘠然⑤，何怪天下流亡满目，盗贼载途也。以农为经，以商为纬，本末备具，巨细毕赅，是即强兵富国之先声，治国平天下之枢纽也。日鳃鳃然忧贫患寡，奚为哉？

（或云年来英商集巨款，招人开垦于般鸟⑥，欲图厚利；俄国移民开垦西北，其志不小，我国与彼属毗连之地，亦亟宜造铁路，守以重兵，仿古人屯田之法。

---

①　即格致书院（Polytechnic Institution and Reading Rooms），前英国驻沪领事麦华陀（Water Henry Medhurst）倡议创办的新式学堂，此时由王韬任该院监院。

②　据所叙事迹及计划，当指孙文，且其措辞亦与他当时肄业于香港西医书院的身份相合。"今粤东有肄业西学者留心植物之理"，《盛世危言》另有版本作"今吾邑孙翠溪西医颇留心植物之理"（吾邑指香山县）。按孙文于一八九二年七月在香港西医书院毕业，同年秋至澳门任西医生，"肄业西学者"似据原稿或初刊本，而"孙翠溪西医"则当为孙从业后改写。按：孙文故乡为香山县翠亨村，翠亨亦名翠坑，坑与山溪同义，故称"孙翠溪"。

③　莺粟，后文著述亦作罂粟、波毕（英文 poppy 译音），系制鸦片作物。

④　藩臬道府，即藩司（布政使）、臬司（按察使）、道员、知府，清代各省总督、巡抚以下高级官员。

⑤　此处借用唐朝人韩愈《争臣论》一文对谏议大夫阳城的批评，原文谓其"未尝一言及于政，视政之得失，若越人视秦人之肥瘠，忽焉不加喜戚于其心"。按越、秦系春秋战国时期两个诸侯国。

⑥　般鸟系一小岛，位于婆罗洲（Borneo）即加里曼丹岛（Pulau Kalimantan）东北，当时受英属北婆罗洲（British North Borneo）管辖，今隶马来西亚沙巴州（Sabah State）。

凡于沙漠之区，开河种树；山谷间地，遍牧牛羊，取其毪以织呢绒、毡毯；东南边界则教以树棉、种桑、缫丝、制茶之法。务使野无旷土，农不失时，则出货愈多，销路自广。而且东南各省皆宜树棉，西北各省更宜牧畜。棉花为纺织所必需，除种土棉外，更须试种洋棉。洋棉以美国南海岛种为最佳，西人尝用此花一磅纺丝，长至一千尺，是为上品。大概土棉质硬丝短，不能织极细之布；洋棉质软丝长，经机器不致中断，所织之布细纫异常。余尝刊有《美国种植棉花法》一书分送乡人，并购美国花子在沪栽种，确较土花丝长。惟其性畏寒，一见霜则叶陨花枯，必须考究天气、水土相宜之处，方可播种。附志之以告留心种植者。）①

　　　　　据郑观应辑著：《盛世危言》（又名《盛世危言增订新编》）卷四"农功"，一八九五年（乙未秋八月）刻本②

国家富强之大计

上清文华殿大学士李鸿章书③

（一八九四年春）④

宫太傅爵中堂钧座：

　　敬禀者：窃文籍隶粤东，世居香邑⑤，曾于香港考授英国医士。幼尝游学外

----

①　本段文字当为郑观应所注。《盛世危言》另有版本于此页第三行"农不失时"之后仅作"则出入有节，种造有法，何患乎我国之财不恒足矣！"

②　全书凡十四卷，八册。《盛世危言》版本颇多，其卷次、篇数不尽相同，文字亦稍有出入。据底本凡例称，由《易言》改名的《盛世危言》初刊于光绪十九年（一八九三年），惜该本未见。

③　此为孙文在广州行医时所撰。一八九四年六月偕陆皓东赴天津投书于李鸿章，未获接见。李鸿章为晚清重臣，时任文华殿大学士、直隶总督兼北洋通商大臣、海军衙门大臣等要职，且受聘为香港西医书院名誉赞助人。因其为内阁首席大学士，又授太子太傅、封一等肃毅伯，故被尊称为中堂、爵中堂、傅相、宫太傅等。

④　此函草成于一八九四年一月（时为光绪十九年十二月，故按虚龄计，孙文在文中自称二十八岁），并经陈少白润饰。孙文投书前于春间先至上海，据陈少白称，抵沪后又曾请王韬代为修订。据此，当于是年春定稿。

⑤　指香山县。

洋，于泰西之语言文字、政治礼俗，与夫天算地舆之学，格物化学之理，皆略有所窥；而尤留心于其富国强兵之道，化民成俗之规；至于时局变迁之故，睦邻交际之宜，辄能洞其阃奥。当今光气日开，四方毕集，正值国家励精图治之时，朝廷勤求政理之日，每欲以管见所知，指陈时事，上诸当道，以备刍荛之采。嗣以人微言轻，未敢遽达。比见国家奋筹富强之术，月异日新，不遗余力，骎骎乎将与欧洲并驾矣。快舰、飞车、电邮、火械，昔日西人之所恃以凌我者，我今亦已有之。其他新法亦接踵举行。则凡所以安内攘外之大经，富国强兵之远略，在当局诸公已筹之稔矣。又有轺车四出，则外国之一举一动，亦无不周知。草野小民，生逢盛世，惟有逖听欢呼、闻风鼓舞而已，夫复何所指陈？然而犹有所言者，正欲于乘可为之时，以竭其愚夫之千虑，仰赞高深于万一也。

窃尝深维欧洲富强之本，不尽在于船坚炮利、垒固兵强，而在于人能尽其才，地能尽其利，物能尽其用，货能畅其流——此四事者，富强之大经、治国之大本也。我国家欲恢扩宏图，勤求远略，仿行西法以筹自强，而不急于此四者，徒惟坚船利炮之是务，是舍本而图末也。

所谓人能尽其才者，在教养有道，鼓励有方，任使得法也。

夫人不能生而知，必待学而后知；人不能皆好学，必待教而后学。故作之君，作之师，所以教养之也。自古教养之道莫备于中华，惜日久废弛，庠序亦仅存其名而已。泰西诸邦崛起近世，深得三代之遗风，庠序学校遍布国中，人无贵贱皆奋于学。凡天地万物之理，人生日用之事，皆列于学之中，使通国之人童而习之，各就性质之所近而肆力焉。又各设有专师，津津启导，虽理至幽微，事至奥妙，皆能有法以晓喻之，有器以窥测之。其所学由浅而深，自简及繁，故人之灵明日廓，智慧日积也。质有愚智，非学无以别其才；才有全偏，非学无以成其用。有学校以陶冶之，则智者进焉，愚者止焉，偏才者专焉，全才者普焉。盖贤才之生，或千百里而见一，或千万人而有一，若非随地随人而施教之，则贤才亦以无学而自废，以至于湮没而不彰。泰西人才之众多者，有此教养之道也。

且人之才志不一，其上焉者，有不徒苟生于世之心，则虽处布衣而以天下为己任，此其人必能发奋为雄，卓异自立，无待乎勉勖也，所谓"豪杰之士不待文王而犹兴也"①。至中焉者，端赖乎鼓励以方。故泰西之士，虽一才一艺之微，而

----

① 语出《孟子》"尽心上"，原文是："待文王而后兴者，凡民也。若夫豪杰之士，虽无文王犹兴。"

国家必宠以科名，自〔是〕故人能自奋，士不虚生。逮至学成名立之余，出而用世，则又有学会以资其博，学报以进其益，萃全国学者之能，日稽考于古人之所已知，推求乎今人之所不逮，翻陈出新，开世人无限之灵机，阐天地无穷之奥理，则士处其间岂复有孤陋寡闻者哉？又学者倘能穷一新理，创一新器，必邀国家之上赏，则其国之士岂有不专心致志者哉？此泰西各种学问所以日新月异而岁不同，几于夺造化而疑鬼神者，有此鼓励之方也。

今使人于所习非所用，所用非所长，则虽智者无以称其职，而巧者易以饰其非。如此用人，必致野有遗贤，朝多倖进。泰西治国之规，大有唐虞之用意，其用人也，务取所长而久其职。故为文官者，其途必由仕学院；为武官者，其途必由武学堂；若其他，文学渊博者为士师，农学熟悉者为农长，工程达练者为监工，商情谙习者为商董，皆就少年所学而任其职。总之，凡学堂课此一业，则国家有此一官，幼而学者即壮之所行，其学而优者则能仕。且恒守一途，有升迁而无更调。夫久任则阅历深，习惯则智巧出，加之厚其养廉，永其俸禄，则无瞻顾之心，而能专一其志。此泰西之官无苟且、吏尽勤劳者，有此任使之法也。

故教养有道，则天无枉生之才；鼓励以方，则野无郁抑之士；任使得法，则朝无倖进之徒。斯三者不失其序，则人能尽其才矣。人既尽其才，则百事俱举；百事举矣，则富强不足谋也。秉国钧者，盍于此留意哉！

所谓地能尽其利者，在农政有官，农务有学，耕耨有器也。

夫地利者，生民之命脉。自后稷教民稼穑，我中国之农政古有专官。乃后世之为民牧者，以为三代以上民间养生之事未备，故能生民能养民者为善政；三代以下民间养生之事已备，故听民自生自养而不再扰之，便为善政。此中国今日农政之所以日就废弛也。农民只知恒守古法，不思变通，垦荒不力，水利不修，遂致劳多而获少，民食日艰。水道河渠，昔之所以利农田者，今转而为农田之害矣。如北之黄河固无论矣，即如广东之东、西、北三江，于古未尝有患，今则为患年甚一年；推之他省，亦比比如是。此由于无专责之农官以理之，农民虽患之而无如何，欲修之而力不逮，不得不付之于茫茫之定数而已。年中失时伤稼，通国计之，其数不知几千亿兆，此其耗于水者固如此其多矣。其他荒地之不辟，山泽之不治，每年遗利又不知凡几。所谓地有遗利，民有余力，生谷之土未尽垦，山泽之利未尽出也，如此而欲致富不亦难乎！泰西国家深明致富之大源，在于无遗地利、无失农时，故特设专官经略其事，凡有利于农田者无不兴，有害于农田者无不除。如印度之恒河，美国之密士，其昔泛滥之患亦不亚于黄河，而卒能平治之者，人事未始不可以补天工也。有国家者，可不急设农官以劝其民哉！

水患平矣，水利兴矣，荒土辟矣，而犹不能谓之地无遗利而生民养民之事备也。盖人民则日有加多，而土地不能以日广也，倘不日求进益，日出新法，则荒土既垦之后，人民之溢于地者，不将又有饥馑之患乎？是在急兴农学，讲求树畜，速其长植，倍其繁衍，以弥此憾也。顾天生人为万物之灵，故备万物为之用，而万物固无穷也，在人之灵能取之用之而已。夫人不能以土养，而土可生五谷百果以养人；人不能以草食，而草可长六畜以为人食。夫土也，草也，固取不尽而用不竭者也，是在人能考土性之所宜，别土质之美劣而已。倘若明其理法，则能反硗土为沃壤，化瘠土为良田，此农家之地学、化学也。别种类之生机，分结实之厚薄，察草木之性质，明六畜之生理，则繁衍可期而人事得操其权，此农家之植物学、动物学也。日光能助物之生长，电力能速物之成熟，此农家之格物学也。蠹蚀宜防，疫疠宜避，此又农家之医学也。农学既明，则能使同等之田产数倍之物，是无异将一亩之田变为数亩之用，即无异将一国之地广为数国之大也。如此则民虽增数倍，可无饥馑之忧矣。此农政学堂所宜亟设也。

农官既设，农学既兴，则非有巧机无以节其劳，非有灵器无以速其事，此农器宜讲求也。自古深耕易耨，皆藉牛马之劳，乃近世制器日精，多以器代牛马之用，以其费力少而成功多也。如犁田，则一器能作数百牛马之工；起水，则一器能溉千顷之稻；收获，则一器能当数百人之割。他如凿井浚河，非机无以济其事；垦荒伐木，有器易以收其功。机器之于农，其用亦大矣哉！故泰西创器之家，日竭灵思，孜孜不已，则异日农器之精当又有过于此时者矣。我中国宜购其器而仿制之。

故农政有官则百姓勤〔勤〕，农务有学则树畜精，耕耨有器则人力省，此三者，我国所当仿行以收其地利者也。

所谓物能尽其用者，在穷理日精，机器日巧，不作无益以害有益也。

泰西之儒，以格致为生民根本之务，舍此则无以兴物利民，由是孜孜然日以穷理致用为事。如化学精，则凡动、植、矿质之物，昔人已如〔知〕其用者固能广而用之，昔人未知其用者，今亦考出以为用。火油也，昔日弃置如遗，今为日用之要需，每年入口为洋货之一大宗。煤液也，昔日视为无用，今可炼为药品，炼为颜料。又煮沙以作玻器，化土以取矾精，煅石以为田料，诸如此类，不胜缕书。此皆从化学之理而得收物之用，年中不知裕几许财源，我国倘能推而仿之，亦致富之一大经也。格致之学明，则电、风、水、火皆为我用。以风动轮而代人工，以水冲机而省煤力，压力相吸而升水，电性相感而生光，此犹其小焉者也。至于火作汽以运舟车，虽万马所不能及，风潮所不能当；电气传邮，顷刻万里，此其用为何如哉！然而物之用更有不止于此者，在人能穷求其理，理愈明而用愈广。如电无形无质，似物非物，其气付于万物之中，运乎六合之内；其为用较万物为最广而又最灵，可以作烛，可以传邮，可以运机，可以毓物，可以开矿。顾作烛、传邮已大行于宇内，而运机之用近始知之，将来必尽弃其煤机而用电力也。毓物开矿之功尚未大明，将来亦必有智者究其理，则生五谷、长万物、取五金，不待天工而由人事也。然而取电必资乎力，而发力必藉乎煤，近又有人想出新法，用瀑布之水力以生电，以器蓄之，可待不时之用，可供随地之需，此又取之无禁、用之不竭者也。由此而推，物用愈求则人力愈省，将来必至人只用心，不事劳人力而全役物力矣。此理有固然，事所必至也。

机器巧则百艺兴，制作盛，上而军国要需，下而民生日用，皆能日就精良而省财力，故作人力所不作之工，成人事所不成之物。如五金之矿有机器以开，则碎坚石如齑粉，透深井以吸泉，得以辟天地之宝藏矣。织造有机，则千万人所作之工半日可就；至缫废丝，织绒呢，则化无用为有用矣。机器之大用，不能遍举。我中国地大物博，无所不具，倘能推广机器之用，则开矿、治河易收成效，纺纱、织布有以裕民。不然，则大地之宝藏，全国之材物，多有废弃于无用者，每年之耗不知凡几，如是而国安得不贫，而民安得不瘁哉？谋富国者，可不讲求机器之用欤！

物理讲矣，机器精矣，若不节惜物力，亦无以固国本而裕民生也。故泰西之民，鲜作无益。我中国之民俗尚鬼神，年中迎神赛会之举，化帛烧纸之资，全国计之每年当在数千万。此以有用之财作无益之事，以有用之物作无用之施。此冥冥一大漏卮，其数较鸦片为尤甚，亦有国者所当并禁也。

夫物也者，有天生之物，有地产之物，有人成之物。天生之物如光、热、电者，各国之所共，在穷理之浅深以为取用之多少。地产者如五金、百谷，各国所自有，在能善取而善用之也。人成之物，则系于机器之灵笨与人力之勤惰。故穷理日精则物用呈，机器日巧则成物多，不作无益则物力节，是亦开财源节财流之一大端也。

所谓货能畅其流者，在关卡之无阻难，保商之有善法，多轮船铁道之载运也。

夫百货者，成之农工而运于商旅，以此地之赢余济彼方之不足，其功亦不亚于生物成物也。故泰西各国体恤商情，只抽海口之税，只设入国之关。货之为民生日用所不急者，重其税；货之为民生日用所必需者，轻其敛。入口抽税之外，则全国运行，无所阻滞，无再纳之征，无再过之卡。此其百货畅流，商贾云集，财源日裕，国势日强也。中国则不然，过省有关，越境有卡，海口完纳，又有补抽，处处敛征，节节阻滞。是奚异到〔遍〕地风波，满天荆棘，商贾为之裹足，负贩从而怨嗟。如此而欲百货畅流也，岂不难乎！夫贩运者，亦百姓生财之一大道也。"百姓足，君孰与不足；百姓不足，君孰与足？"① 以今日关卡之滥征，吏胥之多弊，商贾之怨毒，诚不能以此终古也。徒削平民之脂膏，于国计民生初无所裨。谋富强者，宜急为留意于斯，则天下幸甚！

夫商贾逐什一之利，别父母，离乡井，多为饥寒所驱，经商异地，情至苦，事至艰也。若国家不为体恤，不为保护，则小者无以觅蝇头微利，大者无以展鸿业远图。故泰西之民出外经商，国家必设兵船、领事为之护卫，而商亦自设保局、银行与相倚恃。国政与商政并兴，兵饷以商财为表里。故英之能倾印度、扼南洋、夺非洲、并澳土者，商力为之也。盖兵无饷则不行，饷非商则不集。西人之虎视寰区、凭凌中夏者，亦商为之也。是故商者，亦一国富强之所关也。我中国自与西人互市以来，利权皆为所夺者，其故何哉？以彼能保商，我不能保商，而反剥损遏抑之也。商不见保则货物不流，货物不流则财源不聚，是虽地大物博，无益也。以其以天生之材为废材，人成之物为废物，则更何贵于多也。数百年前，美洲②之地犹今日之地，何以今富而昔贫？是贵有商焉为之经营，为之转运也；商之能转运者，有国家为之维持保护也。谋富强者，可不急于保商哉！

夫商务之能兴，又全恃舟车之利便。故西人于水则轮船无所不通，五洋四海恍若户庭，万国九洲俨同阛阓。辟穷荒之绝岛以立商廛，求上国之名都以为租界，集殊方之货宝，聚列国之商氓。此通商之埠所以贸易繁兴、财货山积者，有轮船为之运载也。于陆则铁道纵横，四通八达，凡轮船所不至，有轮车以济之。其利较轮船为尤溥，以无波涛之险，无礁石之虞。数十年来，泰西各国虽山僻之区亦行铁轨，故其货物能转输利便，运接灵速；遇一方困乏，四境济之，虽有荒旱之灾，而无饥馑之患。故凡有铁路之邦，则全国四通八达，流行无滞；无铁路之国，动辄掣肘，比之瘫痪不仁。地球各邦今已视铁路为命脉矣，岂特便商贾之载运而已哉。今我国家亦恍然于轮船铁路之益矣，故沿海则设招商之轮船，于陆则兴官

---

① 语出《论语》"颜渊第十二"，乃孔子门徒有若（尊称"有子"）答鲁哀公所问。
② 此处及下文"美洲"皆指美国。

商之铁路。但轮船只行于沿海大江，虽足与西人颉颃而收我利权，然不多设于支河内港，亦不能畅我货流，便我商运也。铁路先通于关外，而不急于繁富之区，则无以收一时之利。而为后日推广之图，必也先设于繁富之区，如粤港、苏沪、津通等处路一成而效立见，可以利转输，可以励富户，则继之以推广者商股必多，而国家亦易为力。试观南洋英属诸埠①，其筑路之资大半为华商集股，利之所在，人共趋之。华商何厚于英属而薄于宗邦？是在谋国者有以乘势而利导之而已。此招商兴路之扼要也。

故无关卡之阻难，则商贾愿出于其市；有保商之善法，则殷富亦乐于贸迁；多轮船铁路之载运，则货物之盘费轻。如此而货有不畅其流者乎？货流既畅，则财源自足矣。筹富国者，当以商务收其效也。不然徒以聚敛为工、捐纳为计，吾未见其能富也。

夫人能尽其才则百事兴，地能尽其利则民食足，物能尽其用则材力丰，货能畅其流则财源裕，故曰此四者，富强之大经、治国之大本也。四者既得，然后修我政理，宏我规模，治我军实，保我藩邦，欧洲其能匹哉！

顾我中国仿效西法于今已三十余年，育人才则有同文、方言各馆，水师、武备诸学堂；裕财源则辟煤金之矿，立纺织、制造之局；兴商务则招商轮船、开平铁路。已后先辉映矣，而犹不能与欧洲颉颃者，其故何哉？以不能举此四大纲，而举国并行之也。间尝统筹全局，窃以中国之人民材力，而能步武泰西，参行新法，其时不过二十年，必能驾欧洲而上之，盖谓此也。试观日本一国，与西人通商后于我，仿效西方亦后于我，其维新之政为日几何，而今日成效已大有可观，以能举此四大纲而举国行之，而无一人阻之。夫天下之事，不患不能行，而患无行之之人。方今中国之不振，固患于能行之人少，而尤患于不知之人多。夫能行之人少，尚可借材异国以代为之行；不知之人多，则虽有人能代行，而不知之辈必竭力以阻挠。此昔日国家每举一事，非格于成例，辄阻于群议者。此中国之极大病源也。

窃尝闻之：昔我中堂经营乎海军、铁路也，尝唇为之焦，舌为之敝，苦心劳虑数十余年，然后成此北洋之一军、津关之一路。夫以中堂之勋名功业，任寄股肱，而又和易同众，行之尚如此其艰，其他可知矣。中国有此膏肓之病而不能除，

① 此处主要指马来半岛的英属海峡殖民地，包括星加坡（Singapore）、槟榔屿（Penang）和马六甲（Malacca）三州府各埠。其后英国又在该半岛建立马来联邦和马来属邦。

则虽尧舜复生、禹皋①佐治无能为也，更何期其效于二十年哉？此志士之所以灰心，豪杰之所以扼腕，文昔日所以欲捐其学而匿迹于医术者，殆为此也。然而天道循环，无往不复，人事否泰，穷极则通；猛剂遽投，膏肓渐愈。逮乎法衅②告平之后，士大夫多喜谈洋务矣，而拘迂自囿之辈亦颇欲驰域外之观，此风气之变革，亦强弱之转机。近年以来一切新政次第施行，虽所谓四大之纲不能齐举，然而为之以渐，其发轫于斯乎？此文今日之所以望风而兴起也。

　　窃维我中堂自中兴而后，经略南北洋，孜孜然以培育人才为急务。建学堂，招俊秀，聘西师而督课之，费巨款而不惜。遇有一艺之成，一技之巧，则奖励倍加，如获异宝。诚以治国经邦，人才为急，心至苦而事至盛也。尝以无缘沾雨露之濡，叨桃李之植，深用为憾。顾文之生二十有八年矣，自成童就傅以至于今，未尝离学，虽未能为八股以博科名，工章句以邀时誉，然于圣贤六经之旨，国家治乱之源，生民根本之计，则无时不往复于胸中；于今之所谓西学者概已有所涉猎，而所谓专门之学亦已穷求其一矣。推中堂育才爱士之心，揆国家时势当务之急，如文者亦当在陶冶而收用之列，故不自知其驽下而敢求知于左右者，盖有慨乎大局，蒿目时艰，而不敢以岩穴自居也。所谓乘可为之时，以竭愚夫之千虑，用以仰赞高深，非欲徒撰空言以渎清听，自附于干谒者流，盖欲躬行而实践之，必求泽沛乎万民也。

　　窃维今日之急务固无逾于此四大端，然而条目工夫不能造次，举措施布各有缓急。虽首在陶冶人才，而举国并兴学校非十年无以致其功，时势之危急恐不能少须。何也？盖今日之中国已大有人满之患矣，其势已岌岌不可终日。上则仕途壅塞，下则游手而嬉，嗷嗷之众，何以安此？明之闯贼，近之发匪③，皆乘饥馑之余，因人满之势，遂至溃裂四出，为毒天下。方今伏莽时闻，灾荒频见，完善之地已形觅食之艰，凶祲之区难免流离之祸，是丰年不免于冻馁，而荒岁必至于死亡。由斯而往，其势必至日甚一日，不急挽救，岂能无忧？夫国以民为本，民以食为天，不足食胡以养民？不养民胡以立国？是在先养而后教，此农政之兴尤为今日之急务也。且农为我中国自古之大政，故天子有亲耕之典以劝万民，今欲振兴农务，亦不过广我故规、参行新法而已。民习于所知，虽有更革必无倾骇，

---

① 皋即皋陶，与禹同为虞舜的主要辅政官。
② 指一八八四年至一八八五年中法战争。
③ "发匪"指太平军。

成效一见，争相乐从，虽举国遍行，为力尚易，为时亦速也。且令天下之人皆知新法之益，如此则踵行他政必无挠格之虞，其益固不止一端也。

窃以我国家自欲行西法以来，惟农政一事未闻仿效，派往外洋肄业学生亦未闻有入农政学堂者，而所聘西儒亦未见有一农学之师，此亦筹富强之一憾事也。文游学之余，兼涉树艺，泰西农学之书间尝观览，于考地质、察物理之法略有所知。每与乡间老农谈论耕植，尝教之选种之理、粪溉之法，多有成效。文乡居香山之东，负山濒海，地多砂碛，土质硗劣，不宜于耕，故乡之人多游贾于四方，通商之后颇称富饶。近年以美洲逐客，檀岛禁工，各口茶商又多亏折，乡间景况大逊前时，觅食农民尤为不易。文思所以广其农利，欲去禾而树桑，通〔迨〕为考核地质，知其颇不宜于种桑，而甚宜于波毕。近以愤于英人禁烟之议难成，遂劝农人栽鸦片，旧岁于农隙试之，其浆果与印度公土无异，每亩可获利数十金。现已群相仿效，户户欲栽，今冬农隙所种必广。此无碍于农田而有补于漏卮，亦一时权宜之计也。他日盛行，必能尽夺印烟之利，盖其气味较公土为尤佳，迥非川滇各土之可比。去冬所产数斤，凡嗜阿芙蓉之癖者争相购吸，以此决其能夺印烟之利也必矣。印烟之利既夺，英人可不勉而自禁，英人既禁，我可不栽，此时而申禁吸之令，则百年大患可崇朝而灭矣。劝种罂粟，实禁鸦片之权舆也。由栽烟一事观之，则知农民之见利必趋，群相仿效，到处皆然，是则农政之兴甚易措手。其法先设农师学堂一所，选好学博物之士课之，三年有成，然后派往各省分设学堂，以课农家聪颖子弟。又每省设立农艺博览会一所，与学堂相表里，广集各方之物产，时与老农互相考证。此为办法之纲领也。至其详细节目，当另著他编，条分缕晰，可以坐言而起行，所谓非欲徒托空言者此也。

文之先人躬耕数代，文于树艺收〔牧〕畜诸端，耳濡目染，洞悉奥突，泰西理法亦颇有心得。至各国土地之所宜，种类之佳劣，非遍历其境未易周知。文今年拟有法国之行，从游其国之蚕学名家，考究蚕桑新法，医治蚕病，并拟顺道往游环球各邦，观其农事。如中堂有意以兴农政，则文于回华后可再行游历内地、新疆、关外等处，察看情形，何处宜耕，何处宜牧，何处宜蚕，详明利益，尽仿西法，招民开垦，集商举办，此于国计民生大有裨益。所谓欲躬行实践，必求泽之沾沛乎民人者此也，惟深望于我中堂有以玉成其志而已。

伏维我中堂佐治以来，无利不兴，无弊不革，艰巨险阻犹所不辞。如筹海军、铁路之难尚毅然而成之，况于农桑之大政为生民命脉之所关，且无行之之难，又有行之之人，岂尚有不为者乎？用敢不辞冒昧，侃侃而谈，为生民请命，伏祈采择施行，天下幸甚！

　　肃此具禀，恭叩钧绥，伏维垂鉴。

文谨禀

据《上李傅相书》（广东香山来稿），连载上海《万国公报》第六十九、七十册，一八九四年十月、十一月出版

创立农学会倡言①

（一八九五年十月六日）②

　　间尝综览古今，旷观世宙，国家得臻隆盛、人民克享雍熙者，无非上赖君相之经纶，下藉师儒之学术，有以陶熔鼓舞之而已。是故一国之兴衰，系夫上下之责任，师儒不以独善自逸，君相不以威福自雄，然后朝野交孚，君民一体，国于是始得长治久安。我中国衰败至今，亦已甚矣！用兵未及经年，全军几致覆没，丧师赔款，蒙耻启羞，割地求和③，损威失体，外洋传播，编成谈笑之资，虽欲讳之而无可讳也。追求积弱之故，不得尽归咎于廊庙之上，即举国之士农工商亦当自任其过焉。

　　盍观泰西士庶，忠君爱上，好义急公，无论一技一能，皆献于朝而公于众，以立民生富强之基。故民间讲求学问之会，无地不有，智者出其才能，愚者遵其指授，群策群力，精益求精，物产于以丰盈，国脉因之巩固。说者從〔徒〕羡其国多善政，吾则谓其国多士人。盖中华以士为四民之首，外此则不列于儒林矣，而泰西诸国则不然，以士类而贯四民。农夫也，有讲求耕植之会；工匠也，有讲求制器之会；商贾也，有讲求贸易之会。皆能阐明新法，著书立说，各擅专门，则称之曰农士、工士、商士亦非溢美之词。以视我国之农仅为农、工仅为工、商

----

　　① 本文由兴中会员区凤墀（伦敦传道会广州站宣教师）执笔。当时孙文正在广州筹划反清起义，创设农学会并延请官绅多人入会，含有掩人耳目的作用。

　　② 此据初刊于广州《中西日报》的日期。

　　③ 以上指清朝在中日甲午战争中失败，与日本签订丧权辱国的《马关条约》。

仅为商者，相去奚啻霄壤哉？故欲我国转弱为强，反衰为盛，必俟学校振兴，家弦户诵，无民非士，无士非民，而后可与泰西诸国并驾齐驱，驰骋于地球之上。若沾沾焉以练兵制械为自强至计，是徒袭人之皮毛，而未顾己之命脉也，恶乎可？意者当国诸公，以为君子惟大者远者之是务，一意整军经武，不屑问及细事耶？果尔，则我侪小民正宜筹及小者近者，以称小人之分量矣。

某也，农家子也，生于畎亩，早知稼穑之艰难。弱冠负笈外洋，洞悉西欧政教，近世新学靡不博览研求，至于耕植一门更为致力。诚以中华自古养民之政，首重农桑，非如边外以游牧为生，西欧以商贾强国可比。且国中户口甲于五洲，倘不于农务大加整顿，举行新法，必至民食日艰，哀鸿遍野，其弊可预决者。故于去春子身数万里，重历各国，亲察治田垦地新法，以增识见，定意出己所学，以提倡斯民。伏念我粤东一省，于泰西各种新学闻之最先，晋绅①先生不少留心当世之务，同志者定不乏人，今特创立农学会于省城，以收集思广益之实效。首以繙译为本，搜罗各国农桑新书译成汉文，俾开风气之先。即于会中设立学堂以教授俊秀，造就其为农学之师。且以化学详覈各处产土物质，阐明相生相尅之理，著成专书以教农民，照法耕植。再开设博览会，出重赏以励农民。又劝科集资本，以开垦荒地。此皆本会之要举也。至于上恳国家立局设官以维持农务，是在当道者之责，非田野小人所能预期。虽然好民之好，恶民之恶，膺父母斯民之任者，当大有人在也。

呜呼！"先天下之忧而忧，后天下之乐而乐"，范文正②抱此志于未达之时，千载下犹令人神往。今值国家多难，受侮强邻，有志之士正当惟力是视，以分君上之忧，安可自外生成，无关痛痒，为西欧士民所耻笑哉！古有童子，能执干戈以卫社稷，曾见许于圣门。某窃师此义，将躬操耒耜，以农桑新法大启吾民矣。世之同情者，谅不以狂妄见讥，而将有以匡其不逮也欤！

如有同志，请将芳名住址开列，函寄双门底圣教书楼或府学宫步蟾书屋③代

---

① "晋"、"缙"通"搢"，晋绅与搢绅、缙绅同义。

② 范仲淹，谥文正，宋朝人。

③ 此处据高良佐《总理业医生活与初期革命运动》（载南京《建国月刊》第十四卷第一期，一九三六年一月出版）转录光绪二十一年八月十八日（一八九五年十月六日）广州《中西日报》原文增"或府学宫步蟾书屋"八字。按：该报今已佚失，高良佐文在转录时讹脱尤多。

收，以便届期恭请会议开办事宜。是为言。

香山孙文上言①

据《是曰邱言》，载澳门《镜海丛报》第三
年第十六号，一八九五年十一月六日出版

自　传

为英国汉学家翟理思编纂《中国名人辞典》而作②

（一八九六年十一月）③

比闻间师④盛称足下深于中国文学，著述如林，近欲将仆生平事迹附入大作之内，并转示瑶函，属为布复。拜读之下，愧不敢当！

夫仆也，半世无成，壮怀未已。生于晚世，目不得睹尧舜之风、先王之化，心伤轶虏苛残、生民憔悴，遂甘赴汤火，不让当仁，纠合英雄，建旗倡义。拟驱除残贼，再造中华，以复三代之规，而步泰西之法，使万姓超甦，庶物昌运，此则应天顺人之作也。乃以人谋未臧，势偶不利，暂韬光锐，以待异时；来游上邦，以观隆治。不意清虏蓄此阴谋，肆其陷害，目无友邦，显违公法，暴虐无道，可见一斑。所赖贵国政仁法美，一夫不获，引以为辜。奸计不成，仆之幸也，抑亦

---

① 此处据上引高良佐文增"香山孙文上言"六字。

② 孙文策动广州起义失败后流亡海外，一八九六年十月十一日在伦敦被清驻英公使馆诱禁，此为二十三日获释后不久所写。翟理思（Herbert Allen Giles，汉名亦称翟理斯），英国著名汉学家，曾任驻华外交官多年，其时适在英编纂《中国名人辞典》（A Chinese Biographical Dictionary，一八九八年出版时自题其书名为《古今姓氏族谱》），函约孙文撰写一篇自传。孙文乃以中文作复，篇内所附英文照录。

③ 原文未署日期，时间为编者酌定。

④ "间"为间地利（James Cantlie）简称，即康德黎，英国医生，当时文献资料又译康特黎、简地利、简大利、简大理、甘特理、坎特立、坎特利、肩赖等。康德黎是孙文就读于香港西医书院时的教务长兼授课教师，当时曾在伦敦奔走营救孙文脱险。

中国四百兆生民之幸也。

足下昔游敝邦，潜心经史，当必能恍〔恍〕然于敝国古先圣贤王教化文明之盛也。乃自清虏入寇，明社丘墟，中国文明沦于蛮野，从来生民祸烈未有若斯之亟也。中华有志之士，无不握腕椎心！此仆所以出万死一生之计，以拯斯民于水火之中，而扶华夏于分崩之际也。独恐志愿宏奢，力有不逮耳。故久欲访求贵国士大夫之谙敝邦文献者，以资教益；并欲罗致贵国贤才奇杰，以助宏图。足下目睹中国之疮痍，民生之困楚，揆之胞与仁人义士，岂不同情？兹叨雅眷，思切倾葵，热血满腔，敢为一吐。更有恳者：仆等今欲除虏兴治，罚罪救民，步法泰西，揖睦邻国，通商、惠工各等事端举措施行尚无良策，足下高明，当有所见，幸为赐教，匡我缺失，是所祷冀。

至于仆生平事迹，本无足纪，既承明问，用述以闻：

仆姓孙名文，字载之，号逸仙，藉隶广东广州府香山县，生于一千八百六十六年华历十月十六日①。幼读儒书，十二岁毕经业。十三岁随母往夏威仁岛（Hawaiian Islands），始见轮舟之奇、沧海之阔，自是有慕西学之心，穷天地之想。是年母复回华，文遂留岛依兄②，入英监督所掌之书院（Iolani College③，Honolulu）肄业英文。三年后，再入美人所设之书院（Oahu College④，Honolulu）肄业，此为岛中最高之书院。初拟在此满业，即往美国入大书院，肄习专门之学。后兄因其切慕耶稣之道，恐文进教为亲督责，着令回华，是十八岁时也。抵家后，亲亦无所督责，随其所慕。居乡数月，即往香港再习英文，先入拔粹〔萃〕书室

---

① 关于孙文的生辰，广东翠亨孙中山故居纪念馆所藏《孙家列传祖生殁纪念部》（抄本），及其发妻卢慕贞复香山县商会函（载《孙中山轶事集》，上海，三民公司，一九二六年五月编印），均作阴历"十月初六日寅时"，即公历十一月十二日。此处所述，当系错忆或笔误。

② 胞兄孙眉，先后在檀香山开设商店、农牧场。

③ 中译名为：意柯兰尼学校（又译意奥兰尼学校）。该校系英国圣公会（Anglican Churches）在檀香山正埠创办的男子中学。文中"监督"为主教（Bishop）的旧译称，当时由圣公会主教威利斯（Alfred Willis）掌管校务。孙文于一八七九年九月入学。

④ 中译名为：柯湖书院（又译澳哗湖书院、奥阿厚书院）。该校系美国纲纪慎会（Congre－gational Churches，即公理会）在檀香山正埠创办的高级中学，后改名为泮拿荷学校（Punahou School）。孙文于一八八二年秋入学。

（Diucison〔Diocesan〕Home，Hongkong）①，数月之后转入香港书院（Queen's College，H. K. ②）。又数月，因家事离院，再往夏岛（H. I.）。数月而回。自是停习英文，复治中国经史之学。二十一岁改习西医，先入广东省城美教士所设之博济医院（Canton Hospital）③ 肄业；次年转入香港新创之西医书院（College of Medicine for Chinese，Hongkong）④，五年满业，考拔前茅，时二十六岁矣。此从师游学之大略也。

文早岁志窥远大，性慕新奇，故所学多博杂不纯。于中学则独好三代两汉之文，于西学则雅癖达文之道（Darwinism）⑤，而格致政事亦常浏览。至于教则崇耶稣，于人则仰中华之汤武暨美国华盛顿焉。

（See *London and China Telegraph*，26，Oct. 1896.⑥）

据亲笔原函影印，载佚名编：《总理遗墨》，石印线装本，似出版于十九世纪二三十年代，广州、广东省社会科学院图书馆藏

---

① 拔萃书室系英国圣公会在香港创办的男子中学。孙文于一八八三年十一月入学，同年底加入基督教。

② 中译名为：香港皇仁书院。孙文于一八八四年四月转入的学校应是香港中央书院（The Central School，Hongkong），该校于一八八九年易名域多利书院（Victoria College，今亦译维多利亚书院），一八九四年始改称皇仁书院。此乃香港政府开设的著名中学。

③ Canton Hospital 系美国公理宗美部会（The American Board of Commissioners for Foreign Missions）传教医生伯驾（Peter Parker）于一八三五年在广州创办，中文名初称广济眼科医院，一八六六年改名博济医院；继任院长嘉约翰（John Glasgow Kerr，下篇《伦敦被难记》译为戈尔）自一八五五年起在医院内开班授业，孙文约于一八八六年夏秋间入院学医。该院于一九三〇年由岭南大学接管，今为中山大学附属第二医院——孙逸仙纪念医院。

④ 孙文于一八八七年十月香港西医书院开办之时入学。这所医科大学系由康德黎等英国医生发起，并在何启所设雅丽氏利济医院（Alice Memorial Hospital）及伦敦传道会（London Missionary Society，即伦敦会）的积极支持下创办，校址设于雅丽氏利济医院内。该校英文名于一九〇七年改称 The College of Medicine，Hongkong，一九一三年并入香港大学。

⑤ 达文之道，今译达尔文主义，或进化论。达文（Charles Robert Darwin），今译达尔文，英国人，其主要著作为《物种起源》（*The Origin of Species*），后篇亦译《种源论》、《物种由来》或《生物本源》。

⑥ 中译文为：参见一八九六年十月二十六日《伦敦与中国电讯报》。

伦敦被难记①

（英 译 中）

（一八九七年一月二十一日）②

序

近者，予被逮于伦敦中国公使馆，颇为当世所注意。予且因是结纳多数良友，泰西学子藉为法律问题之讨论者尤众。予若不以案中实情布告当世，则予之职为未尽。顾予于英文著述非所长，惟冀读者恕其谫陋，勿加督责。而遣辞达意尤得吾友匡助之力为多，使非然者，予万不敢贸然以著作自鸣也。

西历一千八百九十七年　孙文识于伦敦

第一章　原　因③

时在西历一千八百九十二年，予卜居于珠江江口之澳门，以医为业，藐兹一身。初不料四年后竟被幽于伦敦中国使馆，更不料以是轰动政界，甚且由英政府

---

① 孙文在伦敦脱险后不久，便在康德黎帮助下以英文撰写本书，序中谓"得吾友匡助"者即指此。出版后不久被译成俄文，载于圣彼得堡《俄罗斯财富》（*Русское Богатство*）一八九七年第十二期（该年十二月出版）；又被译成日文，连载于一八九八年五月十日至七月十六日福冈《九州日报》（宫崎滔天译）。而中译本则到一九一二年建立中华民国后始出现。

② 英文初刊本仅标出版年份，今据一八九七年一月二十一日伦敦《泰晤士报》（*The Times*）第十二页的"今日出版物"（Publications To-day）栏目所载，确定出版日期。《泰晤士报》，即后文所译《太晤士报》。

③ 据冯自由《孙总理修正〈伦敦被难记〉第一章恭注》载：一九〇一年春孙文在横滨回答认为本章部分内容与事实不符的质疑时表示，当时为顾及英人的保守性质和香港在反清斗争中的特殊地位，故不得不从权立言，日后可再据实修正（《革命逸史》第三集，重庆，商务印书馆，一九四五年九月初版）。后来他在《孙文学说》（卷一"行易知难"）第八章"有志竟成"中，亦指出本章内容应予补充修正。

出而为实地之干涉，以要求彼使馆之见释也。虽然，予之知有政治生涯实始于是年①；予之以奔走国事而使姓名喧腾于英人之口，实始于是地。

当一千八百八十六年时，予学医于广州之英美传道会②，主政者为戈尔医学博士（Dr. Kerr）。次年闻香港创立医科大学③，遂决计赴香港肄业，阅五年而毕业，得医学博士文凭④。

澳门一埠，其隶属于葡萄牙者盖三百六十年矣。顾政柄虽属欧人，而居民多称华籍，即其自称为葡人者亦大半为本地之欧亚杂种也。

予既卜居于澳门，澳门中国医局⑤之华董所以提携而嘘拂之者无所不至，除给予医室及病房外，更为予购置药材及器械于伦敦。

此事有大可注意者一端，则自中国有医局以来，其主事之官绅对于西医从未尝为正式之提倡，有之自澳门始。予既任事于医局，求治者颇众，而尤以外科为繁。然亚东之闭塞甫见开通，而欧西之妒焰已起而相迫。盖葡人定律，凡行医于葡境内者必须持有葡国文凭，澳门葡医以此相龃龉，始则禁阻予不得为葡人治病，继则饬令药房见有他国医生所定药方，不得为之配合。以是之故，而予医业之进行猝遭顿挫，虽极力运动，终归无效。顾予赴澳之初并不料其有是，资本损失为数不少，旋即迁徙至广州焉。

---

① 是年指一八九二年，英文本原文于此处的 at Macao（在澳门）未译出。

② 此指博济医院。"英美传道会"乃译自英文本中的 Anglo-American Mission，该机构似指伯驾于一八三五年创办广济眼科医院（后改名博济医院）之后，与该院工作的两位协助者即同属公理宗美部会的传教士裨治文（Elijah Coleman Bridgman）和创办澳门眼科医院的英国传教医生郭雷枢（Thomas Richardson Colledge）一起，一八三八年在广州共同发起成立的"在华医药传道会"（The Medical Missionary Society in China）。因该会成员多系英、美两国传教士，故可能被讹成"英美传道会"。但博济医院并非"在华医药传道会"所办。

③ 此指香港西医书院。

④ 据英文本原意，此处为领得有资格在香港从事内外科行医的文凭，并无"医学博士"字样。按该毕业文凭（或称执照）系中英文合璧，原件正本于一八九二年七月二十三日毕业典礼上颁给孙文，其副本现藏香港大学医学院，中文部分全文如下："香港西医书院掌院并讲考各员等，为给执照事：照得孙逸仙在本院肄业五年，医学各门历经考验，于内外妇婴诸科俱皆通晓，确堪行世。奉医学局赏给'香港西医书院考准权宜行医'字样，为此发给执照，仰该学生收执，以昭信守。须至执照者。右仰该学生收执。一八九二年　月　日"

⑤ 此指镜湖医院。

予在澳门始知有一种政治运动，其宗旨在改造中国，故可名之为"少年中国党"（按即兴中会）①。其党有见于中国之政体不合于时势之所需，故欲以和平之手段、渐进之方法请愿于朝廷，俾倡行新政。其最要者则在改行立宪政体，以为专制及腐败政治之代。予当时不禁深表同情而投身为彼党党员，盖自信固为国利民福计也。

至中国现行之政治，可以数语赅括之曰：无论为朝廷之事，为国民之事，甚至为地方之事，百姓均无发言或与闻之权。其身为民牧者操有审判之全权，人民身受冤抑，无所吁诉。且官场一语等于法律，上下相蒙相结，有利则各饱其私囊，有害则各委其责任。婪索之风已成习惯，官以财得，政以贿成。间有一二被政府惩治或斥革者，皆其不善自谋者也，然经一番之惩治或斥革，而其弊害乃逾甚。至官场俸额之微，殆非英人所能梦见。彼两广总督所治区域，人口之众过于全英，然其一岁之俸禄，合诸英金不过六十磅而已。是则一行作吏，安得而不以婪索及枉法为事乎？就教育而言，士惟以科第为荣，姓名一登榜上，即有入官之望；于是纳贿当道，出而任事。彼既不能以官俸自养，而每年之贡献于上官者又至多，虽欲不贪安可得乎？况有政府以为其贪黩之后盾，自非痴骇〔骏〕，更安肯以清廉自矢？且囊橐既盈，则不数年又可斥其一分之资以谋高位，为计之便，无过于此。顾兹民贼，即后日最高级之上官，而一切社会政治、刑律事件之所由取决者也。夫满政府既藉苞苴科敛、卖官鬻爵以自存，则正如粪土之壤，其存愈久而其秽愈甚。彼人民怨望之潮，又何怪其潜滋而暗长乎？

至其涂饰人民之耳目，锢蔽人民之聪明，尤有可骇者。凡政治之书多不得流览，报纸之行尤悬为厉禁。是以除本国外，世界之大事若何，人民若何，均非其所知。国家之法律，非平民所能与闻。谈兵之书不特为禁品之一，有研究者甚或不免于一死。至于新器之创造，新学之发明，人民以惕于死刑，罕敢从事。是故中国之人民，无一非被困于黑暗之中。即政府有时微透一二消息，然其所透者皆其足以自利者也。虽然，华人之被桎梏纵极酷烈，而其天生之性灵、深沉之智力终不可磨灭，凡欧人之稔知华事者多如此评论，且谓其往往有超出欧人之处也。

---

① 英文本的原文是"Young China"party，译者所加按语附会为兴中会显然欠妥，因当时澳门以至海内外皆无兴中会组织；后文又有多处径译为"兴中会"，均与原义及事实不符。

不幸中国之政习尚专制，士人当束发受书之后，所诵习者不外于四书五经及其笺注之文字，然其中有不合于奉令承教、一味服从之义者，则且任意删节或曲为解说，以养成其盲从之性。学者如此，平民可知。此所以中国之政治无论仁暴美恶，而国民对于现行之法律典章，惟有兢兢遵守而已。近者日本命将遣师，侵入吾土，除宅居战地之人民外，罕有知中日开衅之举者①。彼内地之民或并不知世界有日本国，即使微有风传，获闻一二，亦必曰是"外夷之犯顺"，而断不信其为敌国之相侵也。

中国睡梦之深至于此极，以维新之机苟非发之自上殆无可望，此兴中会之所由设也。此兴中会之所以偏重于请愿上书等方法，冀九重之或一垂听，政府之或一奋起也。且近年以来，北京当道诸人与各国外交团触接较近，其于外国宪政当必略有所知。以是吾党党员本利国利民之诚意，会合全体，联名上书。时则日本正以雄师进逼北京，在吾党固欲利用此时机，而在朝廷亦恐以惩治新党失全国之心，遂寝阁不报。顾中日战事既息，和议告成，而朝廷即悍然下诏，不特对于上书请愿之人加以谴责，且谓此等陈请变法之条陈以后概不得擅上云云。

吾党于是怃然长叹，知和平之法无可复施。然望治之心愈坚，要求之念愈切，积渐而知和平之手段不得不稍易以强迫。且同志之人，所在而是。其上等社会多不满意于军界，盖海陆军人腐败贪黩，养成积习，外患既逼，则一败涂地矣。因此人民怨望之心愈推愈远，愈积愈深，多有慷慨自矢，徐图所以倾覆而变更之者。

兴中会之总部设于上海，而会员用武之地则定于广州。当一千八百九十五年北方战事既息之后，广州军队之被政府遣散者约居四分之三，此等军队多散而为流民、为盗贼。即其未解散者亦多愤懑不平，群谓欲解散则全体解散，欲留用则全体留用，然当事者充耳若弗闻也。吾党于是急起而运动之，冀收为己用。各军士皆欣然从命，愿效死力。由是而吾党之武力略具矣。

时适巡防肇事，弃其军服，四出劫掠。百姓愤甚，因起而合捕之，囚其为首者若干人于会馆。讵知巡防局员率众而出，扑攻会馆，既将被囚诸人一律释放，并将馆中所有劫掠一空。于是居民特开会议，议决以代表一千人赴愬于巡抚衙门。

---

① 此指一八九四年至一八九五年的中日甲午战争。

当事者斥为犯上作乱，下领袖代表于狱，馀人悉被驱散。于是民怨日深，而投身入兴中会者益众。

时为两广总督者曰李瀚章，即李鸿章之弟〔兄〕①也，在粤桂两省之内创行一种新例：凡官场之在任或新补缺者，均须纳定费若干于督署。是又一间接剥民之法也。官吏既多此额外之费，势不得不取偿于百姓。且中国官界，每逢生日，其所属必集资以献。时两广官场以值李督生日，醵金至一百万两以充贺礼；此一百万两者，无非以诱吓兼施、笑啼并作之法，取资于部民之较富者。而同时督署中又有出卖科第、私通关节之事，每名定费三千两。以是而富者怨，学者亦怨。凡兹所述，皆足以增兴中会之势力，而促吾党之起事者也。

于是而兴中会②起事之计画定矣。定计于广州突举义旗，据省城而有之，尽逐诸官吏。举事之际不特须极秘密，使仓卒不及备，且须力主沉静，不以杀戮为能。因于汕头及西江沿岸募集两军，同时向广州进逼。盖以汕头及沿江之人与广州有主客之分，汕头在广州之北③，虽相距仅一百八十英里，而语言之殊异不啻英国之于意大利。所以用客军进取者，因其与士人不相习，无牵率之虑，可一意以争胜利；万一客军中途变计，相率溃散，则事后踪迹易显，断不能存身于广州。凡此皆所以逼其进取，而为韬略上不得已之作用也。

是两军者，期于西历一千八百九十五年十月某日，一由西南，一由东北，同时向广州进发。吾党筹备进行甚形惬意。兴中会④会员且时时集议，所需军械药弹以及炸药之属，随时屯积于大本营者甚富。除汕头及西江两军外，又有四百人自香港驰至。迨会兵之期已届，各军与省城之距离，军行约四小时可达。又有卫队百名，身藏利器，巡行于兴中会之四周。复有急使三十人，奉会员命分赴各邑，令党人于翌晨同时起事。讵意会员部署略定，忽有密电驰至，谓西南、东北两军中途被阻。两军既不得进，则应援之势已孤，即起事之谋已败。然急使既遣，万

---

① 英文本的原文是 brother，李瀚章乃李鸿章之兄。李瀚章于一八九五年四月免职，谭钟麟接任两广总督。

② 英文本于此处未提及任何组织名称，"兴中会"为底本译者所添加。

③ 按：汕头应在广州之东。

④ 此处称"兴中会"者，英文本的原文是 Committee of Reformers，可直译为"改革委员会"。下文的"兴中会"，原文则是 Committee（委员会）。

难召回。一面又连接警报，谓两军万难进行，幸彼此各自为谋，未尽覆没。于是党员急起而消灭种种形迹，毁文籍，藏军械，且连电香港令缓师。然香港党员接电之时，已在港军尽发之后。港军乘轮舟赴粤，并挈有大宗枪械，分储若干箱。党员接电后，非特不将港军暂行遣散，且追踪至粤，于是该党员及其部众尽投于罗网矣。至广州诸党魁，亦纷纷四散。予于奔避之际，遇险者数，后幸得达一小汽船，乘之以走澳门。在澳门留二十四小时，即赴香港略访故人，并投康德黎君（Mr. James Cantlie）之门而求见焉。康德黎者，以一身而兼为予之师友也。康德黎君闻予出奔之故，即令予求见香港某律师，与商此后之行止。

第二章　被　诱

予所就教者为达尼思律师（Mr. Dennis）①。达尼思询悉颠末，即令予走避他方，毋以逗留致祸。时予至香港已二日矣，闻律师言，不及与康德黎君握别，即匆匆乘日本汽船赴神户。居神户数日，又至横滨。在横滨购日本人所制之欧服，尽易旧装，留须割辫。一二日后，由横滨乘轮赴哈威夷群岛，就寓于火纳鲁鲁。火纳鲁鲁为予亲故及同志所在，相处甚欢。予生平每经一地，如日本，如火纳鲁鲁，如美利坚，与华侨相晋接，觉其中之聪明而有识者，殆无一不抱有维新之志愿，深望母国能革除专制，而创行代议政体也。

予在火纳鲁鲁时，偶于道上与康德黎君及其家属相邂逅，康盖率眷回英国，而道出火纳鲁鲁也。渠等见予不复相识，而其同行之日本乳媪，方以予为日本人而改易欧装者，遂以日本语与予相问答。此为予易服后数遇不鲜之事，盖日本人多以予为同乡，待启口而后始悟其非是也。

予于一千八百九十六年六月由火纳鲁鲁赴旧金山，旧金山之华人均与予一见如故，所以相遇者甚厚。阅一月，游历至美利坚。在美三月，乘轮船"麦竭斯的"号（S. S. Majestic）东行至英国之利物浦（Liverpool）。方予在纽约时，友人多来相告，谓中国驻美公使为满洲人②，其与汉人本无感情，而恶新党尤甚，

---

①　今译丹尼斯，如下篇所译。
②　当时清驻美公使杨儒，汉人，隶汉军八旗之正红旗籍。

故令予兢兢致慎云。

一千八百九十六年十月一日予始抵伦敦，投止于斯屈朗（Strand，伦敦路名）之赫胥旅馆。翌日往访康德黎君，康德黎君夫妇相待极殷挚。康所居在波德兰（Portland Place，伦敦区名）覃文省街（Devonshire Street）之四十六号，因为予觅相近之舍馆曰葛兰旅店（Gray's Inn），使徙止焉。予自是即小住伦敦，或游博物院，或访各处之遗迹。观其车马之盛，贸易之繁，而来往道途绝不如东方之喧哗纷扰，且警察敏活，人民和易，凡此均足使人怦怦向往也。

予无日不造访康德黎君，每至辄入其书室，藉资消遣。一日，予于其家进中膳时，康德黎君戏谓中国使馆与伊家为邻，盍过访之，因相视而笑。康德黎夫人戒曰：“子毋然，彼公使馆中人睹子之面，行当出而相捕，械送回国耳！”予闻夫人言，益相与大笑。初不料夫人之谈言微中，不久即见诸实事也。一夕，予饭于孟生医学博士（Dr. Manson）[①] 家。孟生君亦予香港旧识，曾授予医学者。君亦笑谓予曰：“慎勿行近中国使馆，至堕虎口。”予以是于中国使馆之可畏，及其相距之不远，历经良友之告诫，非全措意者。然予至伦敦为日犹浅，途径未熟，彼良友之告诫于予初无所济也。

是年十月十一日，适值星期，予于上午十点半钟时，自葛兰旅店（葛兰旅店在伦敦霍尔庞 Holborn 之葛兰旅店街；霍尔庞，区名）赴覃文省街，欲随同康德黎君等赴礼拜堂祈祷。正踟蹰间，一华人自予后潜步而至，操英语问予曰：“君为日本人与？抑中国人与？”予答曰：“予中国人也。”其人叩予以何省，予答以广东。其人仍操英语曰：“然则我与君为同乡，我亦来自广州者也。”夫中国盛行不规则之英语，名曰“Pidgin”英语，意即商业英语也。华人虽同隶一国，而言语多相扞格，譬如汕头之与广州相距仅一百八十英里，视伦敦之与利物浦犹相近，然其商人之言语，乃彼此不相通，以是不得不藉商业英语通其邮，彼汕头人与广州人之商于香港者多以英语相晋接，此足以见中国言语之岐杂矣。虽文字之功用及于全国，初无二致，然中文之与日本文固亦大致相似者也。中日两国人相遇之

---

① 孟生（Patrick Manson），当时的文献资料又译万巴德、孟臣、万臣、门森等，英国医学博士，原香港西医书院首任教务长兼授课教师。孟生早年在中国等地从事研究和治疗嗜血丝虫、血吸虫、疟疾等传染病有重大突破，被誉为“热带医学之父”。

时，即或言语不通，而彼此尽可画地为书或操纸笔以谈也。

予途遇之华人既稔予为粤人，始以粤语与予相酬答，且语且行，步履颇舒缓。俄而又有一华人来，与予辈交谈。于是予之左右，如有一人并行矣。是二人者，坚请予过其所居，谓当进雪茄，烹杯茗，略叙乡谊。予婉却之，遂相与伫立于道旁阶砌。未几，又有一华人至，其最先与予相遇者即迤逦而去。于是与予相共之二人，或推予，或挽予，必欲屈予过从，其意气若甚殷勤者。予是时已及于阶砌傍屋之侧，正趑趄间，忽闻邻近之屋门訇然而辟，予左右二人挟予而入，其形容笑貌又似谐谑，又似周旋，一纷扰间而予已入，门已闭，键已下矣！然予未知此屋为谁之所居，故方寸间并无所疑惧。予之所以犹豫不即入者，以急欲往访康德黎君博士，冀同往礼拜堂，稍一迟回，不免过晏耳。迨予既入门，睹其急遽之状，且屋宇如彼其宽广，公服之华人如彼其众多，因陡然动念曰："是得非中国使馆乎？"又忆中国使馆在覃文省街之邻，意者予向时踯躅之所，即中国使馆左右之道途乎？

予入门后，被引至一室。室中有一二人与予接谈数语，又自相磋商数语，遂遣二人挟予登楼。既登楼，复入一室，令予坐候。未几而二人又至，更挟予登一楼，是为第二层楼①。仍入一室中，其室有窗，护以铁栅，窗外即使馆之屋后也。

未几，有一须发俱白之老人，施施然饶有官气，一入室即谓予曰："汝到此即到中国，此间即中国也。"言已就坐，叩予之姓，予答曰："孙。"

其人曰："汝姓孙名文，予得驻美使臣来电，谓汝乘轮船'麦竭斯的'号游历至英，因令我捕汝于此。"

予问曰："捕予何意？"

其人曰："汝前尝上策于总理衙门②，请其转奏朝廷。汝策良佳，惟今者总理衙门急欲得汝，因令余暂相羁留，以待朝廷之命。"

予曰："予被留于此，可使吾友知之乎？"

---

　　① 英文本的原文是 on the second floor，此系英国的英语用法，中国人习称为三楼（英国人以 first floor 为二楼，美国人则以 second floor 为二楼）。在这前后尚叙及 on the ground floor（一楼）和 on the third floor（四楼），均未译出。孙文的囚室在四楼。

　　② 此指一八九四年夏孙文上书李鸿章之事。按当时李任文华殿大学士、直隶总督等职，至一八九六年十月二十四日（即孙文自使馆获释后次日）始任总理衙门大臣。

曰："否，是不能！惟旅馆中之行李，汝可驰一函，俾此间人为汝取之。"

予告以欲致书于孟生博士，其人乃命人给予纸笔。予书中大意，谓此身被禁于中国使馆，请转告康德黎君，俾取予行李畀予云云。其人阅竟，甚不以函中"被禁"字为然，因嘱予别缮一函。予乃缮曰："顷予在中国使馆，乞告康德黎君，为予送行李至此"云云。

是老人者，予初不稔为何许人，厥后而始知其即盛名鼎鼎之马凯尼（Sir Halliday Marcartney〔Macartney〕）① 也。

马凯尼君忽又谓予可径函告旅馆，不必托友代取。予答以予所寓者并非旅馆，除康德黎君外无知予居处者，因以改缮之函授之。马凯尼唯唯，许为代寄。马凯尼之所以忽然转念者，盖欲藉是以搜予行箧，或能得吾党之姓名及往来之函牍耳。计亦狡矣！

第三章　被禁时之情形

马凯尼君既出，即阖予所居室之门，并下键焉。白是予遂遭幽禁矣。未几，闻门外有匠人施斧凿之声，则于原键外更增一键也。且特遣监守二人，一中一西，严视门外；有时或于二监者之外更添一人。当最初之二十四小时内，其中国监守二人，时或入予室，与予相语。其于予被禁之缘由虽无一语宣泄，予亦不之问，然曾告予以顷者相见之老人即马大爷，予审为马凯尼也。大爷者，官场通俗之尊称，犹当时驻英公使龚某②之称龚大人也。使臣与外人酬酢，不用真名，遂使外国人人称之曰大人。特不知与英政府公牍往还，亦称龚大人否耳。③ 中国官场及外交礼节，往往有以一字之微而易等〔尊〕重为侮慢者，西人欲稔知之，非于文学、风俗殚心研究不可。彼外交官辄喜于晋接之间以言语文字愚弄外国人，偶或

---

　　① 马凯尼（Samuel Halliday Macartney），清朝官方文书译作马格里，第二次鸦片战争期间为英国侵华军队军医，后旅居中国多年，此时任清驻英公使馆二等参赞。原姓氏据英文本订正。

　　② 龚照瑗。

　　③ 以上所述，英文本中的 Ta-Yen 用于马凯尼时被译为"大爷"，用于龚照瑗时则译为"大人"，显然欠妥。按广州话方言的谐音，"大人"可拼作 Ta-Yen；中国官场习称高位者为"大人"，而非"大爷"。

占胜，即诩诩自得曰："洋鬼子被屈于我矣！"

予被禁后数小时，有监守者一人入，谓奉马凯尼君之命，搜检予身，因探取予钥匙、铅笔、小刀等物。然予另有一衣袋，藏有钞票数纸，彼不及检取，彼所挈以去者惟无关重要之文件数纸而已。监守者询予以饮食，予仅令取牛乳少许而已。

是日，有英国仆役二人入室燃火炉，除洒扫外，并置煤于室，以供燃火之用。予令先至之英仆为予寓书于覃文省街四十六号康德黎家，仆唯唯。迨后至之英仆来，予亦讬之如前。此二仆者，厥后并称已将予信递寄，然所言殊未足信也。是晚有一英国妇人入，为予设卧具，予并未与彼妇接谈。及夜，和衣而卧，然实彻旦未眠也。

翌晨，即礼拜一日，为十月十二号，二英仆又来予室，畀予以煤料、清水及食物。其一人曰："君书已代递矣。"其一人名柯尔（Cole）[1] 者则曰："予不能出公使馆，故尚未能为君寄书也。"

礼拜二日（即十月十三号），予又以寄书事询英仆。此仆为二人中之年齿较少者，非柯尔也。其答称确已代递，且已面晤康德黎君，康德黎君读竟后即遣去之曰："是耳。"仆言之凿凿，且以天日自矢。予是时已无复余纸，遂裂所用手巾，急书数语，乞其再付康德黎君；并劳以小金钱一枚[2]，誦诿至再，期勿相误。仆虽诺诺承命，而讵知其一出予室，即驰报于使馆中人，尽情吐露无遗也。

予被禁之第四日，有所谓唐[3]先生者来视予，是即诱予入使馆之人也。唐先生就坐，与予纵谈曰："尔日与君相见，即挈君至此，乃公事公办，义不容辞。今日之来，则所以尽一己之私情。君不如直认为孙文，讳亦无益，盖所事均已定夺也。君在中国卓有声望，皇上及总理衙门均稔知汝为人，君姓名已震铄寰球，即死亦可以无憾。君在此间，实生死所关，君知之乎？"

予曰："何也？此为英国，非中国，公等将何以处吾？按诸国际交犯之例，

---

① 柯尔（George Cole），今译科尔。

② 英文本的原文是 a half-sovereign，意为一枚半金镑即十先令的钱币。金镑（sovereign）系英国金币，又作英镑之别称，当时一金镑等于二十先令（shilling）。

③ 英文本的原文是 Tang，此据广州话方言拼写，应译作"邓"，即邓廷铿，清公使馆英文四等翻译官。下同。

公等必先将予被逮事闻于英政府，予意英政府未必肯遽从所请也。"

唐答曰："吾侪不请于英政府为正式之授受。今已事事停妥，轮舟亦既雇定。届时当箝君口，束君肢体，舁赴舟上。既登舟，即置君于严密之所，鼓轮而行。迨抵香港，当有中国炮舰泊于港口之外，即以君移交彼舰，载往广州听官司鞫审，并明正典刑焉。"

予告以此等举动未免冒险已甚，盖予在舟中，或得乘机与在舟英人通消息也。唐曰："否否，君万不能出此。君既登舟，即有人严密看视，与在此无异。苟有可与外人通消息处，吾等当先事杜绝，决不使有丝毫间隙也。" 予又曰："舟中员司未必与使馆沆瀣一气，其中安知无矜悯予而为予援应者？"

唐曰："是轮船公司与马凯尼君交谊甚深，该公司自当遵马君之命而行，决不虑其有所阻梗。"

唐又答予所问曰："是轮船者属于格来公司（Glen），本星期内未必启程（按唐某与予谈话之日为十月十四号，即礼拜三日）。盖公使以惜费故，不欲专雇是船，因令其先载货物，而行旅之费则由使馆全认。迨次星期，则货物之装载既竟，而君亦须附载以行矣。"

予谓此等计画，欲见诸实行亦良难。唐曰："予侪如不出此，则亦不妨戮汝于此，藉免周折。盖此间即中国，凡使馆中所为之事，无论谁何决不能干涉也。"

唐言已，又举高丽某志士事为予劝慰，并资启迪。盖某志士自高丽出奔至日本，被其同国人诱赴上海，戕毙于英租界内，由华人将志士遗骸运往高丽，高丽政府戮尸示惩，而其戕毙志士之凶徒则获重赏并擢高位焉。[①] 唐历述此事，津津若有余味，盖其意以为此次有捕予之功，中国政府亦当加以重赏，锡以高位也。

予问曰："公等何残忍若是？"

唐曰："此系皇上之命，凡有能生致汝或取汝死命者，皇上均当加以不次之赏。"

予又进逼曰："高丽志士之案即中日开衅之一因，今公等致予于此，或招起极大之交涉，未可知也。将来英政府对于使馆中人，或不免要求中国政府全数惩

---

① 一八九四年三月，流亡日本的朝鲜开化党领导人金玉均，被朝鲜政府密探洪钟宇诱至上海暗杀，随后清廷将金玉均遗骸送回朝鲜，同时返国的洪鐘宇被授以弘文馆副修撰之职。

治。况君与予有桑梓之谊，吾党之在粤省者甚多，他日或出为予复仇，岂第君之一身可虑，甚或累及君之家族，亦意中事耳！"

唐某闻予言，其豪悍之口吻不觉顿变，遂曰："凡我所为皆公使之命，我此来不过为彼此私情计，俾君知前途之危险耳。"

第四章　幽　禁

是日，夜半后十二点钟时，唐又至予室与予谈。予曰："君如真为予友，则将何以援予？"

唐答曰："此即我之所以来也。我当竭尽绵力，冀脱君于厄。我今方令匠人密制二钥，一以启此室之门，一以启使馆之前门。我之所以出此者，以掌钥者为公使之亲随，乃其腹心所寄，决不肯出以相授也。"

予问以出险当在何时？唐答称："必须俟诸次日，即礼拜五日（按是时已在礼拜三夜十二点钟以后，故应作为礼拜四日，而所谓次日者乃礼拜五日也）。礼拜五日清晨二点钟时，我或能蹈隙以来，俾君出兹罗网，未可知也。"

当唐兴辞时，又告予以"礼拜五清晨必来相援，汝可预为之备"云云。然唐去后，予仍取片纸，草数语，俟礼拜四日（即十月十五号）上午授之英仆，乞其密致康德黎君。及下午唐复来，谓此纸已由英仆径呈使馆，马凯尼君睹之，即向唐某大肆诟詈，谓不应以使馆密谋告予。是在唐某虽有相救之心，而予此举实足破坏其计画，未免自误云云。

予乃叩以尚有一线生机否？唐曰："生机正自未绝，特君必须遵我命而行，慎毋再误。"

唐乃劝予致书公使，乞其相宥。予从之。唐立命西仆柯尔将纸笔墨水至，予请易中国文具，盖上书公使宜用汉文，未便作西字也。

唐曰："否，英文良佳。盖此间大权均操诸马凯尼之手，公使不过坐拥虚名而已。君此书，宜畀马凯尼也。"

予问书中宜如何措辞？唐曰："君必须极力表明，谓身系良民，并非逆党，徒以华官诬陷至被嫌疑，因亲诣使馆，意在吁求伸雪"云云。

予即在唐某之前，就其所授之意缮成一长函。摺叠既竟，通例应于纸背标明受书人姓名，唐乃为予读马凯尼君姓名之缀法曰：Sir Halliday Marcartney〔Macartney〕。盖是时予仅知其姓氏之音为马凯尼，而犹未稔其文字上之缀法也。既而授函于唐，唐怀之而去，自是不复睹斯人之面矣。

予此举实堕唐某之奸计，可谓其愚已甚。盖书中有亲诣公使馆吁求伸雪等语，是岂非授以口实，谓予之至使馆乃出自己愿，而非由诱劫耶？虽然，人当堕落深渊之际，苟有毫发可资凭藉，即不惜攀以登，更何暇从容审择耶？更何能辨其为愚弄否耶？

唐曾告予，凡予所缮各函，均由仆人出首于使馆，并未尝达于予友。是时，予想望已绝，惟有坐以待毙而已。

是一星期内，予苟觅得片纸，即以被难情形疾书其上，令英仆为予掷于窗外，冀有人拾得之，或生万一之望。予被禁之室虽有窗，并不临街，故不得不乞仆人代投。既而知仆之愚予也，遂拟自起而为之。因于所居室之窗内一再外掷，某次，幸及于邻家之铅檐。然纸团之力所及不远，故始则裹之以铜币，铜竭则縢之以银。此钱币者，乃予密藏于身畔，幸未于搜检时被获者也。迨所掷之纸及于邻屋，窃意邻家或万一能拾视之矣。然同时别有一纸，掷出时误触绳，中道被阻，而径堕于予室之窗外，因命西仆往拾之。此西仆即二仆中之少者，非柯尔也，闻命后不往拾，而反告监守者。于是监守者往拾，并留心四顾，则铅檐上之纸团亦为所见，遂攀登邻屋取之以归，呈之使馆。自是而予一线仅存之希望亦尽绝矣！

使馆之所以防予者视前益密，窗上均加以螺钉，不复能启闭自如。藐藐我躬，真堕落于穷谷中矣！惟有一意祈祷，聊用自慰，当时之所以未成狂疾者，赖有是也。及礼拜五（即十月十六号）上午，予祈祷既竟，起立后觉方寸为之一舒，一若所祷者已上达帝听。因决计再尽人力，待英仆柯尔来，复向之哀恳，藉脱予厄。

予谓柯尔曰："子能为予尽力乎？"

柯尔反诘予曰："君何人也？"

予曰："中国之国事犯而出亡于外者。"

柯尔于"国事犯"之名称，若未能领会。予乃叩以生平于阿美尼亚人之历史，亦尝有所闻否？柯尔颔之。予遂迎机以导，告以："中国皇帝之欲杀予，犹土耳其苏丹之欲杀阿美尼亚人①。土耳其苏丹之所疾视者为阿美尼亚之基督教徒，故欲聚而歼之；中国皇帝之所疾视者为中国之基督教徒，故欲捕而斩之。予即中国基督教徒之一，且尝尽力以谋政治之改革者也。凡英国之人民无不表同情于阿美尼亚人者，故予之身世及予目前之情况苟为英国人所谂知，则其表同情于予亦不言而可决也。"

柯尔谓不识英政府亦肯相助否？予曰："唯唯，英政府之乐于相助，又宁待言。否则中国使馆只须明告英政府，请其捕予而交与中国可矣，又何必幽禁予于斯，恐外人之或闻耶？"

予又进迫之曰："予之生死，实悬君手。君若能以此事闻于外，则予命获全；否则予惟有被宰割，受屠戮耳！君试思救人于死与致人于死，其善恶之相去若何？又试思吾人尽职于上帝为重要乎，抑尽职于雇主为重要乎？更试思保全正直之英政府为重要乎，抑袒助腐败之中国政府为重要乎？君其三思予言，乞于下次相见时以君之决心示予。"

翌晨柯尔以煤至，既投煤于炉，复以手微指煤篓。予见其所指者为一纸，不觉中心跳荡，予之生死固惟此片纸所书者是赖也。柯尔既出，急取而读之，其文曰：

> 某当为君递一书于君友。惟君缮书时，慎勿据案而坐，盖守者伺察甚严，得于钥孔中窥见所为也。君若伏于卧榻而缮之，则得矣。

予于是偃卧榻上，取名刺一纸面壁而书，书系致予友康德黎君者也。亭午柯尔复来，取予书去。予腾以二十镑为酬劳之费，顾自是而予囊亦告罄矣。既而柯尔复持煤篓至，以目示意。予待其去后，急搜煤篓，得一纸读之，大喜逾望。文曰：

> 勉之，毋丧气！政府方为君尽力，不日即见释矣。

以是而予知祷告之诚果上达于天也，以是而予知上帝固默加呵护者也。予自

---

① 土耳其于十三世纪建立奥斯曼帝国（The Ottoman Empire），一八七六年苏丹哈米德二世（Abdul Hamid）继位，在所制订的第一部国家宪法中规定伊斯兰教为国教。一八九四年至一八九六年间，苏丹军队对其统治下信奉基督教的阿美尼亚人（Armenian）实行血腥屠杀，共杀戮六万余人，并焚毁其居处三千多座村庄。当时在伦敦，亦曾发生土耳其驻英使馆诱捕阿美尼亚人之事。阿美尼亚人，后文附录亦作亚美尼亚人、阿摩尼亚人，今称亚美尼亚人。

被逮后，衣未尝解带，夜未尝安眠，至此始酣然一睡，及旦而醒。

予之所惴惴致惧者，生命事小，政见事大。万一果被递解至中国，彼政府必宣示通国，谓予之被逮回华实由英政府正式移交，自后中国之国事犯决无在英国存身之地。吾党一闻此言，必且回忆金田军起义①之后，政府实赖英人扶助之力始得奏凯。吾国人又见予之被逮于英而被斩于华，必且以为迩来革命事业之失败，仍出英国相助之功。自是而吾华革命主义永无告成之望矣！且予旅馆之中，行李而外尚有若干文件，设为中国使馆所得，则株连之祸实不知其所终极。幸康德黎夫人以一女子而能为予预料及此，毅然赴旅馆中尽取予书札文牍之属，捆载而归，付之一炬。是其识力之有造于吾党者，诚不尠也。

予被幽使馆中，第觉饮食之可厌，而并未念及饮食之可以置毒，故尚日进乳茗少许，间或啖鸡卵一枚，得藉延残喘，以待予良友之营救。厥后接康德黎君来简，而食量之增与睡境并进矣。

第五章　　良友营救

自礼拜五日（即十月十六号）后，英仆柯尔始为予效奔走，求解脱。柯尔之妻尤尽力，其于礼拜六日（即十月十七号）密白予友康德黎君之书，即出自柯尔妇之手笔②。康德黎君接书已在是日夜间十一点钟时，书曰：

> 君有友某自前礼拜日来，被禁于中国使馆中。使馆拟递解回国，处以死刑。君友遭此，情实堪怜，设非急起营救，恐将无及。某于此书虽不敢具名，然所言均属实情。君友之名，某知其为林行仙（Lin Yin Sen③）。

康德黎君既得此书，其感情若何，可以不言而喻。时虽深夜，然恐营救无及

---

① 英文本的原文是 Taiping rebellion，意为"太平天国起义"或"太平军起义"。太平天国最早在广西桂平县金田村起事，故此处译作"金田军"。

② 投书于康德黎者非柯尔之妻，而是清公使馆女管家豪太太（Mrs. Howe），她并未受孙文委托，乃出于正义感所为。据孙文获释后柯尔在英国财政部的证词，他为孙送信给康德黎亦曾得到豪太太的支持鼓励。

③ 此系讹记，"林行仙"译音亦欠准确。孙文别名孙逸仙，其英文名的拼写法是 Sun Yat Sen 或 Sun Yat-sen。

之故，急起而检查马凯尼君之居址，居址既得，即匆匆出门，驰往求见。夫此等不名誉之举动实以马凯尼为主谋，而予友不知，反驰往哈兰区（Harley Place）三号之屋，向之求助。时已礼拜六夜十一点一刻钟。予友既造其庐，则见重门紧闭，人声俱无。不得已出至场地外，则梅尔蓬路（Marylebone Road）中有一值夜之警察，警察目注予友，若甚疑者。据该警察谓此屋空闭，期以六阅月，居〔屋〕中人均往乡间云云。予友叩以何能详悉若是，则反唇以稽曰：“三日前有盗夜破是屋，闻于警署，警署因是而查得屋中人之姓名及其现在之踪迹。所谓六阅月始回者，其言当不谬也。”康德黎君闻言，乃驱车至梅尔蓬巷（Marylebone Lane）警署，以予被拘事呈诉于值日警监。继复至苏格兰场警署①，侦探长在私室接见，尤其呈诉一切，以便存案。惟康德黎君所诉之事，颇出常情之外，殊难置信。侦探长静听既毕，即告以此事关系重大，非渠所能主持云云。迨康德黎君步出警署之门，已在夜半后一点钟，然所事则并未见有丝毫进步也。

翌日上午，康德黎君奔驰至甘星敦（Kensinton〔Kensington〕②），就商于其友，意欲往见现寓伦敦之中国某税务司，乞其以私情晋谒中国公使，告以“私捕人犯之事殊属非理，宜三思而行”云云。

康德黎君之友颇不以此策为然。于是复往哈兰区三号屋，盖其意以为屋中人虽往乡间，必有一二守宅之人，或可访得马凯尼君之踪迹及其通信之地。讵知既抵其处，除于盗劫之事更闻一过及睹一二斧凿散弃地上外，更不能别获丝毫之消息，以踪迹彼同化东亚之外交家。

康德黎君乃往访孟生博士，既及门，见有一人趑趄于门外，则中国使馆之西仆柯尔也。盖柯尔是日决计躬往康德黎君之家，尽以中国使馆拘予之密史倾吐于予友。康德黎君家人告以予友已出访孟生博士，柯尔乃疾趋至孟生博士之门外，意欲俟康德黎君之来，而并谒孟生博士。

柯尔随康德黎君入，即授以予函，是函系予以名片二纸缮成者。康德黎君乃

---

① 苏格兰场（Scotland Yard）是伦敦警察厅（伦敦警署总部）的代称，后者英文称作 Metropolitan Police Service，其警务管辖范围包括整个大伦敦地区。该侦探长即下文叙及的乔佛斯（Frederick Jarvis），今译贾维斯。

② 据英文本订正。

与孟生博士同阅之，文曰：

> 予于前礼拜日，被二华人始则诱骗，继则强挟入中国使馆。予今方在幽禁中。一二日后，将乘使馆特雇之船递解回国，回国后必被斩首。噫！予其已矣！

孟生博士既备闻斯情，即与康德黎君从事营救。康德黎君叹曰："设马凯尼君未下乡，则此事当无难措手，不幸马凯尼又他出，吾侪当于何处求之也？"

柯尔闻言，即告之曰："马凯尼君何尝远出，彼固无日不赴中国使馆。幽孙氏于其室中者，马凯尼也。以孙氏付于吾，令吾严密防守勿使得逸者，亦马凯尼也。"

柯尔此言，实足使康、孟二君骇愕不已。且此事既由马凯尼主谋，则营救不免更难，措置益须加慎，设非就商于政府中之秉政者，恐未易为功矣。

柯尔经孟、康二君诘问后，又答称中国使馆诡称孙氏为疯汉，拟于二日后即下礼拜二日押解回国。至轮舟之名虽不得而知矣，然伦敦城中有名麦奇谷（McGregor）[1] 者，柯尔知其必尝与闻斯事也。又谓本星期内忽来中国兵三四名止于使馆中，使馆向无此等人物，是则兵士之来当与孙氏之起解必有关系也。

柯尔临行时，康、孟二君各予以名刺一纸俾转授于予。盖一则欲藉此以稍慰予心，一则证明柯尔之确已为予奔走也。孟、康二博士复往苏格兰场警署，拟再求警察出而干涉，或可有济于万一。值日之侦探长谓康德黎君曰："君于昨日夜半后十二点半钟时尝来此陈诉，乃时未久而君又来，此时实不及有所为也。"

孟、康二博士既出警署，又熟筹良策，于是决计赴外部[2]姑为尝试。抵部后，部中人告以下午五点钟时复来，当令值日司员接见。如期复往，书记员招待甚有礼，而于二君陈诉之辞不能不疑信参半，既而谓"本日适值星期，无可设法，当于翌日转达上官"云云。二博士无如何，既思时期已极迫促，设中国使馆即于是夜实行其计画，将奈之何？况更有可虑者，彼使馆所雇者或系外国轮船，则英政府虽欲搜检，亦安从而搜检？盖人犯既已被解，轮舟既已开行，设为英国船，则

---

① 今译麦格雷戈，任职于格来轮船公司，马凯尼曾约见他密商运送孙文回中国之事。

② 外部，下文亦作外务部，即英国外交部。

不及搜索于伦敦，尚可截留于苏彝士河①；若为外国船，则此望亦等诸泡幻矣。二君因毅然决计，先径往中国使馆，告以孙某被拘事已为外人所知，英政府及伦敦警署已知其拟将孙某递解处以死刑云云，俾中国使馆闻之，或将有所惕而不敢遽行。孟生博士以中国使馆稔知康德黎君与予相习，故决计只身前往。

于是孟生博士驰赴波德兰区四十九号，叩中国使馆之门，令门外守兵招一华人之能操英语者出见。俄而一中国通译员出接，其人即唐某，始则捕予于途，继则饵予于使馆者也。孟生博士启口第一语，即曰："某欲一见孙逸仙。"唐某面作踌躇之色，口中喃喃曰："孙……孙……"一若不知斯名之谁属者。既而答曰："是间并无此人。"孟生博士即告以孙某确在是间，无庸讳饰，今英国外务部已知此事，而苏格兰警署且已派员澈查云云。然唐某竭力剖辩，谓此种消息纯属谬妄。其言侃侃，其色肫肫。虽以旅居中华至二十二年，善操厦门方言其熟如流，而于华人之性情习俗又号称洞悉之孟生博士，亦不觉为所摇惑，几疑予被拘之事之全不足信也。若唐某者，洵不愧为中国之外交家，将来出其善作诳语之才力，何难取卿相、列台阁？孟生博士归为康德黎君言："当其辨白之时，形容极坦率，辞气极质直，甚且谓孙某被幽之信，或出孙某之自行捏造，冀以达其不可测度之目的焉。"

康、孟二君为予奔走营救，至是晚即礼拜日下午七点钟时始各分袂。然二君均以所谋无当，意殊不慊。且恐中国使馆既知英政府已有所闻，或即于是夜实行递解亦未可知，否则亦必将移禁他处。二君所虑，不为无见。幸当时之所谓曾侯（按即曾纪泽，龚使之前任也）者，甫自伦敦返国②，已将居宅退赁，否则使馆中人必且以予改禁曾宅，而反请英政府赴使馆检查，以辟外间之流言，而示推诚相与之态度矣。虽然，改禁之计虽可无虑，而递解之期既定于礼拜二日，则承载之轮舟是时必已安泊于船坞可知。彼使馆或托词押解疯汉，在夜深人静后，藉免途人之属目，而因以纳予于船坞，又未可知。此予友之所以不能无惴惴也。

---

① 苏彝士河（Suez Canal），今译苏伊士运河。

② 曾纪泽承袭其父曾国藩一等勇毅侯爵位，故称"曾侯"。曾纪泽曾任清驻英国公使，但非龚照瑗之前任，一八八六年离英归国，一八九〇年病故。龚之前任系薛福成，薛于一八九四年离任回国，同年病故。

第六章　访求侦探

予友康德黎君以是不能释然于心，计惟有遣人密伺于中国使馆之外，借以侦察其行动。因急往访某友，某友告以"思兰德"号（Slater's Firm）之所在。"思兰德"号者，美国私家侦探设于伦敦本区（所谓伦敦本区者，盖伦敦全境分为若干区，而此则名伦敦城，即伦敦本区也）以待雇者也。顾是日为礼拜日，康德黎君既抵佩星和尔街（Basinghall Street），见有花刚石所建华屋，审为"思兰德"号，即按其铃，挝其门，甚且大声以呼，而屋中阒然无应者，盖以礼拜日之故，循例休业。然则英国于礼拜日无应办之案乎？曰：非也。所谓礼拜、星期者，不过藉人为之力强分一月为若干部分，藉以取便于世俗而已。彼犯案者，何尝辨其为礼拜日与非礼拜日哉！

康德黎君不得已与在途巡警相商，且与御者互相讨论，此御者已知中国使馆之案，而颇欲尽力驰驱者也。既而定计往最近警署，康德黎君入见，具陈中国使馆之事。

警官问曰："君所欲侦察之地果何在乎？"

予友曰："在西境之波德兰区。"

警官曰："嘻！君盍回西境谋之。若本署则属伦敦本区，与西境无涉也。"

康德黎君之意，固知东境与西境之警署同一无济，因复请曰："可由贵署遣一侦探往伺中国使馆否？"

警官曰："是不能，伦敦本区之警察实不能与闻西境之事。"

康德黎君曰："然则贵署亦有更事既久而今已退闲之警察，愿为予略尽微劳，以邀少许之酬谢者乎？"

警官曰："是或有之，当为君搜索也。"

警署中人互相商议，冀得一相当之人以充数，既而曰："得之矣，有某某者似可以膺斯任也。"

予友叩以其人之居址，则曰："斯人寓蓝藤斯敦（Leytonstone），君今夜恐无从访得之，盖今为礼拜日，固君所知也。"

　　既而警署中人又聚议良久，始得一相当之人，其所居在伊士林敦（Islington）之吉勃斯屯场（Gibston Square）。既以其姓名居址见告，予友乃兴辞而出。

　　予友既出门，思先往报馆，以予被逮事告诸新闻记者，而后赴伊士林敦访侦探。即驱车至太晤士报馆谒其副主笔，馆人出会客启一纸，令予友声明请见之缘由。予友大书曰："中国使馆之诱捕案。"时已夜间九点钟矣。馆人约以十点钟时再往相见。

　　于是予友赴伊士林敦，访警署介绍之侦探。既抵其境，搜觅良久，始得吉勃斯屯场。其地殊幽暗，少灯火。既得吉勃斯屯场，复按户检查，始得警署所示之某号。予友叩户而入，所谓某侦探者固自不误。而其人以事不克承命，愿转荐一人，予友不得已诺之。特其所荐之人之居址，须求诸其人之名刺，于是倾筐倒箧，并破衣败絮之中亦复搜寻殆遍。既而见一纸，谓予友曰："得之矣。虽然，此人近方守护伦敦本区某旅馆，勿庸至其家访之也。"

　　予友踌躇者再，既见侦探室中有数童子拥挤一队，乃请于侦探，令速具一函，遣一童径送其人之家，予友复偕同侦探亲访其人于某旅馆，是两者必遇其一矣。部署既定，予友与侦探驱车至某旅馆。馆在巴毕干（即古堡）邻近，顾探索良久，迄未见是人踪影。既而知旅馆须于十一点钟始闭门，则是人亦必于是时始至。康德黎君因令同行之侦探在旅馆外候其友，而己则驰赴太晤士报馆，尽以予被捕事告记者。记者以所言缮存一纸，而登载与否，则当听报馆之主裁。康德黎君是日回寓，已在夜间十一点半钟。及十二点钟，而拟雇之侦探尚未至。康德黎君虽甚焦闷，而热心豪气曾不稍减，计惟有亲赴中国使馆，躬自侦守于门外，果有潜解人犯事，可立起而干涉。因以此意告诸康德黎夫人，与夫人握手而出。

　　康德黎君甫出门，即与一人相值，审知为奉命而至之侦探，乃偕彼赴中国使馆。是时虽已十二点钟半，而使馆内灯火犹明，人影未息，是可知孟生博士昼间一言，实足致个中人之惊扰也。康德黎君令侦探伺于一亨生①车内，车在渭墨街（Weymouth Street）街南屋宇下，介于波德兰区及波德兰路之间。是夜月明如水，中国使馆出入虽有二门，而车中人并可瞭见。万一予于深夜被押解出，则车中人

────────────────

　　① "亨生"为英文 hansom cab 音译，系一种单马双轮有盖的双座小马车。

得以驰逐于后，以踪迹予之所往，若步行则必有所不及也。

予友康德黎君归寝，已在二点钟时矣。此一日间所为之事，如禀诸政府、诉诸警署、告诸报馆，而终则密遣侦探伺察于使馆之外，予友一日之心力竭，而予命亦赖是以获全。

第七章　英政府之干涉

礼拜一日（即十月十九号），康德黎君复往"思兰德"号，雇一侦探授以方略，令旦夕伺于中国使馆之外。及午，康德黎君以本国外部命，将此案始末缮成禀牍，上诸部。盖英外部之意，欲筹一非正式之办法，冀中国使馆就此释予，免致酿成国际上不堪收拾之交涉。况予之被逮纯出传闻，或得诸密诉，尚无确实之证据，故当事者谓不用正式交涉为宜。迨英政府质诸格来轮船公司，而知中国使馆确曾雇定船舱，于是始瞭然于不特私捕人犯为非虚，且实行递解亦在即。于是此案经由英政府办理，而予友之责任始宽。

英政府遣侦探六人密伺于中国使馆之外，并密饬附近警署加意防守。予有欧装小影一帧系游美时所摄写者，英政府发交警吏，藉资辨认①。盖外国人未尝赴华游历者，其视华人面目几于彼此相同，无甚识别，故予平时所摄之影殊不足资英警察之用；若此照则不特身服西装，且有短须，即额上发亦理成欧式也。吾华虽为早婚之国，而留须极迟，其有此资格者大抵已身为人父或为人祖父，若予当时则行年犹未三十也。

及礼拜四日（即十月二十二号），英政府缮就保护人权令，拟饬中国使馆或马凯尼将人犯交出审讯。嗣以中央刑事裁判所不允，遂未见实行。②

---

① 该照片系数月前在旧金山所摄，本书英文本出版时刊于卷首。

② 关于保护人权令，英文本并未明言系由"英政府"提出，此乃译者所加；但据报载，当时确曾由英国外交部通过内政部发出指令，着侦探长乔佛斯陪同康德黎和孟生前往中央刑事法庭（Old Bailey）提出保护人权令的申请。而译文中所谓"中央刑事裁判所"，英文本的原文是 the Judge at the Old Bailey，意为"中央刑事法庭之法官"。该法庭俗称"老贝利"（Old Bailey），因位于伦敦老贝利街（Old Bailey Street）而得名。另据事后披露，该法庭之所以"不允"向清使馆发出传票，则是认为通过外交途径解决此案更为合适。

是日（十月二十二号）下午，有《地球报》（Globe）特派访员造见康德黎君，询以中国使馆诱捕之某华人，其生平行事及本案情节。康君尽以所知相告，并称尝于五日前即礼拜日（即十月十八号）以孙某事告于太晤士报馆，继复于礼拜一日（即十月十九号）续往报告，故康德黎君之意，此案宜向《太晤士报》首先发表。既而康德黎君又谓《地球报》访员曰："虽然，君试以笔录者为吾一诵之，吾当为君正之也。"于是访员以所草之稿，向康德黎君诵毕，康德黎曰："甚是，君可即以此登报，惟稿中不可述康德黎之姓名。"

此案于未经刊布之前，知者已不乏人，当礼拜二日（即十月二十号）之晨至少已及二三百之数。然彼到处咨询、随事刺探之报馆访员，则至礼拜四日（即十月二十二号）之下午而始有所闻，亦可异也。迨报界风闻，则事难更隐。自《地球报》揭露此可惊可愕之异闻，而覃文省街四十六号之屋几乎户限为穿，予老友康德黎君遂觉应接不暇矣。

《地球报》发行后不及二小时，《中央新闻》及《每日邮报》各有访员一人登予友之门，咨访此事。予友虽力主缄默，然于本案大概情形，仍举一二以告。两访员兴辞后，径往中国使馆求晤孙某，其出接者即彼机变环生之唐先生。唐先生力称使馆并不知有孙某。于是访员示以《地球报》所刊新闻。唐大笑曰："是皆欺人之谈，纯出凭空构造。"《中央新闻》访员乃正告之曰："君无庸讳饰，彼孙某被幽于斯，若不立行释放，则明日之晨将见有数千百之市民围绕使馆，义愤所发，诚不知其所极耳！"唐某仍声色不动，且狡展更甚于前。

既而访员等四出以求马凯尼之踪迹，得诸米突兰旅馆（Midland Hotel）。其与访员问答之辞，详见英国各报纸，今转录如下：

中国使馆参赞马凯尼勋爵于昨日下午三点半钟赴外部，面陈一切。马凯尼答某报访员之问曰："某甲被留于中国使馆一事，除报纸已载之消息外，我殊不能更有所陈述。"访员曰："外部刊有布告，谓外部大臣萨里斯伯（Lord Salisbury）① 已照会中国公使，请其将拘留之人释放矣。"马凯尼曰：

① 萨里斯伯（Robert Cecil Salisbury），当时文献资料又译沙利斯堡、沙里士堡、沙士勃雷、沙缌伯力、沙力斯伯里等，今译索尔兹伯里，时任英国首相兼外交大臣。文中将 Lord 冠在姓氏之前，是对于有爵位贵族的尊称；因他被封侯爵（Marquis），故又有称为"沙侯"者。

"诚然。"访员曰："敢问此照会之结果若何？"马凯尼答曰："某甲自当释放，然释放之时须力顾公使馆之权利，勿使稍受侵害。"

厥后又有某报访员晋谒马凯尼，马凯尼谓之曰："彼拘留于本使馆之华人，并非孙逸仙。此人之果为谁某，及其既抵英国后之一举一动，本使馆洞悉靡遗。彼之赴使馆系出自己意，并非由使馆之引诱或强迫或拘捕。盖华人之来伦敦者，独居无俚，人地生疏，而至使馆问讯或与使馆中人聚语，固属常有之事。特此人之来，其形迹似有所窥伺，且自恃使馆中无识其人者，故敢为之而无忌。初时由使馆某员接见，既而介绍于我（马凯尼自谓），谈言酬酢之中，彼无意倾吐一二语，始疑及此人者殆即本使馆所伺其举动、稽其平昔之某某也。迨次日复来，而其人之为某某确已征实，遂拘留于此，俟中国政府训令既至，而后量为处置。"

马凯尼之论国际问题则曰："某甲华人也，非英人也。中国之公使馆不啻为中国之领土，其有统治权者惟中国公使一人而已。华人之赴公使馆，既出自其人之本意，而公使馆以其有罪案嫌疑之故，即加以拘留，此在外人实无干涉之权。设其人而在公使馆之门外，则办法即从而大异。盖门外为英国之领土，公使馆非先请信票，即不能逮捕也。"

马凯尼又答曰："某甲虽被拘留，然使馆并不视为囚犯，起居饮食均甚优待。外间所称某甲或受非刑，或遭虐遭〔遇〕等语，殊堪嗤笑。"马凯尼又谓"英国外部已来函质问，公使馆拟即备文答复"云云。

《中央新闻》曰："马凯尼勋爵自外部回中国使馆后，即趋至龚大人之寝室，告以外部大臣萨里斯伯必欲将孙逸仙释出使馆之种种理由。"

马凯尼之所言所行是否正当，非予所欲言，直宜听诸公论，并质诸其一己之良心而已。在马凯尼之意，以为彼之举动亦自具有理由，然在头脑清醒者当不出此，而况马凯尼又身为使馆参赞，其职位至为重要乎！且不第身为参赞而已，彼唐先生不云乎"中国公使仅拥虚名，而使署大权则尽操诸其手"也。

当时予友所以营救予者，几于无计不施，录新闻纸一则亦足以见其大概也：

现访得孙逸仙之友，曾筹备一勇悍之策，以为援救。后由外部及苏格兰警署向某等担保，谓孙某在中国使馆决不至受荼毒，其策因以作罢。盖孙君之友已请于包华斯谷子爵（Viscount Powerscout〔Powerscourt〕①），拟登家之屋顶，攀缘以达中国使馆，破孙君所居室之窗，挟之而出。子爵家在波德兰区五十一号，与中国使馆比邻。某等并将此计密达孙君。孙君虽被中国使馆加以桎梏，行动不得自由，然仍密报其友，谓"如蒙相援，当于室内用力毁去窗棂，以期出险"等语。其友辈并备一车候于中国使馆侧，待孙君既出，即乘车疾驰至其友家。

报纸所载，虽不尽无因，然与事实略有异同。盖英仆柯尔于十月十九号遗书于予友康德黎君，谓"某于今夕当有一绝妙机会，可使孙君攀缘至波德兰区邻屋之巅，藉以出险；君如以此计为可行，则请商准邻屋主人，遣一人待于其室，藉资援手，并望赐覆以定进止"云云。康德黎君既接此书，即持赴苏格兰场警署，乞遣一巡警与康德黎君偕往波德兰区，用相协助。惟警署中人以为此等计画不免损失威严，殊非正办，故力劝予友勿行，并谓孙某必能于一二日后由中国使馆正门徜徉以出云。

第八章　省　释

十月二十二号，柯尔携煤篓入，微示意于予。待其既出，就篓中检得一纸，则剪自《地球报》者。其载予被逮情形颇称详尽，即观其标题已足骇人心目，如曰"可惊可愕之新闻"，曰"革命家之被诱于伦敦"，曰"公使馆之拘囚"。予急读一过，知英国报界既出干涉，则予之生命当可无害。当时予欣感之情，真不啻临刑者之忽逢大赦也。

礼拜五日（即十月二十三号）自朝至午，仍幽居一室中，未见有何发动。及傍晚四点半钟，彼监守予之使馆卫兵，一中一西，忽发键而入，谓予曰："马凯尼君在楼下待汝。"旋令予纳履戴冠，并加外褂，既毕，即导予至最下一层。予意英政府或将遣一人搜检，故若辈欲藏予于地窟中，未可知也。守兵虽告予省释在即，然予终未敢遽信。既而忽睹予友康德黎君，又见有与予友偕至者二人，予

---

① 据英文本订正。

心始为之一舒，而知省释之言为非谬矣。

与予友偕至者，一为苏格兰场之侦探长，其一年事已老则英外部之使者也。马凯尼当诸人之前，将搜去各物一一还予，并对侦探长及外部使者为简短之说辞，曰："某今以此人交付君等。某之为此，期在使本公使馆之特别主权及外交权利两不受损"云云。予当时方寸激扰，更不能深辨其言之趣味，然在今日观之，则其所云云，岂非毫无意旨，而又童骏之甚者哉！

既而马凯尼告予，谓予已恢复自由，遂与予侪一一握手，启使馆之侧门，肃予侪出。予侪于是出门下阶，由使馆屋后而入于渭墨街中矣。兹事虽微，然以英政府之代表而竟令从后门出，在中国外交家方且自诩其交涉之间又得一胜利，其为有意简亵，固无可讳言。彼马凯尼虽非华人，然固同化于华俗，而又于东方风气之中深得其江河日下之一部分者也。倘外人以此相责，则马凯尼又必有随机而发之诡辞，如谓使馆前厅既为报馆访员所占，而使馆大门之外又为千百市民所围绕，当时英国外部之意急欲将此案暗中了结，勿俾张扬，则使者之出虽由后户，而于英国当道之用心固不失为体贴尽致也。

英人观念与华人不同。在英人方以为外交之胜利，而中国使馆只须于省释时之举动间略加播弄，即不难一变而为中国外交之胜利。故予之省释，在英、华两方面固各有其可慰者在也。

予省释之前，外部使者于衣囊中探一纸授马凯尼。马凯尼才一展阅，即毕稔其内容，是可知此纸所书仅寥寥数语而已，然予之生死则固系于是矣。

既出使馆门，则渭墨街中之环而待者，亦至拥挤。彼报馆访员见予，即欲要予叙话。侦探长急拥予入一四轮车，与予友康德黎及外部使者同驱至苏格兰场。侦探长名乔佛斯，在车中危言正色向予诰诫，甚且呼予为顽童，谓此后务宜循规蹈矩，不可复入会党从事革命。车抵白宫区某旅馆前忽焉停轮，予辈自车中出，立于道旁，瞬息间各报访员已绕予而立。予辈自波德兰区驰骋至此，已半英里有余，而各访员又何能突然出现于此？中有一人，予见其曾跃登御人之侧，与御人共坐而来。然此外尚有十余人，岂盘踞于予辈车顶而偕来者耶？各报访员虑予一入苏格兰场警署，或不免有稍久之盘桓，因要予于某旅馆前，俟予出，即拥予至旅馆之后屋，其为势之强，较诸唐某等曳予入使馆时为尤甚。而各访员等之渴欲探予消息，较诸中国使馆之渴欲得予头颅为尤剧也。予既入旅馆，被围于众人之中，有问即答，各访员随答随写，其疾如飞。予观其所书，心窃异之，盖予当时犹未知其所用者为速记书法也。予言既穷，无可复语，忽闻予友康德黎君呼曰："诸君乎，时至矣！"予仍被拥簇入车，向苏格兰场进发。警署之视予直同一无知少年，即观于侦探长乔佛斯可见。盖乔佛斯诚挚之容色，坦率之言辞，长者之对于卑幼则然也。予既入警署，即将前后所遭历述一过。警官录毕，向予宣读，读毕命予署名纸末。所历可一小时，乃偕予友康德黎君兴辞而出。

康德黎君挈予归，相见之悲喜，接待之殷挚，自无待言。康德黎君夫妇等咸举杯为予头颅寿。是晚求见予者弗绝，至深夜始得就寝。此一宵睡梦之酣，实为予有生以来所罕觏。连睡至九小时，忽为楼上群儿跳号之声所警醒。第闻康德黎君之长子名坎思者，谓其弟妹曰："柯林，汝扮作孙逸仙。奈儿，汝扮作马凯尼。我则为援救孙逸仙者。"未几，喧闹杂沓之声大作，"马凯尼"被扑于地矣，"孙逸仙"被援出险矣。于是鼓声鼕鼕，笛声呜呜，以示大赦罪之意，而合唱一歌名曰《布列颠之前锋队》（The British Grenadiers）。

礼拜六日（即十月二十四号），来访者仍终日弗绝。予与康德黎君一一应答，几于舌敝唇焦。且来访者无不亟亟问讯，康德黎、孟生二博士何以能得此消息。设予侪漫应曰"赖使馆中人之密为传递"，则使馆中人之厚予者反不免因是而被嫌疑、遭摈斥，是大不可也。乃英仆柯尔自此案既白，即毅然辞退，不愿复役于中国使馆。是则以一身之去，免馀人于嫌疑，而予侪亦可以道破实情，谓居间通信乃出于柯尔之力也。至外间谓予厚赂柯尔因得脱险，殊非事实。予以密信授柯尔，并以二十镑，固谓柯尔为予效奔走，不得不稍偿其劳；讵知柯尔即于得金之次日，转授于予友康德黎君，谓此为孙某之物，请予友代为收贮。及予既归，始知其事，乃以二十镑力迫柯尔受之。予当时财力止此，故所赠亦止此，揆诸方寸，殊嫌未惬也。当十月十八号（即礼拜日）下午柯尔为予投书至康德黎家时，既已按铃入门，达于厅事，知予友已外出，乃请见康德黎夫人。仆闻言，入白夫人。柯尔独立厅事中，瞥见厅之一隅有一华人伫立而望，因大惊失色，自思此来必已为使馆所知，故遣人尾随至此。迨夫人出，柯尔以所疑告。夫人急慰解之，令其无恐。盖立于室隅者实一塑成之中国人形，其大小与人身相似，康德黎君在香港行道时赏其塑制之工，遂购归，设于厅事。骤见者往往怪诧，而柯尔心胆既虚，则惶恐尤甚也。

予当日遭逢，大略尽是。是时英议院尚未届召集之期，故不知议院云何。然予自出险之后相识渐众，伦敦及伦敦以外之英人多以是谬相推爱，极一时宾朋酬酢之乐焉。

附　　录

当时英国报纸关于此案之记载评论，谨择要附录于下。

其最先投函于伦敦《太晤士报》者，为荷兰学士（Professor Holland），文曰《孙逸仙案》：

记者足下：因孙逸仙案而发生之问题有二：（一）中国公使之拘留孙某是否为违法举动？（二）设其为违法举动而又不允释放，则宜用何种适当之方法俾将孙某释出？

第一问题之答语固无庸远求。盖自一千六百又三年法国苏尔黎（Sully）为驻英公使时，虽有将某随员判定死罪移请伦敦市尹正法之事，然自是厥后，凡为公使者罕或行使其国内裁判权，即对于使馆中人亦久不行用此权。惟一千六百四十二年葡萄牙驻荷公使蓝陶氏（Leitao）以见欺于马贩某，将该马贩拘禁于使馆，终至激起荷人之暴动，将公使馆搜劫一空。当时荷人威克福氏（Wicquefort）对于蓝陶此举深致评驳，盖蓝陶氏固尝在大廷广众①中演说万国公法，非不知法律者也。今孙逸仙既在英国，自当受英国法律之保护，乃公使馆骤加拘禁，是其侵犯吾英国之主权者大矣。

第二问题虽不若第一问题之单简，然解决之方，要亦无甚困难。中国公使如不允将孙某释出，则英国藉此理由，已足请该公使退出英国。如以事机急迫，恐饬令该公使回国之举或不免涉于迟缓，则以本案情节而论，即令伦敦警察入搜使馆，亦不必疑其无正当理由也。或谓使馆应享有治外法权，此

---

① “廷”同“庭”，大廷广众与大庭广众同义。

"治外法权"一语过于简括，实则其意义不过谓使馆之于驻在国，为某种缘由之故，间有非该驻在国平常法权所能及耳。然此等享有权历来相习成风，业已限制甚严，且证诸成案，而于通行之享有权外实不能复有所增益也。证诸一千七百十七年裘伦保（Gyllenburg）之案，可见使臣驻节于他国，苟犯有潜谋不利于该国之嫌疑，则该国政府得拘捕其人，搜检其使馆。又证诸一千八百二十七年茄赖丁（Mr. Gallatin）之御人一案，只须驻在国之政府以和平有礼之通牒报告使馆之后，即可遣派警察赴该使馆拘逮犯案之仆役。又除西班牙及南美洲各共和国之外，凡使馆已不复能藏匿犯人，即政事犯亦不得藉此为逋逃薮，是又各国所公许者也。至于公使馆而擅行逮捕人犯，私加羁禁，则驻在国之地方警察惟有斟酌情势所需，为实力之干涉，以资解决而已。

今孙逸仙坚称被中国公使馆诱劫于道途，且将异赴轮舟，以便解送至中国，是中国官场对于此案所负之责任，固无庸深诘。中国官场悍然出此，岂尚能有辩护之余地乎？万一诱劫之情果属非虚，押解之谋见诸实责，则此案之情之严重，不言可知。而其出于公使馆僚属之急于见功，亦可洞见麦丁博士（Dr. Martin）[1] 在北京同文馆教授国际法有年，使臣在外应遵何道以行，中国政府岂犹茫然未之审也？——十月二十四日荷兰由奥克斯福[2]发

楷文狄虚（Mr. Cavendish）者，生平于国际交犯之法律最极研究有素者也，其语某君之语曰：

孙逸仙一案，以予记忆所及，实无其他相同之例案可资引证。昔者桑西巴（Zanzibar，东非洲国名）[3] 谋篡君位之人犯，系自行走避于伦敦德国领事署，挟德政府相厚之情，冀为庇护；既而国际法之问题起，德人不允交出，遂移往欧洲大陆之德属境内。此与本案截然不同。盖孙逸仙系中国之籍民，其所入者系本国之使馆，其逮捕者系本国之使臣，其罪名则系谋覆本国之政府。凡此所述如悉系事实，则只须由英国外务部出而为外交上之陈辞，而无须为法律上之办理，盖按诸法律实无可引之条也。

---

① 汉名丁韪良。

② 奥克斯福（Oxford），今译牛津。

③ 今译桑给巴尔，现并入坦桑尼亚联合共和国。

胡德氏（Mr. James G. Wood）为荷兰氏所建之议，亦投函《太晤士报》，为法律问题之讨论曰：

荷兰学士所拟第二问题，虽揆诸情势，幸已无甚重要，然此端实大有足供研究者在。窃谓该学士所拟之答语，殊不足令人满意也。

该学士论及中国公使万一不肯将人犯释放条下，有云"以本案情节而论，即令伦敦警察入搜使馆，亦不必疑其无正当理由"云云。该学士既曰不必疑，则必有其可疑者可知；至于可疑者究竟何在，则该学士未之释明也。以该学士之所答，并不能谓为解决问题，只可谓之猜测而得一解决法耳。公使馆即或违法而拘留人犯，然伦敦警察并无入公使馆释放人犯之职权。万一有入公使馆而为此举动者，公使馆尽可以强力拒敌之，揆诸法律无不合也。以吾所闻，公使馆果有私拘人犯之事，则揆诸法律所可以行用之手续，惟有颁发交犯审讯之谕（Habeus〔Habeas〕Corpus）① 而已。顾事有难焉者，则此谕将交诸公使乎，抑交诸公使馆中之员役乎？设交诸公使或员役，而彼乃置诸不问，则可施以藐视公堂之处断乎？以予所知，实无成案可以援引也。

荷兰学士又谓公使之所居应享有治外法权，其实公使馆与轮舟不同，彼享有此权者乃公使之本身而非公使馆也。相传公使之本身及其家属随员等，于民事诉讼得享有完全蠲免权，是以此等问题者，乃个人问题而非居处问题，乃若者可施、若者不可施诸公使及其家属随员等之问题，而非若者可施、若者不可施诸公使馆之问题也。惟其然也，故予所拟颁布交犯审讯令之办法，似不免牵涉而有碍于邦交也。

至引用成案，谓警察得持信票入公使馆拘捕在他处犯有罪案之人犯，如荷兰学士所谓"公使馆而擅行逮捕人犯，私加羁禁，则地方警察惟有为实力之干涉"云云。斯论也，实亦不足为万全之计，盖此等成案与孙逸仙案并无公〔共〕同之点也。——十月二十七日胡德氏发

① 圆括号内原文据英文本订正。译者另于其后作如下注释："即保护人权之令，若被捕后不即交审，可发此谕交由公堂讯判，如无罪则二十四小时后即应保释。"

一千八百九十六年十二月三日香港《支那邮报》① 有论云：

孙逸仙者，即近日被逮于伦敦中国公使馆，拟置诸典刑，视同叛逆者也。顾此人他日似未必不为历史中之重大人物，然未经正当之法廷加以审讯，自不得谓为与会党有关，且不得谓该会党之举动确在倾覆中国朝廷也。彼以孙逸仙为叛逆者，仅出于伦敦中国使馆与夫广东官场之拟议耳。然孙君固非寻常人物，以开通之智识而目击中国数百兆人之流离困苦，彼一般华人之中且有慨然动念、奋然思起者矣。据中国官场之宣告，谓此等华人曾于一千八百九十五年十月间起而图乱，其为之领袖者则孙逸仙也。

中国之不免于变乱，夫人而能言之；而其变乱之期之迫于眉睫，则无论居于外国之外人不能知，即寓于远东之外人亦罕有能知之者也。迨广州之变既作，以事机不密，倏就倾覆，而当事者仍漠然不动于心，至堪齿冷。他日变起，其可危必更甚于昔之金田军；盖其组织之新颖，基础之文明，较金田军尤数倍过之也。总之，领袖诸人以事机未熟，故暂图偃伏，非以偶然失败之故而遂尽弃其革命之计画也。

至革命派之缘起虽无由追溯，而其大致要由不慊于满清之行事。近中日一战，而此派遂崭然露其头角。孙逸仙博士辈之初意，原欲以和平之手段要求立宪政体之创行而已，迨至和平无效，始不得不出于强力。然历观中国历史中之崛起陇亩、谋覆旧朝者，其精神意气大都豪悍不驯；而孙氏则独不然，秉其坚毅之心志，不特欲调和中国各党派，且将使华人与西人、中国与外国亦得于权利之间悉泯冲突焉。然而事有至难解决者，则一举之后必有种种继起之困难，而此等困难最足使任事者穷于应付也。孙氏岂不知有大兴作，不得不藉外国之国家与个人为之援助，然而中华全国方无处不为排外之精神所贯彻，是则欲泯除而开导之，固不能不有需乎时日也。总之此等事业，其性质至为宏硕，而其举措又至为艰难。惟孙氏则本其信心，谓他日欲救中国势不能不出乎此，而目前则惟有黾勉以图，冀其终底于成功而已。

孙氏诞生于火纳鲁鲁，受有英国完美之教育，且于欧、美二洲游历甚广，

---

① 《支那邮报》（*The China Mail*），即《中国邮报》，香港人习称为《德臣西报》。

其造诣亦至深。昔尝学医于天津，继复执业于香港。① 其躯干适中，肌肤瘦
挺，容貌敏锐而爽直，举动之间毫无矫矜，而言语又极恳挚；至其知觉之敏
捷，处事之果毅，尤足使人油然生信仰之心，是诚不可谓非汉族中之杰出者
也。中国今日正与各国在专制时代无异，凡主张创行新政、革除腐败者，概
被以叛逆之名，故有志之士欲传播其主义，势不得出以慎密。孙氏于千八百
九十五年之始著有政治性质之文字发行于香港，而传播于中国南省。其于良
政府与恶政府描述极为尽致，两两相较，自足使人知所去取。然而措辞至为
留意，虽以彼很〔狠〕若狼虎、善于吹求之中国官吏，亦复未从而指摘之。
中国人士得读此书，无不慨然动念。未几，遂有秘密会社之发生，则孙氏
与焉。

　　当中日战事未起以前，中国水陆两军以上官之遏抑已多怀怨望，即文官
亦非无表同意者。况中国伏莽遍地，响应尤易。其初次起事之期定于本年三
月间，时则火纳鲁鲁、新嘉坡、澳洲等处纷纷输资回华。然人才尚形缺乏，
军需亦未充足，遂改期至十月间。于时军械弹药陆续购备矣，香港之党人赴
粤以攻广州矣，饷项亦甚形富足矣，外国之参谋官及军事家已延聘矣。日本
政府虽无明白之答覆，而党人则已请其援应矣。凡起事之谋，可谓应有尽有。
不幸为奸人所算，泄其谋于当事，卒至全功尽覆。盖当时有侨寓香港之中国
某富商附和新党，知其集资、购械等事可缘以为利，遂宛然以富商而为志士。
既而知起事期迫，该商方为中日战事后某财政团之一，经营中国路矿等事，
恐干戈一起则权利将受影响，遂不惜举党人之谋尽泄于粤官，而仍缘之以为
利。党人之计既被所倾覆，孙氏即出奔于异国。此次以嫌疑被戮者凡四五十
人，并悬赏以缉孙氏。

　　孙氏由香港至火纳鲁鲁，复由火纳鲁鲁至美国。驻美中国公使馆中人闻
孙氏之绪论，颇有志于革新。既而赴伦敦，思欲以鼓吹驻美使馆者鼓吹驻英
使馆。而不意美使馆有阳则赞成革命，阴则志香港富商之志思缘以为利者，
密白其事于驻英使馆，而孙逸仙被使馆诱劫之案遂因以演成矣。此案虽由马

---

　　① 按：以上叙事多错，孙文实诞生于广东省香山县翠亨村，学医于广州、香港，执医业
于澳门、广州。

凯尼一再辩护，而孙氏之始则被劫，继则羁禁，固已无可讳言。至孙氏之得脱于祸，实赖友人康德黎博士之力云。

当时英人士讨论此案，多集矢于马凯尼，《太晤士报》最先著论抨击之，文曰：

欧洲各国方以目前为邦交辑睦、彼此相安无事之时，而岂知伦敦中国公使馆突然发见一案，其以破坏法律及成例，而足以惹起国际之交涉者，关系固不浅哉！孙逸仙被幽于中国公使馆之中，幸其财力犹足以暗通消息，俾其英国友人得施营救之计。英警署既派遣侦探密伺于公使馆之外，俾该使馆无由将孙氏运解至船。而外务大臣萨里斯伯又要求该使馆期以立释。幸而此案早破，得以无事。否则孙氏既被递解，就刑戮于中国，英之外务部必且致责言于中国政府，而勒令将本案有关之人一一惩办，其损害于邦交固何如哉！孙氏既被诱劫入公使馆，即由马凯尼勋爵出见，旋即被锢一室，直至英外部出而干涉，始克见释。夫马凯尼，英人也，乃亦躬与于此案。此案之失败固可预料，即幸而获免，然他日与于此案者亦必同受巨创，马凯尼此举不亦可异乎？闻中国公使当释放孙氏之时，谓渠之释放此人，期无损于使臣应有之权利。噫！此等权利似决非文明国所欲享有者也，设竟或使用此等权利，则其为不可恕，又岂待言？昔者土耳其使臣在伦敦诱亚美尼亚人入使馆，意在絷其体、塞其口而异送登舟，递解回国，冀为土耳其皇之牺牲。孙氏之案，毋乃类是乎？

马凯尼睹是论，即覆书该报曰：

贵报评论向极公正，乃本日社论中评某华人被诱于中国使馆一案，词连于予，殊失贵报公正之素旨。彼华人之自称姓名甚多，而孙逸仙其一也。贵报既历叙使馆与孙逸仙所述之案情，而对于予之行为则颇致微辞，是明明以孙逸仙之所言为可信，而以使馆之所言为不足据也。贵报引土耳其使臣在伦敦诱阿摩尼亚人事为佐证，殊不知本案并无所谓诱劫，彼原名孙文、伪名孙逸仙所供之辞，如谓被捕于道途、被挟入使馆等语，皆至不足信者也。孙逸仙之至使馆系出己意，且为使馆中人所不料。其初次之来在礼拜六日即十月十号，二次之来在礼拜日即十月十一号。治国际法学者对于孙逸仙被使馆拘留一节，无论作何评论，抱何见解，然必先知本案并无所谓诱骗，即其入使馆时亦并未尝施以强力或欺诈，此为本案之事实，而亦至可凭信者也。

观马凯尼此书，其云孙逸仙姓名甚多，是明明将以此肆其汙衊，使外国知予非正人。而不知华人习俗，多有以一人而兼三四名者，此在马凯尼要无不稔知之也。华人自有生以后，襁褓中父母所呼之名，一也；稍长从师，学塾中师长所授之名，二也；既而身入社会，则有所谓字者，有所谓号者。惟名字屡易，而姓则不变。彼马凯尼之在中国，有称为马大爷者，有称为马凯尼者，有称为马晋山者，以此例彼，其道一也。

一千八百九十六年十月三十一日《斯比克报》（*The Speaker*）亦刊有一论，其标题为《波德兰区之牢狱》，论曰：

> 马凯尼者，役于中国公使馆者也。此公使馆之受役者，以不慊于《太晤士报》之评斥，而投函更正，是亦犹土耳其大僚胡资氏（Woods Pasha）为土政府辨护之故，而现身于英国之报纸也。然此事出诸真正之东方人，则不特为情理所宜然，而亦足征其性质之特别；若出诸假讬之东方人，则适足以供嘲笑而已。马凯尼之布告天下，谓孙逸仙医士之入公使馆并非由于诱劫，然使孙逸仙当时稔知彼延接者、招待者为何如人，孙氏固肯步入彼波德兰区之牢狱（以公使馆在伦敦之波德兰区，故名）而绝无趑趄瑟缩乎？马凯尼于此语乃不置一答辞，何也？况马凯尼既睹孙氏被捕，而乃绝不设法以冀省释，直待外务部出而为坚毅之要求始得出狱，又何故也？夫公使馆苟不欲解孙氏回国，何必系之于使馆中？马凯尼身在伦敦，且以迫于责任之故，遂不得不陷入此可怜之地位。若此剧而演于中国之广州，固不失为循法而行，至正至当也。马凯尼既遭失败，将使北京当道者病其无能，固应缄口结舌，自比于中国人之所为，而乃犹昂首伸眉，论列是非于伦敦之《太晤士报》乎？且使此次被劫者而为德国人或法国人，则事之严重将不可问，幸而其人籍隶中国，闻者不过一笑置之。而报纸之对于此事，亦仅如闻李鸿章之忽焉而畀以相位，忽焉而以未奉召命擅自入宫，被太后之谴责而已。然而自今以往，凡过波德兰区之牢狱者，不得不悚然以惧，哑然以笑也。（下略）

予得释后即投函各报馆，以谢英政府及英报纸相援之情，文曰：

予此次被幽于中国公使馆，赖英政府之力得蒙省释，并承报界共表同情，及时援助。予于英人之尚公德、好正义素所钦仰，身受其惠，益堪征信。且予从此益知立宪政体及文明国人之真价值，敢不益竭其愚，以谋吾祖国之进步，并谋所以开通吾横被压抑之亲爱同胞乎！爰驰寸简，敬鸣谢忱。

孙文缄于波德兰区覃文省街之四十六号

据孙大总统自述（又作广东孙文自述）、甘永龙（甘作霖）编译：《伦敦被难记》，上海，商务印书馆一九一二年四月初版发行①

英文原文见本册第359—487页

附另一译文：

伦敦蒙难记

我被中国驻伦敦公使馆拘禁及获释的经历

序

近日我在伦敦波特兰街区（Portland Place）② 四十九号中国公使馆被拘禁一事引起了广泛的关注，我因此结识了许多朋友，同时还引发了关于法律、国际公约等诸多问题的讨论。为此我深感有责任将这一历史事件的始末公诸于众。

---

① 本书系据英文原版 Sun Yat Sen, *Kidnapped in London*：*Being the Story of My Capture by*，*Detention at*，*and Release from the Chinese Legation*，*London*. Bristol：J. W. Arrowsmith Ltd.，Printers／London：Simpkin，Marshall，Hamilton，Kent & Co. Ltd.，1897［孙逸仙：《在伦敦被绑架：我被中国驻伦敦公使馆拘禁及获释的经历》，英国布里斯托尔的阿罗史密斯书店，以及伦敦的辛普金—马歇尔—汉密尔顿—肯特股份有限公司，一八九七年出版］译出。此为最早中译本，当时上海部分报章亦曾连篇转载；其后商务印书馆发行另一版本，内容不变而部分字句较为浅显，与底本有所不同。按此书于近百年来流传甚广，惟漏译错译颇多，可参阅下篇新译文。

② 此处的 place 与 square（街区）含义相仿，通常指英国城镇中某一民居区域。除 Portland Place 外，当时伦敦还有 Portland Road（见本书第六章），今为 Great Portland Street。

由于英文写作非我所长，其中错漏之处恳请读者谅解。文章的遣词达意多得好友相助，否则绝不敢贸然以英文著者自居。

孙逸仙 一八九七年于伦敦

第一章 纷 争

一八九二年我在珠江入海口处的一座小岛澳门行医，从未想到四年后竟成为中国驻英使馆的一名囚犯，也未想到在营救我的过程中英国政府的积极干涉引起了一场政治轰动。然而正是这一年我在澳门对政治生活有了初步认识，开始了另一番事业使我的声名远播英伦。

一八八六年，我在广州英美传道会师从令人敬仰的克尔医生（Dr. Kerr）[1] 学习医学。次年获悉香港西医书院（College of Medicine at Hong Kong）[2] 创立，我毅然决定赴香港学习深造。

五年（自一八八七年至一八九二年）后我获得了"香港内外科开业医生证书"。

澳门隶属葡萄牙已有三百六十年历史，政府完全欧化。但那里居民多为华人，自称为葡人的一部分人事实上多是葡华联姻的后裔。

定居澳门后，当地医院（native hospital）[3] 的华人董事为我执业西医提供了各种便利。为我设立病房，从伦敦购置所需的药品、器材，并特许我享有种种均等的权利在该院获得一个医生席位。

这件事之所以值得一提，是因为它标志着中国一个新的重大转折。在此之前，整个大清国未曾有一家医院董事会正式直接地提倡支持过西医。许多病人前来我的病房就诊，尤其以外科病例居多。我有机会在董事们面前主持了几次较大的手术。然而从一开始我就遭到了葡萄牙当局的刁难。妨碍西医发展的不是由于东方人的愚昧，而是西方人的妒忌怨愤。葡国法律严禁任何未获得该国学位证书的人

---

[1] 姓名全称是 John Glasgow Kerr，惯用译名为嘉约翰。

[2] 当时该校的正式名称是"The College of Medicine for Chinese, Hongkong"，中文校名为"香港西医书院"。

[3] 此指镜湖医院（Kiang Wu Hospital），澳门华人所办中医院，孙文是该院延聘的第一位西医生。

在葡人居住地行医，而葡国证书必须在欧洲才能获得。以此为由，葡籍医生对我百般阻挠，当局初则禁止我为葡人看病开处方，继而勒令药房不许为任何外籍医生开出的药方配药。我的事业因此遭受到了打击。尽管经过多番努力，在澳门立足的愿望还是落空了，经济损失也很严重。于是我被迫离开澳门到了广州。这是我定居澳门时始料未及的。

在澳门我第一次了解到当时的政治运动，即"少年中国党"（"Young China" party）的成立。其宗旨切实可行，充满智慧和希望，立即引起我的共鸣，我相信加入这一组织才能竭心尽力为国谋利。我们主张实行和平改良，希望推动朝廷采取适当的改革措施，建立符合当时社会需要的政府机制。运动的实质就是要以立宪政体取代民不聊生、腐朽落后的清王朝。

至于现今的中国统治制度无须赘述，寥寥数语足以概括。广大民众无权参与政府、国家甚至市政事务。皇廷高官和地方官府垄断裁判权，人民无从申诉。官府以言代法，滥用职权。官员公然搜刮民脂民膏，强取豪夺已成风气，这也是他们之所以为官的目的。只有当匪徒横行时官府才装模作样地出面干预，以图缓解局势，而更多的时候是变本加厉地盘剥百姓。

地方官员只领取少量固定的俸禄，对于这一点英国读者也许并不了解。他们可能不会相信像广东巡抚（Viceroy of Canton）① 这样的官员，掌管着比大不列颠本土还多的人口，一年的俸禄只有六十英镑。因此为了个人生计和维持官场所需，官员们对人民进行敲诈勒索，而所谓的寒窗苦读和金榜题名就成为在官场出人头地的途径之一。假如一名崭露头角的年轻士人到官府谋位，只要贿赂京城当权者就可望求得一官半职。一旦得志，薪俸不足以维持，为保住其官位每年还需上缴大量钱财，因此压榨百姓成了唯一的手段。既然背后有政府撑腰，稍有头脑的人几年内都会升官发财。官位愈高，权势愈大，敛财则更甚，因此最狡诈的"刮地皮者"（squeezer）最后终能买到极高的职位。

这种亦官亦匪的人，其行不轨，其心不仁，最终竟操纵着一切社会、政治和刑律事务。在这样高度中央集权的专制制度之下，实行的是腐朽的独裁统治。然

---

① "Viceroy"原意为"总督"，此处如指广东（Canton）一省，则当是巡抚；另有两广总督驻广州，管辖广东、广西二省。

而这种买官卖官、以公肥私的行为正是满清王朝赖以生存之道。对于营私舞弊成为合法并以此为理想化的政府，百姓岂能不怨声载道，愤懑不平？

中国民众虽然受官方禁锢与外世隔绝，但绝不是愚昧之众。中国人潜在的聪明才智向来为西方称道，甚至有人认为与欧亚各国相比有过之而无不及。然而在中国，政治书籍、报章杂志被视为禁品，有关世界各国的风土民情、政治体制被摒之门外。任何黎民百姓甚至七品以下官吏被禁止接触地理书籍，对域外事物更是闻所未闻。国家法律由皇廷高官操纵，人民无权问津。凡是阅读军事书籍必遭死罪。而慑于极刑威胁，无人敢于从事新发明、新创造。因此人民陷于一片黑暗氛围之中。在政府允许范围内所获得的有限信息，也仅是为统治阶级的利益效劳。

中国的所谓文人学士只允许阅读圣贤书籍，包括四书五经、儒家学说等。然而这些书中凡涉及批评朝廷的内容均被一一删除，只剩下教导臣民服从君主的部分供大众阅读。中国处于黑暗统治之下，人民不得不盲目地接受现有的一切法律法规和例行公事。

长期以来中国统治者力图对人民实行愚民政策，以至于近期日本入侵时除奋勇抗击的当地居民外，其他地区完全无人知晓。内地群众甚至从未听说过有日本这个国家，对战事略有所闻的地区也只当是外族人叛乱。

沉睡已久的中国唯有寄希望于朝廷的改革，少年中国党成立的初衷就在于说服朝廷改革社会现状。近年来北京官员与各国使节接触频繁，对外国立宪体制应当有所了解。我与党内同志本着国家民族的利益，联名上书，恳请朝廷学习外国制度，帮助同胞摆脱愚昧无知的悲惨境况，不料竟招致严厉的惩治。当时日军威胁北京，我党借机请愿。朝廷唯恐对革新者的处治会丧失民心，于是暂不予理会。而议和之后朝廷悍然下诏，斥责上书请愿者并下令立即停止一切革新改良活动。

和平改革的愿望落空了。我们对改革的信念和诉求更加坚定，并且意识到在必要时必须采取一定的强硬手段。我们得到了各界人士的支持。上层社会对海陆军队的腐败积恶多有不满，而这正是军队在对外战争中溃败的原因。这种愤懑情绪已不局限于一个地区，而是随处皆是，由来已久。人民怨声载道，义举一触即发。

少年中国党设总部于上海，决定在广州率先发起行动。我党的事业适逢遇到有利的时机，首先是军队里存在着不满情绪。一八九五年北方战事停息后，广东军队四分之三的士兵被政府遣散，一部分成为流民，沦为不法之徒。未被遣散的少数士兵也愤愤不平，他们呼吁要么全体解散要么悉数留用，然而官府对此充耳不闻。我党紧急动员，招募被遣散军人，壮大了党的武装力量。

另一偶然事件也起了推波助澜的作用。一小撮身着便服的捕役（police）在某城区四处掠劫。不久群众奋起还击，制服了这批实为官府捕役的匪徒，并将其中几名头目关押在会馆。衙门的捕头（the superintendent of the official police）派遣武装人员进攻会馆，放出歹徒并将会馆洗劫一空。群众召开紧急会议，聚集多达千人的代表团奔赴巡抚衙门控诉捕役罪行。然而当局却斥责代表团的举动为犯上作乱，逮捕为首的领导人，驱散群众代表，更加造成民愤难平。在少年中国党的鼓动之下，不少人投身于革新运动。

此外，当时的两广总督李瀚章（即李鸿章之兄）下令粤桂两省所有官员，都必须按其职位大小向总督另行纳税。这一作法无疑加剧了对百姓的盘剥，官吏们将这笔额外的开支转嫁到民众身上。更有甚者，每逢中国官员生日，下属均须集资献礼。两广官员于总督生日之际搜刮了近百万两白银（约二十万英镑），他们通过威逼利诱或敲诈勒索的手段向富商征集。同时李瀚章的一名属员车发农（Che Fa Nung 音译）通过私通关节，以三千两白银（约五百英镑）的价钱出卖各种科名。所有这些激起了富商和士人的强烈不满，他们全力支持少年中国党，壮大了我党的力量。

由此革新运动声势浩荡，上下齐心，一触即发。我党计划突袭广州，占领省城驱除执政当局，同时尽量避免流血杀戮。为了确保计划万无一失，需要在军事上占优势，便从汕头及西江两岸募集了两支武装队伍。在这些地区招募兵力是因为汕头位于广州北〔东〕部，与广州相隔仅有一百八十英里，但两地语言却如同英语与意大利语一样相去甚远。汕头人全然不通广州话方言，无法与当地居民沟通也不易受其影响，故对革命斗争会更为投入。假如中途有变，客军溃散，由于身处异乡容易引起怀疑而难以在广州容身，所以他们只有破釜沉舟，勇往直前。

两军定于一八九五年十月某日出发，一部由西南、一部由东北分别向广州挺进。此时一切进展尽如人意。改革委员会（Committee of Reformers）多次召开会议，所需的枪支子弹及炸药等集中于总指挥部。除行进中的汕头及西江两支队伍，另有一支约四百人的小分队由香港前来支援。不料到了会师之日，南部的军队却在距省城四个小时路程之处遇阻。一支百余人的卫队全副武装驻守在委员会所在地四周，另有三十余名信使奉命分赴各处通知支持者们于翌日清晨待命。正当一切部署就绪，指挥部却接到电报，得悉东北、西南两军途中受阻，行动计划因而受到破坏。派出的信使已无法召回，无人得知支持者们的下落。这时又有消息传来，义军由于无法前进，已四处逃散。于是引起一片慌乱，大家忙着销毁种种证据，焚烧文件，藏匿枪支，并电告香港停止发兵。然而当香港方面负责人①接到电报时，援军已经登上轮船，而且携来大批军械。他非但没有通知援军撤回，反而任其前往广州。船只停靠广州的码头后，来援义军立即遭到逮捕。广州的领袖们纷纷四处逃亡，我经过几番死里逃生终于登上一艘开往澳门的小火轮。在澳门逗留二十四小时后又到香港，拜访在港旧友，见到了亦师亦友的詹姆士·康德黎先生（Mr. James Cantlie）。我告诉他，我触犯广东当局，有被捕并遭返广州受刑的危险。他建议我向律师求助，我立刻听从了他的意见。

第二章　被　拘

律师丹尼斯先生（Mr. Dennis）催促我尽快离开香港。遵照他的建议，我没有再去见康德黎先生。

两天后我乘日本轮船抵达神户，数日之后到了横滨。我脱下中式服饰，穿上日本裁制的西装，剪掉辫子，蓄起了胡须。随后我从横滨乘船到达夏威夷群岛，住在檀香山大埠，当地有我的亲人、朋友和许多同情者。无论我在日本、檀香山或是美国，所到之处遇到华人中的许多有识之士，他们无一不抱着革新思想，渴望祖国早日成为议会制国家。

一天，我在街头巧遇取道檀香山回英国的康德黎先生和夫人一家，起初他们并没有认出改穿洋装的我，随行的日本保姆把我当作她的同胞，用日语向我问候。这

---

①　指杨衢云。

种情况时常发生，无论我走到哪里，日本人在与我交谈之前总是把我当成自家人。

一八九六年六月我离开檀香山来到旧金山，东行之前在旧金山停留了一个月。在那里我见到了许多同乡，受到他们的热情款待。在美三个月后我乘坐"梅杰斯蒂克"号（S. S. Majestic）轮船前往英国利物浦。在纽约时曾有朋友相告，要我提防中国驻美公使，此人是满族，对汉人向来毫无感情，尤其痛恨革命党人。

一八九六年十月一月我来到伦敦，投宿于河滨马路（Strand）的哈克塞尔旅馆（Haxell's Hotel）。第二天，我拜访了住在伦敦西区（W.）① 的波特兰街区德文希尔街（Devonshire Street）四十六号康德黎先生一家。老朋友康德黎先生和他的太太殷勤接待了我，并在霍尔本（Holborn）为我找到格雷法学院坊（Gray's Inn Place）八号的格雷旅馆（Gray's Inn）住下。于是我便在伦敦安顿下来，游览城内的名胜古迹和博物馆。身为中国人，在伦敦看到的一切令我感慨万分。但见街道交通繁忙，车水马龙，川流不息；警察的管治井然有序，人民心情舒畅。路上行人熙熙攘攘，但并不像中国那般拥挤不堪。原因之一是我们的街道过于狭窄，与伦敦相比只能算是小巷。其次是中国所有的货物均由人力运输，一根竹扁担横在肩上挑着走。即使是在街道宽阔的香港，行人仍然十分拥挤。

渐渐地我熟识了霍尔本和河滨马路，知道哪是牛津圆形广场（Oxford Circus），哪是皮卡迪里广场（Piccadilly Circus）。而正当这时我便被剥夺了自由，英国各报对此广为报道。

我几乎每日登门造访康德黎先生，大部分时间在他的书房里度过。一天午饭时他向我提起中国使馆就在附近，并开玩笑说让我前去拜访。康德黎太太听了连忙说："你千万别去，连走近使馆都不行，他们会将你抓起来送回中国的。"说完三人相视大笑。真没料到女性的直觉如此敏锐，不久这次笑谈竟然一语成谶。又一天我在孟生博士（Dr. Manson）家进晚餐，他是我在香港西医书院时的老师。他也开玩笑地嘱咐我要远离中国使馆。这些善意的告诫对我并没有多大意义，因为当时我根本不知道使馆究竟在哪里。我只晓得去德文希尔街要在牛津圆形广场站下车，沿着宽阔的马路往前走，直到看见街角房屋上的"德文希尔"字样。对

---

① "W"为 Western Postal District 的缩略语，西区是伦敦邮区之一。

这个地区我的了解仅限于此。

十月十一日（星期日）上午大约十点左右，我正赶往德文希尔街，打算和康德黎先生一家去教堂。这时，一位中国人从背后悄然走上前用英语问："你是日本人还是中国人？"我回答说中国人。他接着打听我来自哪个省。听说我是广州人，他说："我们是同乡呢，语言相通。我也是广州人。"这里要说明的是，不同地区的中国人通用的商业语言是英语，或者说"洋泾滨"英语（English or "Pidgin", that is "business" English）。以汕头和广州为例，两地只隔一百八十英里，比伦敦和利物浦之间的距离还近，两地商人却完全听不懂对方讲的方言。中国使用统一的文字，然而文字与语言却大相径庭，国内方言数不胜数。因此汕头人与广州人在香港做生意时说英语，书写用汉字。日语与汉语的情形大致相同，因为日本文字中使用汉字，中国人与日本人在一起虽然语言不通，但仍可以画地为书，或用纸笔或在掌心笔谈。

所以那位自称为"朋友"的中国人先用英语与我交谈，得知我是广州人后才改用粤语。我们沿着街首边走边说。不久又来了一名中国人，走在我的另一侧。他们极力劝说我到他们的"住处"抽支烟，聊聊天。我婉言谢绝，在人行道上停了下来。这时第三个中国人走过来，而最初那人离开了。留下的两个人不肯罢休，在他们看似友好的推搡下我来到了人行道的另一端。这时身旁的一扇门忽然打开了，这左右两人半是开玩笑半是用力地拉着我，临进门还友好似地推了我一把。我不知道这是幢什么房屋，丝毫没有戒心，只是想到与康德黎先生一家约好去教堂而让我踌躇不定，恐怕这一耽搁会迟到。这样我就毫无戒备地进了屋。屋门蓦地关上了，还上了闩，那一刻我并没有感到诧异。但见到屋里十分宽敞，有不少身着官服的华人走动，我这才陡然动念："这里莫不是中国使馆吧？"直到这时才想起使馆在德文希尔街附近，目前我很有可能厕身其中。

我被带到一楼的一个房间。房里的两个人与我聊了片刻，又私下交谈数语。不一会我被这两人一左一右地带上楼，来到三楼的一个房间。但是拘捕我的人对这间房好像并不满意，又把我带到四楼另一个房间，窗户朝向屋后，安装着铁栅栏。这时一位须发斑白的年长者走进来，神情倨傲地说："这就是中国。你到这里就等于到了中国。"

他坐下来接着盘问我。

他问及我的姓名时，我回答："姓孙。"

他说："你叫孙文。我们接到驻美国使馆的电报，说你乘'梅杰斯蒂克'号轮船来到英国，驻美公使通知我们逮捕你。"

"这是什么意思？"我问道。

他说："你曾经上书总理衙门，请求转奏皇上实行维新。这个建议也许不错，但现在总理衙门在通缉你。我们要把你扣留在此，等待皇上下诏处置。"

"我能否通知朋友告诉我的下落？"我问。

他说："不行。不过你可以捎信到旅馆取来行李。"

我要求给孟生博士写信。他命人取来纸笔。在信中我告诉孟生博士，我被囚禁在中国使馆，请他通知康德黎先生给我送来行李。这位长者——后来我才得知他就是大名鼎鼎的哈利迪·马格里爵士（Sir Halliday Macartney）——看信后，不同意我使用"囚禁"字眼，要我重写。于是我写道：

> 我在中国使馆，请通知康德黎先生送来我的行李。

马格里先生接着又说不希望我给朋友写信，让我直接捎信去旅馆。我说我并不住在旅馆，只有康德黎先生知道我的住所。显然他是在施诡计企图截下我的行李尤其是文件信函，想查出我的同党及通信人。看过我写给孟生博士的信，他没有再提出异议。我把信封好后交给他，满心希望这封信能够送到收信人手里。

第三章　囚　禁

马格里先生走后房门立刻上了锁，我就这样被囚禁起来。稍后门外传来木匠的钉凿声，原来他们要在门上再加一把锁。门口一直有两名卫士看守，其中一名是洋人，有时还增加到三个人。第一天，中国卫士不时进房用方言与我谈话。他们对我被囚禁之事只字未提，我也没有问起，只知道刚才那位年长者是人们称为"马大人"（Ma-Ta-Yen）的马格里先生："马"意即"马格里"，"大人"为官场

尊称，相当于西方人所称"阁下"。正如驻英公使龚大人（Kung-Ta-Yen）①，
"龚"为其姓，"大人"表明其身份。他对外从不使用真名，使所有西方人不得不
称之为"龚大人"。不知此人与英国政府公事往来时是否也自称"龚大人"，若真
如此那就意味着对对方的蔑视与怠慢。中国官场及外交礼仪极其微妙，一字之差
足以使原本敬重之意变为轻慢，而中国官员在与外国人打交道时往往热衷此道。
外国人只有熟谙中国文化渊源才能体会个中意味。中国外交官员每每占此上风而
沾沾自喜，以暗中羞辱外国高官为乐，并向旁人夸耀：洋鬼子也被我玩弄于股掌
之上。

　　我被关了几个小时后，一名卫士进来说哈利迪·马格里爵士命他前来搜身。
他把我的钥匙、铅笔、小刀搜走，却没有发现我的口袋里有些钞票钱币。另外还
拿走了一些无关紧要的文件。他们问我需要吃些什么，我让他们取来了少许牛奶。

　　白天两名英国仆人带来一些煤块，给我生了火，还打扫房间。我请求第一名
仆人替我送信，他应允了，于是我写了一张便条给西区德文希尔街四十六号的康
德黎先生。第二名仆人进来时我提出同样的请求，也写了便条给康德黎先生。过
后，他们都回复说信已经送出。后来我才知道了信的真正下落。

　　当晚（星期日）一名英国妇人来铺床，我没有与她搭话。我和衣躺在床上，
一宿未眠。

　　次日，十月十二日（星期一），那两名英国仆人又来打扫房间，带来煤、水
和食物。其中一人说我托他带的信已经送到，而另一名仆人科尔（Cole）却说他
不能离开使馆。我怀疑这两封信根本就没有送到目的地。

　　十月十三日（星期二），我又问其中那名较年轻的男仆（不是科尔），是否已
把信送到康德黎先生本人手里。他回答是。看我半信半疑，他郑重其事地说他确
实见到康德黎先生，接过信时康德黎先生还说了声"好"。手头没有纸了，我用
铅笔在手帕的一角写了几句话，请他再交给我的朋友，并塞给他十先令。我很怀
疑他是否真有那么好心。事后才证实了我的怀疑是正确的：他一出门就立即向上
司汇报了一切。

_____

①　即龚照瑗。

第四天一位姓邓（Tang）① 的人来到房里，我认出他就是那天劫持我的人之一。他坐下来说道："上次见你并把你带到这里是为了履行职责。今天我以朋友的身份劝你还是承认自己是孙文吧，否认是没有用的，一切都已成定局了。"他假惺惺地恭维说："你在国内是赫赫有名的人物，皇上和总理衙门对你瞭如指掌。身后名声如此也算得是死而无憾了。"西方人对这种东方式的赞誉大概难以理解，但是中国人将身后名节看得重于一切。他接着说："你目前正处在生死关头，明白吗？"

我答道："这里是英国，不是中国。你们究竟想把我怎么样？如果要引渡我，英国政府必然知道我被囚禁的事。我想英政府未必会同意你们的做法。"

"我们并不打算通过合法途径引渡你，"他回答，"一切都已安排妥当了。我们雇好了轮船，到时把你捆住，堵上嘴巴送上船去，不会惹任何麻烦。船上有严密看守，到了香港有中国炮舰接应，把你送到广州受审处刑。"

我反驳说这种举动未免过于冒险，上了船我也许能借机与英国船员交谈。邓说这是不可能的，"到时你会像现在一样被严加看管，根本没有逃脱的机会"。我说船员未必都与他们沆瀣一气，说不定会有人同情和帮助我。

邓说："这家轮船公司与马格里先生交情颇深，自然会遵嘱办事。"

他还说押送我的船只属格伦公司（Glen），这星期内（谈话之日是十月十四日星期三）不会启程，因为公使不愿意专门花钱雇一艘船，让船先装载货物，这样使馆只需承担客舱部分的费用。

"下星期等货物装载停当就随船送你回国。"他说。

当我指出这一计划难以实行时，邓又说："如有意外我们可以把你就地处决，在中国使馆里就等于中国，没人可以干涉。"

为了让我信服，邓举了逃往日本的朝鲜某爱国志士的例子。这名朝鲜人被同胞骗至上海，在英租界遭到了暗杀。死后尸体被中国人运回朝鲜斩首示众，而杀害他的人被封以高官作为重赏。邓对此事津津乐道，显然希望自己因拘捕我有功而同样得到朝廷的奖掖。

---

① 即邓廷铿。

我质问邓为何如此残忍，他答道："我奉皇上之命不惜一切代价提你归案，不管你是死是活。"

我驳斥邓，朝鲜爱国志士事件是引发中日战争的原因之一，如今此事也许同样会引起轩然大波。

我说："一来英国政府会追究使馆人员的责任；二来你我本是同乡，我在你手中如遇不测，广东的父老乡亲也会替我讨回公道，到时难免累及你的家人。"

听到这话，邓立刻换下原先倨傲的口吻，分辩说他只是听命于使馆而已，他说的这番话也是出于一片好心云云。

第四章　求　助

当晚十二点邓某又来到房间找我谈话。我问他，如果真是朋友打算如何帮我。

他说："这正是我此来的原因。我会竭尽全力尽快放你出去。我正在让锁匠配制两把钥匙，一把开这个房门，另一把开使馆的前门。因为钥匙掌握在公使的心腹手中，是绝不轻易给人的。"

我问他何时能放我出去，邓说必须等到第二天即星期五①凌晨两点才能俟机行动。

临走时，他嘱咐我要做好星期五出去的准备。

邓走后我草草写了封短信，等候早上请仆人送交康德黎先生。

第二天，十月十五日（星期四）清晨，我把信交给仆人。当天下午从邓某处得知，该信被仆人交到了使馆官员手里。

邓责怪我破坏了所有的营救计划，马格里先生为此严厉地训斥他不该泄露使馆的秘密。

我于是急问是否还有一线希望？邓说："机会倒是有的，但你得照我的话去做。"

他建议我写信给公使请求饶恕。我同意后，他吩咐科尔取来纸笔。我提出是

---

① 谈话时已是午夜十二时以后，即星期四凌晨。所谓第二天则是星期五。

否该用毛笔砚墨，给公使的信不宜用英文。

邓回答道："用英文更好。公使不过徒有虚名，一切权力都掌握在马格里手里。这封信最好是写给他。"

我又问及该如何措辞，他说："你必须否认与广州密谋（the Canton plot）① 有任何瓜葛，而是受了官方的诬陷来到使馆请求昭雪。"

在他的授意下，我当即写了一封长信。

折好信后，我在信纸背面写下哈利迪·马格里爵士的姓名（由邓为我拼写）。邓取信离去，此后他便再没有出现过。

我的这一做法无疑极不明智。但是当时身处绝境，情急之下不肯放过任何一个机会，因此中了奸计，给敌人留下把柄证明我是自愿来到使馆的。

邓说过，我以前所写的信被仆人们如数上交，没有一封送到我的朋友手中。这时我陷入绝望之中，仿佛看到死神就在我的面前。

在这一星期里，我搜尽身边的纸片写了数封求救信试图扔出窗外。起初，因为我被关押的房间窗户不临街只好请仆人代办，但是显然信都被截下了。我自己又尝试从窗户把信扔出去，有一封正好落在邻舍的铅皮屋顶上。为了把信扔得远些，我在信里裹了铜币，身上只留下两个先令。看到纸条落在邻家，我暗暗希望会有人发现它。另外还有一张纸条触及绳索而掉落在窗外。我请仆人（不是科尔）替我捡回来，但他非但不帮忙反而告诉中国卫士，被他们捡了去。

卫士们四处搜索之下发现了落在隔壁的纸条，他们攀上屋顶捡回来一并交给使馆。

我的处境日益艰难，使馆派人把窗户封死，断绝了我与外界联系的唯一途径。

我完全绝望了，只能向上帝祷告聊以自慰。日子一天比一天难熬。要不是祈祷能带来些许慰籍，我相信自己一定会精神崩溃了。后来，被解救之后我向康德黎先生讲述了祈祷带给我的希望，讲述了十月十六日（星期五）清晨我祈祷完毕起身时心里镇静自若、满怀希望和信心，相信上帝已经聆听到了我的祷告并将会赐福于我。那种情形使我永生难忘。于是我决定再度努力，向英仆科尔求助。

---

①　此指一八九五年孙文策划的广州起义，参见第一章。

科尔进来后，我问他："你能否帮我的忙？"

科尔反问道："你究竟是什么人？"

我回答说："我是一名中国的政治避难者。"

怕他未能领会，我问他是否知道亚美尼亚人。他点点头。我顺势打比方说，正如土耳其苏丹欲杀尽所有的亚美尼亚基督教徒，中国皇帝也企图杀害我，因为我是一名基督徒而且加入了谋求中国改革的政党。

我接着说："所有的英国人民都同情亚美尼亚人，我相信如果他们得知我目前的处境也会同情我的。"

科尔有些犹豫，说拿不准英国政府是否愿意相助。我向他解释英政府一定会帮忙，否则中国使馆只须明告英政府请求合法引渡而不必对我如此严密监禁。

我对科尔说："我的生死就掌握在你的手里。如果你能向外界公开此事我就得救了，否则我必死无疑。你愿意救人一命，还是眼睁睁地看着这人去死？请你想一想，是遵从上帝还是遵从雇主重要？是维护英国政府的正义还是效劳于腐朽的中国政府重要？"

我请求他好好考虑我的话，下次来时能给我一个答复，是否愿意帮助我。

科尔走了，直到第二天早上才出现。可以想象我是多么迫切地想知道，他做出了怎样的决定。

科尔给炉子添煤时指了指煤筐里的一张纸条。这究竟是给我带来希望的信息呢，还是意味着希望的大门再次关闭？我的生死似乎就系在这一张小小的纸片上。科尔离开后我立即捡起字条：

> 我会替你送信给你的朋友。但千万不要在桌上写信，守卫经常会透过钥匙孔监视你的举动。你可以在床上写。

于是我躺在床上，面朝着墙，在一张名片上给康德黎先生写信。中午科尔到来时，我向他示意写好的信，并把身上仅剩的二十英镑给了他作为报答。后来，科尔再来时仍旧把康德黎先生的回信放在煤筐里，他向我使了个眼色，暗示里面有给我的东西。待他离去后，我迫不及待地捡出了信：

> 振作起来！政府正在尽力营救，几天之后将能释放。

我的祈祷终于唤来了上帝的回应！

几天以来我一直难以入睡，衣服甚至都未曾脱下，只是偶尔打一下盹。接到朋友令人振奋的消息后，我终于能够好好地休息了。

被捕后我最担心的是，万一被敌人押解回国处死，对革命事业的前途命运所产生的严重影响。一旦落入朝廷手里，他们必定会昭示天下说我是由英国政府正式移交，则任何肇事者在英国绝无庇护之地，我党成员一定会由此联想起当年英国如何帮助镇压声势浩大的太平天国运动。如果我被带回中国处死，人们会再次相信革命的失败是由于英国的干涉，从此再无成功的希望。

如果中国使馆从我住处搜出文件，许多同志和朋友将受到牵连，情势会更为棘手。事后我才得知，多亏了一位善动脑子的女士才得以避免这场风险。康德黎太太自作主张地到我的住处带走了所有的文件和信函，并在得知我被禁之后几个小时内及时地把它们全部销毁。如果世界各地的那些朋友没有收到我的回信，应"归咎"于这位细心周到的女士的机智和果断，原谅我因为没有了地址甚至忘记他们的姓名而中断联系。多亏了康德黎太太，即使我万一落入敌人的圈套，那些人也无法得到文件找出我的同党。

幸运的是我没有怀疑敌人会在食物里下毒。但是在当时的情况下任何食物也都已难以下咽，我只能依靠牛奶、茶或鸡蛋来维持。在接到朋友的信息后，我才能恢复进食和睡眠。

第五章　营　救

使馆外发生的事我自然一无所知。我只知道所有的求助，包括扔出窗外的信，以及正式交给马格里先生或邓某的信都是徒劳无功。更糟的是，他们加强了对我的看管，使我与朋友联系的希望更为渺茫。

但是我的求助终于在十月十六日（星期五）早晨见效了。科尔开始为我奔走。最初，科尔的妻子尽了最大的努力，是她在一八九六年十月十七日（星期六）把信送到康德黎医生手里①，才开始了整个营救行动。信送到德文希尔街时

①　事后查明，送信人其实是清公使馆的女管家豪太太（Mrs. Howe）。

已是晚上十一点。不难想象康德黎先生看信时的心情：

> 你的一位朋友自从上星期日以来一直被囚禁在中国使馆，他们企图把他送回中国处死。这位先生非常不幸，如果不想办法他会被偷偷带走。我不敢署名，但我说的是实话，请相信我。不管采取什么办法都必须马上行动，否则就来不及了。他的名字应该是林音仙（Lin Yin Sen 音译）。

情况刻不容缓，尽管已是深夜，康德黎先生查清马格里的住处后立刻前去找他。他并不知道此人正是这一不光彩事件的主谋。康德黎先生赶到哈利街区（Harley Place）三号时，发现屋门上锁，这对我来说是幸运或不幸再也无法证实。当时已是星期六晚上十一点十五分，马里勒本路（Marylebone Road）的一名执勤警察看到他在房子四周徘徊，疑心地打量着他。警察说这屋子已经空置六个月，屋主一家去了乡下。康德黎先生问他是如何得知的，他说，三天前夜间曾有盗贼企图入室行窃，警方因此仔细查明了户主的姓名及其下落。这么说，他提供的信息应该是准确可靠的。康德黎先生随即驱车前往马里勒本巷（Marylebone Lane）警署，向值班警官述说了囚禁一事。接着他来到苏格兰场（Scotland Yard）求见负责警官。一位探长单独会见了他，同意录下证词。但棘手的是，很难让人接受这一难以置信的事件。探长礼貌地听完后说此事事关重大，苏格兰场不能做主。康德黎先生走出警署时已是凌晨一点，事情仍然毫无进展。

第二天一早康德黎先生赶到肯辛顿（Kensington）与朋友商量，提出是否去恳请驻伦敦的中国海关负责人私下与使馆交涉，奉劝使馆对这一草率之举三思而行。

康德黎先生的朋友对此颇不以为然。于是他又来到哈利街区三号希望能找到一位看门人，至少能打听到马格里先生的地址。可是，除了找到窃贼的撬棍更进一步证实了警察所说的盗窃案外，没有得到任何关于这位诡计多端的外交官下落的线索。

康德黎先生接着前往孟生博士家，看到有个人踟蹰门外，他正是中国使馆的仆人科尔。科尔终于鼓足勇气决定揭露我被囚禁的秘密，因此战战兢兢地找到康德黎先生家，在得知康德黎先生的去向后便又来到这里。见到两位医生后，他递上了我写在两张名片上的短信：

> 上星期日我被两名中国人劫持到中国使馆。我现已被囚禁，一两天内使

馆将雇船送我回中国，回国后必被斩首。唉，我真不幸！

孟生博士看信后立即热心地参与到营救行动中，仔细询问了科尔。康德黎先生说："如果马格里先生在城里就好了，可惜他不在，我们上哪儿才能找到他？"

科尔听了马上说："马格里先生就在城里，他每天都到使馆。就是他把孙关在屋里并派我们严加看管，防止他逃跑的。"

这番话令两人大吃一惊，更加意识到了营救的艰难。此事必须更为小心谨慎，如果不向最高当局报告求助，恐怕很难对付那些狡诈专横的使馆人员。

经过进一步询问，科尔称我在使馆内被说成是一名疯子，将于下星期二（即两天后）送回中国。科尔说不知道是哪艘轮船，但城里有一位名为麦格雷戈（McGregor）的人必定与此事有关。另外，这个星期曾有两三名水手模样的中国人到过使馆，科尔肯定他们与我被遣返之事有关，因为以前使馆里从未见过这样的人。

科尔走时，这两位朋友请他捎给我一张写上他们名字的名片，一则是希望能藉此给我宽慰，二则用以证明科尔确实在为我奔走。随后两位医生动身来到苏格兰场，试图再度向警方求援。值班的侦探说："你们午夜十二点半才来过，现在再来恐怕没什么用。"整件事情最困难的是不知该向何处申诉，在大英帝国的首都伦敦竟有个人将被移交到刽子手的手里，生命危在旦夕，国家的法律将遭到践踏。

离开警署后，他们商定闯入外交部试一试。到了那里，他们被告知值班官员要到下午五点才能接见他们。到了约定时间，外交部官员耐心而有礼貌地会见他们，并倾听他们讲述的传奇故事。但因为当天是星期日，显然无法采取进一步的措施。这位值班官员答应第二天向上级汇报。但是时间紧迫，该怎么办？也许悲剧就在当晚发生，囚徒被押上开往中国的轮船。可怕的是如果是一艘外国船只，英国政府只能束手无策。假如我在康德黎先生他们能引起官方注意之前被送走，唯一的希望是船只在苏伊士运河被截查，但如果船上悬挂的不是英国国旗，这一希望也将会成为泡影。想到这里，两人当机立断，决定去向使馆挑明他们已经知道孙被囚禁，英国政府和警方也已获悉使馆将孙遣返回国处死的企图。由于使馆知道康德黎先生与我的密切关系，孟生博士决定独自前往。

于是孟生博士只身来到波特兰街区四十九号，让门卫去请一位会说英语的中国人。不一会，那位挟持和折磨我的中国翻译邓某出来了。孟生博士说他想见孙逸仙。邓面露不解之色，口中喃喃道："孙……孙……这里没有这个人。"孟生博士说他很清楚孙在使馆，他想让使馆知道的是英国外交部已知晓此事，苏格兰场也正在调查孙被禁之事。

然而中国的外交官不愧为高明的谎言编造者，他言辞恳切地向来访者保证整个事不过是个闹剧，使馆里根本没有这样一个人。孟生博士几乎被他的"坦诚直率"所折服，动摇了自己的想法。当他见到康德黎先生时，甚至怀疑被禁之事也许是我出于某种目的设下的恶作剧。可见我这位中国同胞说谎的本领几乎打消了孟生博士原来的念头。孟生博士在中国居住了二十二年，能说一口流利的厦门话，比大多数曾到过远东的人更为熟悉中国人以及他们的处事方式。但因找不出我搞恶作剧的理由，孟生博士便放弃了这种猜测。想必邓某日后一定会仕途得意官运亨通，在一个建立在欺瞒蒙骗之上的统治阶级里，像这样的谎言家定然会得到相应的报偿。

星期日晚上七点，在两位医生尽了他们最大的努力之后，终于结束一天的奔波而各自走了。但是他们仍然十分担心我的安全。中国使馆既然知道英国政府已有风闻，也许会连夜押送我离开；如果此举行不通也一定会将我转移，监禁在别的地方。如果当时的情况许可，这种顾虑是极有可能成为事实的。幸而那时曾侯（Marquis Tseng）①已将住宅退租离开伦敦回国，否则狡诈的使馆人员很有可能将我转移到曾宅，并为了获得英国人的信赖和友谊反而会请他们入使馆搜查。此计虽然不成，还有另一种可能性存在。因为轮船定于星期二启程，必然已在码头停泊等候，使馆极有可能避开白天的喧嚣人群，趁夜深人静之际将"精神错乱"的囚犯提前监禁在船上。

第六章　　访求侦探

康德黎先生忧心忡忡，再次动身设法找人监视使馆的动静。他拜访了一位朋

①　即曾纪泽。

友，打听到城里一家"斯莱特"（Slater）私人侦探所的地址。待他赶到那里，侦探所却已大门紧闭。

看来星期日似乎不需要有侦探。难道在英国星期日就没有事故争端发生？要知道所谓的星期制不过是为了世事生活的便利而人为制定的，犯罪行为的发生却不会神奇地与月份星期制相"通融"。然而现实是无法更改的，康德黎先生无论怎样呼唤、揿铃、敲门，贝辛霍尔街（Basinghall Street）的斯莱特侦探所阒然无声。

康德黎先生在街上与巡警及一位好心的马车夫商量，最后决定去找附近的警署。整个事情经过被再次复述了一遍。警官在弄清来访者确实神智清醒正常后问道："地点在哪儿？"

"西区的波特兰街区。"

"噢，来这里没用，你得去西区。我们属于城区警署。"

康德黎医生知道无论到西区还是东区都无济于事。

他坚持地问："那么你们能不能派侦探监视那幢房屋？"

"不行。我们城区警署无权过问西区的事务。"

"那么，你们这里是否有想挣点钱的退役或预备警察愿意干？"康德黎先生问。

"或许有。让我们找找看。"

几位警察好心地商量起他们能够想得到的人选，最后说出了某人的名字。

"他住在哪里？"

"莱顿斯通（Leytonstone）。今晚你找不到他，今天是星期日。"

警署的人又商量好久想到另一个人，才打发了锲而不舍的康德黎医生。这个人住在伊斯灵顿（Islington）的吉布斯通街区（Gibston Square）。

出了警署，康德黎先生认为应该先告知新闻记者关于囚禁的事，于是驱车来到《泰晤士报》报馆，要求见副主编。在填写来访事由时，他写下了："中国公使馆绑架案！"当时是晚上九点，报馆的人让他十点后再来。

康德黎先生接着赶到伊斯灵顿寻找警署介绍的侦探。当找到灯火幽暗的街区和门牌号码，进屋后康德黎医生又一次失望了，因为这个人不能去，不过他肯介绍另一个愿意去的人。事至如今也只好这样了。但是写着那人地址的名片却怎么也找不到，于是他上上下下翻箱倒柜，把所有的抽屉、箱子、旧信、旧衣服全翻了个遍。好不容易找到了，才发现那人在为伦敦城区的一家小酒吧当看门人，不常在家里。

康德黎医生看到屋里的一群孩子，便建议派一个小孩到那人家里送信，孩子的父亲则陪同他一起到城区的小酒吧找人。他们乘马车到包比干（Barbican）附近的这家酒吧，四处寻找却没有看到一个看门的。他们打听到酒吧十一点关门，那时才需要看门人，要找的人一定会来。康德黎医生让同行的人在酒吧门外等候，自己又赶往《泰晤士报》报馆。记者接待了他并对我被捕之事作了记录，至于能否登报则须由报馆决定。康德黎先生回到家里已是星期日深夜十一点半，到了午夜时分要找的侦探仍未见踪影，不禁焦急万分。但他毫不气馁，毅然决定亲自前往使馆门外守候。与他妻子道声晚安后，即动身去使馆监视，如生变故便可及时上前干涉。

当康德黎医生怀着坚定信念阔步走向使馆途中，却碰巧遇到了他想要找的人，即吉布斯通街区那位可靠朋友推荐的替身。两人立即赶到使馆。虽然已过午夜，使馆内依然灯火通明，想必是白天孟生博士的一番警告所引起的骚扰不安。康德黎医生让这位侦探置身于韦茅斯街（Weymouth Street）南边街角房屋阴暗处的一辆小马车（hansom cab）内，正好位于波特兰街区与波特兰路（Portland Road）之间。这是个月明夜，中国使馆的两个出口清晰可见。马车是侦探必备的监视工具。因为如果我被押解出使馆上了马车，侦探徒步必定追赶不及，而凌晨时分也很难找到出租车辆。因此侦探必须做好准备，必要时可及时追赶。据后来报纸报道，马车是为营救人员解救出我以后准备的，这是后话。

凌晨两点康德黎医生才能上床休息，此时囚禁一事已禀报政府，诉诸警方，通知报馆并派出侦探彻夜监视使馆。他一整天的奔波劳碌终于告一段落，我的获救实际上已成定局，而我对这一切却浑然不觉。

第七章　政府干预

十月十九日（星期一）康德黎先生再次来到斯莱特侦探所，雇请几名侦探日夜守候在使馆周围。

康德黎先生在中午十二点如约来到外交部，呈上有关整个事件始末的书面报告。外交部认为，为了避免国际局势复杂化，最好能通过非正式途径使中国使馆释放被拘禁人员，而不必进行正式干涉。

况且我被禁一事纯粹出自口耳相传，并无确凿的证据。若为了一件缺乏根据的事而引出事端，实属不明智。为了进一步调查，英国政府质询格伦轮船公司，得知中国使馆确曾雇下轮船，拘禁一事不仅昭然若揭，而且进一步证实了使馆制订有严密的押解计划。自此，事件的处理交到英国政府手中，朋友们终于松了一口气。

英国政府派遣六名侦探留心观察使馆动静，并通知附近警署严密防守。

警察手中分发有我摄于美国身着西服的一帧照片。对于从未到过中国的外国人来说，中国人的面貌相似难以区别，因此普通的照片毫无用处。而在这张照片里我蓄着胡须，理了西式短发。

在中国通常只有身为祖父的人才留胡子，而当时我还不满三十岁，即使在早婚盛行的中国我也尚未够格能获此"殊荣"。

十月二十二日（星期四）一纸人权保护令（A Writ of Habeas Corpus）拟交给使馆或哈利迪·马格里爵士，但由于伦敦中央刑事法庭（The Old Bailey）法官的反对而未能实施。

当天下午《地球报》（The Globe）特派记者访问康德黎先生，问他是否知道中国使馆绑架华人一事。他告诉记者已于十月十八日（星期日）向《泰晤士报》透露此事，并于十月十九日（星期一）补充了有关信息，因此他认为应由《泰晤士报》首先报道。康德黎先生说："不过你可以把所写的报道念给我听听，我可告知内容是否属实。"证实《地球报》记者所写无误后，经康德黎先生签名认可，但要求记者在报道中不要透露其姓名。

在此事尚未见诸报端之前已有不少知情者，到星期二上午有大约两三百人得知我被拘禁之事。令人诧异的是，那些一向嗅觉敏锐的记者直到星期四下午才有所风闻。自从《地球报》披露了这一令人震惊的新闻后，消息不胫而走，西区德文希尔街四十六号对来访者一直应接不暇。

披露此新闻的《地球报》第五版发行后不到两个小时，《中央新闻》（*Central News*）和《每日邮报》（*Daily Mail*）分别有记者采访康德黎先生。他虽竭力保持缄默，但记者仍然从他口中了解到大致情形。

这两位探求真相的记者接着来到中国使馆要求见孙本人。使馆里那位神通广大、随机应变的邓某接待了他们，矢口否认有这么一个人。当记者出示了《地球报》所报道的新闻时，邓竟然轻快地笑称这纯属凭空捏造。《中央新闻》记者正色地说使馆不必再作抵赖，如果不释放孙，明天使馆门前将会聚集万人群众。邓某依然不动声色地极力狡辩。

记者还在米德兰旅馆（Midland Hotel）找到哈利迪·马格里爵士进行采访。他的谈话由各报转录如下：

采访哈利迪·马格里爵士

中国使馆参赞哈利迪·马格里爵士于昨日下午三时半赴外交部。在接受新闻记者采访时哈利迪·马格里爵士称对使馆扣留华人一事，除报纸所述之外一概无可奉告。问及外交部已发表声明——外交大臣索尔兹伯里勋爵（Lord Salisbury）要求中国使馆释放被禁人员时，哈利迪爵士承认确有其事。至于声明的结果如何，哈利迪爵士说被禁人员将获得释放，但必须保证使馆有关权利不受损害。

在随后的记者采访中，哈利迪爵士声称使馆扣押之人并非孙逸仙。"我们十分清楚此人的真实身份，对他进入英国之日起的一举一动瞭若指掌。他是自行来到使馆，而非被绑架、劫持或诱骗入内。身在异邦的中国人到使馆拜访或与同乡闲聊是极其平常的事。但此人行迹可疑，似乎有窥探使馆情报的企图。最初一使馆人员与他交谈，随后介绍给我。酬酢片刻后，他的言谈引起我们怀疑他正是使馆一直留意的人。怀疑得到证实后，使馆在第二天他再次出现时将其扣留，等候中国政府的进一步裁决。

谈到此事的国际问题，哈利迪爵士说："此人不是英国人而是中国公民。我们认为中国使馆在某种意义上属于中国领土，由中国公使管辖。如果中国人自愿入内被发现有任何嫌疑，使馆可以将其扣留，任何使馆以外的人无权干涉。如在使馆以外的范围则属英国领土，没有拘捕令我们不能逮捕任何人。"

哈利迪爵士还说，此人虽被使馆扣留但并不曾以囚犯相待，起居饮食均得到悉心照料。对于外界所称囚犯受到了严刑虐待，哈利迪爵士视为无稽之谈。他还说使馆收到外交部的查询信函，对此将立即予以答复。

据《中央新闻》报道：哈利迪·马格里爵士从外交部回到中国使馆后，立即到公使龚大人寝室，向他汇报了索尔兹伯里勋爵坚持要求释放孙逸仙。

在此我对哈利迪·马格里爵士的言行不予置评，他的良知有待公众去作评判。在他看来他有充分的理由这么做，然而这种做法却与任何头脑清醒者的行为不相符，更何况是身居要职的使馆参赞。正如邓所说：公使不过是徒有虚名，马格里才是真正的操纵者。

许多家报纸还对营救计划作了报道，现摘录其一则如下：

营救计划

据证实，对于孙逸仙的被捕，他的朋友们曾制订大胆的计划以期营救。由于外交部及苏格兰场一再担保他不会有任何危险，这一计划才未实施。朋友们原计划从孙被禁之室破窗而入，带着他自窗户攀越至波特兰街区五十一号鲍尔斯考特子爵（Viscount Powerscourt）屋顶。朋友们已设法通知他这一营救计划。虽然有消息说孙逸仙被带上手铐，有人答应从使馆内帮助打开窗户。事实上整个计划详尽周密，使馆外备有马车接应，一旦获救立即驱车将其送至友人家中。孙的友人称中国使馆翻译 Long[1] 是将孙诱骗至使馆者之一，而 Long 自始至终态度强硬，否认曾有此人跨进使馆大门。据孙友描述，孙身着英式服装，非但不似典型的中国人打扮，反而常被误认为英国人。据说孙在香港有口皆碑，是一位心地善良、性情和蔼的人。他行医所到之处，均以其高明的医术及对穷人的乐善好施而受到赞誉。相信他在很大程度上被广州谋叛者所利用，尽管他一直敢于谴责两广总督当局的残暴与压迫。据说他为了维护他那一阶层的利益走遍了整个广东。这是当今皇帝[2]掌权以来所遇到的影响力最广、最为棘手的一次挑战。

---

[1]　按：Long 疑为 Tang（邓廷铿）之误。

[2]　指清光绪帝，一八八七年亲政。

真实情况是这样的，科尔于一八九六年十月十九日给康德黎先生送去一封信说："今晚在波特兰街区有难得的机会可以让孙先生爬到隔壁屋顶，你在征得屋主的同意后派人前去接应。如果认为可行，请告知。"康德黎先生持信到苏格兰场请求派一名警察协助，但警方认为此举不免有失尊严而极力劝阻，并保证一两日内我一定能走出使馆大门。

第八章 获 释

十月二十二日科尔示意我注意煤筐。他离开后我拿出一张剪自《地球报》的新闻，上面长篇报道我被捕的详细情形和目前的处境，标题十分醒目："惊人消息！革命家在伦敦被绑架！中国公使馆囚禁案！"英国新闻界终于介入此事，使我意识到自己已经真正脱离了险境。我满怀感激，当时的心情绝不亚于罪犯行刑前获得缓刑。

十月二十三日（星期五）天亮以后一直没有丝毫动静，直到下午四点半，门外的英籍和华籍守卫进来说马格里先生要在楼下见我，并吩咐我穿戴整齐。我一一照办，不知道他们要让我去哪里。下楼后我被带到地下室，当时以为他们想把我藏在地窖里以躲过英政府的盘查。没有人告诉我即将获得自由，我也丝毫没有意识到能获释。然而不一会康德黎先生与另外两个人出现了，后来我知道其中一人是苏格兰场的贾维斯探长（Inspector Jarvis），另一长者为外交部使者。

马格里先生当众将从我身上搜去的物品一一归还，并对探长及外交部使者说："我现在将他交给你们，同时希望使馆的特权和外交权利不会由于此事而受任何损害。这是唯一的条件。"诸如此类的话，由于当时我心情激动没能记住，但无论在当时还是现在这些话听起来显得多么愚蠢可笑。

这番对话是在地下室的通道里进行的。接着我被宣布从此恢复自由。马格里先生虚情假意地与我们一一握手道别，派人领着我们从侧门出去。我们从使馆的后门走下台阶来到了韦茅斯街。

恐怕没有人会注意到这样一个微小的细节，我们是从使馆的后门走出来的。

对于在场这些英国人来说，营救我是最为重要的事，然而在我的那些精明的同胞和深得某种东方恶习的马格里先生看来却并非如此。

英国政府代表如同下等人般从后门出来一事，无疑将成为公使及其部属向朝廷自诩的又一资本。只有通晓中国官方对外国人的一贯作风的人，才会明白使馆此举意在侮辱轻视英国政府。他们藉口大厅记者云集、门外一大批围观群众、外交部希望不事声张以免引起示威等等为自己辩护，这些理由显然是那帮满洲无赖及其主管马格里预先策划好的。

中英双方在这一事件中可谓各得其所。英国人关心的是我的获释，而中国人却认为这种释放方式抹煞了英国此次外交的成功。

当天下午到中国使馆去的是一队不起眼的人马，但是其中的成员之一，即那位年长的外交部使者大衣口袋揣着一张极其有份量的的纸条。这张纸条想必是言简意赅，马格里只花了两三秒钟便一目了然。虽然只有寥寥数语却系着我的生死、带给我自由，而且使我免受中国对政治犯惯用的严刑逼供，以期从犯人嘴里说出同谋者的姓名。

韦茅斯街聚集了大批群众，无处不在的记者们企图劝诱我吐露事实真相。我被迅速地带上一辆四轮马车，在康德黎先生、贾维斯探长和外交部使者的陪同下驱车奔赴苏格兰场。贾维斯探长在车里就像对待顽劣的孩童般严词正色地对我进行批评，劝导我从此循规蹈矩不再参与革命活动。在抵达白厅区（Whitehall）某饭馆前马车忽然停下来，我们都下了车。这时不知从何处冒出一大批记者，蜂拥而上。我们本已把他们甩在一英里外的波特兰街区，不料车刚停下他们便尾随而至。记者们没有被驱赶，其中一位陌生的记者甚至爬上驾驶座旁的位置。正是他在饭馆门前拦住我们的车，因为他知道一旦进了苏格兰场将有一段时间无法接近我。而其他的人除了只盘踞在车顶外，我想不出他们是从哪里钻出来的。我被簇拥着来到饭馆的后院，拥挤推搡的场面更甚于当初我被挟持到使馆。他们渴望得到有关消息的迫切心情，不亚于我的同胞想要我的头颅。一枝枝笔龙飞凤舞，写出种种我从未见过的奇妙难解的符号，后来才知道那是速记法。

我一直讲到唇干舌燥。康德黎先生大声说道：“先生们，时间到了。”我被同伙强护着突出重围，上车直奔苏格兰场。在那里，他们都把我当成自己的孩子般对待，贾维斯探长和善的脸就是很好的写照。无论如何我终于渡过了难关。我在那里呆了一个小时，向警方详尽地讲述自己被拘禁的整个过程。警方一一作了记录并让我过目。署上姓名后，我便向警察朋友们告辞离开。康德黎先生与我匆匆赶回家中，等候我的是他们一家人的热烈欢迎。晚餐时大家一同举杯为我的"头颅"干杯。

当晚来访的人络绎不绝，直至深夜。这个夜晚的酣睡是平生难忘的头一回。我一连睡了九个小时，直到楼上孩子们的嬉闹声把我吵醒。他们高声尖叫，似乎有什么兴奋有趣的事发生。我侧耳细听，恍然大悟。"来，科林（Colin）你扮孙逸仙，尼尔（Neil）扮哈利迪·马格里爵士，我来救孙。"接着一片嘈杂，只听得地板"嘭"的一声，"哈利迪爵士"被打翻在地，"孙"被康德黎先生的长子基思（Keith）成功地解救出来。一时哨声、鼓声大作，欢庆胜利。孩子们唱起了《英国掷弹兵进行曲》（The British Grenadiers）。终于平安回家了，这些小朋友显然已时刻准备着为保护我而斗争到底。

十月二十四日（星期六），来求见的记者终日不辍，一遍又一遍地向我和康德黎先生提出同样的问题："你是如何通知康德黎先生被绑架的？"对此我们无词以对，因为如实相告必然会让使馆内帮助我的朋友遭受牵连，丢了职位。此案结束后科尔为使别人免受猜疑而毅然辞职，这就无需再隐瞒谁是当时的报信者了。外界传闻我曾贿赂科尔才得以脱险，事实上科尔并不明白我给他的二十英镑是作为酬报，以为是我请他代为保管。当日他见到康德黎先生时已告知此事。我获释后便把二十英镑如数还给我，无论我再三请求，他都始终不肯收下这笔钱。钱虽然不多，但已是我倾囊所出。科尔当时经过一番激烈的思想斗争，最难熬的恐怕是最初那段时间。十月十八日（星期天）下午科尔决定尽力相助，带着我的便条到德文希尔街四十六号康德黎先生家。进了客厅，医生不在，他请求见医生的妻子。仆人去报告女主人。这时科尔突然瞥见客厅另一侧阴暗处站着一名留长辫的中国男子在盯视他，他不禁大惊失色，以为使馆的人跟踪而至或早已等候在此。康德黎太太出来时看到科尔浑身哆嗦、面色苍白，说不出一句话。原来这只是一场虚惊。那是康德黎先生从香港带回的一尊栩栩如生的华人塑像，曾经吓唬了不少比科尔还大胆的客人。康德黎太太极力安慰他，带着他到孟生博士家去找她的丈夫。

我的遭遇大致如此，以后还会有什么复杂情况发生很难断定。其他英语国家对此事的报道这里不予赘述。英国议会尚未就本案召集会议，我不知道他们会对此事提出什么样的问题。但是自从我获释以来结识了不少朋友。我已对这个国家作了几次惬意的参观游览，受到朋友们的盛情款待和伦敦人的殷殷厚爱。

附　　录

本文另附当时英国报纸对此案的报道和评论。首先是霍兰教授（Professor Holland）写给《泰晤士报》的信，题为：

孙逸仙一案——致《泰晤士报》编辑的信

编辑先生：

孙逸仙被禁之事提出了两个值得讨论的问题：第一，中国使馆对孙的拘留是否为非法行为？第二，若属非法行为，假如使馆不予释放，可以采取哪些适当的措施进行解救？

第一个问题的答案自不待言。一六〇三年法国叙利（Sully）出任驻英大使时竟将一下属判死刑，并将其交由伦敦市长正法处决。此后有关外国大使行使其本国裁判权即使用以处罚使馆人员也属罕见。一六四二年葡萄牙驻荷兰海牙大使莱陶（Leitao）将一名欺骗他的马贩子囚禁起来，最后引发一场暴乱，使馆被洗劫一空。维格尔福特（Wicquefort）[①] 就该案的处理方式严辞批驳莱陶，说他既然公然大谈国际法，就应该知道不能私自拘禁囚犯。如今孙逸仙身处英国领土，作为临时公民理当受到英国法律的保护，而中国使馆拘禁他极大地侵犯了英国的主权。

第二个问题虽然略为复杂，但解决方法并不困难。如果中国公使拒绝释放囚犯，英国政府可以据此将其驱逐出境。如这一交涉过于迟缓，在紧急情况下伦敦警方有理由进入使馆搜查。外国使馆是治外法权区，这一简约说法意味着使馆在一定程度上不受驻在国法律所制约。但是这些豁免权受到习惯法的严格限制，并且不能由此推演出新的权利。一七一七年吉伦伯（Gyllen-

---

① 姓名全称是 Abraham van Wicquefort，十七世纪荷兰著名外交家，撰有《大使及其职能》（*L'ambassadeur et ses fonctions*）一书在法国出版。

burg）一案表明如果驻外使节涉嫌密谋损害驻在国利益，该国政府有权将其拘捕并进入使馆搜查。一八二七年加勒廷先生（Mr. Gallatin）的司机一案同样证明了使馆人员如在使馆外触犯法律，该国警方只须依照外交礼仪通知使馆即可入内拘捕案犯。此外，除却西班牙与南美各国所订一项国际公约的规定，其他使馆均不能成为政治犯的避难所。至于使馆擅自非法羁禁人犯，驻在国当地警察可以就情势所需采取必要的干涉手段加以解决。

据孙逸仙所称，他在光天化日之下遭受使馆绑架，甚至使馆企图押解其回国。如果这一指控成立，中国当局为此应负的责任不言而喻，不容置辩。发生性质如此严重的事件，无疑完全是由于该使馆僚属的过度贪功所致。丁韪良博士（Dr. Martin）在北京同文馆讲授国际法律已有多年，帝国政府岂能对驻外使节应遵循的法规置若罔闻？

T・E・霍兰　十月二十四日于牛津

另有一报道如下：

法律观点

卡文迪什先生（Mr. Cavendish）对国际引渡法素有研究，昨天在鲍街（Bow Street）接受记者采访时说，在他的印象中几乎没有与孙逸仙一案相类似的案例发生。桑给巴尔（Zanzibar）篡位者一案与本案截然不同，他得到德国领事馆的庇护，德国政府依据有关国际法的条例拒绝交出此人，并将他送到德国本土。而本案的孙逸仙是一名中国公民，由于触犯政府被其代表在该国使馆拘捕。鉴于这种情况，卡文迪什先生认为如果事实成立，则只能由我国外交部通过外交途径解决，而无任何法律条款可循。

下文是伍德先生（Mr. James G. Wood）写给同家报馆的一封信，就霍兰教授提出的法律问题进行商榷。

致《泰晤士报》编辑函

编辑先生：

值得庆幸的是霍兰教授所说的第二种情况并未发生，但他提出的问题值得仔细考虑。我斗胆认为他的解决方法不尽如人意。

霍兰教授认为假如中国使馆拒绝释放囚犯，"在紧急情况下伦敦警方有理由进入使馆搜查"。基于何种理由他却未进一步解释。这不是解决问题而是在推测解决的办法。伦敦警察并没有四处巡回解救被非法拘禁人员的职责，而且任何这样做的企图都会遭到合法的武力抗拒。

对于非法拘禁的行为，唯一可行的法律程序只有发出人权保护令，但同时也存在着实际的困难。这样的人权保护令是否能向大使（公使）或其他使馆人员递交？又或者递交后遭到拒绝，能否以藐视法律处置？我认为不能也从未有过这种先例。

我同意使馆享有治外法权的这一说法过于抽象，容易引起歧义。实际上这一说法不够准确，审慎的律师会避免使用这一用语。问题的关键在于享受治外法权的使馆与轮船不属于同一范畴，而是针对公使本人而言。也就是说，公使及其家人、部属享有一切民事法则的豁免权。不是说在使馆范围内允许或不允许采取哪些行为，而是对使馆内个人允许或不允许采取哪些行为。这样看来，我提出的递交人权保护令似乎有碍于外交礼仪。

至于霍兰教授提出有关的案例——持有拘捕令的警察有权进入使馆内拘捕在使馆以外犯法的罪犯——用以推断警察有权制止发生在使馆内的非法拘禁，我认为这一理由并不充分，两者不能相提并论。

詹姆斯·G·伍德　十月二十七日

想象中的中国革命者——摘自一八九六年十二月三日香港《德臣西报》（*The China Mail*）

孙逸仙将有可能成为中国历史上的一位显赫人物。近日他在伦敦被拘捕，险遭中国使馆遣返回国以乱党论处。在未经法庭正式审讯之前，自然不能妄下断语说他参与违法活动，或所从事的活动旨在颠覆朝廷。只有伦敦的中国使馆与广东官府将孙逸仙称为乱党，然而这并不妨碍人们把他视为一位非凡的人物。他深切体会到数以百万计的中国人民流离困苦，同时许多深具同感的中国人因这种情形而不懈地努力奋斗。中国官员声称他们在一八九五年十月密谋造反，孙逸仙是其主谋。外国人甚至远东地区的人民，并不了解当时中国人民渴望已久的变革近在咫尺。然而一经起事即告失败，产生的影响微乎其微。如同当年的太平天国运动遭到镇压情形一样，那时的局势十分危急，而此次的组织远比当年的起义更为新潮，基础更为文明。事实上，主要倡导者在这次变革运动中显示出其聪明才智，在意识到时机尚未成熟的情况下中止起义进程，避免了眼前一场更为惨重的失败。革命事业被暂时搁置，然而革命者决不会半途而废。

革命运动的渊源已无法追溯，广大人民对满清的统治普遍不满。中日战争爆发后矛盾上升到白热化的阶段，不少人意识到战争带来的契机，立刻付诸行动以实现救国救民的愿望。最初在中国尚未完全受人奴役之前，他们满怀希望通过非暴力形式以完全合法的立宪程序实行彻底的变革。孙逸仙就就业业，致力于化解由于政府昏庸统治造成的人民的不满情绪，推行建立立宪制的全面改革，迫切希望将日益沉沦、陷于水深火热之中的中国拯救出来。他正气凛然，挫败了中国反动势力的嚣张气焰，协调各党派之间、本国人与外国人之间甚至外国列强之间的利害冲突。最难能可贵的是，他预见到事变后接踵而至的各种复杂局势并早有准备，同时牢记任何伟大的变革都离不开国际上各个国家及人民的支持。然而要克服举国上下强烈的排外倾向，却是举步维艰。这是一项伟大而又艰巨的任务，但他意识到这是拯救中国的希望所在，为了使这一希望成为可能只有不断地努力再努力。去年的运动未能获得成功，但却朝着成功的方向迈出了一步。对于一名热忱的爱国者而言已足以为此奋斗。

孙逸仙出生于檀香山，受过良好的英式教育，曾在欧美各国广泛游历，是一位杰出的青年。他曾是克尔医生在天津所办学校的一名医科学生，后成为香港雅丽氏利济医院（Alice Memorial Hospital in Hong Kong）医生。[①]他中等身材，瘦削而结实，具有中国人难得的言辞敏捷和直率性格。举止谦恭有礼，谈吐诚挚，知觉敏锐，处事果断，让人油然而生敬意，是中华民族之中出类拔萃的佼佼者。在他平静外表下蕴涵的个性，终将对中国历史产生深远的影响。纵观各国历史，中国与它们有着相同的境遇，在自由与文明尚处在萌芽阶段或尚未到来之前，倡导反对腐败和压迫的先驱被视为异端立即处死。

---

① 按：以上叙事多错，参见上篇注释。

因此革命思想的传播如履薄冰，必须小心谨慎。早在一八九五年初孙逸仙在香港起草发表了详尽有力的政治文告①，在全国尤其是华南发行，引起轰动。文告措辞得当，甚至令最擅于吹毛求疵的官员也无从指摘。其中生动地描述了在开明政府治理下国家的美好前景，与腐败独裁的昏庸政府形成鲜明的对比，表明了人民对政治改革的期盼。此后革命之势锐不可挡。革命党立刻着手组织策划暴动，据说孙逸仙曾参与其事。

　　早在中日战争发生前已有过暴乱的谋划，事实上这在中国是长期存在的。由于官府的欺压与掠夺，中国水陆两军官兵多怀怨懑，不少文官也愿意加入起义。支持这一计划的许多人背后无疑都怀有不可告人的目的，这在中国是司空见惯的。三月开始了起义的筹备活动，革命党人从檀香山、星加坡、澳洲等地筹集资金，但是缺乏合适的军队，武器弹药也不足，如果在十月份有更明智的谋划就更好了。然而智慧得自于经验，为此起义的领袖们从未因为计划的夭折而后悔他们当初的行动。随着形势的发展，一些人意识到必须发动武装起义，虽然这会引来杀身之祸。孙逸仙冒着生命危险在全国奔走游说，宣传革新政治，为立宪改革招募兵马。同志们不信任和平改革方案，计划发动武装起义，然而对事态的发展缺乏充分的准备。在香港招募军队准备袭击广州，枪支弹药用水泥桶偷运，所需的资金已充足，同时还延聘了外国参谋及军事指挥。革命党人试图得到日本政府援助，但未获明确的答复。谁也无法预测，在日本民间答允支持的基础上又能获得日本上层官员的积极配合，革命的命运将会如何。也许牵涉到战争赔款、还辽事件（the Liao-tung settlement）和通商条约，战后日本、中国、欧洲之间关系的整个历史将会完全改写。起义计划周详，一切准备就绪，然而在行动之前却遭到叛徒的出卖。香港一位有名的富商属于争夺中国路矿开采权的某财团，为了私利而参与起义筹备工作，后又认为替官府卖命更有利可图，于是出卖了机密，致使起义计划全功尽覆。孙逸仙当时正在广州，被指控参与武装起义。在中国无辜不意味着安全，毫无根据的指控同样能置人于死地。孙逸仙无法顾及朋友、财产

①　此指《兴中会章程》。

等而四处逃生，有两三个星期辗转躲藏在地势复杂的河汉地区和强盗出没的珠江三角洲。据报道，孙的四五十名同志遭到杀害，他则被悬赏通缉。

孙逸仙逃到檀香山，随后到了美国。据说这位不屈不挠的爱国者曾向中国驻华盛顿使馆的华人宣传改革事业，后来到伦敦他试图进行同样的工作。不料驻华盛顿使馆一位曾对改革宣传家表示支持的华人出卖了他，企图从中谋利。此人电告驻英使馆务须不择手段地拘捕孙逸仙，将其押解回国。无论哈利迪·马格里爵士或其奴颜婢膝的下属如何辩解推诿，孙逸仙被中国使馆所绑架囚禁确是不移的事实。由于他在香港时的老师和朋友康德黎医生的奔走，这位优秀的中国人在英国的正义维护下逃脱了险恶的满清政权的陷阱。世界各地所有认识康德黎医生的人，都一致认为他是最为正直、倍受尊敬的慈善家。孙逸仙在康德黎等人的保护下无疑将以满腔的热情继续他所选择的事业，直至中国最终摆脱其悲惨的命运，建立完美合理的理想国度。

《泰晤士报》于一八九六年十月二十四日发表社论，对有关问题展开了全面的讨论。

《泰晤士报》社论

在各国依照"一致的欧洲"朝着稳定和谐的睦邻友好关系发展之际，中国使馆发生的一起荒谬的违背法律、违背国际惯例的案件，破坏了原本正常的外交秩序，几乎酿成了悲剧的发生，但最终在我们看来却成为一出闹剧。据同行《地球报》星期四报道，中国医生孙逸仙来到英国后遭到中国使馆监禁。拘捕他的使馆人员企图将其押送回国，接受中国法庭对谋反嫌疑犯的所谓"公正"裁决。多亏这名"囚犯"曾在香港学习西医，结识了现居伦敦的香港西医书院教务长康德黎先生和孟生博士，得到他们两位的关爱。孙逸仙有足够的钱财得以设法通知他的英国朋友，朋友们立即报告警方及英国外交部，同时雇用侦探监视使馆以防"囚犯"被暗中送走。外交大臣索尔兹伯里勋爵得知消息后，要求使馆立即释放被押犯人。康德黎先生与孟生博士前去使馆相认并将他接走，孙逸仙重新获得了自由。他向记者介绍当时被拘禁的情况，而中国当局的陈述与此大相径庭。假如中国当局达到目的将孙逸仙偷送回国受刑处死，我国外交部只有谴责中国政府破坏国际邦交礼仪，勒令该政府必须惩办所有有关人员。这一举措若是失败，整个事件将演变成一出闹剧，产生的后果则远非提出严重的抗议所能解决。

中国当局指控孙逸仙利用医生的幌子从事其他阴谋。实际上他本名孙文，是一八九四年密谋起义的主谋，企图颠覆当今朝廷。叛党第一步计划是，在两广总督视察军火库时将其抓获。但由于消息泄露，计划被出卖，十五名首领被捕杀。孙文及时逃脱，他从檀香山、美国辗转来到英国，一直处于侦探的监视之中。本月初他刚到英国即探访了旧友康德黎先生和孟生博士，计划在伦敦学习医学，几天后忽然失踪。上星期六晚康德黎先生得知他的下落。孙文或孙逸仙称本月十一日他走到波特兰街区附近，一位同胞上前与他攀谈，询问他是中国籍或日本籍。得知他是中国人来自广州后，此人自称为同乡，一路与他交谈。随后其他两名中国人出现。一人离去，其余两人与他一同走到使馆附近，极力邀请并推搡他入内，大门随即被关上。孙逸仙称，他被带往楼上见到哈利迪·马格里爵士，此后他便被严密监禁起来，直至在外交大臣索尔兹伯里勋爵干预下获释。与此相反，中国使馆声称孙逸仙于十日（星期六）自行来到使馆与馆中人员谈论国事，似乎只是想与同胞闲聊，事后他离开使馆。这时使馆人员开始怀疑他可能是有名的逃犯孙文。使馆早已接到孙文从美国来到伦敦的消息，并且一直受到中国政府雇用的侦探监视。次日，即十一日（星期日）孙文再次来到使馆，证实其真实身份后将其拘捕。原以为孙文不久将返回香港，以香港作为进一步活动的基地，中国政府企图在其到达香港时要求将之引渡回国。正在这时，这位想象中的叛乱者突然出现在中国使馆，他们自然不会错过这样的良机，于是将其监禁以等候北京的指示。毫无疑问，如果北京下达命令并得到执行，孙将无力再图谋革命。索尔兹伯里勋爵的干预不能算早。事实上孙在被禁期间受尽煎熬，担心使馆提供的食物有异。

俗话说快刀斩乱麻，中国公使或其代表悍然采取这样的手段不足为奇。令人诧异的是身为英国人的哈利迪·马格里爵士竟然参与其事，出此下策。即使此计侥幸得逞，事后凡与本案有牵连者也必将受到严惩。据说中国公使在释放孙时曾提出期望今后使馆的权利不受损害，然而他却行使了一项为任何文明社会所不容的权利。昔日土耳其人在伦敦诱骗亚美尼亚人进入使馆，将他们拘捕并遣送回国由苏丹王任意宰割；而大使达弗林勋爵（Lord Dufferin）同样私自监禁泰南（Tynan），将其送交伦敦中央刑事法庭接受审讯。孙案与此如出一辙。驻外使馆确实属于国家的一部分，公使及其他使馆人员在派驻国享有豁免权，但这并不意味着公使有拘禁或裁决权，而使馆也不能成为与其无关的他人的避难所。即使中国使馆不同意释放孙逸仙，一旦他被带出使馆大门，警方可以立即将他解救出来。值得庆幸的是囚禁期间他没有病倒，如果他在狱中遭遇不测，后果不堪设想，警方将无法进行取证，即使搜集到证据也难以给使馆的其他工作人员或仆役定罪。唯一可能的结果，只能是要求中国撤回公使接受本国法律的制裁。这一要求虽不难执行，但远非英国人所能接受的公正裁决。我们应该为被囚禁的犯人甚至英国本身，庆贺事情最终获得转机。我们也坚信外交部将会通过各种方式和途径告诫中国，禁止类似事件再次发生。

上面这篇评论引起哈利迪·马格里爵士的异议，为此他阐述了以下观点：

致《泰晤士报》编辑函

编辑先生：

　　贵报一贯以评论公正著称，然而今天就一名自称为孙逸仙（其众多别名之一）的中国公民被绑架一案发表的评论中，关于我的报道却有失偏颇。

　　贵报刊登了使馆及孙逸仙两方对案情的陈述，对我的行为颇有微辞。贵报理所当然地认为孙逸仙所述确实可靠，而使馆的证词不足为凭。

　　我不明白贵报何以提出这样的假设，认为此案与土耳其大使诱捕亚美尼亚人以期作为苏丹王的献礼一案相同。

　　在此我再次重申本案绝非所谓的诱捕。孙逸仙，或谓其原名孙文，声称在街上被使馆的两名彪形大汉挟持纯属谎言。

　　他出人意料地自行进入使馆。第一次于星期六，即十月十日；第二次于星期天，即十月十一日。

　　国际法学界的权威对孙逸仙被拘留一事众说纷纭。但无论如何，首先必须相信本案绝无绑架行为。孙逸仙进入使馆并非受人诱骗或曾有人向他施以暴力。

哈利迪·马格里

哈利迪·马格里爵士在信中提到我别名众多显然是出于诋毁。哈利迪爵士十分清楚每个中国人至少有四个名字：一为出生时父母的命名；二为入学时师长所赐学名；三为成年后进入社会的用名；四为结婚时用名。姓名的第一个字即家庭姓氏不变，名字则根据父母、师长等所取而不同。关于此，十分有趣的是他本人在中国也有不少别名，除"马大人"即马格里的尊称外，还有马凯尼（Ma-Ka-Ni）、马清臣（Ma-Tsing-Shan）等，这都说明在中国除了家庭姓氏之外并没有什么固定不变的名字。

波特兰街区的牢狱——摘自一八九六年十月三十一日《斯皮克报》（*The Speaker*）

哈利迪·马格里爵士是为中国政府服务的一名官员，因而他身上似乎丧失了原来或曾有过的、难以察觉的幽默感。这位中国使馆的外交官在《泰晤士报》发表声明摆出一副备受冤枉的姿态，就像在英国报章上极力为土耳其政府辩护的那位愚钝的伍兹巴夏（Woods Pasha）一样。这类事情若出自真正的东方人所为再自然不过，恰能体现出他们的特性，而发生在伪东方人身上就显得荒谬可笑。哈利迪·马格里爵士郑重其事地向世人宣称，这位近期从波特兰街区的"巴士底狱"获释的中国医生并非受到诱骗绑架。然而假如当时孙逸仙知道接待他的是何许人，难道竟会自愿跨入使馆大门？对此哈利迪爵士哑口无言。显然他目睹孙的被捕而不设法予以释放，直到外交部进行干预才放人。中国使馆如不是企图押送孙逸仙回国，何必要将他囚禁起来？由于身处伦敦且为职责所迫，哈利迪·马格里爵士不得不陷入了对英国人来说非常可怜的境地，为在广州被视为合理合法的行为而遮遮掩掩。纯粹的中国密使假使计谋受挫一定会保持沉默，听天由命，接受一切失败的后果。哈利迪·马格里爵士本应像中国人那样三缄其口，然而却在《泰晤士报》极力狡辩，议论是非，在中国当局眼里只能认为他们的英国人代表无能和失职。

另一方面，这次中国人绑架案还有一些发人深省之处。尽管查尔斯·皮尔逊（Charles Pearson）曾预言黄种人终有一天会对我们构成极大的威胁，英国人却从未把中国人放在眼里。阿三（Ah Sin）① 的模样，尤其是留着马尾，一身长袍马褂的打扮，在普遍观众眼里显得滑稽可笑。如果诱骗孙逸仙的一伙人在街上被人们认出，只会招来戏谑嘲讽，绝不会引起公愤。欧洲人如果作出同样的事又是另一番情形，不会那么幸运。幼稚可笑、温顺谦卑、谨小慎微的阿三形象只是一个传统的笑话，如同壁炉上摆设着的身穿中国官服的摇头娃娃，他的把戏激不起丝毫愤怒。索尔兹伯里勋爵对此案的干预，就像是在中国人的辫子上毫不犹豫地轻轻揪了一把，这样教训中国人已经足够了。假如被劫持的是德国人或法国人，则事态要严重得多。人们对发生在波特兰街区的监禁不过一笑置之。新闻媒介对于这一事件的态度，就像当初报道身为大臣的李鸿章未奉召命擅自入宫而遭到皇太后的训斥一样。中国人的一本正经常常引起西方人捧腹不已，对待这样一个民族又怎能板得起面孔？经过波特兰街区四十〈九〉号的人总会情不自禁地耸一耸肩，哑然失笑。这幢坚固舒适的中产阶级宅第变成了嬉笑节的巴士底狱，引来街头商贩的孩子们的阵阵笑声。他们像十一月五日过烟花节似地忍不住敲开使馆大门，将天朝盖伊（Celestial Guy）② 推到满脸愕然的使馆仆人面前，后者操起洋泾滨英语开始义正辞严的长篇演说。

至于孙逸仙，他深知他之所以为官府憎恨的原因并没有引起任何人的兴趣。据说他曾参与反对两广总督的活动，这样的说法并不能给人们留下什么印象。在英国，许多国家的政治避难者，如意大利、波兰、匈牙利等常常能唤起人们的传奇遐想而成为小说里令人同情的角色。当故事作者讲述外国密谋策划者的故事，其中的谋划、逃亡等总能令人们产生丰富的想象。尽管孙逸仙的经历扣人心弦，尽管这位受人尊敬的中国医生在本国也许是位难以对付的人物，却没有人将他作为故事的题材。未开化的中国佬形象无法令人产生凶险的联想，尽管游客们对中国政府体制，对法庭上对待证人的软硬兼施，

① 据谐音译出，一个象征"中国佬"的名字。
② 天朝指中国。盖伊·福克斯（Guy Fawkes），英国天主教极端分子，十七世纪初企图在伦敦国会大厦炸死英王詹姆士一世（James I）的"火药阴谋"策划者之一。粉碎这一阴谋和处决盖伊·福克斯后，英国每年十一月五日都燃放烟花表示庆祝。

对犯人的凌迟处死作过详实的描述。中国军队近期在战事中失败的耻辱更加深了世人的印象：黄种人不过是一些乌合之众。如果孙逸仙讲述自己的经历，大肆渲染两广总督的独裁，抑或是哈利迪·马格里爵士将这位不久前的囚犯描绘成残暴的恶魔，相比之下西方的危险人物统统成了伪装的天使，我们怀疑这样的故事能否吸引公众的注意。中国人有他们的美德：节俭、简朴；比西方各国更重视家庭裙带关系；祭祀祖先的习俗是西方传教士们难以逾越的绊脚石，比家族谱系有更深的道德寓意。但无论是英国人或美国人，绝不会因此而认为盎格鲁—撒克逊文化相形见拙。东西方的鸿沟如此巨大，谁也不愿向对方低头。曾有人预言白种人将会征服东方乐土，也有人预言欧洲将会被黄种人移民潮所淹没。双方对于此类告诫置若罔闻。中国人对西方嗤之以鼻，恐怕李（Li）①的游记也难以消除；而波特兰街区四十〈九〉号在上演了这一出闹剧后也无法恢复昔日虚妄的声望。

获释后我投函各报馆，答谢英国政府及报界为我所做的一切。

致各报编辑函

编辑先生：

此次被中国公使馆拘禁，承蒙英国政府相助才得以获释。请允许我借贵报在此向贵国政府表示深深的感激，并感谢报界对我的同情和及时声援。经过这一事件，使我深切地体会到英国人民的慷慨热情和强烈的正义感。

我对立宪政体和开明的人民有了更加深刻的认识，这将激励我为饱受欺凌的祖国的进步和文明继续努力奋斗。

孙逸仙　十月二十四日

伦敦西区波特兰街区德文希尔街四十六号

译自 Sun Yat Sen, *Kidnapped in London: Being the Story of My Capture by, Detention at, and Release from the Chinese Legation, London*. Bristol: J. W. Arrowsmith Ltd., Printers / London: Simpkin, Marshall, Hamilton, Kent & Co. Ltd., 1897（艾普诗译，区锇校）

英文原文见本册第359—487页

---

①　即李鸿章。

中国的现在和未来

*革新党呼吁英国保持善意的中立*①

（英　译　中）

（一八九七年三月一日）

人们都承认中国的现况和未来的情势，是很难令人满意的。但是我敢于设想，欧洲人并没有充分认识到腐败势力所造成的中国在国际间的耻辱和危险的程度，也没有认识到中国潜在的恢复力量和它的自力更生的各种可能性。

我想引证一些事实。这些事实只有中国人才能充分知道和完全理解，这些事实的全部意义只有经过详细的描述才能明白。中国天然灾祸的发生也是由于人为的原因。中国人对于开发广大的国内资源和制止外患，似乎是无能为力或者是不愿意这样做；但这也并不是出于中国人的天性，而是由于人为的原因和人为导致的倾向引起的。革新党（Reform Party）的存在，正是为了排除或抵制这些原因和倾向。

大家经常忘记了中国人和中国政府并不是同义语词。帝位和一切最高级的文武官职，都被外国人（foreigners）② 所占据。在对于中国人的行为和性格（这是鞑靼人所造成的）作批评的时候，尤其是在估量内部改革的机会的时候（假设我们革新党人所希望的根本改造政府是可能的话），便应当对于上面所说的事实给予应有的重视。这一点只是在这里提一提，但是在对于我所要描述的中国官僚生涯的特性加以考虑的时候是值得记住的。

不完全打倒目前极其腐败的统治而建立一个贤良政府（good government），由

---

① 此为孙文居留伦敦期间所作。本文原为计划中与英国记者柯林斯（Edwin Collins）合著专书的组成部分，由孙文陈述事实和意见，柯林斯负责取舍材料和整理。一八九七年三月一日在伦敦《双周论坛》发表时，作者署名孙逸仙。同年五月被译成俄文，载于圣彼得堡《俄罗斯财富》一八九七年第五期。

② 此指满洲人，亦即下文所说的鞑靼人（Tartars）。在当时的社会历史条件下，在汉族人中间，把满洲人视为外国人是一种相当普遍的观点，连鲁迅也不例外。

本土的中国人（一开始用欧洲人作顾问并在几年内取得欧洲人行政上的援助）来建立起纯洁的政治，那么，实现任何改进就完全不可能的。仅仅只是铁路，或是任何这类欧洲物质文明的应用品的输入（就是这种输入如那些相信李鸿章的人所想象的那样可行的话），就会使得事情变得越来越糟，因为这就为勒索、诈骗、盗用公款打开了新的方便之门。当我引用过去这样腐败的具体事件作为例子，并根据我个人的学识和经验，为了揭发这种骇人听闻的、几乎难以置信的事情的本质，用一些也许会引起人们厌倦的详情细节来写出中国大众和官场生涯的时候，才会明白革新党的言论，对于这种情况并没有一点夸张。

由于中国的成文法还算好，同时绝大多数违法的事情都被曲解得符合于死字眼，因此在中国短期居留的英国官员，既然他们大多只能用那些擅于掩盖真实情况的人作为他们的线人，对于事情的真相便只能得到极不完全的知识，这就不足为奇了。的确，知道真相的英国人还是有的，但是他们当中的绝大多数实际上已经变成中国贪污官僚阶层的成员，像许多我能够指名道姓地说出来的那些人，他们与中国官僚没什么两样，甚至可能有过之而无不及。至于我本人，在我决定学医以前，早就与中国官僚阶层有过密切的交往，我的朋友们也曾急于劝我捐个一官半职进入官场，就像在最近十年间我认识的很多人所做的那样，这说明了我具有各种机会和动机来研究我正在写出的这些题目。

中国人民长期遭受四种巨大的苦难：饥荒、水患、疫病、生命财产毫无保障。这已经是常识中的事了。所有的这些难题——甚至是前三种——在很大程度上都是可以预防的。就产生的根源来说，这些现象本身只是从属性的，这一点还有许多人不很清楚。其实，中国所有一切的灾难只有一个原因，那就是普遍而又有系统的贪污腐败。这种贪污腐败是产生饥荒、水灾、疫病的直接原因，同时也是造成武装盗匪常年猖獗的直接原因。

官吏的贪污腐败与疫病流行、粮食匮乏、洪水横流等等自然灾害之间的关系似乎并不明显，但确是很实在的，彼此间存在着因果关系。这些灾难决不是中国的自然状况或气候属性的产物，也不是群众懒惰和无知的后果。我坚持这种说法，绝不过分。这些灾难主要是官吏贪污腐败所造成的结果。懒惰和无知虽然也是促进这些事情的因素之一，但是，懒惰和无知本身在很大程度上也是官吏贪污腐败所造成的结果。

首先拿由于黄河泛滥所引起的洪水一事来看。有个官职叫做河道总督（Ho-tao-tchung-tu）（黄河的管理人）①，他下面有一大群属员，他们的职责就是查看堤防是否适当和坚固，保护和修整两边堤岸，抓紧时间来防止灾难事故。但是实际上这些官吏几乎没有俸禄（注：从下文就可知道，几乎中国所有的官吏都晓得最好是完全不支取他们那些菲薄的俸禄，只是让它存在政府里，作为抵消罚俸的用途。②），并且曾经花了很大一笔钱买来他们的职位，因此他们必然要贪污。当河堤决口不得不修补的时候，就有许多弄钱的方法。这样，洪汛水灾的到来，就成为他们经常的心愿。他们不但不注意防止这些可怕的、使得很多省份完全荒芜和数以千计的生命损失的灾难来临，而是为了他们无情贪欲的需要，在自然灾害迟来的时候，甚至不惜用人为的方法来造成洪水的祸害。当雨量还不足以使河水多得冲决河堤的时候，他们便会派遣一些人去损坏河堤，造成所谓"意外事故"，是十分寻常的事。这就是形形色色的谋利方法之一。首先，为了修整河堤，他们会收到一笔费用，再从工人中克扣工资，还雇用比定额人数要少的人来牟利，另外又在材料价格上作弊，如此等等。这样，稻田被毁了，造成粮食缺乏，导致了大面积的灾荒。于是救济费就从政府和慈善人士两方面源源而来，救命钱绝不是有十足的数目到达渴求救济的老百姓手中的。最后，又经常用"公务酬劳"（rec-ompense for public services）的名义，来晋升那帮修补过一段堤岸的官吏们。

所有这一切可能非常令人难以置信，但是在中国，这是尽人皆知的。人民有这样的谣谚："治河有妙计，防洪有绝策，即是要砍下治河官吏的首级，让黄河自生自灭。"

就中国灾难的缘由来说，既不可指责是由于人口过剩，也不可说成是自然原因所引起的任何粮食恐慌；那是由于诸多弊端及不当的交通方法，加以铁路、公路稀少，水道不完善而阻塞，更由于有额外的地方税——厘金（liken）无限榨取

---

① 清代置河道总督，前期设东河、南河、直隶三总督，分掌黄河、运河、永定河堤防疏浚事务，至咸丰年间仅保留东河河道总督，光绪年间裁撤。

② 圆括号内的文字，被原译者作为正文置于本段后面而自成一段，导致前后文意不顺。其实，英文原文中这段文字乃是作者对以上"但是实际上这些官吏几乎没有俸禄"一语的附注，故编者将之移至此处并加圆括号，又以一"注"字代替原有符号"＊"。

人民的结果。所有这些原因应当首先理解为都是由于贪污腐败所造成，我们官僚生涯中的乌烟瘴气犹如死海上的浓雾一样。唯有它那微弱的磷光才把笼罩在阴暗中的北京朝廷衬托出来。

现在广西是荒年。过去广西是中国盛产米粮的省份，不少别的省份都从它那里得到供应。现在这里生产大米的田地已经变得不能耕种了。因为租税过重，致使农民一直感到除了出产他们自己实际需要的消费量以及应付地方上的直接需要以外，再多产就不合算了。甚至连所谓"自由贸易"（Free Trade）虽然只是局部的，而且是从外面强加进来的，在这种情况下，它自身的目标也遭到了破坏。因为在与外国通商谈判而允许暹罗和安南大米免税进口以前，广东的大米是完全由广西供给的。现在外米免税进口，而广西米必须要付出一笔巨额的厘金，致使它在市场上完全无法立足，从而造成了肥沃的土地荒芜以至于失去耕种的价值。实际上土产稻米的成本要比洋米低贱得多，那么，使得广西农民破产的就是厘金，而不是别的。造成饥荒的责任也是在于厘金。

再就是有一个地方发生了饥荒，可是离这里不远的地方粮食却丰收，这又是常有的事。就因为没有铁路或足够的道路，饥民得不到别的地方多余的食物来维持生命。虽然在下面另外一处我还要把这件事详加讨论，但在这里我可以说，妨碍着铁路线应有的发展的，并非像一般人所想象那样，由于群众中间有着与生俱来的迷信，其实是因为官吏的贪污腐败以及鞑靼人害怕革命，加上投资不安全，这是大家都知道的。那么，为什么水道运输和交通上极其良好的天然有利条件并没有得到更多的改进，却在实际上废置无用呢？这个原因可以从下面的一些事实来推断，我所亲身经历的事只是一个典型例子罢了。

当时我正在广东北江的韶关城里，要乘船到离城三四十英里的英德（Ying-Tak），船费通常大约是五六两银子（十五到十八先令），但是由于船夫们精明的预见，害怕巡丁（river police）① 强收贿赂和非法拘禁，全体船夫都无一例外地不肯搭载我，纵使肯出二十两银子（三镑）也无济于事。要理解这一点，必须说明，一切船夫都有依法帮助政府沿河一镇又一镇地协同押送者一起解送囚犯的义

---

① 当时中国尚无"水警"或"河警"之名，被派往水域维持治安及缉捕水盗任务者，主要是州县属下沿海沿江各驻地巡检司的巡丁（每艘巡船配备巡丁约二十名）。

务，他们也受到等待囚犯和押送者随时动身的约束。这种惯例，经常是造成敲诈勒索的最为令人困扰的方式。捕役（police）① 并不明说要钱，他们只是来到港口命令船夫："候着！因为有个囚犯要带回。"可是终究没有什么囚犯，但这有什么要紧呢？除非船夫们为了得到允许开船回去而送上一大笔贿赂，否则他们会一直等候个把月的时间，直至真有囚犯要送时为止。对于这种情况的惧怕，是船夫们拒绝我的原因。还可以用这样的事实来证明：一经我说服他们，声称我是英德知县的亲信并可保证他们免于受巡丁的勒索时，立即就有了船，并且只需四两银子（十二先令）的微薄船费就把我载走了。

有一些已经对海关行贿的商人租用货船（海关的职权在巡丁之上），他们是免于这种勒索的。但是他们不得不付出极高的关税和贿款，合起来的总负担，能够使自己一切对外和本地的贸易完全瘫痪。

法定的税额并不太高，但一念及同一制品必须纳税多次，每个税关又都是一个繁杂的贿赂中心时，就不难想象在物品还没有到达消费者面前，物价是怎样的增长了！即使路程很近，例如从佛山到广州两地之间仅约十二英里，按规定会有一个税关和至少四五个搜查站（searching stations）。这样，除非付足贿款，否则在检查过程中货物会遭到故意毁坏，而且会被延搁、被拘留以及遭到难于忍受的指责，使商人陷入困境，赚钱的生意成为不可能。譬如查到一个已经完税的盛着油的瓶子，若是税单上只登记油而没有提及瓶子，这个业主就要遭到"企图偷运玻璃器具"的责罚，并且被认为是蒙骗海关而受到监禁，直至付足贿款为止。

河道商业和内地交通的这种干扰，不仅仅在中国国内带来灾难，就是对欧洲的贸易影响也确实很大的。目前中国在它的海岸和扬子江通商口岸上多有商业，但这些商业仅仅及于这些口岸附近的狭小地带，外国货很少达到内地。假定从伦敦到布赖顿（Brighton）② 送货，不只是要上很多次税，而且拖累到这些商人有坐牢的危险，并在四五个中间站还要受到各种非法的敲诈。试想一下，这对于英国贸易效果又是怎样呢？由于内地苛捐杂税制度的实行，对英国在中国商业所产生

① 当时中国尚未有"警察"，除水域的巡丁外，负责缉捕、押解罪犯者主要是州县衙门中的捕役。

② 属英国东萨塞克斯郡（East Sussex）。

的影响，可以从广州到韶关距离大约二百英里运送英国货物的遭遇来看看。在进入广州以前，他们要缴纳百分之五十的海关税，从广州出城前又不得不先给广州当局交付一笔厘金，到了佛山（出城十二英里）要纳税，再过去约三十英里在西南（Sinam，广东一地名）① 要纳税，再过三四十英里进入北江的芦苞（Lupau）要纳税，到达韶关又要纳税（落地税）。除了这五个为了征收税款而设的正规站外，还有很多"检查站"（inspection stations），有如上述，这些地方也要逼交贿款的。当然，货物到达内地后，它的价格显然要比原来超过百分之百，除了生活上绝对需要的工业制品外，实在卖不出去，这也是很自然的。

就是在这种情况下，中国还被看成是英国货物的好市场，设若这些苛细的税收和贿赂制度一齐消灭了，这对于英国贸易的利益岂不是更好吗？

如果说水患和饥荒都是人为的原因，而不是由于自然的原因，疫病也同样可以证明是人为的。近来中国疫病流行，本不该比其他任何地方更为普遍。中国气候很合乎卫生，无论如何，对本地人来说是这样，而且在乡村里的居民一般都是很健康的。疫病只发生于城镇，是由于这些城镇完全缺乏卫生机构和官办的防疫机构所引起的。中华帝国的每个乡区几乎都能免于疫病流行，有些村庄的疫病，是从那些人烟过于稠密、环境污秽到极点、难以用言语形容的污水供应的城市中传入的。

从水的供应情况来说，很容易了解，官吏贪污腐败对于造成城镇这种不良的卫生条件是唯一的原因。按照欧洲人用词的含义，可以说在整个中华帝国都没有水的供应。即使像别的地方进步一些的广州和上海，沟内污水直接流入河里，而居民就从这些充溢污水的河里提取他们的饮用水！大约十年前广州要修水道，想用净水来供应城市，曾经发起过一个中国人自己组织的公司，对于这样一个计划，至少应当得到当局的默许，但是官吏们的贪欲并没有因疫病的可怕而有所收敛。一位著名的官员，在他允许开工以前索取很大一笔贿赂，使得公司无力支付，终于不得不放弃了这项事业。几年以前广州本地商人又组织了另外一个公司，叫做"肥料公司"，承包市内街道的打扫和清洁工作，要把所得的渣滓变成肥料。

---

① 西南镇为广东省三水县治，今改佛山市三水区政府驻地西南街道。

这个计划使得民众非常高兴，他们召开行业公会的会议，并且通过他们的代表表示愿意为这项倡议的清扫工作出资，公司也将从销售肥料中赚得一笔利润，无疑地，这当然是一项兴旺的事业了。但是，官吏又出来干预并且索取巨额贿赂，这样一来，这项事业又不得不停止了。

为公共卫生服务优先于股东赚取利润而兴办的财务和工业企业，尚且要因政府当局的腐败贪婪而流产，那么，纯商务性质的经营必然会遭到同样的命运，就不足为奇了。未来资本家们不愿冒险在这样的国家里把他们的金钱拿来投资，也就更加不足为奇了。在这个国家里，理应得到保障的生命财产和公共卫生一样是为当局所漠不关心的。

通过上文提到的盗匪的产生，可以更直接地感觉到，在全国每个角落里贪污盛行都使得生命财产毫无安全保障。这些盗匪大多是被遣散的士兵，却依然持有武器并且在挨饿，离他们的家常有几千英里之遥。政府确实承诺过要发给每个士兵一笔回家路费，但这笔钱通常都由官吏掌管，官吏们却把士兵遣散了事，任其自行设法谋生，而所谓自行设法便意味着对群众的掠夺。还有另外一种盗匪，如果只在知县辖境以外去掠夺，通常会受到他的保护。要是篇幅允许，我能举出若干稀奇古怪的细节来作为这种情况的例证，但我不得不转到其他事情上面，这里只是简单提一下：这些最坏的盗匪中间有些人还是在为皇廷服役的士兵，他们把军服翻转过来干着掠夺的勾当，当他们受到追捕时又把衣服翻回正面，以便遮掩在军服里，使得没有人敢于干预他们。在城市和乡村，有钱的人都雇有护卫，与此同时，大工厂、农场的主人以及客轮等等不仅要对官府纳税，还要给匪首们缴纳一种例规年金，作为对掠夺的防御和保护的报酬。被认为从事捕盗缉凶的捕役，甚至于那些城镇士兵，往往就是狷獗而大规模的盗劫案的组织者。

最近广州发生了这样一类事件：当时捕头（police superintendent）[①] 和他的部下抢劫了地方上的蚕丝制造厂，抢走了他们可以拿走的任何东西。在恳求赔偿的时候，总督处罚了祸首，这祸首并非盗匪首领，而是向他递交申请书的人。

这些罪恶的来源是贪污腐败，而这种贪污腐败又是根深蒂固遍及于全国的，

---

① 原译为"警察局长"不妥，因广东迟至一九〇三年始有巡警总局之设，辛亥革命后始成立警察厅。

所以除非在行政管理制度中造成一个根本的改变，局部的和渐进的改革都是无济于事。在现今的统治下，任何一个想保持诚实的官吏，都不得不跟随那些不诚实的人的脚印走，不然就得完全脱离官场的生涯而退休下来。他必须接受贿赂，才能支付上级对他索取的贿赂，而且必然要纵容两种贪污腐化：在他的下属们中间的，以及比他的职位或官阶更高的那些人的。

当我把进入仕途以及升官的各种方法作一些介绍的时候，那就自然明白，上述的这一切是怎样地不可避免的了。

在中国有四种进入官场和获得晋升的途径：科场出身、兵弁出身、保荐贤才和捐班出身。

这些做官的道路，第一种是最古老的，而且无论如何也算是最纯正和最好的。自从满洲王朝多年前在中国建立统治以来，一般地说，科场考试都是正正经经地实行着，而读书人在他学习终了、考试成功以前总是不会开始他的贪污腐化生涯的。但是近年来即使在这个领域，腐败现象也已偷偷地潜入了。因此现在由有学问而诡诈的老师冒充"学生"登场顶替考试，已经全然不是什么新鲜事。这些老师使用各色各样的化名，一次又一次地经过考试来赚钱谋生。主考官们受贿的事也并不少见。

当学生在本地考上秀才（初级学位），每隔三年期间为了第二级和第三级学位，他必须到省会和首都应试。在授予他第三级学位时，这个学生就成为一个候补的官员。就在这个时候，行贿的行为每每就开始了。没有这种行为，就是最出色的应试生员，哪怕是很卑贱的职位也得不到，只好当一个白丁闲在家里。得到了第三级学位后，还有一次考试在北京举行，这就是殿试。殿试的结果，皇帝把应试员生分为三类：一是当翰林院学士，留在北京；二是给官职；三是皇帝所不取的①。这第三类人要是不想退休，就得采取上面所说的许多贿赂途径之一，才能去做官。在北京以外的地方行政长官和一切地方官吏，按照被录取的程度，都

---

① 以上所叙清代后期科举制度，第一级系先通过县试、府试，再经本省院试录取后称生员（即秀才）。第二级在各省省会举行乡试，录取后称举人。第三级在首都北京举行，先经复试取得会试资格，会试录取后称贡士；再经殿试选取后称进士，分三甲，一甲三人进士及第分授翰林院修撰及编修；另经朝考，分三等，选取翰林院庶吉士及授与中央和地方官职。

从第二类来抽调。这些人之中的每个人就立即被送往某一省省会，接受知县的官职，还有资格得到省当局授予适合于他的任何委任。

一到省里，他们就得马上向总督和他的僚属行贿，因为一次可以把若干的候补人送到同一个区域内，为数不多的官缺自然就只能给出得最高贿赂的人了。即使这里没有人竞争职位，候补的人也必须对巡抚行贿，因为只要拒绝行贿，巡抚就无限期地把任用他的事情搁置起来。即使是皇帝的特令派他到某一个特定的地方，也不能挽救他的命运。一个家族显赫的候补官，虽然可以要求北京吏部向省里提出抗议，但就是在这种情况下，巡抚只需回答"某某太年青"或"缺乏经验"，和所谓"已派员暂行代理（实为无完期的代理），以利于该员对官厅及行政事务多加学习"。要是他即刻赢得一个官职，到三年终了自然要升迁，那在各省又有一连串的"功过考核"，这样就可能使刚上任一二年的人也有获得升迁的机会。这个三年一次的功过考核，对巡抚说来也是炙手可热的差事。在他管辖下的官吏们有功与否，要视这些人给他行贿的多寡来判定。而任何一个拒绝对巡抚行贿的人，就注定会被判为"不合连任"，受到解职处分，何况对巡抚的决定是没有诉愿反对权的。在这种情况之下，一个诚实的人鄙视官场的贪污行贿风气，必然会引退；一个坏人就会用购买的办法再去做官，直接打通下一个贪污门径。

在每次升任之前，官员必须受到皇帝的召见，但这是一桩费用很大的事。因为一个人奉召到京是要经过事先登记的，须一直等到他对帝殿守门人行贿以后才能正式报到，才被认为他已经到了北京，依照手续报到了。就是在李鸿章进京朝见时，也不得不付出巨额的门包和贿赂，数逾百万两，这是尽人皆知的事。我用直接了解到的两个事例来说明，或许能使英国读者更深切地感到，贪污行贿的恶习是怎样冷酷而无耻地公开进行着的。

一个江苏的巡抚，他是恭亲王（Prince Kung）① 的密友，凭藉他的巨大声望不给守门人任何贿赂，就见到了他的皇族朋友。恭亲王嚷道："什么时候你来了的，我不能承认你的来到，因为我不曾在崇文门登记簿上见有你的名字。"这样他就只好退回，并且照常例加倍给了守门人的贿赂，然后恭亲王才接见了他。更

---

① 即奕䜣。

显著的例子是左宗棠的事情。他是清朝大将军之中挺重要的一个，他曾经在新疆镇压了回民武装暴动，为清朝皇帝取得了约有中国一半大的土地。皇帝对他很器重，因此想要见他，就传下一道特诏，召他到京进见。当他来到后，崇文门的守门人索取八万两银子的贿赂，他完全拒绝支付。即使是他，也并没有得到通传。他在北京等候召见，过了几个月后，皇帝传下另一道诏旨询问他何以还没有来。左宗棠在报告中说明了这回事，并附带说，因为他把个人财产和家财都充当兵费了，实在无法支付这笔贿款，恳求皇帝施恩免除他的负担。皇帝在回文里说："这个（守门人的贿赂）是惯常古制，总督、大将军和其他官员一样都必须遵从。"后来因为左宗棠实在缺钱，他的朋友们便发起一次认捐，皇太后也亲自捐出了总额中的半数。

为了使读者可以更明白皇帝对于贪污行贿的态度，我想读者会原谅我插上这段冗长的叙述的。

自然，从此再也没有哪一个新升任的地方大员想要逃避支付这笔贿赂。这种贿赂是进见皇帝的不二法门，对朝廷大送门包和贿赂之后，他才会得到召见并且取得新的官职——例如道台和知府。要取得委派的人，每次晋升都必须通过和上文所述相似的过程，只是每一次都比前一次要付出更高的代价。而这些委派实际上却是无俸禄的。依照法律规定，每个委任状都带有俸禄，这是事实，但这些俸禄不仅比维持公务所需的支出要少得多，又为了种种理由也很少有人会依照规定去领取，这些明显的理由也就不难体会了。因为任何官吏的薪俸，在从省库支出以前必须经过很多人的手，并且对每一个人都要付给一定的手续费，使得受领人只能收到原薪的百分之三十到四十。官吏受罚全年俸禄是十分平常的事，除非他能证明不曾领取薪俸，还存在省库内，否则他就得支付十足的罚款。因此每年可以收入百镑的官员，如罚薪一年，因为提取了他的薪俸，就要损失百分之六七十的没有收入过的款项。

因此，虽然国家的一切官员，不分文武，都必定有俸禄和开支用款，这叫做"养廉银"（a support of purity）。可以说，所有官吏几乎无一例外，他们的处境在某种程度上有点像英国饭店中的服务员，他们慷慨地付出代价而且无偿地工作着，只是为了享有可以收受小费的特权。这样说丝毫不夸张。

　　不难理解，一个新道台回到他的辖区，必然开始压榨他管辖下的所有人员，这不仅是为了弥补他自己的开销和生活费用，还要支助他的亲戚族人和下属，也是为了再过三年后他升迁时支付贿款的需要。

　　就是这些通过勤修苦炼，看似无用却是诚实钻研的科举考试，虽然窄狭而还算比较干净的做官途径的这部分人尚且如此，那么，那些通过其他不正当门路而求得官职的人，所要花费的钱就多得更不用说了。

　　由军功的提升也许是最快的。

　　李鸿章就是由这一条道路登上官位的。在他第三级考试及格后，既不"外放"（地方官）也不"留京"（北京翰林院的成员），立即回家，凭藉曾国藩（Marquis Tseng）① 的父亲的势力参加军队②，在几个月中就提升为福建的道台，依提升的常法要达到这个位置须得六年的时间。他就连福建也始终没有去，在大约不到一个月又被提升了，这回是江苏的抚台（巡抚）。当他做曾国藩的军事顾问或书记时，前江苏巡抚③被杀了，李鸿章有了自荐候补的机会。曾国藩本是喜欢和赏识他的，便发出一封奏折到皇帝那里恳求任命他。但是一经考虑，曾国藩就认识到这样做未免过于偏私，因为他觉得，这意味着使一个道台直接提升为抚台，这个经历在平常的情况下至少需要九年时间。因此他派遣第二个使者去抽回这封奏折，但是迟了，因为李鸿章早已预见到有这种事情，事先特地关说第一个送文的人急速递交。

　　凭着戈登将军（General Gordon）和其他外国人的帮助，李鸿章从太平天国的手中夺回了地盘。不久，他就被提升为总督④。李曾经如何累积了大量财富是远近皆知的，就用不着在这里多提了。正当中日战争开始以前，我在天津，有很好

---

　　①　按英文原文则直译为"曾侯"。因曾国藩于一八六四年被封为一等勇毅侯，时人称"曾侯"。

　　②　曾国藩之父曾麟书，系家塾一名塾师。太平天国举义后，李鸿章以帮办安徽团练开始军事生涯，后奉曾国藩本人之命编练淮军。

　　③　指徐有壬，一八六〇年六月太平军攻陷苏州后自杀。但继任者为薛焕，至一八六二年四月薛焕他调，李鸿章始署理江苏巡抚，同年十二月实授。

　　④　此指一八六五年五月李鸿章署理两江总督；后于一九六九年接任湖广总督，一八七〇年调任直隶总督（驻天津）。

的机会看到他发财致富的方法之一，这就是各级文武官员从全国各地成群而来请求任命，但是就在他们的呈文送达李鸿章以前，他们必须支付大量的贿金给李的随员。

军职分配以后要发出委任状，这是由官衙的吏书（Clerk）① 掌握的。受任官员对于这个任命，必须支付一笔其价值与任命职位相当的款项。有的官员一取得委任状，就立即开始对其下属作出那种出卖委任状的勾当。但是在军队里，只有那些有某种军职的人才能收买委任状，不过我们立刻就会看到，军职也能用很多奇怪的方法来取得。例如，一个平生从未参加过战争的人被提升为相当于上校的军阶（rank of colonel）②，是并不罕见的。我要从我亲身观察到的一些事例中直接引证出一个来，作为存在着这种迁升的可能性的最好解释。

从我的家乡出来的一个青年去投军，凭着他的刻苦战斗和真正的功绩，升到了相当于准将的军阶（rank of brigadier-general）③。但是每次升迁，都有他的兄弟随他一道提升，我姑且称他的兄弟为某甲。这位兄弟和他已有数年未见面，而且是在远方一个鸦片窟里顺顺当当地充任厨司的职务。事情是这样的：在每次有他立功的战役后，他报告了一些臆造的勇敢事迹，说是由这位兄弟完成的，而且他的报告被信以为真。有一天，这个从来没有见过战争的鸦片窟厨司，从公报上读到了他的名字，并且使他惊讶的是，他已经在帝国军队里得到了相当于上校的军阶。

从各方面看来，兵役对于官员是很有利的。他们招募任何他们所喜爱的人，而且经常谎报比军队中的实际人数要多得多的名额来吃虚额。就是在李鸿章属下比较诚实的官员，也对于额定的在役人员抽提缺额，大约额定在役人员的百分之七十才是各部队的实力平均数。而在别的军队里，书面上号称百人的，往往意味着实际只有四五十人。而在检阅的日子里，军官们雇用闲人来充数，使得军队看

---

　　① clerk 的一般意义为"书记"，但此处系冠以大写的专有名词，据其所起作用而译为"吏书"。吏书乃是清代府州县等衙门的"吏房"主管，负责管理辖区内官吏升迁调补、发放委任状等事务。

　　② 原文意为"上校官阶"，上校（下文准将亦然）乃是欧美国家官阶制度中的军衔，在当时中国并无此制度和称谓，作者当是为了迎合英国人的阅读习惯才这样使用。

　　③ 原文意为"准将官阶"。

上去是完全正常的。除了伪造士兵充数以外，还有别的进款来源，就是这些真正的士兵必须经常穿制服和进饭食，而粮食和衣服都是由军官用扣克的方法供给的，以致于政府每月发给每个士兵五两银子，大约只有一两五钱甚或更少些会送到士兵的荷包里。这一切都是关于"勇士"们（braves）的。他们在战争时只是受雇，当战斗时刻一过就遭到遗弃，不管他们在什么地方，而且几乎常常没有路费回家，这就使得武装强盗的补充人员在整个帝国中随处皆是。

至于和平时期的常备军，除了满人八旗兵外，都受着非常恶劣的待遇，所以他们的实力只存在于公文中。这些人入伍了，按常规取得他们的供给，大约是每月三先令，再就与兵役没有任何更多的关系了。那些在城里执勤的兵士，是完全依靠贿赂为生的。另一方面，八旗兵在鞑靼将军的领导下给养不错，但是这些军队却不作战，他们只是守护城市，防止中国人"反叛"。他们驻扎在中国人聚居的城市所划定的一隅，时常无故欺压这些中国人，因此在中国人与鞑靼士兵之间经常发生摩擦和战斗。又因为这些鞑靼兵不受民律审判，他们的暴行往往得不到惩罚。当然，驻防兵与本土的中国人之间是不可能和平共处的。

在中国，军职的迁升只意味着购买官职和肥缺，这大概已经是够明白的了。但是另外一件事情，还可以帮助我们把它弄得更清楚一些。中国军队里的将军们惯于讲到要提升大量士兵，但这些士兵只存在于他们的想象之中。他们弄出一大批提升的名册，上面写着不少最普通的中国人名字，但这些人实际上都是不存在的。文书里的伍长李四或兵卒张三，继续按规定晋级。所以将军们就拥有一整套东西，具备各种军职、各种军阶的空头委任状，以便卖给新来谋事的人。假如他们姓李或姓张，并且愿意照市价付款，这笔买卖就成功了。也有愿意得钱而不愿提升的兵卒，惯于改换他们的名字和出卖他们的委任状给市民，这些平民渴望取得军阶，于是就用收买和冒充的两种方法来达到他们的目的。"兵役升迁"和第四种进入官场生涯的途径（单纯购买），实际上并没有多大分别。

进入官场的第三种方法"保荐贤才"是更糟的了，几乎没有单独考虑的必要，因为"保荐贤才"必须要有官员的记录，而这些官员是毫无例外地贪污腐败，靠行贿收贿为生的。所以除了推荐他们自己的家属和族人外，他们只能从那些用黄金照亮了他们的眼睛的人当中来挑选"贤才"。

第四种做官的道路，就是纯粹的购买，这是完全得到法律认可的，并且一年比一年更普及。即使像前驻美公使张某①那种地位的高官，也并没有通过考试，他的第一个官职简直就是买到手的。在政府财政困难和为了某种特殊目的而需要资金的任何时候，就推行"捐例"，来出卖给那些捐了一定数额金钱的人一个官员品阶。还不时有人组织专门的公司，以办理购买官职而支付贿赂和其他费用为目的，这就是"县官制造有限公司"（或按中国人的称法叫"打屁股公司"，这是指未来的官员们用以向老百姓榨取金钱的方法说的），它的成员之一取得了任命，其余的伙伴便得以和他分享公务上的贪污战利品。另外一些不曾加入公司的未来的官员们，可以向公司借钱去买官，数年内还清本息。

要买通一条获得中国文官职务的路，比起从考试进身要花费大得多，在其他方面这两类候补官员获得晋升的机会实际上是均等的。当某个知县品阶以及委任状一经买成了便层层升迁，随着规定一样办理，正如上文已经叙述过的那样。

我要努力说明白这件事情：贪污行贿，任用私人，以及恬不知耻地对于权势地位的买卖，在中国并不是偶然的个人贪欲、环境或诱惑所产生的结果，而是普遍的，是在目前政权下取得或保持文武公职的唯一可能条件。在中国要做一个公务人员，无论官阶高低如何，就意味着不可救药地实行贪污行贿，并且表明如果放弃贪污行贿就是完全放弃公务人员的生涯。

因此，把新血液注入官僚阶层并不能使情况好转，因为官僚存在的条件就是不得有诚实。也不能期望从普及教育着手来改良，因为人民无知，不仅是官僚阶层公认的利益，而且官僚自身也是绝对无知的。他们之中有些人甚且不能书写和阅读。即使是经过科场考试的，也是受到了一些毫无实益的"经学和八股文格式"的训练的人，而完全没有世界情况的知识。他们甚至不知道自己国家的需要和希望；就连那些受到可怜待遇的书办（clerks）②用这些官员本身的名义执行的法规，他们也一无所知。

上面已经说过，关于军队及军职任命和得官的情况，似乎无须多加解释就会明白。在土生土长的中国人之中，并不缺少身强体壮、勇敢而忠心爱国的人，只

---

① 张荫桓。
② 此处原文用小写及复数，故译为当时衙吏中类似于日后书记职务的"书办"。

是因为无可救药的贪污行贿制度风行，这个制度受到鞑靼统治者的保护，使得中国变成任何国家都毫不费力的战利品，并且给了我们为何轻易就败在日本人手中作出解释。我在这里可以略提一下在英国海军将官琅（English Admiral Land）① 的领导下，海军的重建受到打击一事。他失败的唯一原因，是由于中国海军中不能容忍一个不贪污的官吏存在，因而遭受阴谋暗算和一连串侮辱，迫使他不得不辞职。在中日战争爆发前不久发生的一件事中，也可以看出官吏贪污是如何影响到中国抵御外侮的准备工作。一位青年海军军官，我的密友之一，他在不久前气愤地辞职了，告诉我说，他不得不签署一个几吨煤灰的受货单，是作为火药来付款和订约的！我还可以作点补充说，炮舰的军官们实际上享有偷关越境的专利权，在这里面，他们在做一项巨大而有利可图的生意。南方水师某舰队完全是专门用来担任运送满清官员和他们的眷属的，他们可以随便到任何地方，其中就包括走私。

在英国，有人以为只要能说服李鸿章等人，使他们相信铁路、电话、欧洲陆海军组织等的效用，启迪中国人民，并设法把整套文明和机器输入中国，那么中国的新生就会开始。这无异于和使吃人的野兽改用银制餐具，想藉此把它们改变成素食者是同样荒唐！

这两个具体的例子比起论证也许更能令人信服。

三十年来，欧洲的新发明创造品曾经输入中国。我们在天津、福州和上海都有兵工厂和船坞的开设，在天津和南京有军事和海军专门学校，现在电报遍及全国，天津、山海关之间有铁路，沿海沿江都有属于官办和商办的汽船。但是从这些近代化的设备中，丝毫没有取得进步的效果或是希望。在兵工厂里未能完成实际工作，只是产生过一大批任用人员（appointments）和"临时工"（jobs）。各部门常设的首席专家、工程师等等待遇很不好，而且在他们通晓的工作处理上也毫无发言权，全凭上级官员统治着。这些官员不仅完全无知，而且在他们调离以前

---

① 即琅威理（William Metcalfe Lang），英国皇家海军校官，一八八二年被聘任为筹建中的清朝北洋水师总查（副提督衔，后赏提督衔），负责北洋海军的组织操练、演习和教育，时人亦称总教习。任职至一八九○年，曾两度辞职，当时对其最后一次辞职原因的是非曲直说法不一。二十世纪初琅威理获皇家海军授予海军中将。

连学习的时间也没有，他们的职位就被别人取替了。这些临时的官员们发出自相矛盾的命令，熟练的工头都必须遵守，以致于无论任何产品的制造和设计，唯一的结果只是浪费材料而已。但这还不是主要的，因为武器和弹药的输入可以使官员们获利更丰，他们既可赚钱，又可以得到佣金。

电报起初是由政府允许商人经营，但是后来就落入政府手中。从那个时候起，一切地方局的长官的任命都是通过亲属关系或某种"势力"（influence），而且从来也没有编制过年终结算表。和河道的情况一样，藉口整修也是生意中很有利可图的一部分。但是当某一新电报局成立时，因为材料是由中央当局供应的，所以几乎没有什么利润。在这里有一个使外国人感到惊异的奇怪现象，虽然供应材料的一切规格相同，但乡村电报杆要比城镇上的电报杆短矮得多。我曾亲眼看到过一个足以解释这个短矮电杆的事例：主管人在建立电线杆以前，就把每根电杆锯下几尺，并把它们卖给地方上的木匠。有人以为这是当地居民的迷信和保守观念，造成了铁路和电报业发展的最大障碍，其实并不是这样。当电报线路初次在湖南架设时，电线杆和电线立刻被老百姓拉倒。公开的报道说，人民群众的情绪过于排外，以致不能容忍这样一种革新。而私底下的真正原因是，主管人并没有发给工人足够的工钱，引起群众的哗变，于是毁坏了他们得不到应有报酬的劳动成果。排外的人是官吏而不是群众，是鞑靼人而不是本土的中国人。就是这些官吏，英国曾保护过他们不曾落入太平天国的手中，他们煽起了反基督教的骚乱和屠杀，事后却把一切责任归罪于人民。周汉①，著名的排外煽动家，是一个道台，在中国受着官府的重视有如伟大的英雄一般。天津铁路局是受人民重视的，并且运输量也很大，可是它破产了。因为它在胡作非为的官吏掌握之下，行政人员也争着去拿钱贪污，其结果自然是铁路局破产。并且，中国的资本家懂得个中道理，就不轻易对任何同类的经营投资。既然目前计划中的铁道是完全由中俄联合投资的，就不难预见，那些偿付并控制这条路线的人将是哪一国的了！

---

　　①　周汉，湖南人，曾任陕西候补道，自一八八九年起在长沙等地刊刻大量图文并茂的反洋教宣传小册子，在全国各省区广泛流传，对九十年代的反洋教运动产生巨大影响，同时引起各国列强驻华外交机构的惶恐不安。这些宣传品一面强烈谴责列强侵犯中国主权，一面具有明显的盲目排外倾向。后来在列强施加压力下，清朝当局将周汉长期囚禁。

　　招商局本是著名商人唐廷枢（Tong-King-Sing）① 建立的，起初并没有让官吏参与。它的业务原有成功的希望，但正如所有民间事业一样，一旦露出有利可图的苗头，政府就把它接管过来。当然，这个招商局和政府经营的其他部门一样，目前是腐败了。而且，局中每个船长都必须出资购买委任状。这就证明，用输入物质文明的方法不可能改良中国，只有用根绝官吏贪污腐败的办法才行。官吏的贪污腐败愈演愈烈，十年前被认为骇人听闻的事，如今已是十分平常了。不久以前还没有为出卖官职订出一个固定的价目表，而现在，高官们变得如此厚颜无耻，像前任两广总督李瀚章——李鸿章的兄弟——对于广西和广东的每个官职，竟然制定了一个正式的价格表来。

　　全体人民正准备迎接一个变革。大多数诚实的人们，都有决心要进入公共民主的生活。军队是这样的腐败，即使不是大部分将士受到同情革新党的感染，政府也不可能依靠它们了。只有满洲人的士兵，或者在鼠目寸光、自私自利的外国干涉者眼中看来，革新党才是可怕的。我写这篇文章的一个主要目的，就是要向英国人民证明，让我们取得成功，也是为了欧洲特别是英国的利益；同时也表明，如本论坛（this Review）② 八月号 L 君文中所建议那样，要保护现今政府的政策是完全错误的。该文作者说，英国应当保卫中国现有的政权，使其免受本国人和外国人的打击。可惜有件事他没有认识到，那就是只有满洲人（或鞑靼人）和靠现有制度维持生存的官吏，才是敌视其他种族的。同时他也没有认识到，如果是由真正的中国人实行自治，他们就会和外国人和平相处，并且也将会和世界人民建立友好关系。

　　要充分阐明革新党的目的和观点，单就这件事便需要有一篇专论文章。在这里只须说，目前我们所需的帮助仅是大英帝国以及其他列强保持善意的中立，就可使得现今的制度让位于一个不贪污腐败的制度了。纵使贸易暂时停顿，但过不久也必会大有进展。同时，中国天然富源的开发，会增加整个世界的财富。中国政府的行政和军事改革，使它对于外来（或许来自俄国）的攻击会成为不可战胜的力量。中国如能免于分裂，那么，像由于土耳其的分裂而引起的欧洲的严重纷

---

① 英文原文系"唐景星"音译。唐廷枢，号景星。

② 指《双周论坛》（*Fortnightly Review*）。

扰，也就可以避免了。

据孙中山：《中国的现在和未来——革新党呼吁英国
保持善意的中立》译文，原载中国科学院哲学研究
所中国哲学史组编：《中国哲学史资料选辑》（近代
之部），北京，中华书局一九五九年九月出版①

英文原文见本册第488—504页

中国司法改革②

（英 译 中）

（一八九七年七月）

当今中国社会生活各部门之中，最迫切需要彻底改革者莫如司法制度，若其尚可称之为制度的话。中国司法机关普遍腐败，无一净土，其藏污纳垢犹如奥吉恩牛圈（Augean stable）③。倘要清除此种污秽，非彻底改变官僚制度不可。而要改变官僚制度，则除终结满洲（或称鞑靼）王朝在中国的统治之外，断难奏效。

我将在下文说明，司法公正从来不存在于中国社会各阶层之中。私刑，贿赂，全面彻底而又道貌岸然的敲诈勒索，迹近内战的农村械斗，凡此种种，都是赖以维护个人或团体身家性命的惯用手段。行政官员和司法官员则中饱私囊，并为其上司与皇室聚敛财富。于是，民事诉讼成为公开的贿赂竞赛，审理刑事案件变成胡作非为、严刑拷打的代名词。受酷刑者不仅包括可能查获证据的嫌疑犯，还包

---

① 原文出处是：Sun Yat Sen, "China's Present and Future: The Reform Party's Plea for British Benevolent Neutrality", *Fortnightly Review* (London), New series, Vol. 61, No. 363 (March 1, 1897)，即该文载于伦敦《双周论坛》新编号第六十一卷第三六三期，一八九七年三月一日出版。按此篇经本册编者据英文底本校改，并在译文中加注和补录部分原文。

② 本文同为计划中与柯林斯合著专书的组成部分。一八九七年七月在伦敦《东亚》季刊发表时，由孙逸仙和柯林斯共同署名。

③ 此为古希腊神话典故，亦作"奥吉亚斯牛圈"，谓国王奥吉亚斯（Augeas）养牛三千头，三十年未打扫牛圈，致使粪秽堆积如山，臭不可闻。后人因以此比喻肮脏至极或藏污纳垢、积弊丛生之事物。

括被官兵或地位更高者指控的无辜人士。

这就是中国司法制度的真实而毫不夸张的概貌。笔者已另文①说明，中国现任统治者的长期存在，把持司法职务的尸位素餐，掌控行政职位的竭尽全力，都与维护现存制度的稳定不变密切相关。显然，除非改朝换代，否则无从进行司法改革，以达到公平、廉洁与保障生命财产安全，更遑论社会、商业、政治、市政及其他方面之进步。

只有详细披露这些骇人听闻的惨象，才能让生活在安全和自由环境下的欧洲人了解中国。因此，请原谅我用具体事实和亲眼所见的例证，充实以上的概述。

导致中国弊端丛生的最大根源，首先是贪污腐败，其次是鞑靼专制统治者的虚仁假义与震慑民众，以及其统治秉性导致中国刑法呈现最可怕的特色。本来，按照古代中国的法律，即使犯人声称无罪，只要法官判其有罪，便可予以惩罚。满洲人却希望修改法律，使之在表面上更显仁慈。他们颁令宣布，除非本人招供，否则不可定谳。其结果，必然将拷打引入审讯过程，以屈打成招，取得所需口供，致使古代惩罚犯人的手段，竟然用于强迫犯人招供的目的。②

如今，依照此项法律，严刑逼供贯穿于刑事审讯之中。凡被提审者，不管有无证据，先在其背上杖打一百大板，才开始审讯。

在此制度下，官员佯作秉公办案，严刑酷法却又巧加文饰。中国人对此制度看法如何？有句流行的民谚如是说："生不入衙门，死不进地狱。"

当然，受刑被罚者不仅仅是有罪之人，甚至主要不是有罪之人。在中国，在现存制度之下，无钱无势者一旦无辜被控轻犯，其命运肯定要比财雄势大的罪魁重犯远为悲惨。真正的罪犯可以逃之夭夭，被控有罪者却无从避祸。一则众所周知的谚语云："疑犯想保头，须把双脚丢。"

数年前，有一病者向我求医，其经历便是明证。他言及膝盖和脚踝强直僵硬，痛苦不堪。经检查，发现他的四肢伤痕累累，自肩及肘，自臀及膝，概莫能外。我问：关节因何僵硬？伤痕从何而来？他告以曾被诬告为海盗，受到地方官审讯，

---

① 此指《中国的现在和未来》，见上篇。

② 按：重口供而又刑讯逼供并非清朝所特有，《大清律例》大体沿袭《明律》，而明朝律法亦基本继承前朝律法。

后虽无罪获释，但在审讯过程中"曾经死去三次，最终又让活过来"，使刑讯得以继续进行。

虽然该病者的僵硬关节难以治愈，但我却被这一病例及其遭遇所吸引，继续为他疗理一段时间。在此期间，我详细了解他受刑致残后的身体状况，并聆听他讲述所有故事。此时我将复述他的故事，因为这一故事恰如其分地反映出中国的执"法"情况，以及我的同胞被诬获罪后遭受的无妄之灾。

我发现，该病者双足的所有关节都极度肿大和变形，踝关节的一些骨骼完全并合在一起，膝关节也极度增粗粘结，以至于无法辨认不同的骨骼组合。在一个无罪释放的被告身上，竟然留下如此怵目惊心的伤痕，这种审讯和司法调查究竟是什么性质呢？

我的病人是一个船夫。某日清晨他在河边突然遇到一队官兵，兵勇不由分说，将他拽至新会县衙受审。在那里，他立即遭受重竹板的拷打，屁股挨了两百大板。随后县官（magistrate）① 问他："愿意招供否？"他答称不明因何被指控。县官说："你是海贼，还不认罪？"

他辩白自己仅是一名船夫，从未在海上抢劫，也未做过任何类似的越轨行为。

"嗯！"县官吩咐道："既然不肯招，就让他跪铁链。"

被告的双手随即被锁上木枷（wooden framework），双膝跪着两卷锋利的铁链，全身重量都压在膝盖上。如此跪一整夜，直至次日中午才被带到县官面前。县官问："受用否？还招不招？"

"招不得。"船夫说："我并未犯法。"

"既然他还未受够，不肯招供，"县官饬示，"再给他上压杠（crushing pole）。"

一声令下，被告再次被绑，双臂平伸，双膝跪地，腿弯处横压着一根杠子。两名大汉各自站在杠子一端，你上我下地踩起跷跷板（seesaw）。受刑者剧痛难当，顿时失去知觉，也不知行刑持续多久。他清醒过来，被关进牢里十天，待得

---

① 英文 magistrate 原意系指政府中具有执法权的官员，或司法机关的法官；因审讯船夫一案在县衙进行，清代各县案件皆由知县审讯判决（重大案件须上报甚或被驳下复审），故于此处及下文译为"县官"。

稍事复原可以再审，便又被带到县官面前。提审的问题一如前述，逼供依然未能奏效，于是改用新的刑罚。他双手被捆绑吊起，足踝遭受类似于板球棒（cricket bat）的硬棍击打，每根踝骨皆被敲碎。在受刑过程中，这个不幸的人虽然神志清醒，却疼痛难当。他宁愿招供以了结这场煎熬，但因极度痛楚而作声不得，又被监禁十多天。

此后他再度被带到县官面前，县官似乎比以往更注意讯问，在采用中国式的正规"审讯"之前多提问一些问题。但这囚犯仍照实坚称他仅是一名船夫，并补充说当地人都了解他，自身品行端正，名声甚佳。

县官不仅不传讯证人，以验证囚犯所言虚实，反而叫人将他的大拇指和大脚趾捆扎起来，脸孔朝下吊在半空。他精疲力竭，迅即失去知觉，因而再次免遭逼供。次日早晨在牢中恢复知觉时，身体已是虚弱不堪。

此后将近三周不曾"审讯"。后来县官估计，此人身体已恢复到可以承受最后一次审问的程度，便下令将他再次押上公堂。确切地说，该公堂应称为地狱。这次县官并未询问更多问题，只喝令尽快招供。他仍然拒绝自诬，于是便对其实施"地狱程序"：将四根"柴枝"（four pieces of stick）（我的病人如此称呼它们），分别捆绑在他的手臂、大腿等肢体上，然后点火燃烧。

需要解释，所谓"柴枝"实是由锯木屑、木炭屑及其他材料压缩成锥形物品，点燃之后缓慢燃烧，发出高热。它们自一端起燃，燃尽方息。能忍受此种酷刑者，万中无一，鲜有不供认者。说来甚奇，这船夫一受刑就昏死过去，因而对剧痛毫无感觉，故仍未招供。

经此番酷刑之后，他竟被释放了。因为在中国，疑犯不认罪，官府就不能判刑；况且此人实在太穷，严刑拷打也榨不出油水。于是，县官认为不值得再在他的身上花力气，也不值得继续花钱把他供养在牢里，故将他放走。

此乃颇为特殊之案例。我曾询及很多老官吏，他们担任官职多年，每年审讯人犯数以千计，却从未见过此类个案：被告居然经得起整整一连串酷刑，侥幸存活，而不认罪。

除该病人所述之外，中国酷刑名目繁多。虽然大多不见经传，却风行全国，尽人皆知。非法或非正规的众多酷刑，不胜枚举。在此再举一个非同寻常的事例，它给我留下极深的印象，是促使我肩负改革中华大业、拯救同胞于水火的主要动因之一。披露这一事例，将足以揭示那些压迫国人的暴虐者丧尽天良、残忍自娱的真面目。

我曾经造访一位县官的公堂，应邀观看一种"新发明"的刑法，名曰"白鸟变形"（the transformation of White Bird）。受刑者被剥光衣服，浑身贴满两吋宽、五六吋长的小纸条，整个人看似白鸟。随后点燃纸条，燃尽复贴，贴后复燃，如此循环往复，直至肌肤起水疱为止。接着再用浓盐水擦遍全身，其剧痛远非语言所能尽述。

我目睹此惨状，内心痛苦并不亚于受刑者。我情难自控，于是托故告辞，在一处僻室哽咽不已。

稍后，一名衙吏走来告诉我，说："擦盐水之举可谓奇妙绝伦，一举两得：既可令疑犯痛苦难忍，被迫招供；又可避免烧伤引起败血症（blood poisoning）。"

如果犯人死于非刑，一旦被上司查察，或死者亲友花钱凭势上诉申冤，相关官员迟早会遇到麻烦。不过这种情况颇为罕见，因为枉法官员总有大靠山撑腰。

如上所述，依照中国法律，除非疑犯认罪，否则不可定谳，这就需要在审讯中用刑逼供。由此导致的普遍现象是：在县衙认罪而被判处死刑的犯人，押到上级官府候斩时便会翻供，随后又被发还县衙复审。故县官们认为必须发明各种新奇刑法，以对付此类案件。上文提及的刑法即为其中之一。惟感不可思议的是，犯人竟然如此愚拙，不知立即招供可免除比死亡还要难受的百般痛苦。

在中国公使馆，诱捕我者曾说："你否认谋反大清政府毫无用处，徒招酷刑而已。"此言不假。中国人都明白，一旦被控犯罪，首先需要考虑的不是自身清白与否——这倒无关紧要，而是有无足够的金钱买回公道，有无足够的权势开释自己。只要二者占有其一，即使罪证确凿也能获释。倘若二者皆无，即便无辜者也是越早认罪越好。

当我被囚禁于波特兰街区（Portland Place）中国公使馆之时，无法与外界联系，根本不知道能否获释。我下定决心，一旦被押回中国，就从船上跳海，葬身于英伦海峡，或地中海、印度洋、中国海。倘若不能如愿，不幸被押解到广州，便立即招供，以免遭受第一轮毒打。即使如此，我恐怕还会遭受最残酷的刑罚，逼我供出同党。但我绝不出卖同志，宁愿受苦也要坚持到底。

必须记住，上述恐怖事例还不是对罪行的"惩罚"，而只是在鞑靼统治下对疑犯的中国式审讯而已，这相当于在英国警察部门被传讯，以及随后的陪审团聆讯。

真正的惩罚相当残暴，尤其是施于政治犯的惩罚。对此，需要另有专文论述。

然而，无论刑讯多么恐怖，连嫌疑犯都要遭受毒打，也无论惩罚如何残暴，实际上，它们都没有起到震慑作用，最终并未减少罪案发生。因为有权有钱者可以犯案而逍遥法外，无辜者却难免遭受酷刑与枉死。

据估计，每个县城每年处决一两百名犯人，而仅广东一省就有七十二个县。显然，全中国每年惨遭官吏处决的死者人数极多。大部分死者可能是无辜枉死，其中有些是代人顶罪，有些是屈打成招，有些则因富惹祸，被图谋霸占其财产之权贵高官陷害诬告。

一旦地方总督或北京朝廷接到举报，说有一批人犯下诸如海盗之类的罪行，当地长官就须奉命缉拿，全部处决。如果举报的罪犯有二十、五十、一百甚至一千人，都应如数缉获处斩，务必凑足人数。由于常有罪犯逃逸，便须找无辜者当替死鬼。如果有人公开闹事，高官们更会借机鱼肉百姓。他们列出一长串名单，其中大都是家道殷实却无权势之人，然后大加挞伐，钱财能抢即抢，房屋可占则占，对地位卑贱者想杀就杀。广东水师提督方耀便是这样一个嗜血成性、贪得无厌的恶棍。他以上峰命令为藉口，肆意劫掠富人，滥杀手无寸铁的穷人。尽管类似的暴行在全国经常发生，但方耀的行径依然令人发指。

人们或许记得，六年前，一艘"南澳"号汽船（the steamship Namoa）从香港沿着海岸向北行驶，途中突然被藏身船上的海盗劫持。船长与其他四人被杀，该船被洗劫一空。总督下令提督方耀严惩肇事者四十人，他仅抓获其中十八名海盗，竟然捕杀二十二名无辜者来凑足人数。再举一例：大约十年前，惠州府有一个征收厘金的内地税卡，距香港约五十英里，突然被一帮盐枭打劫，数名卡员在搏杀中遇害。税官以谋反罪名向上禀报，官府遂派遣大批军队前往围剿，但盐枭早已逃之夭夭。军队兵锋所向，竟直指当地无助的百姓，把四个大村庄夷为平地，所有村民不分男女老幼全遭杀戮，死难者达数千人。如此殃及池鱼的行径，将惩治罪犯的屠杀滥施于众多无辜者，实属屡见不鲜。现行司法制度的原则之一，就是不仅要严惩罪犯，而且还可株连九族，株连范围之大小则视其犯罪性质而定。若属政治犯，一人犯罪不仅累及全家，就连远房亲戚也遭杀害。更有甚者，还要挖祖坟，暴尸骨，即使罪犯已死也要碎尸万段。

除了在正规司法制度下所包含的合法或非法的各种刑罚之外，近年又增添一部苛暴的大型法规，即 *Military Law of China*①。依据此法，大批称之为"清乡委员"（Criminal Extermination Commissioners）的官吏横行全国，操掌生杀大权，恣意捕杀，无需审判。已故水师提督方耀便是其中的委员之一。据估计，他在一年之中未经审讯就处决"罪犯"达千余人。最近，广东和长江流域的一些省份已经形成惯例：文官们将所有刑事犯交给营务处（Ying Mo Chu）② 或即军事法庭（military court）处决，以省却自己审讯的麻烦。

我记得曾到广州某邻县造访该水师提督，他在那里建立他的屠宰场（shambles）。一天晚上，我看见刚在附近拘捕的约有十二名人犯，在提督的幕僚（Secretary）面前走过受检，准备明日处决。他们很多人哀哭求饶，却被喝止并训斥说："汝等若为好人，便不会来到此地。既到此地已无可挽回，断难饶恕。"我问幕僚：他们是否经过审讯才押到此地？幕僚答道："该等人犯系由当地乡绅押解而来，乃属歹徒殆无疑义。此类案件无需审讯，只须按《清乡条例》（Criminal Extinction Law）处置即可。"

此类事例毋庸置评。直接叙述事实，较诸我提出的任何论点，势必更真切、更令人震撼地揭露出鞑靼统治之下中国"司法"与"刑罚"的真相。

如前所述，酷刑虽烈，其实并不能抑制犯罪行为。以广东为例，按最低估计，每年有数千人被斩首，死者大多被控以抢劫罪与海盗罪。但成群结队、名符其实的海盗和劫匪，时以数千之众出没于全国各地。而富商、地主和工厂主等宁愿向盗匪首领缴付保护年金，以求平安避祸，却不愿求助于腐败和极不可靠的法律。

---

① 如按英文直译可作《中国军法》，但清代制定颁行、屡经修订的大量律法（称为"律典"和"则例"者）中未见有相类似的文件，仍待查考。

② 清朝各支军队的营务处职责不同，若设有多个营务处者，则此处当指"执法营务处"。下文之意，乃在说明营务处相当于西方国家的军事法庭，因当时中国尚无军事法庭名目。

官吏们不敢招惹真正的海盗、劫匪，只满足于斩下足够数量的无辜者首级，并呈上一份冠冕堂皇的报告。

在中国一旦发生罪案，并不可能得到所谓"法律保护"或公正处理。因此，一般乡民尤其是远离官衙者，往往求助于私刑来对付歹徒。如果他们向官府告状，无论如何都得花费一大笔钱。况且，假如罪犯的亲属贿以重金，则罪犯完全有可能免受惩治。此类事例，我耳闻目睹不少。

例如澳门附近有几个村子，过去曾屡遭出没于城乡之间进行拦路抢劫的强盗滋扰。强盗被缉获之后，各村便须凑钱送礼贿赂，买通香山县令，要求将其绳之以法。县令乘机两头通吃，同时敲诈村民与罪犯家属，及至双方都被榨干，罪犯早已逃之夭夭。各村劳民伤财，劫案却依然时有发生。最终村民达成共识，只要捕获强盗，立即将其活埋，不再审讯或送官究治。因为这些强盗都是外乡人，将其秘密活埋，可谓神不知鬼不觉。但如果将强盗斩首，官府获悉后势必乘机敲诈勒索，或者严惩行刑者。如此一来，途经该地之清白外乡人当然会提心吊胆，但却能有效制止强盗抢劫。如今，澳门附近的拦路劫案已颇为罕见。

此外，对其他犯罪行为也大都就地处置，而不诉诸官府。诚然，村民如此做法或许会不时被滥用甚至误杀，不可能做到绝对公正。但在罪犯与受害者竞相向官府行贿以求生路的情况下，这种私刑制度却是不得已而为的唯一选择。

民事诉讼与刑事案件如出一辙。当两个乡村或宗族之间发生争执时，在英国可以通过法庭诉讼加以解决，而在中国则往往会酿成局部性内战。对垒之一方或双方，经常招募盗匪以充当雇佣兵。此类械斗，在中国某些地区无日无之。

上述事例与概括，揭示出当今中国的满洲统治者司法制度及其执"法"究竟为何物。官僚阶级视民众为草芥，屠杀一千人犹如踩死一千只蚂蚁。如果中国像土耳其那样毗邻欧洲，所有的基督教国家就会自动地联合组成十字军（crusade），严惩与粉碎这个连缅甸的锡袍王（Thebaw〔Thibaw〕）① 和历代暴君都难以比拟的暴政。

---

① 锡袍（Thibaw Min）是缅甸贡榜王朝（Kongbaung dynasty）的末代国王，在一八八五年第三次英缅战争中被英军俘虏，翌年缅甸沦为英属印度的一个省。

不久以前，在福州附近曾有十二名英国传教士及男人、女人、儿童被残杀①，现今英伦诸岛的民众似已淡忘这一惨剧。看来，英国政府和人民并未获得足够的教训，未能认清居然会得到英国所赞许和支持的中国法律，其实不过是对上帝造物的玷污、对共同人性的侮辱。倘若英国有见及此，则少年中国革新党（Reform Party of Young China）或许有望在努力将欧洲化的司法制度引入中国的过程中，少受干扰。

据 Sun Yat Sen in collaboration with Edwin Collins："Judicial Reform in China"，*East Asia*（London），Vol. 1，No. 1，July 1897 ［孙逸仙、柯林斯：《中国司法改革》，载伦敦《东亚》第一卷第一期，一八九七年七月出版］译出（莫世祥译）

英文原文见本册第505—515页

---

①　此指当时轰动中外的"古田教案"。一八九五年八月，福建古田县斋教会（白莲教支派之一）教徒袭击正在县内华山度假避暑的英国传教士史荦伯（Robert Warren Stewart）一家及随行女教士，共杀戮十一人（包括史荦伯及其妻子、幼孩、婴儿、保姆和六名女教士）。后来在英国等列强的强大压力下，清廷将古田斋教会所有首领及参与袭击者二十多人逮捕斩首，对其他涉案人员亦处以重刑。

附：英文版本

Kidnapped in London

Being the Story of my

CAPTURE BY,

DETENTION AT,
AND
RELEASE FROM

The Chinese Legation, London

BY

SUN YAT SEN

BRISTOL
J. W. ARROWSMITH LTD., PRINTERS, QUAY STREET
LONDON
SIMPKIN, MARSHALL, HAMILTON, KENT & COMPANY LIMITED

CONTENTS

———

PREFACE.

MY recent detention in the Chinese Legation, 49 Portland Place, London, has excited so much interest, has brought me so many friends and has raised so many legal, technical and international points of law, that I feel I should be failing in my duty did I not place on public record, all the circumstances connected with the historical event.

I must beg the indulgence of all readers for my shortcomings in English composition, and confess that had it not been for the help rendered by a good friend, who transcribed my thoughts, I could never have ventured to appear as the Author of an English book.

SUN YAT SEN.

LONDON, 1897.

𝕶idnapped in 𝕷ondon.

CHAPTER I.

THE IMBROGLIO.

WHEN in 1892 I settled in Macao, a small island near the mouth of the Canton river, to practise medicine, I little dreamt that in four years time I should find myself a prisoner in the Chinese Legation in London, and the unwitting cause of a political sensation which culminated in the active interference of the British Government to procure my release. It was in that year however, and at Macao, that my first acquaintance was

made with political life; and there began
the part of my career which has been the
means of bringing my name so prominently
before the British people.

I had been studying medicine, during
the year 1886, in Canton at the Anglo-
American Mission, under the direction of
the venerable Dr. Kerr, when in 1887 I
heard of the opening of a College of
Medicine at Hong Kong, and determined
immediately to avail myself of the advan-
tages it offered.

After five years' study (1887—1892)
I obtained the diploma entitling me to
style myself " Licentiate in Medicine and
Surgery, Hong Kong."

Macao has belonged to Portugal for 360
years; but although the Government is
Europeanised, the inhabitants are mostly
Chinese, and the section of the population
which styles itself Portuguese, consists
really of Eurasians of several in-bred
generations.

The Imbroglio.

In my newly selected home, I found the Chinese authorities of the native hospital willing to help me forward in the matter of affording me opportunities to practise European medicine and surgery. They placed a ward at my disposal, supplied me with drugs and appliances from London, and granted me every privilege whereby to secure my introduction amongst them on a fair footing.

This event deserves special notice as marking a new and significant departure in China; for never before had the Board of Directors of any Chinese hospital throughout the length and breadth of the great empire given any direct official encouragement to Western medicine. Many patients, more especially surgical cases, came to my wards, and I had the opportunity of performing several of the major operations before the Directors. On the other hand, I had difficulty from the first with the Portuguese authorities.

It was not the obstructive ignorance of
the East, but the jealousy of the West,
which stepped in to thwart my progress.
The law of Portugal forbids the practice
of medicine, within Portuguese territory,
by any one who is not possessed of a
Portuguese diploma, obtainable only in
Europe.   Under this rule the Portuguese
doctors took refuge and fought my claims
to practise.   They first forbade me to
practise amongst, or prescribe for, Portu-
guese; the dispensers in the pharmacies
were not allowed to dispense prescriptions
from the pen of a doctor of any alien
nationality; consequently my progress
was hampered from the first.   After futile
attempts to establish myself in Macao,
and at considerable pecuniary loss, for I
had settled down little dreaming of oppo-
sition, I was induced to go to Canton.

It was in Macao that I first learned of
the existence of a political movement
which I might best describe as the for-

mation of a " Young China " party. Its objects were so wise, so modest, and so hopeful, that my sympathies were at once enlisted in its behalf, and I believed I was doing my best to further the interests of my country by joining it. The idea was to bring about a peaceful reformation, and we hoped, by forwarding modest schemes of reform to the Throne, to initiate a form of government more consistent with modern requirements. The prime essence of the movement was the establishment of a form of constitutional government to supplement the old-fashioned, corrupt, and worn-out system under which China is groaning.

It is unnecessary to enter into details as to what form of rule obtains in China at present. It may be summed up, however, in a few words. The people have no say whatever in the management of Imperial, National, or even Municipal affairs. The mandarins, or local magistrates, have full power of adjudication, from which there is no appeal. Their word is law, and they have full scope to practise their machinations with complete irresponsibility, and every officer may fatten himself with impunity. Extortion by officials is an institution ; it is the condition on which they take office ; and it is only when the bleeder is a bungler that the government steps in with pretended benevolence to ameliorate but more often to complete the depletion.

English readers are probably unaware of the smallness of the established salaries of provincial magnates. They will scarcely credit that the Viceroy of, say, Canton, ruling a country with a population larger than that of Great Britain, is allowed as his legal salary the paltry sum of £60 a year ; so that, in order to live and maintain himself in office, accumulating fabulous riches the while, he resorts to extortion and the selling of justice.

So-called education and the results of examinations are the one means of obtaining official notice. Granted that a young scholar gains distinction, he proceeds to seek public employment, and, by bribing the Peking authorities, an official post is hoped for. Once obtained, as he cannot live on his salary, perhaps he even pays so much annually for his post, licence to squeeze is the result, and the man must be stupid indeed who cannot, when backed up by government, make himself rich enough to buy a still higher post in a few years. With advancement comes increased licence and additional facility for self-enrichment, so that the cleverest "squeezer" ultimately can obtain money enough to purchase the highest positions.

This official thief, with his mind warped by his mode of life, is the ultimate authority in all matters of social, political, and criminal life. It is a feudal system,

16   *Kidnapped in London.*

an *imperium in imperio*, an unjust auto-
cracy, which thrives by its own rottenness.
But this system of fattening on the public
vitals—the selling of power—is the chief
means by which the Manchu dynasty
continues to exist. With this legalised
corruption stamped as the highest ideal
of government, who can wonder at the
existence of a strong undercurrent of
dissatisfaction among the people?

The masses of China, although kept
officially in ignorance of what is going on
in the world around them, are anything
but a stupid people. All European au-
thorities on this matter state that the
latent intellectual ability of the Chinese
is considerable; and many place it even
above that of the masses in any other
country, European or Asiatic. Books on
politics are not allowed; daily newspapers
are prohibited in China; the world around,
its people and politics, are shut out; while
no one below the grade of a mandarin of

the seventh rank is allowed to read Chinese geography, far less foreign. The laws of the present dynasty are *not* for public reading ; they are known only to the highest officials. The reading of books on military subjects is, in common with that of other prohibited matter, not only forbidden, but is even punishable by death. No one is allowed, on pain of death, to invent anything new, or to make known any new discovery. In this way are the people kept in darkness, while the government doles out to them what scraps of information it finds will suit its own ends.

The so-called "Literati" of China are allowed to study only the Chinese classics and the commentaries thereon. These consist of the writings of ancient philosophers, the works of Confucius and others. But of even these, all parts relating to the criticism of their superiors are carefully expunged, and only those parts are published for public reading which teach

2

18   *Kidnapped in London.*

obedience to authorities as the essence of all instruction. In this way is China ruled—or rather misruled—namely, by the enforcement of blind obedience to all existing laws and formalities.

To keep the masses in ignorance is the constant endeavour of Chinese rule. In this way it happened, that during the last Japanese incursion, absolutely nothing was known of the war by the masses of China, in parts other than those where the campaign was actually waged. Not only did the people a short way inland never hear of the war, but the masses had never even heard of a people called Japanese; and even where the whisper had been echoed, it was discussed as being a " rebellion " of the " foreign man."

With this incubus hanging over her, China has no chance of reform except it come from the Throne; and it was to induce the Throne to modify this pernicious state of things that the " Young China " party was formed. Hoping that the Peking authorities, by their more extended contact during recent years with foreign diplomatists, might have learned something of constitutional rule, and might be willing to aid the people in throwing off their deplorable ignorance, I ventured, with others, to approach them, beseeching them, in all humility, to move in this direction for the welfare of China. These petitions only resulted in the infliction of many rigorous punishments. We had seized the moment when the Japanese were threatening Peking, and the Emperor, fearing that harsh dealings with the reformers might alienate many of his people, took no notice of them until peace was assured. Then an edict was issued denouncing the petitioners and commanding the immediate cessation of all suggestions of reform.

Finding the door closed to mild means, we grew more concrete in our notions and demands, and gradually came to see that some degree of coercion would be necessary. In all quarters we found supporters. The better classes were dissatisfied with the behaviour of our armies and fleets, and knew that corruption in its worst forms was the cause of their failure. This feeling was not confined to one locality, but was widespread and deep-rooted, and promised to take shape and find expression in decided action.

The headquarters of the "Young China" party was really in Shanghai, but the scene of action was to be laid in Canton. The party was aided in its course by one or two circumstances. First among these was the existence of discontented soldiery. Three-fourths of the Cantonese contingent were disbanded when the war in the North had ceased in 1895. This set loose a number of idle, lawless men; and the small section of their comrades who were retained in service were no better pleased than those dismissed. Either disband all or retain all, was their cry; but the authorities were deaf to the remonstrance. The reform party at once enlisted the sympathies of these men in their cause, and so gained numerical strength to their military resources.

Another chance coincidence hastened events. For some reason or other a body of police, discarding their uniform, set to work to loot and plunder a section of the city. After an hour or two, the inhabitants rose, and obtaining mastery of the quondam police, shut some half-dozen of the ring-leaders up in their Guildhall. The superintendent of the official police then sent out a force to release the marauders, and proceeded forthwith to plunder the Guildhall itself. A meeting of the inhabitants was immediately held, and a deputation of 1000 men sent to the Governor's residence to appeal against the action of the police. The authorities, however, told the deputation that such a proceeding was tantamount to a rebellion, and that they had no right to threaten their superiors. They thereupon arrested the ringleaders of the deputation, and sent the others about their business. The discontents soon became disaffected, and, the " Young China" party making advances, they readily joined the reformers.

Yet a third and a fourth incident helped to swell their ranks. The Viceroy, Li Han Chang (brother of the famous Viceroy Li), put a fixed tariff on all official posts throughout his two provinces, Kwang-Tung and Kwang-Si. This was an innovation which meant a further "squeeze" of the people, as the officials, of course, made the people pay to indemnify them for their extra payments. The fourth, and the most characteristically Chinese, method of extortion was afforded in the occasion of the Viceroy's birthday. The officials in his provinces combined to give their master a present, and collected money to the amount of a million taels (about £200,000). Of course the officials took the money from the richer merchants in the usual way, by threats, by promises, and by blackmailing. A follower of Li Han Chang, Che Fa Nung by name, further angered all the "Literati" by selling, to all who could afford to pay, diplomas of graduation for 3000 taels (about £500) each. The richer men and the "Literati" became thereby disaffected and threw in their lot with "Young China."

In this way the reform movement acquired great strength and coherence and wide-spread influence, and brought matters all too soon to a climax. The plan was to capture the city of Canton and depose the authorities, taking them by surprise and securing them in as quiet a way as possible, or, at any rate, without bloodshed. To ensure a complete *coup,* it was considered necessary to bring an overwhelming force to bear ; consequently, two bodies of men were employed, one in Swatow and the other from the banks of the West river.   These places were fixed upon as the Swatow men, for instance, were totally ignorant of the Cantonese language.   Although only 180 miles north of Canton, the language of Swatow differs as much from that of Canton as English does from Italian.   It was deemed wise to bring strangers in, as they were more likely to be staunch to the cause, since they could not communicate with, and therefore could not be tampered with by, Cantonese men.   Nor would it be safe for them to disband or desert, as they would be known as strangers, and suspicion would at once fall on them were they found in Canton after the disturbance.

It was arranged that on a certain day in October, 1895, these men should march across country, one body from the south-west, the other from the north-east, towards Canton. All proceeded satisfactorily, and they commenced their advance. Frequent meetings of the Committee of Reformers were held, and arms, ammunition and dynamite were accumulated at the head-quarters. The soldiers advancing across the country were to be still further strengthened by a contingent of four hundred men from Hong Kong. The day for the assemblage came and the southern men were halted within four hours march of the city. A guard of one hundred men, fully armed, was stationed around the Committee in their Guild; runners, some thirty in number, were despatched to the disaffected over the city to be ready for the following morning. Whilst the conspirators sat within their hall a telegram was received to the effect that the advancing soldiers had been stayed in their progress, and the reform movement forthwith became disconcerted.

26 *Kidnapped in London.*

It was impossible to recall the messengers, and others could not be found who knew where the disaffected were resident. Further news came to hand rendering it impossible to proceed, and the cry arose " *Sauve qui peut.*"   A general stampede followed; papers were burnt, arms hidden, and telegrams despatched to Hong Kong to stop the contingent from that place. The telegram to the Hong Kong agent, however, only reached him after all his men had been got on board a steamer, which also carried many barrels of revolvers.   Instead of dismissing the men as he should have done, he allowed them to proceed, and they landed on the wharf of Canton only to find themselves placed under arrest.   The leaders in Canton fled, some one way, some another; I myself, after several hairbreadth escapes, getting on board a steam launch in which I sailed to Macao.   Remaining there for twenty-four hours only, I proceeded to

Hong Kong, where, after calling on some friends, I sought my old teacher and friend, Mr. James Cantlie. Having informed him that I was in trouble through having offended the Cantonese authorities, and fearing that I should be arrested and sent to Canton for execution, he advised me to consult a lawyer, which I immediately proceeded to do.

CHAPTER II.

MY CAPTURE.

I DID not see Mr. Cantlie again, as Mr. Dennis, who directed my steps, constrained me to get away at once.

In two days time I went by Japanese steamer to Kobe, whence, after a few days' stay, I proceeded to Yokohama. There I changed my Chinese attire for a European costume *à la* Japanese. I removed my queue, allowed my hair to grow naturally and cultivated my moustache. In a few days I sailed from Yokohama for the Hawaiian Islands and there took up my quarters in the town of Honolulu, where I had many relations, friends and well-wishers. Wherever I went, whether in Japan, Honolulu, or

28

America, I found all intelligent Chinese imbued with the spirit of reform and eager to obtain a form of representative government for their native land.

Whilst walking in the streets of Honolulu I met Mr. and Mrs. Cantlie and family, who were then on their way to England. They did not at first recognise me in my European dress, and their Japanese nurse at once addressed me in the Japanese language, taking me for a countryman. This happened frequently, Japanese everywhere at first taking me for one of themselves and only finding their mistake when they spoke to me.

I left Honolulu in June, 1896, for San Francisco, where I remained for a month before proceeding eastward. There I met many of my countrymen and was well received by them. I spent three months in America, and came to Liverpool by the s.s. *Majestic*. In New York I was advised to beware the Chinese

Minister to the United States, as he is a Manchurian, and has but little sympathy with Chinese generally and a reformer in particular.

On October 1st, 1896, I arrived in London and put up at Haxell's Hotel in the Strand. I went next day to Mr. Cantlie's, at 46 Devonshire Street, Portland Place, W., where I received a hearty welcome from my old friend and his wife. Lodgings were found for me at 8 Gray's Inn Place, Gray's Inn, Holborn. Henceforward I proceeded to settle down to enjoy my stay in London and to become acquainted with the many sights, the museums and the historical relics in this the very centre of the universe. What impressed me, a Chinaman, most was the enormous vehicular traffic, the endless and unceasing stream of omnibusses, cabs, carriages, wagons, and wheeled conveyances of humbler character which held the streets; the wonderful way in which the police controlled and directed the traffic, and the good humour of the people. The foot passengers are, of course, many, but they are not in such crowds as we find in Chinese streets. For one thing, our streets are much narrower, being, in fact, mere alleys; and, in the second place, all our goods are conveyed by human carriage, everything being slung from a bamboo pole carried across the shoulders. Yet even in the wide streets of Hong Kong our foot passenger traffic is in swarms.

I was just beginning to know Holborn from the Strand, and Oxford Circus from Piccadilly Circus, when I was deprived of my liberty in the fashion so fully described by the public press of the country.

I had been frequently at Mr. Cantlie's, almost daily in fact, and spent most of my time in his study. One day at luncheon he alluded to the Chinese Legation being in the neighbourhood, and jokingly suggested that I might go round and call there; whereat his wife remarked, "You had better not.   Don't you go near it; they'll catch you and ship you off to China."   We all enjoyed a good laugh over the remark, little knowing how true the womanly instinct was, and how soon we were to experience the reality.   While dining one evening at Dr. Manson's, whom I had also known in Hong Kong, as my teacher in medicine, I was jokingly advised by him also to keep away from the Chinese Legation.   I was well warned, therefore; but as I did not know where the Legation was, the warning was of little use.   I knew that to get to Devonshire Street I had to get off the omnibus at Oxford Circus, and from thence go straight north up a wide street till I found the name Devonshire on the corner house.   That was the extent of my knowledge of the locality at this time.

On Sunday morning, October 11th, at

almost half-past ten, I was walking towards Devonshire Street, hoping to be in time to go to church with the doctor and his family, when a Chinaman approached in a surreptitious manner from behind and asked, in English, whether I was Japanese or Chinese. I replied, " I am Chinese." He then inquired from what province I came, and when I told him I was from Canton he said, " We are countrymen, and speak the same language; I am from Canton." It should be observed that English or " Pidgin," that is " business " English, is the common language between Chinamen from different localities. A Swatow and a Cantonese merchant, although their towns are but 180 miles apart (less than the distance between London and Liverpool), may be entirely ignorant of each other's spoken language. The written language is the same all over China, but the written and spoken languages are totally different, and the

34   *Kidnapped in London.*

spoken languages are many.   A Swatow
merchant, therefore, doing business in
Hong Kong with a Cantonese man, speaks
English, but writes in the common lan-
guage of China.   While upon this subject
it may be well to state that the Japanese
written language is the same in its charac-
ters as that used by the Chinese ; so that
a Chinaman and a Japanese when they
meet, although having no spoken words
in common, can figure to each other on
the ground or on paper, and frequently
make imaginary figures on one hand with
the forefinger of the other to their mutual
understanding.

My would-be Chinese friend, therefore,
addressed me in English until he found"
my dialect.   We then conversed in the
Cantonese dialect.   Whilst he was talking
we were slowly advancing along the street,
and presently a second Chinaman joined
us, so that I had now one on each
side,   They pressed me to go in to their

"lodgings" and enjoy a smoke and chat with them. I gently demurred, and we stopped on the pavement. A third Chinaman now appeared and my first acquaintance left us. The two who remained further pressed me to accompany them, and I was gradually, and in a seemingly friendly manner, led to the upper edge of the pavement, when the door of an adjacent house suddenly opened and I was half-jokingly and half-persistently compelled to enter by my companions, one on either side, who reinforced their entreaties by a quasi-friendly push. Suspecting nothing, for I knew not what house I was entering, I only hesitated because of my desire to get to Mr. Cantlie's in time for church, and I felt I should be too late did I delay. However, in good faith I entered, and was not a little surprised when the front door was somewhat hurriedly closed and barred behind me. All at once it flashed upon me that the house must be the Chinese Legation, thereby accounting for the number of Chinamen in mandarin attire, and for the large size of the house; while I also recollected that the Minister resided somewhere in the neighbourhood of Devonshire Street, near to which I must then be.

I was taken to a room on the ground floor whilst one or two men talked to me and to each other. I was then sent upstairs, two men, one on either side, conducting and partly forcing me to ascend. I was next shown into a room on the second floor and told I was to remain there. This room, however, did not seem to satisfy my captors, as I was shortly afterwards taken to another on the third floor with a barred window looking out to the back of the house. Here an old gentleman with white hair and beard came into the room in rather a bumptious fashion and said;

" Here is China for you; you are now in China."

Sitting down, he proceeded to interrogate me.

Asked what my name was, I replied " Sun."

"Your name," he replied, "is Sun Wen; and we have a telegram from the Chinese Minister in America informing us that you were a passenger to this country by the s.s. *Majestic*; and the Minister asks me to arrest you."

" What does that mean ? " I enquired.
To which he replied :

" You have previously sent in a petition for reform to the Tsung-Li-Yamen in Peking asking that it be presented to the Emperor. That may be considered a very good petition; but now the Tsung-Li-Yamen want you, and therefore you are detained here until we learn what the Emperor wishes us to do with you."

"Can I let my friend know I am here?"
I asked.

"No," he replied; "but you can write
to your lodging for your luggage to be
sent you."

On my expressing a wish to write to
Dr. Manson, he provided me with pen,
ink and paper. I wrote to Dr. Manson
informing him that I was confined in
the Chinese Legation, and asking him
to tell Mr. Cantlie to get my baggage sent
to me. The old gentleman, however,—
whom I afterwards learned to be Sir
Halliday Macartney,—objected to my
using the word "confined," and asked
me to substitute another. Accordingly I
wrote: "I am in the Chinese Legation;
please tell Mr. Cantlie to send my luggage
here."

He then said he did not want me to
write to my friend, and asked me to write
to my hotel. I informed him that I
was not at a hotel, and that only Mr.

Cantlie knew where I was living. It was very evident my interrogator was playing a crafty game to get hold of my effects, and more especially my papers, in the hope of finding correspondence whereby to ascertain who my Chinese accomplices or correspondents were. I handed him the letter to Dr. Manson, which he read and returned, saying, " That is all right." I put it in an envelope and gave it to Sir Halliday Macartney in all good faith that it would be delivered.

CHAPTER III.

MY IMPRISONMENT.

SIR HALLIDAY then left the room, shut the door and locked it, and I was a prisoner under lock and key. Shortly afterwards I was disturbed by the sound of carpentry at the door of my room, and found that an additional lock was being fixed thereto. Outside the door was stationed a guard of never less than two people, one of whom was a European; sometimes a third guard was added. During the first twenty-four hours the Chinese guards at the door frequently came in and spoke to me in their own dialect, which I understood fairly well. They did not give me any information as to my imprisonment—nor did I ask them

40

any questions—further than that the old
gentleman who had locked me up was Sir
Halliday Macartney, the Ma-Ta-Yen,
as they called him : *Ma* standing for
" Macartney," *Ta-Yen* being the equiva-
lent for " His Excellency." This is in
the same category with the name under
which the Chinese Minister passes here,
Kung-Ta-Yen. *Kung* is his family name
or surname; *Ta-Yen* indicates his title,
meaning " His Excellency." He never gives
his real name in public matters, thereby
compelling every foreigner to uncon-
sciously style him " His Excellency." I
often wonder if he deals with the British
Government under this cognomen solely;
if he does, it is a disparagement and slight
that is meant. Court and diplomatic
etiquette in China is so nice, that the
mere inflection of a syllable is quite enough
to change the meaning of any communi-
cation to the foreigner from a compliment
to a slight. This is constantly striven

after in all dealings with foreigners, and it requires a very good knowledge of Chinese literature and culture indeed, to know that any message delivered to a foreigner does not leave the Chinese diplomatist hugging himself with delight at having insulted a foreigner of high rank, without his knowing it.   To the people around him he thereby shows his own preëminence, and how the " foreign devils "—the Yang Quei Tze—are his inferiors.

Several hours after my imprisonment, one of the guard came into my room and told me that Sir Halliday Macartney had ordered him to search me. He proceeded to take my keys, pencil and knife. He did not find my pocket in which I had a few bank notes; but he took the few unimportant papers I had. They asked me what food I wanted, and at my request brought me some milk which I drank.

During the day two English servants came to light the fire, bring coals and sweep the room. I asked the first who came to take a letter out for me, and being promised that this would be done, I wrote a note addressed to Mr. Cantlie, 46 Devonshire Street, W. When the second servant came I did the same thing. I did not, of course, know till later what had happened to my letters, but both men said they had sent them. That (Sunday) evening an English woman came in to make up my bed. I did not address her at all. All that night I had no sleep, and lay with my clothes on.

On the following day—Monday, 12th October—the two English servants came again to attend to the room, and brought coals, water and food. One said he had sent the note with which I had entrusted him, while the other, Cole, said he could not get out to do so. I suspected, however, that my notes had never reached their destination.

On Tuesday, the 13th, I again asked

the younger manservant—not Cole—if he had delivered my letter and had seen Mr. Cantlie. He said he had; but as I still doubted him, he swore he had seen Mr. Cantlie, who on receiving the note said, " All right! " Having no more paper, I wrote with pencil on the corner of my handkerchief, and asked him to take it to my friend. At the same time I put a half-sovereign in his hand, and hoped for the best. I was dubious about his good faith, and I found that my suspicions were but too well-founded ; for I ascertained subsequently he went immediately to his employers and disclosed all.

On the fourth day of my imprisonment Mr. Tang, as he is called, came to see me, and I recognised in him the man who had kidnapped me. He sat down and proceeded to converse with me.

" When I last saw you," he began, "and took you in here, I did so as part of my official duty : I now come to talk with you as a friend. You had better confess that you are Sun Wen; it is no use denying it: everything is settled." In a vein of sarcastic-pseudo flattery he continued: "You are well known in China: the Emperor and the Tsung-Li-Yamen are well acquainted with your history; it is surely worth your while dying with so distinguished a name as you have made for yourself upon you." (This is a species of Oriental flattery scarcely perhaps to be appreciated by Western minds; but it is considered everything in China, how and under what name and reputation you *die*.) "Your being here," he proceeded, "means life or death. Do you know that?"

"How?" I asked. "This is England, not China. What do you propose to do with me? If you wish extradition, you must let my imprisonment be known to the British Government; and I do not think the Government of this country will give me up."

46   *Kidnapped in London.*

"We are not going to ask legal extradition for you," he replied. "Everything is ready; the steamer is engaged; you are to be bound and gagged and taken from here, so that there will be no disturbance; and you will be placed on board in safe keeping. Outside Hong Kong harbour there will be a Chinese gunboat to meet you, and you will be transferred to that and taken to Canton for trial and execution."

I pointed out that this would be a risky proceeding, as I might have the chance of communicating with the English on board on the way. This, however, Tang declared would be impossible, as, said he, "You will be as carefully guarded as you are here, so that all possibility of escape will be cut off." I then suggested that the officers on board might not be of the same mind as my captors, and that some of them might sympathise with me and help me.

"The steamboat company," replied

Tang, "are friends of Sir Halliday Macartney's and will do what they are told."

In reply to my questions he told me that I should be taken by one of the "Glen" Line of Steamers, but that my departure would not take place that week (this was October 14th), as the Minister was unwilling to go to the expense of exclusively chartering the steamer, and he wished to have the cargo shipped first, so that only the passenger tickets would have to be paid for.

"Some time next week," he added, "the cargo will be embarked and you will go then."

On my remarking that this was a very difficult plan to put into execution, he merely said :

"Were we afraid of that, we could kill you here, because this is China, and no one can interfere with us in the Legation."

For my edification and consolation he

then quoted the case of a Korean patriot, who, escaping from Korea to Japan, was induced by a countryman of his to go to Shanghai, where he was put to death in the British concession. His dead body was sent back by the Chinese to Korea for punishment, and on arrival there it was decapitated, while the murderer was rewarded and given a high political post. Tang was evidently fondly cherishing the belief that he would be similarly promoted by his government for arresting me and securing my death.

I asked him why he should be so cruel, to which he replied:

" This is by order of the Emperor, who wants you captured at any price, alive or dead."

I urged that the Korean case was one of the causes of the Japanese war, and that my capture and execution might lead to further trouble and great complications.

" The British Government," I said,

"may ask for the punishment of all the members of this Legation; and, as you are a countryman of mine, my people in the province of Kwang-Tung may revenge themselves on you and your family for your treatment of me."

He then changed his tone, desisted from his arrogant utterances, and remarked that all he was doing was by the direction of the Legation, and that he was merely warning me in a friendly way of my plight.

CHAPTER IV.

PLEADING WITH MY GAOLERS FOR LIFE.

AT twelve o'clock the same night Tang returned to my room and re-opened the subject. I asked him, if he was really a friend of mine, what he could do to help me.

"That is what I came back for," he replied, "and I want to do all I can, and will let you out by-and-by. Meantime," he continued, "I am getting the lock-smith to make two duplicate keys, one for your room and one for the front door."

Tang had to take this step, he said, as the keys were kept by the confidential servant of the Minister, who would not part with them.

To my inquiry as to when he could let

50

me out, he stated that it would be impossible till the following day, and that he could probably manage it at two a.m. Friday morning.

As he left the room he counselled me to be ready to get out on the Friday.

After his departuro I wrote down a few words on a paper to give to the servants to take to Mr. Cantlie.

Next morning, Thursday, October 15th, I gave the note to the servant; but, as Tang told me on the afternoon of that day, it was handed by the servant to the Legation authorities.

Tang declared that by my action I had spoiled all his plans for rescuing me, and that Sir Halliday Macartney had scolded him very much for telling me how they intended to dispose of me.

I thereupon asked him if there was any hope for my life, to which he replied:

"Yes, there is still great hope; but you must do what I tell you."

He advised me to write to the Minister asking for mercy. This I agreed to do, and asked for pen, ink and paper. These Tang told Cole to bring me.

I asked, however, that Chinese ink and paper should be supplied me, as I could not write to the Chinese Minister in English.

To this Tang replied :

"Oh, English is best, for the Minister is but a figure-head; everything is in Macartney's hands, and you had better write to him."

When I asked what I should write, he said :

"You must deny that you had anything to do with the Canton plot, declare that you were wrongly accused by the mandarins, and that you came to the Legation to ask for redress."

I wrote to his dictation a long letter to this effect in Tang's presence.

Having addressed the folded paper to

Sir Halliday Macartney (whose name Tang spelt for me, as I did not know how) I handed it to Tang, who went off with it in his possession, and I never saw the intriguer again.

This was no doubt a very stupid thing to have done, as I thereby furnished my enemies with documentary evidence that I had come voluntarily to the Legation. But as a dying man will clutch at anything, so I, in my strait, was easily imposed upon.

Tang had informed me that all my notes had been given up by the servants, so that none of them had reached my friends outside. I then lost all hope, and was persuaded that I was face to face with death.

During the week I had written statements of my plight on any scraps of paper I could get and thrown them out of the window. I had at first given them to the servants to throw out, as my window did not look out on the street; but it was evident all of them had been retained. I therefore attempted to throw them out at my own window myself, and by a lucky shot one fell on the leads of the back premises of the next house.

In order to make these missives travel further I weighted them with coppers, and, when these were exhausted, two-shilling pieces, which, in spite of the search, I had managed to retain on my person. When the note fell on the next house I was in hopes that the occupants might get it. One of the other notes, striking a rope, fell down immediately outside my window. I requested a servant—not Cole—to pick it up and give it me; but instead of doing so he told the Chinese guards about it, and they picked it up.

Whilst searching about, the letter on the leads of the next house caught their attention, and, climbing over, they got possession of that also, so that I was bereft of that hope too. These notes they took to their masters.

I was now in a worse plight than ever, for they screwed up my window, and my sole means of communication with the outside world seemed gone.

My despair was complete, and only by prayer to God could I gain any comfort. Still the dreary days and still more dreary nights wore on, and but for the comfort afforded me by prayer I believe I should have gone mad. After my release I related to Mr. Cantlie how prayer was my one hope, and told him how I should never forget the feeling that seemed to take possession of me as I rose from my knees on the morning of Friday, October 16th—a feeling of calmness, hopefulness and confidence, that assured me my prayer was heard, and filled me with hope that all would yet be well. I therefore resolved to redouble my efforts, and made a determined advance to Cole, beseeching him to help me.

When he came in I asked him : " Can you do anything for me ? "

His reply was the question : " What are you ? "

" A political refugee from China," I told him.

As he did not seem to quite grasp my meaning, I asked him if he had heard much about the Armenians. He said he had, so I followed up this line by telling him that just as the Sultan of Turkey wished to kill all the Christians of Armenia, so the Emperor of China wished to kill me because I was a Christian, and one of a party that was striving to secure good government for China.

" All English people," I said, " sympathise with the Armenians, and I do not doubt they would have the same feeling towards me if they knew my condition."

He remarked that he did not know whether the English Government would help me, but I replied that they would certainly do so, otherwise the Chinese Legation would not confine me so strictly, but would openly ask the British Government for my legal extradition.

"My life," I said to him, "is in your hands. If you let the matter be known outside, I shall be saved; if not, I shall certainly be executed. Is it good to save a life or to take it? Whether is it more important to regard your duty to God or to your master?—to honour the just British, or the corrupt Chinese, Government?"

I pleaded with him to think over what I had said, and to give me an answer next time he came, and tell me truly whether he would help me or not.

He went away, and I did not see him till next morning. It may well be imagined how eager I was to learn his decision.

While engaged putting coals on the fire he pointed to a paper he had placed in the coal scuttle.   On the contents of that paper my life seemed to depend.   Would it prove a messenger of hope, or would the door of hope again be shut in my face ? Immediately he left the room I picked it up and read :

" I will try to take a letter to your friend. You must not write it at the table, as you can be seen through the keyhole, and the guards outside watch you constantly.   You must write it on your bed."

I then lay down on my bed, with my face to the wall, and wrote on a visiting card to Mr. Cantlie.   At noon Cole came in again, and I pointed to where my note was.   He went and picked it up, and I gave him all the money I had about me— £20.   Mr. Cantlie's note in reply was placed by Cole behind the coal scuttle, and by a significant glance he indicated there was something there for me.   When he had gone I anxiously picked it up, and was overjoyed to read the words : " Cheer up ! The Government is working on your behalf, and you will be free in a few days." Then I knew God had answered my prayer.

During all this time I had never taken off my clothes. Sleep came but seldom, only in snatches, and these very troubled. Not until I received my friend's cheering news did I get a semblance of real rest.

My greatest dread was the evil that would befal the cause for which I had been fighting, and the consequences that would ensue were I taken to China and killed. Once the Chinese got me there, they would publish it abroad that I had been given up by the British Government in due legal fashion, and that there was no refuge in British territory for any of the other offenders. The members of " the Party " will remember the part played by England in the Taiping rebellion, and

how by English interference that great
national and Christian revolution was put
down.   Had I been taken to China to be
executed, the people would have once
more believed that the revolution was
again being fought with the aid of
Britain, and all hopes of success would
be gone.

Had the Chinese Legation got my
papers from my lodgings, further compli-
cations might have resulted to the detri-
ment of many friends.   This danger, it
turned out, had been carefully guarded
against by a thoughtful lady.   Mrs.
Cantlie, on her own responsibility, had
gone to my lodgings, carefully collected
my papers and correspondence, and within
a few hours of her becoming acquainted
with my imprisonment, there and then
destroyed them.   If some of my friends
in various parts of the world have had no
reply to their letters, they must blame
this considerate lady for her wise and

prompt action, and forgive my not having answered them, as I am minus their addresses, and in many cases do not even know their names. Should the Chinese authorities again entrap me, they will find no papers whereby my associates can be made known to them.

I luckily did not think of poison in my food, but my state of mind was such that food was repulsive to me. I could only get down liquid nourishment, such as milk and tea, and occasionally an egg. Only when my friend's note reached me could I either eat or sleep.

CHAPTER V.

THE PART MY FRIENDS PLAYED.

OUTSIDE the Legation, I of course knew nothing of what was going on. All my appeals, all my winged scraps I had thrown out at the window, all my letters I had handed officially to Sir Halliday Macartney and Tang, I knew were useless, and worse than useless, for they but increased the closeness of my guard and rendered communication with my friends more and more an impossibility.

However, my final appeal on Friday morning, October 16th, had made an impression, for it was after that date that Cole began to interest himself in my behalf. Cole's wife had a good deal to

62

The Part My Friends Played. 63

do with the initiative, and it was Mrs. Cole who wrote a letter to Mr. Cantlie on Saturday, October 17th, 1896, and so set the machinery going. The note reached Devonshire Street at 11 p.m. Imagine the Doctor's feelings when he read the following :

" There is a friend of yours imprisoned in the Chinese Legation here since last Sunday. They intend sending him out to China, where it is certain they will hang him. It is very sad for the poor man, and unless something is done at once, he will be taken away and no one will know it. I dare not sign my name; but this is the truth, so believe what I say. Whatever you do must be done at once, or it will be too late. His name is, I believe, Lin Yin Sen."

No time was evidently to be lost. Late as it was, after ascertaining Sir Halliday Macartney's address, Mr. Cantlie set out to find him. He little knew that

64   *Kidnapped in London.*

he was going straight to the head centre
of all this disgraceful proceeding. Luckily
or unluckily for me, one will never know
which, he found the house, 3 Harley Place,
shut up. It was 11.15 p.m. on Saturday
night, and the policeman on duty in
the Marylebone Road eyed him rather
suspiciously as he emerged from the com-
pound in which the house stands. The
policeman said that the house was shut
up for six months, the family having gone
to the country. Mr. Cantlie asked how he
knew all this, and the policeman retorted
that there had been a burglary attempted
three nights previously, which led to
close enquiries who the tenants were;
therefore, the information he had, namely
a six months' "anticipated" absence,
was evidently definite and precise. Mr.
Cantlie next drove to Marylebone Lane
Police Office, and laid the matter before
the Inspector on duty. He next went to
Scotland Yard and asked to see the officer

in charge. A Detective Inspector received him in a private room, and consented to take down his evidence. The difficulty was to get anyone to believe so improbable a story. The Police authority politely listened to the extraordinary narrative, but declared that it was impossible for Scotland Yard to take the initiative, and Mr. Cantlie found himself in the street about 1 a.m., in no better plight than when he set out.

Next morning Mr. Cantlie went to Kensington to consult with a friend as to whether or not there was any good in asking the head of the Chinese Customs in London to approach the Legation privately, and induce them to reconsider their imprudent action and ill-advised step.

Not receiving encouragement in that direction, he went again to 3 Harley Place, in hopes that at least a caretaker would be in possession, and in a position to at least tell where Sir Halliday Macartney could be found or reached by telegram. Beyond the confirmation of the policeman's story that burglary had been attempted, by seeing the evidence of "jemmies" used to break open the door, no clue could be found as to where this astute orientalised diplomatist was to be unearthed.

Mr. Cantlie then proceeded to Dr. Manson's house, and there, at his front door, he saw a man who proved to be Cole, my attendant at the Legation. The poor man had at last summoned up courage to disclose the secret of my imprisonment, and in fear and trembling sought out Mr. Cantlie at his house; but being told he had gone to Dr. Manson's, he went on there and met both the doctors together. Cole then presented two cards I had addressed to Mr. Cantlie, stating:

"I was kidnapped on Sunday last by two Chinamen, and forcibly taken into

The Part My Friends Played. 67

the Chinese Legation. I am imprisoned, and in a day or two I am to be shipped off to China, on board a specially-chartered vessel. I am certain to be beheaded. Oh! woe is me."

Dr. Manson heartily joined with his friend in his attempt to rescue me, and proceeded to interrogate Cole. Mr. Cantlie remarked :

"Oh, if Sir Halliday Macartney were only in town, it would be all right. It is a pity he is away; where *can* we find him ?"

Cole immediately retorted :

"Sir Halliday is in town, he comes to the Legation every day; it was Sir Halliday who locked Sun in his room, and placed me in charge, with directions to keep a strict guard over the door, that he should have no means of escape."

This information was startling, and placed the difficulty of release on a still more precarious footing. The proceedings would have to be still more carefully undertaken, and the highest authorities would have to be called in, were these crafty and masterful men to be outwitted.

Cole, in answer to further interrogations, said that it was given out in the Legation that I was a lunatic; that I was to be removed to China on the following Tuesday (that was in two days more); that he did not know by what line of ships I was going, but a man of the name of McGregor, in the City, had something to do with it. It also came out that two or three men dressed as Chinese sailors had been to the Legation during the week, and Cole had no doubt their visit had something to do with my removal, as he had never seen men of that description in the house before.

Cole left, taking a card with the names of my two friends upon it to deliver to me, in the hopes that its advent would

The Part My Friends Played.   69

allay my fears, and serve as a guarantee that Cole was actually working on my behalf at last. The two doctors then set out to Scotland Yard to try the effects of a further appeal in that direction. The Inspector on duty remarked : " You were here at 12.30 a.m. this morning. I am afraid it is no use your coming here again so soon." The paramount difficulty was to know where to go to represent the fact that a man's life was in danger ; that the laws of the country were being outraged ; that a man was to be practically given over, in the Metropolis of the British Empire, to be murdered.

On quitting the premises they took counsel together, and decided to invade the precincts of the Foreign Office. They were told the resident clerk would see them at five p.m. At that hour they were received, and delivered their romantic tale to the willing ears of the courteous official. Being *Sunday, of course* nothing further could be done, but they were told that the statement would be laid before a higher authority on the following day. But time was pressing, and what was to be done? That night might see the tragedy completed and the prisoner removed on board a vessel bound for China. What was most dreaded was that a foreign ship would be selected; and under a foreign flag the British authorities were powerless. The last hope was that, if I were removed before they succeeded in rousing the authorities and the vessel actually got away, that it might be stopped and searched in the Suez Canal; but, were I shipped on board a vessel under a flag other than British, this hope would prove a delusion. With this dread upon them, they decided to take the decisive step of going to the Legation, and telling the Chinese that they were acquainted with the fact that Sun was a prisoner in their hands, and that the British Government and the police knew of their intention to remove him to China for execution. Dr. Manson decided he should go alone, as Mr. Cantlie's name in connection with Sun's was well known at the Legation.

Accordingly Dr. Manson called alone at 49 Portland Place. The powdered footman at the door was asked to call one of the English-speaking Chinamen. Presently the Chinese interpreter, my captor and tormentor, Tang himself, appeared. Dr. Manson said he wanted to see Sun Yat Sen. A puzzled expression fell o'er Tang's face, as though seeking to recall such a name. "Sun!—Sun! there is no such person here." Dr. Manson then proceeded to inform him that he was quite well aware that Sun was here; that he wished to inform the Legation that the Foreign Office had been made cognisant of the fact; and that Scotland Yard was posted in the matter of Sun's detention. But a Chinese diplomatist is nothing if not a capable liar, and Tang's opportunity of lying must have satisfied even his Oriental liking for the *rôle*. With the semblance of truth in his every word and action, Tang assured his interrogator that the whole thing was nonsense, and that no such person was there. His openness and frankness partly shook Dr. Manson's belief in my condition, and when he got back to Mr. Cantlie's he was so impressed with the apparent truthfulness of Tang's statement, that he even suggested that the tale of my imprisonment might be a trick by myself to some end—he knew not what. Thus can my countrymen lie; Tang even shook the belief of a man like Dr. Manson, who had lived in China twenty-two years; who spoke the Amoy dialect fluently; and was thereby more intimately acquainted with the Chinese and their ways than nine-tenths of the people who visit the Far East. However, he had to dismiss the thought, as no ulterior object could be seen in a trick of the kind. Tang is sure to rise high in the service of his country; a liar like that is sure to get his reward amongst a governing class who exist and thrive upon it.

It was seven o'clock on Sunday evening when the two doctors desisted from their labours, parted company, and considered they had done their duty. But they were still not satisfied that I was safe. The danger was that I might be removed that very night, especially since the Legation knew the British Government were now aware of the fact, and that if immediate embarkation were not possible, a change of residence of their victim might be contemplated. This was a very probable step indeed, and, if it had been possible, there is no doubt it would have been accomplished. Luckily for me, the Marquis Tseng, as he is called, had shortly before left London for China, and given up his residence. Had it not been so, it is quite possible the plan of removal to his house would have recommended itself to my clever countryman; and when it was accomplished, they would have thrown themselves upon the confidence and good friendship of the British, and asked them to search the house. That ruse could not be carried out; but the removal to the docks was quite feasible. It was expected I was to sail on Tuesday, and, as the ship must be now in dock, there was nothing more likely than that the "lunatic" passenger should be taken on board at night, to escape the excitement and noise of the daily traffic in the streets.

CHAPTER VI.

THE SEARCH FOR A DETECTIVE.

WITH all this in his mind Mr. Cantlie set forth again, this time to search out some means of having the Legation watched. He called at a friend's house and obtained the address of Slater's firm of private detectives in the City. Hither he went; but Slater's office was closed.

On Sunday it would seem no detectives are required. Can no trouble arise on Sunday in England? It must be remembered that the division of the month is but an artificial and mundane convenience, and crime does not always accommodate itself to such vagaries of the calendar as the portioning the month into weeks. However, there was the hard fact, Slater's

75

office was shut, and neither shouting, bell-
ringing, nor hard knocks could elicit any
response from the granite buildings in
Basinghall Street.

A consultation in the street with a
policeman and the friendly cabman, who
was taken into the secret of my detention,
ended in a call at the nearest police sta-
tion. Here the tale had to be unfolded
again, and all the doubts as to the doctor's
soberness and sanity set at rest before
anything further could be attempted.

" Where was the place ?"

" Portland Place, West."

" Oh ! it is no good coming here, you
must go back to the West End ; we belong
to the City police."

To the doctor's mind neither eastern
nor western police were of any avail.

" However," he persisted, " could a
detective not be obtained to watch the
house ?"

" No. It was out of the power of the

City police to interfere in the West End work."

"Have you not some old police constable, a reserve man, who would be willing to earn a little money at a job of the kind?" Mr. Cantlie asked.

"Well, there might be—let us see."

And here a number of men fell good-naturedly to discussing whom they could recall to memory. Well, yes; they thought So-and-so would do.

"Where does he live?"

"Oh! he lives in Leytonstone. You could not get him to-night: this is Sunday, you know."

Sunday I should think it was, and my head in the balance. After a long discussion a man's name was suggested, and they got rid of the persistent doctor. The man's address was Gibston Square, Islington.

But before starting thence, Mr. Cantlie thought he would give the newspapers the whole tale, so he drove to the *Times* Office and asked for the sub-editor. A card to fill in was handed him as to the nature of his business; and he wrote:

"Case of Kidnapping at the Chinese Legation!"

This was 9 p.m., and he was told no one would be in until 10 p.m.

Away then he went to Islington in search of his "man." After a time the darkly-lit square was found, and the number proving correct, the abode was entered. But again disappointment followed; for "he could not go, but he thought he knew a man that would." Well, there was no help for it; but where did this man live? He was a wonderful chap; but the card bearing his address could not be found. High and low was it looked for: drawers and boxes, old packets of letters and unused waistcoats were searched and turned out. At last, however, it was unearthed, and then it was known that the man was not at home, but was watching a public-house in the City.

Well, even this was overcome, for the Doctor suggested that one of the numerous children that crowded the parlour should be sent with a note to the home address of the detective, whilst the father of the flock should accompany the Doctor to the City in search of the watcher. At last the hansom cab drew up at a little distance from a public-house, somewhere in the neighbourhood of the Barbican, and the place was reconnoitred. But no watcher could be seen around, and a futile search was settled in this way: that the public-house should be watched until eleven o'clock, when the house closed, at which time in all probability the "man" would be forthcoming. Mr. Cantlie left his erstwhile friend outside the house and set off again for the *Times* Office. There he was received in "audience" and his statement was taken down, and the publication of the tale was left to the *Times'* discretion. By this time it was 11.30 p.m. on Sunday, and at last the restless Doctor sought his home. He was somewhat chagrined to find that at 12 midnight his expected detective had not yet appeared, but, nothing daunted, he prepared to keep watch himself. He said good-night to his wife, and set out to observe the Legation, ready to interfere actively if need be.

However, as he strode forth with valiant intent, the Doctor encountered his expected "man" in the street, and immediately posted him. His Gibston Square friend had proved himself reliable and sent his deputy. The windows of the Legation, late as it was,—past twelve at night,—were still lit up, indicating a commotion within, the result, no doubt, of Dr. Manson's intimation that their evil ways were no longer unknown. The "man" was placed in a hansom cab in

The Search for a Detective. 81

Weymouth Street, under the shadow of a house on the south side of the street, between Portland Place and Portland Road. It was a beautiful moonlight night, and both the Legation entrances could be clearly seen. The hansom cab was a necessary part of the sentinel on duty, as, supposing I had been hurried from the house across the pavement and into a carriage, I should have been carried beyond the reach of a person on foot in a few minutes. Cabs cannot be had at any moment in the early morning hours; hence the necessary precaution of having the watchman in a position by which he could follow in pursuit, if he were required so to do. The newspapers had it, that the cab was intended to carry me off when the rescue party had freed me, but this is another part of the story which I will relate later on.

At 2 a.m. the Doctor got to bed, and having informed the Government, told

82   *Kidnapped in London.*

the police, given the tale to the newspapers, posted private detectives for the night, his day's work was finished and practically my life was saved, although I did not know it.

CHAPTER VII.

THE GOVERNMENT INTERVENE.

ON Monday, October 19th, Slater's office was again asked for detectives, and, when they came, they were posted with instructions to watch the Legation night and day.

At 12 noon, by appointment at the Foreign Office, Mr. Cantlie submitted his statement in writing. The Foreign Office were evidently anxious that some less official plan of release should be effected than by their active interference, in the hopes that international complications might be averted.

Moreover, the proofs of my detention were mere hearsay, and it was unwise to raise a question which seemed to be

founded on an improbable statement.
As a step in the evidence, enquiry was
made at the "Glen" Line Office, and
when it was found that a passage had
been asked for, the Government then
knew by direct evidence that the tale was
not only true, but that actual steps for
its execution had been carefully laid.
From this moment the affair passed into
Government hands, and my friends were
relieved of their responsibility.

Six detectives were told off by Govern-
ment for duty outside the Legation, and
the police in the neighbourhood were
made cognisant of the facts and apprised
to be vigilant.

The police had, moreover, my photo-
graph, which I had had taken in America
in my European dress. To the eye of the
foreigner, who has not travelled in China,
all Chinese are alike, so that an ordinary
photograph was not likely to be of much
assistance; but in this photograph I wore

a moustache and had my hair " European fashion."

No Chinaman wears a moustache until he has attained the " rank " of grand-father ; but even in the country of early marriages, I, who have not yet attained the age of thirty, can scarcely aspire to the " distinction."

On Thursday, October 22nd, a writ of *Habeas Corpus* was made out against either the Legation or Sir Halliday Macartney, I know not which, but the Judge at the Old Bailey would not agree to the action, and it fell through.

On the afternoon of the same day a special correspondent of the *Globe* called at Mr. Cantlie's house and asked him if he knew anything about a Chinaman that had been kidnapped by the Chinese Legation. Well, he thought he did ; what did the *Globe* know about it ? The Doctor said he had given the information to the *Times* on Sunday, October 18th,

five days before, and further supple-
mented it by additional information on
Monday, October 19th, and that he felt
bound to let the *Times* make it public
first.   However, Mr. Cantlie said, " Read
over what you have written about the
circumstance, and I will tell you if it is
correct."   The information the *Globe* had
received proving correct, the Doctor en-
dorsed it, but requested his name not to
be mentioned.

Of course many persons were acquainted
with the circumstances long before they
appeared in print.   Some two or three
hundred people knew of my imprisonment
by Tuesday morning, and it was a wonder
that the ever eager correspondents did
not know of it before Thursday afternoon.
However, once it got wind there was no
hushing the matter up, for from the
moment the *Globe* published the startling
news, there was no more peace at 46
Devonshire Street, W.

Within two hours after the issue of the fifth edition of the *Globe*, Mr. Cantlie was interviewed by a Central News and a *Daily Mail* reporter. He was too reticent to please them, but the main outlines were extracted from him.

The two searchers after truth next called at the Chinese Legation and asked to see Sun. They were met by the ever-ready and omnipresent Tang, who denied all knowledge of such a man. Tang was shown the report in the *Globe*, at which he laughed merrily and said the whole thing was a huge imposition. The Central News reporter, however, said it was no good denying it, and that if Sun was not given up, he might expect 10,000 men here to-morrow to pull the place about his ears. Nothing, however, moved Tang, and he lied harder than ever.

Sir Halliday Macartney was next un-earthed at the Midland Hotel and inter-

88   *Kidnapped in London.*

viewed.   His statements are best gathered
from the Press reports.

INTERVIEWS WITH SIR HALLIDAY MACARTNEY.

Sir Halliday Macartney, Counsellor of the
Chinese Legation, visited the Foreign Office at
3.30 yesterday afternoon.   In conversation with a
press representative, Sir Halliday said: I am
unable to give you any information about the man
detained at the Legation, beyond what has already
appeared in print.   On being informed that the
Foreign Office had just issued an announcement
to the effect that Lord Salisbury had requested
the Chinese Minister to release the prisoner, Sir
Halliday admitted that this was so, and in answer
to a further question as to what would be the
result of the request, replied : " The man will be
released, but this will be done strictly without
prejudice to the rights of the Legation involved."
In course of a later conversation with a repre-
sentative of the press, Sir Halliday Macartney
said: Sun Yat Sen is not the name of the man
whom we have in detention upstairs.   We have
no doubt of his real identity, and have been from
time to time fully informed of all his movements
since he set foot in England.   He came of his own
free will to the Legation, and was certainly not
kidnapped or forced or inveigled into the premises.
It is quite a usual thing for solitary Chinamen in
London to call here to make casual inquiries, or

The Government Intervene.

to have a chat with a countryman. There appears, moreover, to be some ground for suspecting that this peculiar visitor, believing himself unknown, came with some idea of spying on us and getting some information. Nobody knew him by sight. When he called he got into conversation with one of our staff, and was afterwards introduced to me. We chatted for awhile, and some remarks he made led me after he had gone to suspect he might be the person we were having watched. These suspicions being confirmed, he was, on returning the following day, detained, and he is still under detention pending instructions from the Chinese Government.

Speaking on the international side of the matter, Sir Halliday said: The man is not a British, but a Chinese, subject. We contend that for certain purposes the Legation is Chinese territory, where the Chinese Minister alone has jurisdiction. If a Chinaman comes here voluntarily, and if there are charges or suspicions against him, we contend that no one outside has any right to interfere with his detention. It would be quite different if he were outside this building, for then he would be on British territory, and we could not arrest him without a warrant.

Answering further questions, Sir Halliday mentioned that the man was not treated like a prisoner, and every consideration had been paid to his comfort. Sir Halliday ridiculed the statement which has appeared that the captive might be subjected to torture or undue pressure. He added a statement that a letter of inquiry had been received from the Foreign Office on the subject, which would receive immediate attention.

The Central News says: Sir Halliday Macartney, on his return to the Chinese Legation from the Foreign Office, proceeded to the bedside of the Minister Kung Ta Jen, and explained to him that Lord Salisbury had insisted upon the release of Sun Yat Sen.

It is not for me to discuss the behaviour of Sir Halliday Macartney; I leave that to public opinion and to his own conscience. In his own mind, I have no doubt, he has reasons for his action; but they seem scarcely consistent with those of a sane man, let alone the importance of the position he occupies. I expect Tang expressed the position pretty exactly when he told me that "the Minister is but a figure-head here, Macartney is the ruler."

Various reports of an intended rescue crept into the newspapers. The following is an example:

AN INTENDED RESCUE.

In reference to the arrest of Sun Yat Sen, it has been ascertained that his friends had arranged a bold scheme to bring about his rescue. Had they not been definitely assured by the Foreign Office and Scotland Yard that no harm whatever should come to him, his rescue was to be effected by means of breaking the window of his room, and descending from the roof of No. 51 Portland Place, the residence of Viscount Powerscourt. His friends had succeeded in informing him of the plan they intended to pursue, and although information which was subsequently obtained pointed to the fact that Sun Yat Sen was being kept handcuffed, a promise of inside assistance in opening the window satisfied his friends of the feasibility of the plan. Indeed, so far matured was the scheme, that a cab was held in waiting to convey Sun Yat Sen to the home of a friend. By the prisoner's friends it is declared that Long, the interpreter at the Legation, was one of the Chinamen who actually decoyed Sun into the Legation, though he was invariably the most positive subsequently in denying that such a man had ever been inside the Legation walls. His friends declare that Sun was dressed in English clothes, and so far from his being a typical Oriental, when dressed according to Western fashion was invariably taken for an Englishman. He is declared to be a man of unbounded good nature and of the gentlest disposition in Hongkong, and the various places where he practised medicine he obtained a reputation for skill and benevolence towards the poor. He is believed to have been in a great extent the tool of the Canton conspirators, though he never hesitated to condemn the cruel and oppressive Government of the Viceroy of Canton. He is said to have journeyed throughout Canton in the interests of his society, and the plot itself is declared to be the most widespread and formidable since the present Emperor commenced to reign.

The real facts are these. Cole sent the following communication to Mr. Cantlie on October 19th, 1896: "I shall have a good opportunity to let Mr. Sun out on to the roof of the next house in Portland Place to-night. If you think it advisable, get permission from the occupants of the house to have someone waiting there to receive him. If I am to do it, find means to let me know." Mr. Cantlie went with this letter to Scotland Yard and requested that a constable be posted with himself on the roof of the house in question; but the

Scotland Yard authorities, thinking it was an undignified proceeding, dissuaded him from his purpose, and gave it as their firm conviction that I should walk out by the front door in a day or two.

CHAPTER VIII.

RELEASED.

ON October 22nd Cole directed my attention to the coal scuttle, and when he left the room I picked up a clipping from a newspaper, which proved to be the *Globe*. There I read the account of my detention, under the heading: "*Startling Story! Conspirator Kidnapped in London! Imprisonment at the Chinese Embassy!*" And then followed a long and detailed account of my position. At last the Press had interfered, and I felt that I was really safe. It came as a reprieve to a condemned man, and my heart was full of thankfulness.

Friday, October 23rd, dawned, and the day wore on, and still I was in durance.

At 4.30 p.m., however, on that day, my
English and Chinese guards came into
the room and said " Macartney wants
to see you downstairs." I was told to
put on my boots and hat and overcoat.
I accordingly did so, not knowing whither
I was going. I descended the stairs, and as
it was to the basement I was being con-
ducted, I believed I was to be hidden in
a cellar whilst the house was being searched
by the command of the British Govern-
ment. I was not told I was to be released,
and I thought I was to enter another place
of imprisonment or punishment. It seemed
too good to be true that I was actually to
be released. However, Mr. Cantlie pre-
sently appeared on the scene in company
with two other men, who turned out to be
Inspector Jarvis from Scotland Yard, and
an old man, the messenger from the
Foreign Office.

Sir Halliday Macartney then, in the
presence of these gentlemen, handed

me over the various effects that had been taken from me, and addressed the Government officials to the following effect :—

" I hand this man over to you, and I do so on condition that neither the prerogative nor the diplomatic rights of the Legation are interfered with," or words to that effect. I was too excited to commit them to memory, but they seemed to me then, as they do now, senseless and childish.

The meeting related above took place in a passage in the basement of the house, and I was told I was a free man. Sir Halliday then shook hands with us all, a post-Judas salutation, and we were shown out by a side-door leading to the area. From thence we ascended the area steps, and issued into Weymouth Street from the back door of the Legation.

It will perhaps escape observation and pass out of mind as but a minor circumstance that we were sent out by the *back* door of the Legation.

The fact of the rescue was the all important measure in the minds of the little group of Englishmen present; not so, however, with my astute countryman; not so especially with Sir Halliday Macartney, that embodiment of retrograde orientalism.

The fact that the representatives of the British Government were shown out by the back door, as common carrion, will redound to the credit of the Minister and his *clientelle* in the high courts of their country. It was intended as a slight and insult, and it was carried out as only one versed in the Chinese methods of dealing with foreigners can appreciate. The excuse, no doubt, was that the hall was crowded with reporters; that a considerable throng of people had assembled in the street outside the building; that the Foreign Office was anxious that the affair should be conducted quietly without demonstration. These, no doubt, were the reasons present in the ever-ready minds of these Manchurian rapscallions and their caretaker Macartney.

To English ways of looking at things, the fact of my release was all that was cared for; but to the Chinese the manner of the release wiped out all the triumph of British diplomacy in obtaining it. Both had their triumph, and no doubt it brought them equal gratification.

It was not an imposing party that proceeded to the Chinese Legation that Friday afternoon in October; but one member of it, the venerable old messenger from the Foreign Office, had a small note concealed in the depths of his great-coat pocket that seemed to bear great weight. It must have been short and to the point, for it took Macartney but two or three seconds to master its contents. Short it may have been, but it bore the sweet message of freedom for me, and an escape from death, and what I dreaded more, the customary exquisite torture to which political prisoners in China are submitted to procure confession of the names of accomplices.

In Weymouth Street a considerable crowd had assembled, and the ever-present newspaper reporter tried to inveigle me there and then into a confession. I was, however, speedily put into a four-wheeled cab, and, in company with Mr. Cantlie, Inspector Jarvis, and the messenger, driven off towards Scotland Yard. On the way thither Inspector Jarvis gravely lectured me on my delinquencies, and scolded me as a bad boy, and advised me to have nothing to do any more with revolutions. Instead of stopping at Scotland Yard, however, the cab drew up at the door of a restaurant in Whitehall, and we got out on the pavement. Immediately the newspaper men surrounded me; where they came from I could not tell. We had left them a mile away in Portland Place, and here they were again the moment my cab stopped. There is no repressing them; one man had actually, unknown to us, climbed up on the seat beside the driver. He it was that stayed the cab at the restaurant, knowing well that if once I was within the precincts of Scotland Yard they could not get at me for some time. Unless the others—some dozen in number—were on the roof of my cab, I cannot understand where they sprang from. I was hustled from the pavement into the back premises of the hostelry with much more violence than ever was expended upon me when originally taken within the Chinese Legation, and surrounded by a crowd thirsting for knowledge as eagerly as my countrymen thirsted for my head. Pencils executed wonderful hieroglyphics which I had never seen before, and I did not know until that moment that English could be written in what seemed to me cuneiform characters. I found out afterwards it was in shorthand they were writing.

I spoke until I could speak no more, and it was only when Mr. Cantlie called out "Time, gentlemen!" that I was forcibly rescued from their midst and carried off to Scotland Yard. At the Yard I was evidently regarded as a child of their own delivery, and Jarvis's honest face was a picture to behold. However, the difficult labour was over, and here I was free to make my own confession. I was detained there for an hour, during which time I made a full statement of the circumstances of my capture and detention. This was all taken down and read over to me, and I appended my signature and bade a cordial adieu to my friends in the police force. Mr. Cantlie and myself then hied ourselves homewards, where a hospitable welcome was accorded me, and

over an appetising dinner, a toast to my
"head" was drunk with enthusiasm.

During the evening I was frequently
interviewed, and it was not until a late
hour that I was allowed to rest. Oh!
that first night's sleep! Shall I ever
forget it? For nine hours did it last, and
when I awoke it was to the noise of
children romping on the floor above me.
It was evident by their loud, penetrating
voices some excitement was on hand, and
as I listened I could hear the cause of it.
"Now, Colin, you be Sun Yat Sen, and
Neil will be Sir Halliday Macartney,
and I will rescue Sun." Then followed a
turmoil; Sir Halliday was knocked end-
ways, and a crash on the floor made me
believe that my little friend Neil was no
more. Sun was brought out in triumph
by Keith, the eldest boy, and a general
amnesty was declared by the beating of
drums, the piercing notes of a tin whistle,
and the singing of "The British Grena-

diers." This was home and safety, indeed; for it was evident my youthful friends were prepared to shed the last drop of their blood on my behalf.

During Saturday, October 24th, I was interviewing all day. The one question put was, "How did you let the doctors know?" and the same question was addressed to Mr. Cantlie many scores of times. We felt, however, that our tongues were tied; as, by answering the query, we should be incriminating those who, within the Legation walls, had acted as my friends, and they would lose their positions. However, when Cole resolved to resign his appointment, so that none of the others should be wrongly suspected, there was no object in hiding who had been the informant. It is all very well to say that I bribed him; that is not the case. He did not understand that I gave him the money by way of fee at all; he believed I gave it him to keep for me; he told Mr.

Cantlie he had the £20 the day he got it, and offered to give it to him for safe keeping. When I came out Cole handed the money back to me, but it was the least I could do to urge him to keep it. I wish it had been more, but it was all the ready money I had. Cole had many frights during this time, but perhaps the worst scare he got was at the very first start. On the Sunday afternoon, October 18th, when he had made up his mind to help me practically, he took my notes to Mr. Cantlie, in his pocket, at 46 Devonshire Street. The door was opened and he was admitted within the hall. The doctor was not at home, so he asked to see his wife. Whilst the servant was gone to fetch her mistress, Cole became conscious of the presence of a Chinaman watching him from the far end of the hall. He immediately suspected that he had been followed or rather anticipated, for here was a Chinaman, pigtail and all,

earnestly scrutinising him from a recess.
When Mrs. Cantlie came down she beheld
a man, trembling with fear and pale from
terror, who could hardly speak. The
cause of this alarm was a model of a
Chinaman, of most life-like appearance,
which Mr. Cantlie had brought home with
him amongst his curios from Hong Kong.
It has frightened many other visitors with
less tender consciences than Cole's, whose
overwrought nerves actually endowed the
figure with a halo of terrible reality.
Mrs. Cantlie relieved Cole's mind from
his fear and sent him in to find her
husband at Dr. Manson's. My part of
the tale is nearly ended; what further
complications in connection with this affair
may arise I cannot say. There is not
time, as yet, to hear how the papers in
other English-speaking countries will deal
with the subject, and as Parliament has
not yet assembled I cannot say what
questions appertaining to the event may

106   *Kidnapped in London.*

be forthcoming. I have, however, found many friends since my release. I have paid several pleasant visits to the country. I have been dined and feasted, and run a good chance of being permanently spoiled by my well-wishers in and around London.

Appendix.·

I APPEND a few of the numerous articles called forth by my arrest. The first is a letter from Professor Holland to *The Times*, and is headed:

THE CASE OF SUN YAT SEN.

To the Editor of THE TIMES.

Sir,—The questions raised by the imprisonment of Sun Yat Sen are two in number. First, was the act of the Chinese Minister in detaining him an unlawful act? And secondly, if so, what steps could properly have been taken to obtain his release had it been refused?

The reply to the former question is not far to seek. The claim of an Ambassador to exercise any sort of domestic jurisdiction, even over members of his suite, is now little heard of, although, in 1603, Sully, when French Ambassador, went so far as to sentence one of his *attachés* to death,

handing him over to the Lord Mayor for execution
I can recall but one instance of an attempt on the
part of a Minister to exercise constraint against a
person unconnected with his mission. In 1642,
Leitao, Portuguese Minister at the Hague, de-
tained in his house a horse-dealer who had cheated
him. The result was a riot, in which the hotel
was plundered, and Wicquefort remarks upon the
transaction that Leitao, who had given public
lectures on the Law of Nations, ought to have
known *qu'il ne lui estoit pas permis de faire une prison
de sa maison.* Sun Yat Sen, while on British soil
as a *subditus temporarius*, was under the protection
of our Laws, and his confinement in the Chinese
Legation was a high offence against the rights of
the British Crown.

The second question, though not so simple,
presents no serious difficulty. A refusal on the
part of the Chinese Minister to release his prisoner
would have been a sufficient ground for requesting
him to leave the country. If this mode of pro-
ceeding would have been too dilatory for the
exigencies of the case, it can hardly be doubted
that the circumstances would have justified an
entry upon the Legation premises by the London
police. An Ambassador's hotel is said to be
" extra-territorial," but this too compendious
phrase means no more than that the hotel is for
certain purposes inaccessible to the ordinary juris-
diction of the country in which it stands. The
exemptions thus enjoyed are, however, strictly

Appendix. 109

defined by usage, and new exemptions cannot be deduced from a metaphor. The case of Gyllenburg, in 1717, showed that if a Minister is suspected of conspiring against the Government to which he is accredited he may be arrested and his cabinets may be ransacked. The case of the coachman of Mr. Gallatin, in 1827, establishes that, after courteous notice, the police may enter a Legation in order to take into custody one of its servants who has been guilty of an offence elsewhere. There is also a general agreement that, except possibly in Spain and in the South American Republics, the hotel is no longer an asylum for even political offenders. Still less can it be supposed that an illegal imprisonment in a Minister's residence will not be put an end to by such action of the local police as may be necessary.

It seems needless to inquire into the responsibility which would rest upon the Chinese authorities if Sun Yat Sen was, as he alleges, kidnapped in the open street, or would have rested upon them had they removed him through the streets, with a view to shipping him off to China. Acts of this kind find no defenders. What is admitted to have occurred is sufficiently serious, and was doubtless due to excess of zeal on the part of the subordinates of the Chinese Legation. International law has long been ably taught by Dr. Martin at the Tung-wen College of Peking, and the Imperial Government cannot be supposed to be indifferent to a strict conformity to the precepts of the science on the part of its representatives at foreign Courts.

> I am, Sir, your obedient servant,
>
> T. E. HOLLAND.

OXFORD, *October 24th..*

Another legal opinion is referred to below :

LEGAL OPINION.

Mr. Cavendish, one of the best authorities on the law of extradition, informed an interviewer at Bow Street yesterday that, speaking from memory, he could cite no case at all parallel with the case of Sun Yat Sen. The case of the Zanzibar Pretender was, of course, in no way parallel, for he took refuge in the German Consulate. He threw himself on the hospitality of the German Government, which, following the procedure sanctioned by International Law, refuses to give him up, and conveyed him to German territory on the mainland. Sun Yat Sen's case was that of an alleged Chinese subject, having come within the walls of the Legation of his own country, was arrested by representatives of his own Government for an offence against that Government. Mr. Cavendish assumed that if the facts were as stated, the case could only be dealt with by diplomatic representation on the part of our Foreign Office, and not by any known legal rule.

Appendix.   III

The next is a letter from Mr. James G. Wood to the same paper discussing some of the points of law raised in Professor Holland's letter :

To the Editor of THE TIMES.

Sir,—The second question proposed by Professor Holland, though fortunately, under the circumstances, not of present importance, is deserving of careful consideration. I venture to think his answer to it unsatisfactory.

It is suggested that on a refusal by the Chinese Minister to release his prisoner, " it can hardly be doubted that the circumstances would have justified an entry on the Legation premises by the London police." But why there should not be such a doubt is not explained. This is not solving the question but guessing at its solution. The London police have no roving commission to release persons unlawfully detained in London houses; and anyone attempting to enter for such a purpose could be lawfully resisted by force.

The only process known to the law as applicable to a case of unlawful detention is a writ of *habeas corpus*, and this is where the real difficulty lies. Could such a writ be addressed to an Ambassador or any member of the Legation? Or if it were, and it were disregarded, could process of contempt follow? I venture to think not; and I know of no precedent for such proceeding.

I agree that the phrase that an Ambassador's hotel is extra-territorial is so metaphysical as to be misleading. It is, in fact, inaccurate. The more careful writers do not use it. The true proposition is not that the residence is extra-territorial in the sense in which a ship is often said to be so, but the Minister himself is deemed to be so; and as a consequence he and the members of his family and suite are said to enjoy a complete immunity from all civil process. It is not a question of what may or may not be done in the residence, but what may or may not be done to individuals. That being so, the process I have mentioned appears to involve a breach of the comity of nations.

To adduce cases where the police have under a warrant entered an Embassy to arrest persons who have committed an offence elsewhere to found the proposition that "the local police may take action to put an end to an illegal imprisonment," begun and continued within the Embassy, does not land us on safe ground. There is no common feature in the two cases.

I am, Sir, your obedient servant,

JAMES G. WOOD.

October 27th.

Appendix.　　　113

THE SUPPOSED CHINESE REVOLUTIONIST.

[*From the* CHINA MAIL, *Hong Kong, Dec. 3rd, 1896.*]

Sun Yat Sen, who has recently been in trouble
in London through the Chinese Minister attempt-
ing to kidnap him for execution as a rebel, is not
unlikely to become a prominent character in his-
tory.　Of course, it would not be right to state,
until a duly constituted court of law has found,
that a man is definitely connected with any illegal
movement, or that any movement with which he
is connected is definitely anti-dynastic.　The only
suggestion of Dr. Sun Yat Sen being a rebel in
any sense comes from the Chinese Legation in
London and the officials of Canton.　But without
any injury to him it may be safely said that he is
a remarkable man, with most enlightened views
on the undoubtedly miserable state of China's
millions, and that there are many Chinese who
feel very strongly on the subject and try now and
then to act very strongly.　The allegation of the
officials is that these people tried to accomplish a
revolution in October, 1895, and that Sun Yat Sen
was a leader in the conspiracy.　Foreigners, even
those resident in the Far East, had little know-
ledge how near the long-expected break-up of China
then was.　As it happened, the outbreak missed
fire, and what little attention it did attract was of
the contemptuous sort.　The situation was, how-
ever, one of as great danger as any since the Tai
Pings were suppressed, and the organisation was

8

much more up-to-date and on a more enlightened
basis than even that great rebellion. In fact, it
was the intelligence of the principal movers that
caused the movement to be discountenanced at an
early stage as premature, instead of struggling on
with a more disastrous failure in view, for the
revolution is only postponed, not abandoned for
ever. The origin of the movement cannot be
specifically traced; it arose from the general dis-
satisfaction of Chinese with Manchu rule, and it
came to a head on the outbreak of war between
China and Japan. The malcontents saw that the
war afforded an opportunity to put their aspira-
tions into shape, and they promptly set to work.
At first, that is to say before China had been so
soundly thrashed all along the line, they had in
view purely lawful and constitutional measures,
and hoped to effect radical changes without resort
to violence. Dr. Sun worked hard and loyally to
fuse the inchoate elements of disaffection brought
into existence by Manchu misgovernment, and to
give the whole reform movement a purely consti-
tutional form, in the earnest hope of raising his
wretched country out of the Slough of Despond
in which it was and is sinking deeper daily. His
was the master-mind that strove to subdue the
wild uncontrollable spirits always prominent in
Chinese reactionary schemes, to harmonise con-
flicting interests, not only as between various
parties in his own country but also as between
Chinese and foreigners, and as between various

foreign Powers.   The most difficult problem was
to work out the sequel of any upheaval—to an-
ticipate and be ready in advance to deal with
all the complications bound to ensue as soon as
the change took place.   Moreover he had to bear
in mind that any great reform movement must
necessarily depend very largely on the aid of
foreigners, of nations and individuals as well,
while there is throughout China an immense mass
of anti-foreign prejudice which would have to be
overcome somehow.   The task was stupendous,
hopeless in fact, but he recognised that the sal-
vation of China depended and still depends on
something of the sort being some day rendered
possible, and that the only way to accomplish it
was to try, try, try again.   That is to say, last
year's attempt was not likely to succeed, but was
likely to bring success a stage nearer, and in that
sense it was well worth the effort to an ardent
patriot.   Dr. Sun was the only man who com-
bined a complete grasp of the situation with a
reckless bravery of the kind which alone can
make a national regeneration.   He was born in
Honolulu, and had a good English education.
He has travelled extensively in Europe and
America, and is a young man of remarkable
attainments.   He was for some time a medical
student in Dr. Kerr's School in Tientsin, and
afterwards was on the staff of the Alice Memorial
Hospital in Hong Kong.   He is of average height,
thin and wiry, with a keenness of expression and

frankness of feature seldom seen in Chinese. An unassuming manner and an earnestness of speech, combined with a quick perception and resolute judgment, go to impress one with the conviction that he is in every way an exceptional type of his race. Beneath his calm exterior is hidden a personality that cannot but be a great influence for good in China sooner or later, if the Fates are fair. In China, any advocate of reform or any foe of corruption and oppression is liable to be regarded as a violent revolutionist, and summarily executed. It has been the same in the history of every country when freedom and enlightenment were in their infancy, or not yet born. The propaganda had therefore to be disseminated with the greatest care, and at imminent peril. First, an able and exhaustive treatise on political matters was published in Hong Kong, and circulated all over China, especially in the south, where it created a sensation, early in 1895. It was most cautiously worded, and the most censorious official could not lay his finger on a word of it and complain; but it depicted in vivid colours the beauties of enlightened and honest government, contrasted with the horrors of corrupt and tyrannical misgovernment. This feeler served to show "how much voluntary reform could be expected of Chinese officialdom, for it had as much effect as a volume of sermons thrown among a shoal of sharks. Then it became no longer possible to control the spirits of insurrection. Steps were at

once taken to organise a rebellion, with which it
is alleged, but not yet proved, that Dr. Sun Yat
Sen was associated.　Before the war there had
been insurrectionary conspiracies—in fact, such
things are chronic in China.　The navy was
disaffected, because of certain gross injustices
and extortions practised on the officers and
men by the all-powerful mandarins.　The com-
manders of land forces and forts were not much
different, and many civilian officials were willing
to join in a rising.　No doubt much of the
support accorded to the scheme was prompted
by ulterior motives, for there are more of that sort
than of any other in China.　The rebellion was
almost precipitated in March, when funds were
supplied from Honolulu, Singapore, Australia, and
elsewhere; but men of the right sort were still
wanting, and arms had not been obtained in great
quantity, and wiser counsels prevailed.　It would
have been better perhaps if wiser counsels had
prevailed in October, but wisdom cannot come
without experience, and for the sake of the expe-
rience the leaders of the abortive revolution do
not greatly regret their action.　Some indeed
drew out as soon as it became certain that violent
measures were to be adopted; but the penalty of
death would not be obviated by that, and it was
at imminent risk of his life that Dr. Sun had been
travelling throughout the length and breadth of
China, preaching the gospel of good government
and gathering recruits for constitutional reform.

118   *Kidnapped in London.*

His allies, never very confident in pacific methods, planned a bold *coup d'état*, which might have gained a momentary success, but made no provision for what would happen in the next few moments. Men were drafted to Hong Kong to be prepared for an attack on Canton; arms and ammunition were smuggled in cement-casks; money was subscribed lavishly, foreign advisers and commanders were obtained, and attempts were made, without tangible result, to secure the co-operation of the Japanese Government. What would have been the result if the verbal sympathy of Japanese under-officials had been followed by active sympathy in higher quarters, none can tell; the indemnity, the Liao-tung settlement, the commercial treaty, the whole history of the relations between Japan and China and Europe since the war might have been totally different. Every detail of the plot was arranged, but before the time for striking the blow, treachery stepped in. A prominent Chinese merchant of Hong Kong had professed adherence to the reform movement, for he had much to gain by it; then he concluded that he could gain more by playing into the hands of the official vampires, for he was connected with one of the many syndicates formed to compete for railway and mining concessions in China after the war. So he gave information, and the cement was examined, with the result that the whole *coup d'état* was nothing more than a flash in the pan. Dr. Sun happened to be in Canton at the time, and was accused of

active participation in the violent section of the
reform movement. In China, to be innocent is
not to be safe; an accusation is none the less
dangerous for being utterly unfounded. Sun had
to fly for his life, without a moment's deliberation
as to friends or property or anything else; and for
two or three weeks he was a fugitive hiding in
the labyrinthine canals and impenetrable pirate-
haunts of the great Kwang-tung Delta. A report
has been published that forty or fifty of his sup-
posed accomplices were executed, and a reward
was offered for his arrest, but he got away to
Honolulu and thence to America. The story goes
that this indomitable patriot immediately set to
work converting the Chinese at the Washington
Embassy to the cause of reform, and that after-
wards he tried to do the same in London; that
one of the Chinese in the Legation at Washington
had professed sympathy with the apostle of en-
lightenment, and then thought more money could
be made on the other side, and so telegraphed to
the London Embassy to arrest Sun and kidnap
him back to China by hook or by crook. However
that may be, he was captured and confined in a
most outrageous manner in the London Legation,
whatever plausible piffle may be put forward by
Sir Halliday Macartney, or any servile prevari-
cator; and it is due to Dr. Cantlie, Sun's friend
and teacher in Hong Kong, that one of the best
men China has ever produced was rescued by
British justice from the toils of treacherous man-

darindom. All who know Dr. Cantlie—and he is well known in many parts of the world—agree that a more upright, honourable and devoted benefactor of humanity has never breathed. Dr. Sun is in good hands, and under the protection of such a man as Dr. Cantlie there can be little doubt that he will pursue his chosen career with single-hearted enthusiasm and most scrupulous straightforwardness of methods, until at last the good work of humanising the miserable condition of the Chinese Empire is brought to a satisfactory state of perfection.

A leading article in *The Times* of Saturday, October 24th, 1896, discusses the question very fully:

While the " Concert of Europe " is supposed to be making steady progress towards the establishment of harmony amongst the constituent Powers, the ordinarily smooth course of diplomatic intercourse has been ruffled by a curious violation of law and custom at the Chinese Legation—a violation which might have led to tragic consequences, but which has so turned out as to present chiefly a ludicrous side for our consideration. Through a communication made on Thursday to our contemporary the *Globe*, it became known that a Chinese visitor to England, a doctor named Sun Yat Sen, was imprisoned at

the house of the Chinese Minister, and that it
was supposed to be the intention of his captors to
send him under restraint to his own country, there
to receive such measure of justice as a Chinese
tribunal might be expected to extend to an
alleged conspirator. Fortunately for the prisoner,
he had studied medicine at Hong Kong, where he
had made the acquaintance and had won the
friendly regard of Mr. Cantlie, the Dean of the
Hong Kong Medical College, and of Dr. Manson,
both of whom are now residing in London. Sun
Yat Sen was sufficiently supplied with money, and
he succeeded in finding means of communication
with these English friends, who at once took steps
to inform the police authorities and the Foreign
Office of what was being done, while, at the
same time, they employed detectives to watch the
Legation, in order to prevent the possibility of
the prisoner being secretly conveyed away. Lord
Salisbury, as soon as he was informed of what
had occurred, made a demand for the immediate
release of the prisoner, who was forthwith set at
liberty, and was taken away by Mr. Cantlie and
Dr. Manson, who attended in order to identify
him as the person they had known. He has since
furnished representatives of the Press with an
account of the circumstances of his capture and
detention, an account which differs in important
respects from that of the Chinese authorities. If
the Chinese had accomplished their supposed
object, and had smuggled Sun Yat Sen on ship-

board, to be tried and probably executed in China, our Foreign Office would have had to deal with an offence against the comity of nations for which it would have been necessary to demand and obtain the punishment of all concerned. The failure of the attempt may perhaps be held to bring it too near the confines of comic opera to furnish a subject for anything more than serious remonstrance.

The offence alleged against Sun Yat Sen is that his medical character is a mere cloak for other designs, and that he is really Sun Wên, the prime mover in a conspiracy which was discovered in 1894, and which had for its object the dethronement of the present reigning dynasty. The first step of the conspirators was to be the capture of the Viceroy of Canton, who was to be kidnapped when inspecting the arsenal; but the plot, like most plots, leaked out or was betrayed, and fifteen of the ringleaders were arrested and decapitated. Sun Wên saved himself by timely flight, and made his way through Honolulu and America to this country, being all the time carefully watched by detectives. On reaching England, at the beginning of the present month, he called upon his old friends, Mr. Cantlie and Dr. Manson, and prepared to commence a course of medical study in London. A few days later he disappeared, and on the evening of last Saturday Mr. Cantlie was informed of his position. Sun Wen, or Sun Yat Sen, whichever he may be

alleges that he was walking in or near Portland
Place on the 11th inst., when he was accosted in
the street by a fellow-countryman, who asked
whether he was Chinese or Japanese; and, being
told in reply that he was Chinese and a native of
Canton, hailed him as a fellow provincial, and
kept him in conversation until a second and then
a third Chinaman joined them. One of the three
left, while the other two walked slowly on until
they reached the Legation, when the others
invited Sun to enter, and supported the invitation
by the exercise of a certain amount of force. As
soon as he was inside, the door was shut and he
was conveyed upstairs to a room where, as he
alleges, he was seen by Sir Halliday Macartney,
and in which he was afterwards kept close prisoner
until released by the intervention of Lord Salis-
bury. The officials of the Chinese Legation, on
the other hand, assert that the man came to the
Legation of his own accord on Saturday, the
10th, and entered into conversation, talking about
Chinese affairs, and appearing to want only a
chat with some of his fellow-countrymen, after
having which he went away; and that it was not
until after he had gone that suspicion was excited
that he might be the notorious Sun Wên, who had
fled from justice at home, whose passage through
America and departure for England had already
been telegraphed to the Legation, and who was
actually then being watched by a private detective
in the employment of the Chinese Government.

Sun came to the Legation a second time, on Sunday, the 11th, and then, evidence of his identity having been obtained, he was made prisoner.   It had been supposed that he was about to return to Hong Kong as to a convenient base for further operations; and it was the intention of the Chinese Government to ask for his extradition as soon as he arrived there.   In the meanwhile the actual presence of the supposed conspirator in the Legation furnished a temptation which it was found impossible to resist, and he was locked up until instructions with regard to him could arrive from Pekin.   There can be little doubt that these instructions, if they had been received and could have been acted upon, would have effectually destroyed his power to engage in any further conspiracies; and it may be assumed that the intervention of Lord Salisbury was not too early.   Even as it was Sun appears to have suffered considerable anxiety lest the food supplied to him at the Legation should be unwholesome in its character.

The simple process of cutting a knot is often preferable to the labour of untying it, and we are not very much surprised that the Chinese Minister or his representative should have authorized the adoption of the course which has happily failed of success.   But we cannot conceal our surprise that Sir Halliday Macartney, himself an Englishman, should have taken any part in a transaction manifestly doomed to failure, and the success of which

would have been ruinous to all engaged in it.
The Chinese Minister is said to have surrendered
his prisoner "without prejudice," as lawyers say,
to his assumed rights; but he appears to have
claimed a right which is not acknowledged by any
civilized country, and which would be intolerable
if it were exercised. It would be a somewhat
similar proceeding if the Turkish Ambassador
were to inveigle some of the leading members of
the Armenian colony in London into the Embassy,
in order to despatch them, gagged and bound, as
an offering to his Imperial Majesty the Sultan, or
if Lord Dufferin had in the same way made a
private prisoner of Tynan, and had sent him to
stand his trial at the Old Bailey. It is well recog-
nised that the house of a foreign mission is regarded
as a portion of the country from which the mission
is sent, and that not only the Minister himself, but
also the recognised members of his suite, enjoy an
immunity from liability to the laws of the country
to which the Ambassador is accredited; but this
hardly entitles the Ambassador to exercise powers
of imprisonment or of criminal jurisdiction, and
the privileges of the Embassy as a place of refuge
for persons unconnected with it are strictly limited
to the ground on which it stands. Even if the
Chinese Minister could not have been prevented
from keeping Sun in custody, he would have been
liberated by the police as soon as he was brought
over the threshold to be conveyed elsewhere. It
is fortunate that he did not suffer from any form

of illness; for if he had died during his imprisonment, it is very difficult to say what could have been done in consequence. Evidence would have been very hard to procure; and, even if it had been procured, the persons of the Minister and of his servants would have been sacred. Probably the only course would have been to demand that the Minister should be recalled, and that he should be put upon his trial in his own country; a demand which might perhaps have been readily complied with, but which might not improbably have led to what Englishmen would describe as a miscarriage of justice. We think that this country, almost as much as the prisoner, may be congratulated upon the turn of events; and we have no doubt that the Foreign Office will find ways and means of making the rulers of the Celestial Empire understand that they have gone a little too far, and that they must not commit any similar offence in the future.

This Article called forth a remonstrance from Sir Halliday Macartney, in which he stated his views:

To the Editor of THE TIMES.

SIR,—In your leading article of to-day, commenting on the alleged kidnapping of an individual, a Chinese subject, calling himself, amongst numerous other aliases, by the name of Sun Yat Sen, you make some remarks with regard to me which I cannot but consider as an exception to the fairness which in general characterises the comments of *The Times*.

After stating the case as given by the two opposite parties, in the surprise which you express at my conduct, you take it for granted that the statement of Sun Yat Sen is the correct one and that of the Chinese Legation the wrong one.

I do not know why you make this assumption, for you undoubtedly do so when you say the case is as if the Turkish Ambassador had inveigled some of the members of the Armenian colony of London into the Embassy with a view to making them a present to his Majesty the Sultan.

Now, I repeat what I have said before—that in this case there was no inveiglement. The statement of Sun Yat Sen—or, to call him by his real name, Sun Wên—that he was caught in the street and hustled into the Legation by two sturdy Chinamen is utterly false.

He came to the Legation unexpectedly and of his own accord, the first time on Saturday, the 10th, the second on Sunday, the 11th.

Whatever the pundits of international law may think of his detention, they may take it as being absolutely certain that there was no kidnapping and that he entered the Legation without the employment of force or guile.

I am, Sir, your obedient servant,

HALLIDAY MACARTNEY.

Richmond House,
49 Portland Place, W.,
Oct. 24*th.*

Sir Halliday Macartney's remarks about my going under various aliases, is no doubt intended to cast a slur upon my character; but Sir Halliday knows, no one better, that every Chinaman has four names at least to which he is entitled. 1st, the name one's parents bestow on their child. 2nd, the name given by the schoolmaster. 3rd, the name a young man wishes to be known by when he goes out into society. 4th, the name he takes when he is married. The only constant part of the name is the first syllable— the surname, really the family name; the other part of the name varies according as it is the parent, the schoolmaster, etc., chooses. Whilst upon this subject it may not be without interest to know that my accuser has various aliases by which he is known to the Chinese. In addition to the name Ma-Ta-Yen, which means Macartney, His Excellency, he is also known as Ma-Ka-Ni, and as Ma-Tsing-

Appendix.　　　129

Shan, showing that no name is constant in China except the family name.

From THE SPEAKER, *October 31st, 1896.*

THE DUNGEONS OF PORTLAND PLACE.

Sir Halliday Macartney is an official in the service of the Chinese Government. That fact seems to have deprived him of any sense of humour he might otherwise have had, which, we imagine, would in no circumstances have been conspicuous. The Secretary of the Chinese Legation has struck an attitude of injured innocence in *The Times.* He is like Woods Pasha, when that undiscerning personage stands up for the Turkish Government in an English newspaper. What in a true Oriental would seem natural and characteristic, in the sham Oriental is merely ridiculous. Sir Halliday Macartney assures the world that the Chinese medical gentleman who was lately released from the Portland Place Bastille was not inveigled into that institution. To the obvious suggestion that Sun Yat Sen would never have walked into the Chinese Embassy of his own accord, had he known the real identity of his entertainers, Sir Halliday vouchsafes no reply. It is unquestionable that he saw the captive, and took no measures to set him at liberty, till a peremptory requisition came from the Foreign Office. If it was not intended to

9

deport Sun Yat Sen to China, why was he kept a prisoner? Sir Halliday Macartney is in the pitiable position of an Englishman who is forced by his official obligations to palliate in London what would be the ordinary course of justice at Canton. A purely Chinese emissary would have said nothing. Having failed in his manœuvre, he would have accepted the consequences of defeat with the fatalism of his race and native climate. The spectacle of Sir Halliday Macartney fussing and fuming in the *Times* like an Englishman, when he ought to hold his peace like a Chinaman, can only suggest to the authorities at Pekin that their English representative here is a rather incompetent person.

On the other hand, there is something in this Chinese kidnapping which is irresistibly diverting. Englishmen can never take the Chinaman seriously, in spite of Charles Pearson's prediction that the yellow man will one day eat us up. The personality of Ah Sin, especially when he wears a pigtail and his native costume, is purely comic to the average sightseer. If the men who decoyed Sun Yat Sen were pointed out to a London crowd, they would be greeted not with indignation, but with mildly derisive banter. It might go hard with any Europeans who had tried the same game; but Ah Sin, the childlike and bland, is a traditional joke. His strategy excites no more resentment than the nodding of the ornamental mandarin on the mantelpiece. The popular idea of Lord Salisbury's intervention in this case is probably that the Chinaman's pigtail has been gently but decisively pulled, and that such a lesson is quite sufficient without any public anger. Had a German or a Frenchman been kidnapped in similar circumstances, the situation would at once have been recognised as extremely serious. The capture and incarceration in Portland Place simply excite a smile. The newspapers have treated the incident as they treat the announcement that Li Hung Chang, promoted to be Imperial Chancellor of China, had at the same time been punished for an unauthorised visit to the Empress Dowager. How can you be angry with a people whose solemnities frequently strike the Occidental mind as screaming farce? It is impossible to pass No. 40 Portland Place with a romantic shudder. That middle-class dwelling, of substantial and comfortable aspect, is now a Bastille *pour rire*, and excites the mirth of tradesmen's boys, who must feel strongly tempted, by way of celebrating the Fifth of November, to ring the bell and introduce a Celestial guy to the puzzled servitors of the Embassy, with a fluent tirade in pigeon-English.

As for Sun Yat Sen, it cannot escape his notice that there is little curiosity to know the precise reason why he is obnoxious to the Chinese Government. He is said to have taken part in a conspiracy against the Viceroy of Canton, a statement which conveys no vivid impression to the popular mind. Political refugees—Italians, Poles, Hungarians—have commonly inspired a romantic interest in this country. They have figured in our fiction, always a sure criterion of public sympathies. When the storyteller takes the foreign conspirator in hand, you may be sure that the machinations, escapes, and so forth touch a responsive chord in the popular imagination. But no storyteller is likely to turn the adventures of Sun Yat Sen to such account, though they may be really thrilling, and though this worthy Celestial medico may have been quite a formidable person in his native land. Even the realistic descriptions by travellers of Chinese administration, the gentle coercion of witnesses in the courts by smashing their ankles, the slicing of criminals to death, have not given a sinister background to the figure of the Heathen Chinee. The ignominious defeat of the Chinese arms in the late war has strengthened the conception of the yellow man as a rather grotesquely ineffectual object. If Sun Yat Sen were to deliver a lecture on his adventures, and paint the tyranny of the Viceroy of Canton in the deepest colours, or if Sir Halliday Macartney were to show that his late prisoner was a monster of ferocity, compared to whom all the Western dynamiters were angels in disguise, we doubt whether either story would command the gravity of the public. The Chinese have their virtues; they are a frugal, thrifty, and abstemious people; they practise a greater respect for family ties than Western nations. The custom of worshipping their ancestors, though one of the chief stumbling-blocks to the Christian missionaries, probably exercises a greater moral influence than the reverence for genealogy here. But no audience in England or America would accept these virtues as rebukes to the short-comings of the Anglo-Saxon civilisation. So deep is the gulf between Occident and Orient that the pride of neither will learn from the other, and both are indifferent to the warnings of prophets who foretell the triumph of the Caucasian in the Flowery Land or the submergement of Europe by the yellow flood of immigration. All Western notions are regarded in China with a contempt which even the travels of Li are not likely to dispel; and No. 40 Portland Place can never recover that prestige of harmless nonentity it enjoyed before the pranks of the Chinese Embassy made it a centre of the ludicrous.

The following is a copy of the letter I sent to the newspapers thanking the Government and the Press for what they had done for me:

To the Editor of the ――――

SIR,—Will you kindly express through your columns my keen appreciation of the action of the British Government in effecting my release

from the Chinese Legation?   I have also to thank
the Press generally for their timely help and
sympathy.   If anything were needed to convince
me of the generous public spirit which pervades
Great Britain, and the love of justice which
distinguishes its people, the recent acts of the last
few days have conclusively done so.

Knowing and feeling more keenly than ever
what a constitutional Government and an enlight-
ened people mean, I am prompted still more
actively to pursue the cause of advancement,
education, and civilisation in my own well-beloved
but oppressed country.

Yours faithfully,

SUN YAT SEN.

46 Devonshire Street,
   Portland Place, W.,
     Oct. 24.

CHINA'S PRESENT AND FUTURE.[1]

THE REFORM PARTY'S PLEA FOR BRITISH BENEVOLENT NEUTRALITY.

It is generally admitted that China's present condition and future prospects are far from satisfactory; but, as I venture to think, no European has yet fully realised the extent and far-reaching consequences of the corruption which makes China a reproach and danger among nations, or knows the extent of her latent recuperative forces, and of the possibilities that exist for her salvation from within.

By adducing facts which none but a Chinaman can fully know or adequately interpret, and of which the full significance can only become clear when they are described in detail, I hope to show that even China's physical evils are of moral origin; and that, nevertheless, the apparent inability and unwillingness of the Chinese to develop the country's vast internal resources and to resist external attack, are not inherent in the Chinese, but are entirely due to artificially produced causes and to artificially induced tendencies, which the Reform Party exists to remove or counteract.

It is too generally forgotten that the Chinese and the Chinese Government are not convertible terms; but that the throne and all the highest offices, military and civil, are filled by foreigners. These facts should always be allowed their due weight in passing judgment on the Chinese for conduct and characteristics which the Tartars have made prevalent; and, even more especially, when calculating the chances of internal reform, supposing it possible to effect the radical change of government for which we, of the Reform Party, hope. This only by way of parenthesis; but it is worth remembering, when the character of all Chinese official life, which I am about to delineate, is under consideration.

Nothing short of the entire overthrow of the present utterly corrupt *régime*, and the establishment of good government and a pure administration by native Chinese with, at first, European advice, and, for some years, European administrative assistance, can effect any improvement whatever. The mere introduction of railways or any such appliances of the material civilisation of Europe, would (even were it as feasible as those who put their faith in Li Hung Chang seem to think) rather make matters worse, by opening up new

(1) This article, which will probably form part of a book we are writing together, is the result of a collaboration between Dr. Sun Yat Sen and myself, in which he is responsible for the facts and for the opinions expressed; I, only for their selection from the mass of material, for their arrangement, and for the form in which they now appear.—EDWIN COLLINS.

channels for extortion, fraud, and peculation. That this is no over-statement of the case for the Reform Party's contention will perhaps only become clear when I have cited concrete examples of such failure in the past, and described, from my own personal knowledge and experience, the public and official life of China, and that with a minute-ness of detail which might prove wearisome but for the startling—nay, almost incredible—nature of the facts to be revealed.

Since the *written* law of China is fairly good, and most of the worst abuses are cleverly worked into compatibility with the observance of its strict letter, it is not wonderful that the majority of Englishmen whose stay in China is only temporary, and who mostly have for their informants members of the very class whose interest it is to conceal the truth, gain but a very imperfect knowledge of the true state of affairs. There are, indeed, Englishmen who know the truth; but they have become, for the most part, to all intents and purposes, Chinese and members of a corrupt official class, who, like many I could name, out-Mandarin the Mandarins. Of myself it may be sufficient to say that before I adopted the study of medicine, my early years were spent in intimate association with members of the Chinese official class, and that my friends were anxious for me to purchase an entry into public life, as very many of my acquaintance have done within the last ten years. Thus I have had every opportunity and incentive to study the subject on which I am now writing.

The people of China suffer from four great and chronic afflictions: famine, flood, pestilence, and insecurity of life and property. This is a matter of common knowledge. Not so, however, to what an enormous extent all these troubles—even the first three—are preventible and are secondary as to their causation. There is, in truth, one and one only cause of these—and I may say of all—China's ills:—that is the universal and systematic corruption which is directly responsible for famine, flood, and pestilence, no less than for the perennial flourishing of large hordes of armed robbers and banditti.

The connection may not be strikingly obvious between official cor-ruption and such physical evils as pestilence, scarcity of food, and superabundance of water in the wrong place; yet it is not the less real, and is that of cause and effect. For it cannot be too strongly insisted on that none of these is a necessary consequence of the physical features or climatic characteristics of the country; or even of indo-lence and ignorance among the masses; but that they are brought about mainly by the official corruption, which is also answerable, in great measure, for such ignorance and indolence as prevail and which may, doubtless, be rightly named among contributing causes.

Take, first, the case of the floods arising from the overflowing of the Hwang Ho (Yellow River). There is an official known as the Ho-tao-tchung-tû (Viceroy of the course of the River), with a large number of subordinate officers, whose special duty it is to preserve and keep in order the banks of the river and to guard against accidents, by seeing that the embankments are adequate and sound. These officials are, however, practically without salary,[1] and have purchased their positions at immense cost. They must, therefore, make money, and this they can do in many ways when an embankment bursts and has to be reconstructed. Thus it is their constant hope that floods may come, and far from taking precautions to prevent these terrible visitations which lay waste whole provinces and cost thousands of lives, they actually take care to produce a flood by artificial means if, for the demands of their ruthless cupidity, Nature seem too dilatory in the matter. When there is not enough rain to make the river overflow its banks, it is quite common for men to be sent out to damage the embankments and so cause "an accident." This is a source of profit in a variety of ways. First, there is the pay received for repairing the breach, then there is the profit obtained by docking the wages of the workmen employed and by employing fewer workmen than are supposed to be paid; and, yet another, on the cost of materials, &c.; then the lack of food consequent upon the destruction of rice-fields causes wide-spread distress, and relief funds pour in both from Government and from charitable individuals—relief funds which *never*, in anything like their full amount, reach the people for whom they are intended. Finally, there is always a promotion, by way of " recompense for public services," conferred on the officers under whom an embankment has been repaired.

All this may sound incredible, but so well known is it in China that there is a popular saying which runs :—" The best cure for the Hwang Ho, and the best safeguard against floods, would be to behead all the officials and leave the river to itself."

For famine in China, neither over population, nor any scarcity of food due to natural causes, is responsible. It is generally the result of exorbitant local taxation (Liken) added to faulty as well as inadequate means of communication—want of railways and roads and imperfectly developed and artificially obstructed water transit. All these tributary causes will presently be seen to rise in the dead sea of corruption whose foul mists form the miasmatic atmosphere of our official life, and whose phosphorescence it is, alone, that serves to gild the obscurity in which the Court of Pekin is veiled.

At the present time there is famine in Kwong-si, formerly China's great rice-producing province, whence many others drew their supplies. Now the rich rice fields have gone out of cultivation. For so exorbitant have become the duties levied, that the farmers long since found it did not pay to grow more rice than was actually needed for

---

(1) Further on it will be seen that nearly all Chinese officials find it pays best not to draw, at all, their small salaries, but to leave them as a set-off against fines.

their own consumption and to meet the immediate local demand. Even " Free Trade," when only partial and imposed from without, has, in this case, defeated its own object; for before the treaty of foreign commerce admitted rice duty free from Siam and Annam, Kwong-twong (Canton) was entirely dependent on Kwong-si for its supply. Now, the foreign rice being admitted free while that from Kwong-si has to pay heavy Liken, the latter has been so completely driven out of the market as to cause fertile land to fall below the margin of cultivation. Yet native rice could be grown at a prime cost of far less than that of foreign rice. It is the Liken only that has ruined the Kwong-si farmer, and is responsible for the famine.

Again, often there is famine in one district and a superabundance of food in another not far distant; but the people who are starving cannot for want of railways, or even of proper roads, get at the food which may be wasting a few miles off. Although I shall elsewhere deal fully with the subject, I may here say that it is not native superstition among the masses, as is generally supposed, but official corruption and Tartar fear of reform, added to the notorious insecurity of all invested capital, that alone prevents the development of a proper railway system. Why, however, the excellent natural facilities for water transit and communication are not further developed and are practically useless, may be surmised from the state of affairs of which the following experience of my own is only a typical example :—

I was staying in the city of Siukwan on the North River of Canton, and wished to go, by boat, to the next city, Ying-Tak—a distance of from thirty to forty English miles, the regular fare for the journey being about 5 or 6 tael (15s. or 18s.). Yet the boatmen, one and all, refused to take me, even when offered 20 tael (£3), because of their well-justified fear of detention by the river police for the purpose of levying blackmail. To understand this it must be explained that all boatmen can legally be called upon to assist the Government by the transport of prisoners with their escort, from town to town, upon the rivers. They are also bound to wait until the prisoner and his guard are ready to start. This practice is made the excuse for a most vexatious system of blackmail. The police do not ask for money— they simply order the boatmen to " wait, as there is a prisoner to take back " to the port whence they came. There may be no prisoner at all, but that does not matter; the boatmen, unless they offer a sufficiently large bribe for permission to return, are kept waiting for perhaps a month or more until there is one. That fear of this system was the only reason of my being refused by the boatmen is proved by the fact that, as soon as I could convince them I was a *persona grata* with the magistrate of Ying-Tak, and could guarantee immunity from the river police, a boat took me thither for the small sum of 4 tael (12s.) !

There are cargo boats, chartered by merchants who have already bribed the Customs (under whom are the river police), which are exempt from this kind of blackmail; but they have to pay very heavy duties as well as bribes, the combined burden of which is so great as to totally paralyse all trade—foreign as well as native.

Nominally, the duties are not very high, but when it is remembered that the same article has to pay duty many times over, and that each *douane* is a centre of complex bribery, it can be easily imagined how the cost is enhanced long before the consumer is reached. Between places as near to each other as Fatshan and Canton (about twelve English miles), there are one regular *douane* for the collection of duty, and at least four or five "searching stations" where, unless satisfactory bribes are paid, goods are wilfully destroyed in the process of "examination," and delays, detentions and vexatious charges make the life of the merchant a misery, and profitable trade an impossibility. Suppose, for instance, a bottle containing oil be found on which duty has been paid; if the certificate only mentions the *oil*, the merchant to whom it belongs will be charged with attempting to smuggle "glassware," and may be imprisoned for attempting to defraud the Customs, until he pays a bribe.

Not only is famine in China caused by this interference with internal communication and traffic on the rivers, but also the loss inflicted upon European trade is very great indeed. China has, at present, much commerce at her treaty ports on the sea coast and on the Yangtse River; but this only affects a narrow strip of land adjacent to these ports, and foreign goods rarely reach the interior. Imagine the effect on trade in England if goods sent from London to Brighton not only had to pay duty several times over, but involved their dealers in a risk of imprisonment and exposure to all kinds of extortion at four or five intermediate stations. The effect on English trade in China, produced by the working of the internal customs system, may be judged by noting what happens to goods of English manufacture sent, say, from Canton to Siukwan, a distance of about 200 miles. Before entering Canton they have paid 5 per cent. maritime duty. They have then to pay Liken to the Canton authorities before being sent *out* of the city. At Fatshan (12 miles out) they have to pay duty, and again at Sinam, about 30 miles further on, and again on entering the North River at Lupau, after only another 30 or 40 miles they have to pay duty, and yet again (destination duty) on reaching Siukwan. In addition to these five regular stations for the collection of dues, there are numerous "inspection stations" where bribes are also exacted, as above described. Naturally, by the time the goods reach the interior, their price has been increased by considerably over 100 per cent., and no less naturally, except in the case of articles absolutely necessary to life, they are practically unsaleable.

Since, even in these circumstances, China is regarded as a good market for English goods, how would not the trade of England benefit if these exorbitant duties and the system of bribery were altogether abolished?

If floods and famine result from artificial, rather than from natural causes, this can certainly be shown to be no less true of pestilence, which need not be more common at present in China than elsewhere. The climate is not unhealthy—at any rate for natives—and in the country districts the health of the people is generally excellent. It is in the towns and cities only that pestilence arises, owing to the total lack, in them, of anything like sanitation or official organization of preventive means. In almost every part of the Chinese Empire the country districts are entirely free from pestilence until disease is imported from the towns which are overcrowded, filthy in the extreme, and supplied with unspeakably polluted water.

That official corruption is solely responsible for the insanitary condition of the towns may readily be seen from the case of the water supply. In the European sense of the term there is *no* water supply in the whole of the Chinese Empire. In Canton and Shanghai, for instance, where things are somewhat better than elsewhere, the sewage flows direct into the river, and from the very place of the outflow the people take their drinking water! In Canton, about ten years ago, a Chinese company was formed for the purpose of establishing waterworks to supply the city with uncontaminated water. For such a scheme, quiescent toleration, at least, might have been expected from the authorities; but official greed is not to be daunted even by the fear of pestilence. A well-known official demanded such an enormous bribe before he would allow any work to be begun, that the company, unable to pay it, had to give up the undertaking. Another company was formed a few years ago in Canton, also by native merchants. It was called the " Fertiliser Company," and had as its object the contracting for sweeping and cleansing all the streets of the city and the conversion of the refuse, so obtained, into manure. So enamoured of the scheme were the masses of the people that they called meetings of their guilds, and through their representatives, expressed their willingness to pay for the proposed work of scavenging; and, as the company would have also made a profit on the sale of its fertilisers, it would doubtless have proved a flourishing concern. Here, again, however, the Mandarins interfered and demanded bribes to such an impossible figure that this undertaking had also to be dropped.

When even financial and industrial enterprises, undertaken more in the interests of public health than in those of the shareholders, are made abortive by the corrupt greed of the civil authorities, it is hardly to be wondered at that purely commercial enterprise should meet with a similar fate, and that would-be capitalists should fear to risk their money in a country where the rights of property are as little regarded as are those of life and public health, by the authorities who should safeguard both.

But the effects of corruption in making property and life insecure throughout the country, are more directly felt through the creation of robber-bands already alluded to. Most of these robbers are disbanded soldiers, left armed and starving, often thousands of miles away from their homes. The Government, it is true, allows each soldier a certain sum to pay his expenses home; but this money is generally kept by the officers who simply turn the soldiers loose when done with to shift for themselves, and shifting for themselves means preying on the public. But there are other banditti as well who are regularly protected by each district magistrate so long as they confine their depredations to districts outside that over which he rules. Did the space allotted to me permit I could give some curious details illustrative of this statement. I must, however, pass on to the consideration of other matters, merely noting here that some of the worst robbers are soldiers, still in the Imperial service, who go on their marauding expeditions with their coats turned inside out, and then, when pursued, again turn their coats so that, being in uniform, no one dare molest them. Both in the cities and in the rural districts, rich people keep their own guards, while the large manufacturers, and the owners of plantations, passenger boats, &c., not only have to pay the Government taxes, but also a regular annual tribute to the robber chiefs in return for immunity and protection from attack. The police, or rather those city soldiers who are supposed to do the work of the police, are often the organisers of daring and extensive robberies. An incident of this kind occurred quite recently in Canton, when the police superintendent and his men robbed the local silk weaving factory of all they could lay hands on, and the Governor, when appealed to for redress, punished the leaders, not of the robbers, but of his petitioners.

So universal and deeply rooted is the corruption from which all these evils spring, that partial and gradual reform is impossible and no change for the better can be hoped for except from a radical alteration in the administrative system. For under the present *régime* any official who wishes to be honest is, nevertheless, compelled to follow in the footsteps of the dishonest ones, or retire from public life altogether. He must accept bribes in order to pay the bribes exacted of him by his superiors; and he must connive at all kinds of corruption both in his subordinates and in those who hold higher rank or office than his own.

How inevitable is all this will be obvious when some account has been given of the paths by which official life can be entered upon, and of the different methods of promotion.

There are four ways of entering public life in China, and of securing promotion:—

Through examination.

Through military service.

Through obtaining recognition of "distinguished merit."

By purchase pure and simple.

The first of these avenues to public life is the oldest, and, in every way, the purest and the best. In former years, even since the Manchu Dynasty began their rule in China, the literary examinations were, generally speaking, honestly conducted and the official did not begin his career of corruption until after the end of his course of study and examination. But, even here, corruption has, of recent years, crept in; so that now it is not at all uncommon for the "students" to be personated at the examinations by learned but dishonest professors who make a living by being examined, under different names, over and over again. The examiners are also not infrequently bribed.

When the student has, in his own district, passed the examinations entitling him to take the first degree, he must present himself, at intervals of three years, to be examined for the second and third degrees, at the provincial centre and at the capital, respectively. When the third degree has been conferred the candidate is a Mandarin, and is eligible for an official position. At this point, however, begins the bribery, without which the most brilliant examinee might just as well have remained an ignoramus or stayed at home, for all the chances he has of holding any office, however humble, in the State. There is, however, one more examination to pass at Pekin, after the third degree has been conferred. This is the Imperial Examination, as a result of which the Emperor divides the candidates into three classes:—(1) Fellows of the Imperial College, to remain in Pekin; (2) the Magistrate class; (3) those whom the Emperor rejects altogether. The third class must either retire into private life or enter official life by one of the more corrupt avenues indicated above. It is from the second class that the district magistrates and all the local officials outside Pekin—so far as they have entered by way of examination—are drawn. Each of these is at once sent off to the capital of one of the provinces, dignified by the rank of "district magistrate," and eligible for any appointment which the provincial authority may see fit to confer on him.

Immediately on arrival he has to bribe the Viceroy and his subordinates, and since many candidates may be sent to the same district at the same time, the few vacant appointments are, of course, conferred upon those who pay the highest bribes. But even were there no competition for posts, the candidate would have to bribe the Governor; for if he refused to do so, the latter could indefinitely postpone giving him a berth. Even the Emperor's special warrant, assigning him a special district, would not save him. A candidate with great family influence might succeed in prevailing upon the Official Board at Pekin to protest; but even then the governor need only reply that so-and-so "is too young," or "too inexperienced," and "that a deputy has been temporarily [*i.e.*, for an indefinite period] appointed to allow the magistrate time to make a further study of official and administrative business." If he be at once successful in obtaining a position, promotion follows, automatically, at the end of three years. There is also, however, a triennial " general calculation of merit " in each district; so that promotion for recorded merit may fall to the lot of a magistrate who has only been appointed one or two years. This triennial calculation of merit is a very profitable affair for the Governor. The officials under him are " meritorious " in proportion to the amount they pay him, and anyone who refused altogether to bribe the Governor would certainly be declared " unfit to continue in office," and dismissed; and from the decision of the Governor there is no appeal. In such circumstances an honest man, disgusted with the corruption of official life, would retire; a bad one would simply make a fresh start, re-entering public life by purchase.

Prior to each promotion the official has to be received in audience by the Emperor. But this is a very costly affair. For no one's presence in the Capital City is recognised until he has bribed the gatekeeper to register his name as having passed into the city and duly report his advent. That Li Hung Chang had to pay an enormous sum in tips and bribes—over one million sterling—at his last visit to Pekin is a matter of common knowledge; but the narration of two instances that have come directly under my notice, may perhaps serve to make the English reader realise, even more vividly, how inexorable and how shamelessly open, is the systematic corruption.

The governor of Kiang-su Province, who was an intimate friend of Prince Kung, thought to take advantage of his great influence by coming into the city without bribing the gate-keeper. When he called upon his royal friend, Prince Kung exclaimed: " When did you come? I cannot possibly recognise your presence, for I have not seen your name in the Chung-Wen-Mên Report," and he had to return and pay double the usual bribe to the gate-keeper before Prince Kung would receive him. Even more remarkable is the case of Tso-Tchung-Tong, one of the greatest of our generals, who having suppressed the Mahommedan rebellion in Turkestan, had acquired for the Celestial Empire territory about half as large as China itself. The Emperor, who held him in high esteem, wished to see him, and sent a special summons calling him to an audience at Pekin. When on his coming to the city, the Chung-Wen-Mên, or gate-keeper, demanded 80,000 tael, he refused to pay anything. But even he was not officially reported, and after he had remained several months in Pekin, waiting for an audience, the Emperor issued another edict, asking why he had never come. Tso-Tchung-Tong responded by telling the whole story, adding that having spent all his own and his family's money on the support of soldiers during the war, he had no means with which to pay such a bribe. He appealed to the Emperor graciously to relieve him of the imposition. In reply the Emperor said: "This (the feeing of the gate-keeper) is a general and ancient usage, and the viceroy and generalissimo must submit to it like another"; and as Tso-Tchung-Tong really had not the money, his friends raised a subscription, the Dowager Empress herself contributing half the required sum.

This lengthy digression may, perhaps, be excused for the sake of the light it throws on the imperial attitude towards corrupt practices.

Of course no newly-promoted magistrate even attempts to evade payment of the bribes that alone can open the way into the presence of the Emperor, and after feeing and bribing a whole army of court officials, he has his audience and takes his new title of—say, Taotai or Prefect Magistrate. A process, similar to that indicated above, only each time more costly than before, has to be gone through with every promotion, and all this to obtain appointments that are practically unsalaried. It is true that, nominally, there is a salary attached to each appointment. Not only, however, are these salaries small out of all proportion to the mere expenses incidental to holding office, but they are hardly ever claimed at all, for reasons, the force of which it will not be difficult to appreciate. The salary of any official, before it can be drawn at the Provincial Treasury, has had to pass through so many hands and pay so many commissions that the payee, would only receive about 30 or 40 per cent. of the original amount. Now it is quite common for an official to be fined a whole year's salary. This he would have to pay in full, unless he could show that his past year's salary still lay unclaimed at the office of the Provincial Treasury. Thus an official with £100 a year, on being fined a year's salary, would lose about £60 or £70 by having drawn his pay.

Thus, although there are salaries and even a fund for expenses—called "a support of purity"—attached to all the offices of State, civil and military, it is no exaggeration to say that the officials, one and all, are somewhat similarly placed to the waiters at some English restaurants, who pay liberally and work without wages, only for the privilege of being in a position to receive tips.

It will be readily seen that as soon as the new Taotai is back in his district he must begin "squeezing" all those below him; not only to re-coup himself for the expenses incurred, and to live himself and support his numerous relatives, clansmen, and dependants, but also to meet the expenses of his next promotion at the end of another three years.

If all this is true of the section of the official class that has entered public life through the comparatively clean and narrow way of hard work, genuine, if useless study, and literary examination, with how much more force must it apply to the men who have come in by the other more devious paths?

Promotions for military service are perhaps the most rapid.

It was in this way that Li Hung Chang entered public life. Immediately on passing his third examination, instead of becoming "an outside officer" (District Magistrate) or an "inside officer" (Member of the Imperial College at Pekin) he returned home, entered the army through the influence of Marquis Tseng's father, and was, in a few months, promoted to be Taotai of Fukin, to reach which position by the regular method of promotion would have taken six years. He never even visited Fukin at all, and yet in another month or so he was again promoted; this time to be Futai (Governor) of Kaing-su. It was while he was military adviser, or Secretary to Marquis Tseng (General-in-Chief) that, the former Governor of Kaing-su having been killed, Li Hung Chang had the opportunity of recommending himself for the vacant appointment. The General, who liked and admired him, forwarded a memorial to the Emperor craving the appointment for him, but, on reflection, saw that this was perhaps stretching favoritism too far, since it meant the transformation of a Taotai straightway into a Futai, a process that should take at least nine years. A second messenger was, therefore, dispatched to recall the memorial. Too late, however; for Li, anticipating that this might happen, had taken care to induce the first messenger to travel post haste.

With the aid of General Gordon and other foreigners Li succeeded in freeing his new province from the Tai Ping, and was soon pro-moted to the position of Viceroy. How immense a fortune Li has been able to amass is too widely known to need farther mention here. One source of official wealth I had ample opportunity of observing when I was in Tientsin just before the beginning of the Japanese war. Officers of all ranks, both military and civil, came flocking in from all parts of the Empire to seek commands, but before their petitions could even reach Li, they had to pay immense bribes to his attendants.

When a military appointment has been made, and the warrant is ready for issue in the hands of the Clerk of the Yamûn, the officer has to pay for its delivery a sum proportionate to the value of the appointment. Then, as soon as he has his warrant, the officer com-mences business by selling the commands under him. Only those who have some kind of military *rank* can, however, buy commands in the army; but, as will presently appear, military rank can be acquired in many curious ways. It is, for example, not at all uncommon for men who have never seen a battle in their lives to be promoted to the rank of Colonel. By citing one out of many instances that have come directly under my own observation, I can, perhaps, best illustrate the possibility of such promotions.

A young man from my native town entered the army, and, by dint of hard fighting and real merit rose to the rank of Brigadier-General; but with him, at every promotion, rose his brother, whom I will call X., who had not met him for years, and who was peacefully occupied as cook in a distant opium den. This is how it was done. The soldier, after each engagement in which he distinguished himself, reported imaginary deeds of valour performed by this brother, and his word was taken. One day the cook in the opium den, who had never even *seen* a battle, read his name in the *Gazette*, and found, to his surprise, that he had attained the rank of Colonel in the Imperial forces.

Military service is, in many ways, very remunerative to the officers. They enrol any men they like, and they always draw the pay for many more men than are actually in the army. About 70 per cent. of the full number of men nominally serving and for whom pay is drawn is the average strength of the forces, even under Li Hung Chang's comparatively honest officers, while elsewhere, 100 men on paper usually means but 40 or 50 in the flesh. On review days the officers engage a sufficient number of soldiers *by the day* to make the army *look* all right. But there are other sources of profit besides dealing in dummy soldiers. The live ones have to wear uniforms, and to eat, and both food and clothes are supplied at extortionate prices by the officers; so that of the five tael per month paid by Government for each soldier, about one-fifth or less reaches the pockets of the men. All this refers to the "braves" who are only engaged during war time and are disbanded the moment the fighting is over wherever they may happen to be, and nearly always without the means of returning to their homes, thus keeping up the supply of armed robbers all over the Empire. As to the soldiers of the standing army in times of peace, they are, with the exception of the Manchu garrison, so wretchedly paid, that its strength exists only on paper. The men enlist and regularly draw their pay—about 3s. a month—and have scarcely any further connection with the military service. The few that go on duty in the city gates live entirely on bribes. The Manchu force under the Tartar General, on the other hand, is well paid; but these soldiers do no fighting; they are only engaged in guarding the city against Chinese rebels. They live in a separate quarter to that occupied by the Chinese, on whom they often make unprovoked attacks. Thus fights between the Chinese and the Tartar soldiery are of common occurrence, and as these Tartar soldiers are not under the jurisdiction of the Civil Law, their outrages invariably go unpunished. Naturally there is no love lost between the city guards and the native Chinese.

That promotion for military service means, in China, little more than a decent pretext for the purchase of entry into official life, and of posts of profit, is, perhaps, by this time sufficiently obvious, yet another fact will help to make it even more clear. The Generals in the Chinese army are in the habit of mentioning for promotion a large number of soldiers who exist only in their imagination. They thus obtain possession of a large number of promotion papers made out for non-existent soldiers bearing the most common Chinese names. The paper-Corporal Smith or Private Jones continues to be regularly promoted, so that in time the General has a whole collection of commissions for various ranks of the service, ready for sale to the first applicant whose family or clan name is, say, Smith or Jones, and who is willing to pay the market price. Private soldiers also who prefer money to promotion are in the habit of changing their names and selling their papers to civilians desirous of acquiring military rank by combined purchase and personation. Thus there is little to favourably distinguish " promotion for military service " from the fourth avenue to official life, or mere purchase. It has, however, a semblance of decency and is sometimes combined with a certain amount of public service.

The third method of rising in the world, " promotion for special merit," is even less honest, and need hardly be considered by itself ; for the " special merit " has to be recorded by officials who are, without exception, corrupt and dependent for their livelihood on bribes ; so that, unless they recommend members of their own family or clan, they will certainly only see " special merit " in those who open their eyes with gold.

The fourth method of entering public life, i.e., by purchase pure and simple, is quite recognised by law, and is becoming more common every year. Even such a highly-placed official as Chang, the late minister to the United States, had passed no examinations, but had simply bought his first official post.

Whenever the Government is in financial difficulties, and requires money for a specific purpose, it " opens a subscription," and those who give a certain sum obtain a rank. Moreover, it is not uncommon for companies to be formed for the purpose of paying the bribes and other expenses attendant upon the purchase of a civil appointment. One of the members of this Magistrate Manufacturing Limited Liability Company (or, as it is called in Chinese, back-flogging company, because of the prospective magistrate's methods of extracting money from the people), gets the appointment, and the other shareholders divide with him the spoils of office. Other would-be officials borrow the necessary money and pay it back with interest before many years have elapsed.

It costs rather more to buy one's way into the Chinese civil service than to enter by examination; otherwise the chances of obtaining promotion for the two classes of candidates are practically equal. When once the rank of District Magistrate and an appointment have been bought, further promotions follow regularly, as already described.

I have tried to make it clear that corruption and bribery, nepotism, and the unblushing sale and purchase of influence and position, are, in China, no mere accident, or result of occasional or individual cupidity, circumstance, or temptation, but are universal, and the only possible condition of accepting or retaining of public service—whether civil or military—under the present *régime*—that to be a public man in China, however high or low, means to be incurably corrupt, and that to renounce corrupt practices is to renounce public life altogether.

Thus no change for the better can be hoped for from the infusion of new blood into the official class, since the very conditions of official existence exclude the possibility of honesty. Nor can improvement be hoped for from the spread of education; for not only is it the recognised interest of the official class to keep the masses ignorant, but also the officials themselves are absolutely ignorant, some of them even unable to read and write, and even those that have passed the examinations being only trained in a useless "literature and literary style of composition," but totally without knowledge of the world's affairs or even of the needs and possibilities of their own country, and of the laws administered in their names by poorly-paid clerks.

What has been said of the condition of the army and of the way in which military commands are given and used, has perhaps made it unnecessary to explain that it is not want of physical courage or of patriotism in the native Chinese, but the prevalence of an incurably corrupt system, kept up by their Tartar rulers, that makes China a ready prey for any other nation, and explains our easy defeat at the hands of the Japanese. I may in this place allude to the attempted regeneration of the navy under the English Admiral Lang, who only failed because the presence of an incorruptible officer was felt to be intolerable, and led therefore to an intrigue and series of insults that practically compelled his resignation. Some idea of how official corruption affects China's preparedness for resisting external attack, may be gathered from the recital of an incident that took place shortly before the outbreak of the Japanese war. A young naval officer, one of my personal friends, who shortly afterwards quitted the service in disgust, told me that he had just had to sign a receipt for several tons of coal-dust, described and paid for as gunpowder! I may add that the officers of the Government gunboats have practically a monopoly in smuggling, in which they do a large and lucrative business; and the southern squadron of the navy is entirely and exclusively employed in carrying the mandarins and their families whither they wish to go, and in smuggling.

Here in England it seems to be supposed that China's regeneration will begin, and the development of her vast natural resources will become possible, when Li Hung Chang and others who may be convinced of the utility of railways and telegraphs, European military and naval organization, &c., &c., enlighten their compatriots and attempt the introduction of all this machinery of civilisation. As well might one expect the conversion of cannibals to vegetarianism by the introduction of silver forks and Sheffield cutlery.

A concrete example or two may perhaps better serve to carry conviction than many arguments.

European innovations have been introduced within the past thirty years. We have arsenals and docks opened in Tientsin, Fuchow, and Shanghai; there are military and naval colleges in Tientsin and Nanking, and there are now telegraphs all over the Empire; there is a railway between Tientsin and Shan-hai-Kwan; and there are steamers on the coast and on the rivers, belonging to the Government and to merchants: but there is no improvement resulting, or to be hoped for, from any or all of these modern improvements. In the arsenals no real work has been done; only a large number of appointments and "jobs" have been created. The permanent expert heads of departments, engineers, and so forth, are badly paid, and have absolutely no freedom or voice in the management of work they understand, but are altogether governed by "superior" officials, who are not only entirely ignorant, but have not time to learn before they are promoted and their place is taken by others. These temporary officials issue contradictory orders which have to be obeyed by the skilled foremen, so that, so far as any manufacture is attempted, waste of materials is the sole result. That, however, is not very often, since it pays the *officials* better to import arms and ammunition on which they can make both profit and commission.

The telegraphs were first established by merchants under Government sanction, but afterwards came into the hands of the Government. Since that time all the local superintendents have been appointed through the nomination of relatives or through "influence," and no annual balance-sheet has been issued. The execution of repairs is here, as in the case of the river, a very profitable part of the business. When, however, a new station is established, little or no profit can be made as the material is supplied by the central authority. This accounts for a curious phenomenon that strikes the foreigner :—In the country districts the telegraph posts are much lower than in the towns, though all were of the same length when supplied. A case explaining the shrinkage came under my personal observation. The superintendents cut a few feet off each telegraph post before its erection and sell the wood to local carpenters. It is thought that native superstition and conservatism form the chief obstacle in the way of telegraph and railway enterprise, but this is not the case. When the telegraph was first set up in Hunan the posts and wires were immediately pulled down by the people, and it was publicly reported that the masses were too anti-foreign in their sentiments to allow such an innovation. The private and true reason was very different. The superintendent had not paid his workmen in full, and it was these workpeople who started the riots and destroyed the product of their unpaid labour. It is the officials and not the masses who are anti-foreign, the Tartars and not the native Chinese; and it is these officials whom England defended from the Taipings, who instigate the anti-Christian risings and massacres, afterwards throwing all the blame upon the people. Chow Han, the famous anti-foreign agitator, is a Taotai, and is looked upon by the official class as one of the greatest heroes in China. The Tientsin Railway is appreciated by the people, and has a large traffic, but it is bankrupt because it is in the hands of the unscrupulous official administration, whose members manage to appropriate all the profits, with the result that, of course, the railway is bankrupt, and Chinese capitalists, who understand the reason why, will not be likely to invest in any similar undertaking. As the railways now under construction are to be financed entirely by Russian and Chinese capital, it is not very difficult to foresee what will be the nationality of those who will pay for and control the line.

The Steam Navigation Company was originally established by the famous merchant, Tong-King-Sing; and, at first, no official interference was allowed. The concern, however, seemed likely to be a success. Then the Government got hold of it, as it does of every private undertaking that shows signs of becoming profitable; and, of course, the steamboat company is now as corrupt as any other Government Department, and each commander must buy his appointment. It is thus evident that China cannot be reformed by the introduction of material civilisation, but only by the extirpation of official corruption. This official corruption becomes worse every year. Things that would have been regarded as shocking even ten years ago, are now quite common. Never, until quite recently, was there a fixed tariff of bribes in connection with the granting of official positions. Now, so shameless have the authorities grown, that the late viceroy, Li Han Chang—brother of Li Hung Chang—has actually fixed a regular price for every office in the provinces of the two Kwangs (Kwang-Si and Kwang-Tung).

The whole people is ready for a change ; there are plenty of honest men ready and willing to enter public life ; the army is so corrupt, that even were it not to a great extent leavened with sympathisers with the Reform Party, it could not be depended on by the Government. It is only from the Manchu soldiers or from short-sighted selfish interference of foreigners that the Reform Party has anything whatever to fear. Indeed, one object I have in writing this article is to prove to the English people that it is in the interests of Europe generally, and of England in particular, to allow us to succeed, and that the policy often recommended (as, for instance, by "L." in the August number of this Review), that of protecting the present Government, is entirely mistaken. That writer says that England ought to protect the present *régime* from every attack, native or foreign. One thing he fails to recognise is that it is the Manchu or Tartar element alone, and the officials whose bread depends on the maintenance of the present system, who are inimical to other races, and that if the pure Chinese were left to themselves, and left to consolidate their own country, they would be at peace, and be ready to cultivate friendly relations with all the world.

To adequately describe the aims and ideals of the Reform Party would, alone, require a separate article. Here it may be enough to say that the benevolent neutrality of Great Britain, and the other Powers, is all the aid needed to enable us to make the present system give place to one that is not corrupt, and that even if trade were temporarily disorganized it would soon be vastly improved. While the development of the natural wealth of China would enrich the whole world, the reform of her government and administration, and of her army would make her impregnable to any foreign attack— even from Russia—and prevent the disruption which, like the partition of Turkey, could hardly fail of producing serious European complications.

SUN YAT SEN.

EAST ASIA:

A Quarterly Journal of Far Eastern Lore and Literature for the General Reader.

Judicial Reform in China.

By Dr. SUN YAT SEN, in collaboration with EDWIN COLLINS.

THERE is, perhaps, no department of public life in the China of to-day more urgently in need of a thorough reform than the judicial system—if system it can be called. At the same time there is certainly no stall in the Augean stable of well nigh universal corruption, the cleansing of which would be so absolutely impossible without an entire change of the system of official life, which, in turn, can never improve until the Manchu or Tartar dynasty ceases to rule in China.

As I shall presently show, there is no such thing as justice in China for any class of the community; lynch law, bribery, wholesale and systematic blackmail levied by comparatively honourable robber chiefs, and trial by battle between village communities—amounting almost to civil war—are the only means on which the population place any reliance for the protection of private or corporate life and property; while magistrates and judges exist only for their own enrichment and to enrich the officials next in rank above them, up to the royal family itself. Civil actions are open competitions in bribery; and criminal procedure is nothing but another name for the infliction—without any previous trial whatever—of nameless and unendurable tortures, not only on suspects against whom evidence may exist, but on any one who may be denounced by any soldier, or person of superior rank to his own.

Such, it will be seen, is, in outline, a faithful and unexaggerated picture of the judicial system of China; and since, as I have elsewhere

---

° This article will probably form part of a book we are writing together.

EAST ASIA.

shown,* the existence of the present rulers of China, and their whole theory and practice of conferring judicial appointments, and the livelihood, and, indeed, the very possibility of holding any magisterial appointment, are inextricably bound up with the maintenance of the system exactly as it is, it is obvious that neither social, commercial, political, municipal, nor any kind of progress can be made until a change of dynasty renders possible such a reform of the judicial system as will, at any rate, aim at justice and purity and offer some public guarantee for the safety of life, limb and property.

It is only by describing details almost too hideous for belief that this can be fully brought home to the mind of Europeans living in security and freedom. I must, therefore, be pardoned if I fill in the above outline, in part, by giving concrete examples and citing instances that have come under my own notice.

Next to corruption, one of the most fruitful sources of China's ills, is pretence and the worship of appearances that holds the Tartar despots in bondage, and the most terrible feature of the administration of criminal law in China owes its origin to this characteristic of our present rulers. Under the old Chinese law a man could be punished for a crime even if he protested his innocence, so long as the judges were convinced of his guilt. The Manchu, however, wished to improve the law and make it, *in appearance*, more merciful. So they decreed that no man should be considered guilty and punished except on his own confession. As a natural corollary of this law, torture was introduced into the trial of prisoners accused of crime in order to procure the necessary confession, and the ancient means of punishing the guilty were applied to the end of making the accused confess.

In the present state of the law the whole procedure in criminal cases consists in the application of torture; and a person brought to answer a criminal charge is first flogged, receiving a hundred strokes on the back before a single question is asked, whatever the evidence may be.

What the Chinese think of the system, with its ingenious refinements of savage cruelty, by which the mandarins pretend to administer justice, may be gathered from the popular saying:—"Let the living keep as far away from the Yamen† as they hope when dead to keep from hell."

Of course it is not the guilty only, or even chiefly, who are tortured

* See " China's Present and Future "—*Fortnightly Review*, March, 1897.

† The Yamen is the official residence of the district magistrate, or other mandarins, where the courts of " justice " are also held.

EAST ASIA.   **5**

and punished.   In China, under the present *régime*, the fate of a poor
or uninfluential person accused, however baselessly, of a trivial offence,
is far more terrible than that which even the most notorious criminal
need fear if he be possessed of wealth or if his family connections are
influential.   The criminal may escape; the accused of crime never.
This is well known to all our people, who have a saying :—" If an
accused one wants to save his head, he must sacrifice his feet."

The case of a patient who came to me, some years ago, for medical
treatment, will well illustrate this.   He was suffering, he said, from stiff
knee and ankle joints.   When I examined him I found all his limbs
marked with scars, running from the shoulders to the elbows and from
the hips to the knees.   In answer to my inquiry as to how his joints
became stiff and what was the origin of the scars, he told me he had
been accused of piracy, tried before a magistrate, and acquitted, but
that during the trial he " had died three times and been restored to life "
so that the process of trial might be repeated.

The stiff joints seemed hopelessly incurable; but, as the patient's
case and story seemed interesting, I continued attending him for some
time, during which I obtained a thorough knowledge of the physical
effects of the treatment to which he had been subjected, and learned all
his story, which I now reproduce, as it will give a fairly good idea of the
administration of " justice " (?) in China and of the punishments
inflicted on my countrymen for being *accused* of crime.

I found all the joints in both feet very much enlarged and other-
wise deformed ; some of the bones in the ankle joints entirely grown
together; the knee joints very much enlarged and so thoroughly grown
together that it was impossible to make out the different bones.   Now
what must have been the nature of the trial, or judicial inquiry,
from which an acquitted and discharged defendant emerged with such
serious mementos ?

My patient, who was a boatman, was, early one morning, walking
along the river bank, when, quite by chance, he came across a band of
soldiers.   They seized him, and, without a word, hauled him before the
district magistrate of San Hwei.   There he was immediately flogged
with heavy bamboo rods, receiving two hundred strokes on his seat.
After this he was asked by the magistrate whether he " would confess
what he had done."   On his replying that he did not even know of
what he was accused, the magistrate said :—" You are a pirate, are you
not ?"

He replied " that he was a boatman, and had never been guilty of
piracy or of any such unlawful conduct."

EAST ASIA.

" Well," said the magistrate, " as he will not confess, let him kneel on the chain."

The accused was then tied up with his hands stretched upon a wooden framework, and his knees pressed down by the whole weight of his body, on two coils of sharp chains, and was left in that position the whole night and until noon the next day. He was then brought before the magistrate, who asked:—" Have you had enough? will you now confess?"

" I cannot confess," he replied; " for I have done no act of the kind."

" He has not had enough to make him confess," said the magistrate, " put him to the crushing pole."

In pursuance of this order the accused was again tied up with his arms outstretched, but this time with his knees resting on the ground and a pole placed across them. Two men stood on this pole, one at each end, and worked it up and down as if they were playing at see-saw. As the victim became unconscious almost immediately under the intense suffering, he was unable to say how long the process lasted. He was restored to consciousness and kept in prison for ten days, until sufficiently recovered to bear another trial. Then he was again brought before the magistrate, and questioned as before, but as no satisfactory confession could be extorted a new kind of torture was applied. He was hung up by the hands for " crushing," in which process the ankle joints were beaten with a kind of cricket bat until every bone was smashed. During these proceedings the unfortunate man remained conscious the whole time, but he was so overwhelmed with agony as to be unable to show his willingness to confess, although he had resolved to do so in order to end his torments. He was, therefore, committed to prison for another ten days or more.

When he was again brought before the magistrate, that official seems to have taken rather more care in interrogating him, and a number of questions were asked before any more of the regular processes of Chinese " trial" were applied. The prisoner, however, kept to his true story that he was really only a boatman, and further added that he was well known to all the people in the locality and bore an excellent character.

Instead of calling witnesses to test the truth or falsehood of these assertions, the magistrate ordered him to be hung up by the thumbs and great toes. Accordingly, he was tied in this manner and slung up into the air, face downwards. Owing to his state of exhaustion he again at once became insensible. This, alone, saved him from making a confession. When, next morning, he recovered consciousness, he was lying alone in his cell in a state of terrible weakness.

For nearly three weeks the "trial" was not resumed. By this time his strength was, in the opinion of the magistrate, sufficiently restored for him to be able to bear the final process of trial, and he was brought again into the same hall—or *hell*, I should call it. This time not many questions were asked, only a sharp warning was given him, advising him to confess, and that the sooner he did so, the better. As he still maintained his refusal to do so the "hell process" was tried. Four "pieces of stick" (as my patient called them) were tied to his arms and legs and set fire to.

I must explain that these so-called "sticks" are really cones made of compressed sawdust, charcoal-dust and other materials, which, when ignited, burn very slowly and give forth an intense heat. They were lighted only at one end and allowed to burn until entirely consumed. Of course, under this torture, which not one man in ten thousand could stand, almost anyone would confess anything. Curiously enough, however, he immediately lost consciousness, so that he was really spared the most severe sufferings, and therefore did not confess.

After this torture, therefore, he was released; for no one can, in China, be legally punished for an offence until he has confessed, and this man was too poor for money to be extorted from him by torture, so that the magistrate thought it not worth while to take any further trouble with him or to be at the expense of maintaining him in prison, and prepared to let him go.

This was quite an exceptional case. I have asked many old mandarins, who have held the office of magistrate for a number of years, and although they have tried thousands of people every year they had never seen a case exactly similar, in which the defendant was able to submit to the whole series of tortures and yet survive and avoid confessing.

There are many varieties of torture besides those described by my patient. Most of them are not to be found in the codes, but are well known in general practice throughout the length and breadth of China. These illegal, or at least irregular, modes of torture, are too numerous for me to attempt to even enumerate them here. I will, however, mention a remarkable case which made a very deep impression on my mind and was one of the chief motives that impelled me to take up the cause of reform in China, in order to relieve my countrymen from their horrible sufferings. A description of this case will be enough to illustrate the fiendish inhumanity of our oppressors, and their delight in cruelty for its own sake.

8 *EAST ASIA.*

I once called at a district magistrate's court and was invited to witness a " newly-invented " process of trial called " The transformation " of White Bird." In this the victim is stripped naked and small pieces of paper, two inches wide and five or six inches long, are pasted all over the body so that he looks like a white bird. Then the paper is set on fire. This process may be repeated over and over again as long as the body is not blistered. Then a strong solution of salt is rubbed over the whole body. The sufferings of the victim are beyond the power of words to describe.

As I watched this horrible performance, the pain that entered my heart was scarcely less than that of the victims. When I could no longer contain my emotion I made an excuse to leave my hosts, and in a private apartment choked down my tears.

A little later on the same clerk of the Yamén came to tell me what a " very clever idea it was to rub in salt water. It served two purposes : it gave the accused unbearable pain and so was an extra inducement to confession, and it prevented the fire from causing blood poisoning."

Of course, in case of death occurring under these illegal, or irregular, tortures, a mandarin may now and then get into trouble, when found out by the higher authorities or when the victim's friends and relations have enough money or influence to make an appeal ; but such instances are very rare, and the mandarins who indulge in little irregularities of the kind are always sure to be backed up with great influence.

According to Chinese law, as I have already stated, no one can be punished without his own confession ; hence the supposed necessity of torture during the trial to induce confession. It is very common for a prisoner who has confessed in the magistrate's court and has been sentenced to death and sent up to the higher authorities for execution, to recant and deny his guilt. He is then sent back to the magistrate's court for further torture. The magistrates, therefore, think it necessary to invent new varieties of torture to meet such cases. The one I have cited above was of this kind. It is, indeed, curious that prisoners should ever be so stupid as not to recognise that by immediate confession they would save themselves manifold sufferings worse than death.

My captor, at the Chinese Legation, said to me :—" It is no use for you to deny that you are a plotter against the Chinese government, you will only be tortured all the more." This was quite true. People in China know full well that when they are accused of any crime they have to consider, not whether they are innocent or guilty—that does not

EAST ASIA.

so much matter—but whether they have enough money to buy justice or influence enough to effect their release. Even a criminal about whose guilt there is no room for doubt can obtain his release by either of these means. If, on the other hand, an innocent man have neither of these means at his disposal, the sooner he confesses the better.

When I was imprisoned by the Chinese Legation in Portland Place, and being unable to communicate with the outer world, I had no idea that my release was possible. I had fully decided on what course to take. I had resolved to make every possible attempt to jump overboard and bury myself in the English Channel, the Mediterranean, the Indian Ocean or the China Sea. If I failed in these attempts and was unfortunate enough to reach my destination in Canton, I had resolved to confess at once and so avoid the first series of tortures. Still, even then, in my case there would have been much to suffer, as I should have been put to the most severe tortures in order to make me betray my comrades. This I had resolved not to do, but rather to endure to the last.

It must be remembered that all these horrors hitherto described are not "punishments," but are merely the Chinese equivalents, under Tartar rule, of appearance in England at a police court, and subsequent trial by jury.

The punishments are relatively barbarous, especially those reserved for political offenders; but to deal with these would require a separate article.

In spite, however, of the terrors of trial and the tortures that even suspects have to endure, and of the horrible nature of the punishments inflicted, they have, practically, no deterrent effect, and do not serve, in the least, to diminish crime; for anyone with influence or money may commit crimes with impunity, while innocence offers no security from torture and death.

It is estimated that from 100 to 200 convicts are annually executed in every "district city," and as in the one province of Canton alone there are 72 district cities, it is easy to see how large must be the number of persons who every year fall victims to the inhumanity of the mandarins in the whole of China. In all probability the majority of these are innocent persons. Some of them suffer vicariously for the sins of others; some are tortured into the confession of a crime about which they know nothing, but have been falsely accused; and some have suffered for the sin of possessing wealth of which a powerful mandarin has devised a means of possessing himself by accusing them of crime.

When a report reaches the Viceroy or the Imperial Government in Peking that a certain number of men have been guilty of an offence—say piracy—a high official in the district is ordered to secure the men and execute them. If twenty, fifty, a hundred, or even a thousand is cited as the number of culprits, the number of persons has to be found and put to death, let the official make up the number as he may. As some of the guilty often escape, innocent persons have to take their places. When any public offence is committed by a number of persons the fact is often used by some mandarin of high rank as a means of obtaining plunder. He makes out a long list of names, mostly of the richer sort of people who have not very great influence, and starts on his expedition, extorting money where he can, plundering the houses of those worth plundering, and putting to death persons of the humbler class. To a blood-thirsty and avaricious wretch like Fong Yau, Admiral of the Cantonese provincial navy, a mandate of the kind indicated will occasionally form the pretext for so extensive a pillage of the rich and massacre of the defenceless poor as to appear revolting even in a country where such atrocities are of constant occurrence.

Some six years ago, it may be remembered, the steamship *Namoa*, on a voyage from Hong Kong harbour up the coast, was seized by pirates who had secreted themselves on board. The captain and four others were killed and the ship looted. An order for the punishment of forty persons was issued by the Viceroy, and its execution left to the Admiral Fong Yau. As only eighteen of the forty pirates could be found, twenty-two innocent persons were beheaded to make the list complete. To give another instance, about ten years ago, a *Lekin*, or inland customs station, in the Wai Chow district, about fifty miles from Hong Kong, was plundered by a band of salt smugglers, and some of the official staff were killed in the struggle. The mandarin in charge reported the matter to the authorities as a rebellion. Immediately a large force was sent to the spot. The smugglers had decamped; but the soldiers set to work to punish the helpless inhabitants of the district. Four large villages were totally destroyed; all the inhabitants, men, women and children, to the number of several thousands, being slaughtered. Nor is it merely in these ways that punishment falls upon the innocent for the guilt of others. It is a principle of the present judicial system that punishment is not to be confined to the guilty person, but shall also be inflicted on every member of his family or clan, in a circle wide, in accordance with the nature of his offence. In the case of political offenders, not only the whole family but even distant kindred, many degrees removed, have to be butchered for the offence of one member of the family. Even the graves of his ancestors have to be

opened and their bones exposed and disgraced; and if the criminal him-
self be dead, his corpse is subjected to the same mutilations that would
have been inflicted on his living body.

Besides the regular judicial system, with its regular and irregular
punishments, there has, in recent years, been added an entire code of
atrocities under what is known as the "Military Law of China."
Under this law a large number of officials, known as the "Criminal
Extermination Commissioners," travel all over the country, armed
with plenary powers of life and death. Whomsoever they choose to seize
can be executed at once, without any pretence of trial. The late
Admiral Fong Yau, who was one of these commissioners, is estimated
to have had executed, without trial, over one thousand prisoners in a
single year. It has recently become the custom in Canton and some
other provinces in the Yang Tze valley, for the civil mandarins to hand
all their criminal prisoners over to the *Ying Mo Chu*, or military court,
for execution, so as to save themselves the trouble of trying them.

I remember once visiting this Admiral in a district near the city of
Canton, where he had established his shambles. There I saw, one
evening, about a dozen just caught in the neighbourhood and passing
for review before the Admiral's Secretary, before their slaughter, on
the morrow. Many of them cried for help, but were silenced and
told:—"If you were good men you would not have found your way
"hither; when anyone gets here the matter is already settled. You
"will find no mercy." In answer to my enquiry as to whether they
had been tried by any court before they had been sent thither, the
Secretary said:—"They have been surrendered to us by the local
gentry; they are, therefore, sure to be known as bad men. Such
cases need no trial; they have to be dealt with under the Criminal
Extinction Law."

Such instances need no comment; their mere recital shows in a
truer and more lurid light than could any argument of mine what
"punishment" and the administration of "justice" mean in China
under Tartar rule.

With all this severity, as I have said, there is no real repression of
crime. In the Province of Canton, for instance, at the lowest computa-
tion, several thousands are decapitated every year, mostly on charges of
robbery and piracy; and yet bands of professional robbers and pirates,
several thousand strong, infest the whole country, and rich merchants,
land owners, factory owners, etc., prefer paying a yearly tribute to the
robber chiefs for immunity and protection, to calling in the corrupt and
very doubtful aid of the law. The fact is the officials do not dare to go

near the genuine robbers and pirates, but content themselves with cutting off the heads of a sufficient number of innocent persons to send in an imposing report about.

The fact is it is next to impossible to obtain the " protection of the law " (?) or justice in China when an outrage has been committed. It is, therefore, far from uncommon for the people of a village, especially if at some distance from the court of any mandarin, to have recourse to lynch-law. If they were to appeal to the mandarin it would, in any case, cost them an immense sum of money; and then, even, if the criminal's relations bribed heavily enough, he would, in all probability, escape punishment. Many such cases have come under my personal notice.

Some of the villages near Macao, for instance, used formerly to be much harrassed by highway robbers who infested the intervening country between the villages and the town. When the highwaymen were caught the villages used their public funds for the expenses— chiefly presents and bribes—of having them tried by the mandarin of Heungshan, the district city. When the mandarin had squeezed both sides dry—the villages and the families of the culprits—the latter often escaped. The cost and trouble to the villages was very great, and still the robberies continued unchecked. At last the villages came to an agreement among themselves to bury such criminals alive as soon as they were caught, without any trial or appeal to the authorities. If they had executed them, there would have been an opportunity for the mandarin to punish the executioners or extort blackmail, but, as the robbers were strangers to the district, if they were secretly buried at once no one was any the wiser. Of course there was great danger to innocent strangers passing through the district, but the system effectually stopped the highwaymen, and now highway robbery is very rare in the neighbourhood of Macao.

Many other crimes are also dealt with locally without recourse to the mandarins. Of course such usages may be often abused by the villagers, and there can be no certainty of justice while such a system of lynch-law is the only alternative to a competition in bribery of mandarins between criminals and those who have suffered by their acts.

Civil law is in the same condition as criminal law. When disputes between two villages or two clans occur, that would in England be settled by a civil action, they generally lead to a kind of local civil war, in which it is not at all uncommon for mercenary fighting men from the robber bands to be employed on one or both sides. Such fighting goes on every day in some part of China.

EAST ASIA.   13

I have given above a few examples and a general idea of the judicial system and the means and methods of executing "justice" (?) as understood by our Manchu rulers in the China of to-day. The masses of China are regarded by the official classes merely as carrion, and the slaughter of a thousand persons is of no more consequence to them than the death of so many ants. Were China as closely under the eye of Europe as is Turkey, we should have all Christendom combining in one spontaneous crusade to punish and crush out a form of tyranny which Thebaw of Burma cannot equal, nor any tyranny of ancient time surpass.

The murder of a dozen English missionaries, men, women and children, near Foochow, the other day, seems to have been almost forgotten by the people in these islands; but no lesson seems sufficient to bring home to the Government or the people of Great Britain that the laws of China, as enforced with the sanction and support of England, are a blot upon Creation and a disgrace to our common humanity. If England could realise this, the Reform Party of Young China might hope for at least freedom from molestation in its attempt to make possible the introduction of a Europeanised judicial system into our country.